公众考古学

(第一辑)

PUBLIC
ARCHAEOLOGY

首都师范大学公众考古学中心 / 编

王 涛 / 主编　范佳翎 / 副主编

上海古籍出版社

图书在版编目(CIP)数据

公众考古学.第一辑/首都师范大学公众考古学中心编;王涛主编. —上海:上海古籍出版社,2020.9
ISBN 978-7-5325-9737-6

Ⅰ.①公… Ⅱ.①首… ②王… Ⅲ.①考古学-研究-中国 Ⅳ.①K870.4

中国版本图书馆 CIP 数据核字(2020)第 164736 号

公众考古学(第一辑)
首都师范大学公众考古学中心 编
王 涛 主编
范佳翎 副主编
上海古籍出版社出版发行
(上海瑞金二路 272 号 邮政编码 200020)
(1) 网址:www.guji.com.cn
(2) E-mail:guji1@guji.com.cn
(3) 易文网网址:www.ewen.co
常熟市文化印刷有限公司印刷
开本 635×965 1/16 印张 30.75 插页 3 字数 400,000
2020 年 9 月第 1 版 2020 年 9 月第 1 次印刷
ISBN 978-7-5325-9737-6
K·2897 定价:128.00 元
如有质量问题,请与承印公司联系

首都师范大学史学丛书 编委会

（姓名以汉语拼音为序）

主　任

郝春文

委　员

金寿福　刘　城　李华瑞　梁景和　刘乐贤　梁占军
史桂芳　宋　杰　徐　蓝　郗志群　袁广阔　晏绍祥
张金龙　赵亚夫

《公众考古学》编辑委员会

特邀学术顾问

严文明（北京大学文科资深教授）

Ian Hodder（斯坦福大学人类学系教授）

主　任　袁广阔

副主任　王　涛

委　员（依姓名音序）

曹兵武	范佳翎	高大伦	高蒙河	高　星	贺云翱
姜　波	寇志刚	李新伟	李　韵	李　政	刘国祥
钱益汇	乔　玉	孙庆伟	Tim Schadla-Hall		汪永基
王仁湘	王　涛	吴长青	徐　坚	徐天进	许　宏
闫向东	杨雪梅	袁广阔			

特邀主编　袁广阔　Tim Schadla-Hall

本辑主编　王　涛

副 主 编　范佳翎

目　录

卷首语 I　　　　　　　　　　　　　　　　　　　　袁广阔 / 1
卷首语 II　　　　　　　　　　　　　　　　　Tim Schadla-Hall / 1

第一部分　大家观点

什么是考古学　　　　　　　　　　　　　　　　　　严文明 / 3
学者访谈　　　　　　　Tim Schadla-Hall　范佳翎、王　涛 / 23

第二部分　主题研讨

公众考古大家谈　　　　　　　　　　　　　　　　　　　　29
公众考古学：走向广阔与平易的学问之道　　　　　　王仁湘 / 36
公共考古学推动考古学发展　　　　　　　　　　　　杭　侃 / 52
公共考古的利益攸关方及相关问题
　　——以海昏侯墓考古新发现公共考古实践为例　　曹兵武 / 56
"公众考古学"和"公众考古理念"辨析　　　　　　　范佳翎 / 65
互联网时代公众考古传播的探索与实践　　　　　　　乔　玉 / 75
从日常到崇高的文化遗产体验
　　——文化遗产保护中公众考古的逻辑和实践　　　崔天兴 / 87
浅谈博物馆公众考古活动的开展　　　　　　　　　　李彦平 / 97

第三部分　公众实践

喇家遗址的公众考古 …………………………………… 叶茂林 / 109

公众考古的另一种载体
　　——文创产品和文创思维 ………………………… 吴长青 / 127

另一只眼看"公众考古"
　　——大众传播视野下的公众考古新问题 ………… 付　裕 / 139

公地与私意识：遗产化进程中的在地社区
　　——以河南淮阳平粮台遗址为对象的观察 ……… 王思渝 / 147

湖北省博物馆公众考古的实践与思考 ………………… 方　勤 / 163

湖北省博物馆公众考古工作的发展策略 ……………… 钱　红 / 167

高中生对考古学了解情况的问卷调查 ………………… 龙天一 / 174

第四部分　研究新识

傅斯年与古史重建
　　——读《傅斯年全集》 ……………………………… 孙庆伟 / 183

五千年前良渚古国的王：反山第12号墓 ……………… 方向明 / 202

唐代金银器錾文中的"李杆"与墓志铭中的"李扞"小考 … 冉万里 / 229

甘肃清水县箭峡砖雕墓孝行图像的重新释读
　　　　　　　　　　　　　　　　　　后晓荣、杨燚锋 / 236

第五部分　考古手记

亚美陆桥新识
　　——记厄瓜多尔 Alabado 博物馆参观 …………… 袁广阔 / 255

梦萦南交口 魏兴涛 / 262

地无远近，同传盛名
　　——记两件马王堆汉墓宣传品 刘　瑞 / 278

一件陶器的前世今生 徐小亚、范佳翎 / 290

第六部分　他山之石

何谓公众考古学？ Tim Schadla-Hall / 307

共享过去的可能？
　　——21世纪公众考古学的理论和实践 伊恩·霍德 / 321

作为一场相遇的考古学 鲁本·格里玛 / 334

中国的"公众考古学"：一个初步调研 汪　涛 / 343

发掘过去、发觉现在
　　——以英国为例谈社区考古的理论与实践
　　　　　　　　　　　　　　　　　　秦　岭、庞　睿 / 361

加泰土丘遗址的公众考古学观察 王　涛 / 412

第七部分　资料汇集

年鉴：公众考古2015 范潇漫、王　涛 / 431

公众考古学研究文献索引 范潇漫 / 446

公众考古学著作导读二则 张莞沁 / 468

后记 王　涛 / 480

卷 首 语 I

本辑刊特邀主编：袁广阔

对考古学而言，我们赶上了一个崭新的时代，考古学比以往任何时候都融入社会，走近大众。尤其近十几年来，无论是书刊报纸、广播电视，还是新媒体，无处不见考古的身影。在学界，中国社会科学院的年度"六大考古新发现"、国家文物局的年度"十大考古新发现"、中国考古学会的中国考古学大会，还有世界考古论坛·上海，新发现、新成果云集，面向公众开放；在民间，考古主题旅行、夏令营、冬令营、文化遗产类创意活动等如雨后春笋，层出不穷。实践多了，思考也就多了，公众考古学，这个对中国考古而言的新名词，越来越多地出现在我们面前。

立足中国实际，目前还无法给公众考古学下一个准确定义，放眼国际考古学界似乎也没有统一认识，但这不妨碍我们对这一领域进行进一步的思考和实践。无论如何，我们必须直面这个在当代社会图景下关怀过去的学科领域，随着时间的推移，考古学和当代社会方方面面的联系不会减少，只会更多，这种种的联系，组成了公众考古学要关注的诸多领域。

在考古学界、社会各界和学校的大力支持下，近年来首都师范大学在公众考古领域做了不少工作，取得一些收获，也得到大家的肯定，在此衷心感谢。2015年10月，我们承办了第三届"中国公共考古·首师论坛"，会上，来自全国各地的学者们各抒己见，收获颇多。在这样的契机下，我们萌生了创办一份公众考古学学术辑刊的想法，计划每一辑围绕公众考古学相关主题，设置若干栏目，大家集思广益,深入讨论。

我们有幸邀请到伦敦大学学院公众考古学大家、国际学术期刊 *Public Archaeology* 的主编 Tim Schadla-Hall 先生,一起担任这本《公众考古学》辑刊的主编。我们还邀请了国内相关领域的多位专家学者担任编委。大家都给了我们很多有益的建议。

公众考古学作为一个研究方面,在中国起步时间不长,如何向前发展,要探索和讨论的地方还很多。我们愿以此辑刊为平台,与大家携手,一起为构建有中国特色的公众考古学贡献力量。

卷 首 语 Ⅱ

本辑刊特邀主编：Tim Schadla-Hall

非常荣幸能为这本关于中国公众考古学的书写几句话。已故伦敦大学学院考古研究院院长Peter Ucko教授一直致力于与中国考古学界建立更紧密的联系，他也是使公众考古学作为一个学术领域在英国乃至全世界范围内得到发展的主要推动者。我对各位向本书提交了文章的作者们表示祝贺。公众考古学的关键是不仅要在相对有限的学术领域内交流考古学成果，也要在更广泛的世界中传播这些成果，从而说明考古学及其成果与世界的关联绝不仅仅是发掘和记录过去。当然，考古学的研究对象常常被媒体塑造为宏伟的发现和高价值的宝藏，但更重要的是，我们应该保证考古遗址和遗物的影响力在更广泛的背景下得到认知。在21世纪，无论是发达国家还是发展中国家，旅游业都占其国内生产总值（GDP）的10%以上。值得注意的是，考古遗址和遗物是旅游参观热点，比如英国最受欢迎的景点之一是巨石阵，每年有超过一百万的游客，当然这与中国十三陵或秦始皇帝陵博物院的游客数量无法相比。正如Burtenshaw[1]评论的，参观过去的价值远远超过一份门票钱。事实上，值得注意的是考古学（其实是考古学家）的经济价值没有得到完全发掘！

我们这个学科总是在各个方面与广泛的社会有着密切的关系，

---

[1] Burtenshaw, P., 2017. "Economics in Public Archaeology." In Moshenska G. (ed.), *Key Concepts in Public Archaeology*. London: UCL Press, pp.31-42.

很少有人会否认考古学与兴奋感有关。"考古想象一定跟人类历史本身一样古老"①这一点值得我们注意，这种想象就施于考古学家们煞费苦心采集的资料上，那么解释资料如何被采集以及如何在这些资料上应用想象和阐释是考古学家们的核心任务。也因此，博物馆的角色就显得至关重要，博物馆仅仅展示物品及其说明牌是不够的，这些说明牌往往使用对大部分参观者来说难以理解的术语。博物馆应该兼具启发性和说明性，起到教育的作用。我们需要解释考古学家们是如何得出结论的，也要让大家了解围绕这些考古学家们给出的结论和陈述的讨论。

考古学及其成果对政治也同样有影响，在建立国家认同和神话方面的考古学研究也是得到关注的研究领域，这一点在过去常常被非考古学家特别是政客们利用和误用。人类需要建立身份认同和族源认知，这一点就意味着考古学具有直接的公共性，它永远不会是一个中立学科。

我一直强调公众考古学不应该被分割为各个分支学科，必须认识到在更大的背景下认识考古学的影响力和重要性，确保考古学家们和公众都能理解考古学在日常生活中很多方面所具有的价值②。这本书是一个很好的开始，我希望未来能有更多这样的探索。

（范佳翎　译）

---

① Gamble, C., 2001. *Archaeology: The Basics*. London: Routledge.
② Schadla-Hall, R. T., 2006. "Public Archaeology in the Twenty-First Century." In Layton R., Shennan, S. and Stone, P. (eds), *A Future for Archaeology: The Past in the Present*. London: UCL Press, pp.75-82.

第一部分

大家观点

什么是考古学

严文明

（北京大学）

编者按："考古文博系列讲座"是首都师范大学公众考古学中心组织的面向公众的学术讲座，旨在邀请考古学界的著名学者，向在校学生和考古学爱好者介绍考古学与文物博物馆学方面的前沿新知，传播文化、传承文明。本文是根据严文明先生2015年3月18日在首都师范大学所作讲座的录音整理的文字稿，略有删节。内容经严文明先生审阅。

对考古学的定义大概有十几种，但是大都差不多，不过要下一个很明确的定义却并不容易。我们国家的考古学泰斗——夏鼐先生曾写过一篇文章，叫《什么是考古学》，后来又组织编写了一大部《中国大百科全书·考古学》，在卷首有一个总论也说到了考古学的定义。他前后的两个表述就不太一样，一个说考古学是研究人类古代生活的情况，另一个则说是研究古代社会的历史，这也就是说夏先生本人也有一个认识的过程。不管有多大差别，有两项内容是离不开的：一是必须通过实物；二是要研究历史，人类古代的历史。这样的认识并不是大家都很明白的，其实就算是考古学家、考古学者的认识也不是完全统一、非常明确的。

我说一个故事，我当学生的时候，毕业那年（1957年）要进行实习，在河北省的邯郸。我因为有事儿在学校里耽误了几天，到工地附近的时候，我不知道这个工地具体在哪，就问一个老乡："您知道这儿有一个考古的在哪儿啊?"

他不知道:"考古的?"

我就说:"就是往地下挖的。"

"哦",他说:"就是挖宝的啊!"

我说:"不是挖宝的,就是……"我就跟他怎么解释都解释不清楚。后来,他当了我们的民工,他还是怀疑。

我说:"你说我们是挖宝,你看我们天天挖的是什么?很多都是陶片啊、石器啊,都是这些东西,你还不明白吗?"

"嗨,你们就是骗我们的,我们白天就挖这些玩意儿,晚上你们就再挖下面呗。"

所以那个时候,很多人不能理解我们挖那些东西有什么用,你跟他几句话哪能解释得很清楚。

我教了几十年的书,也看了不少考古学的著作,看了很多著名的学者对于考古学是怎么表达的。后来我琢磨了一个定义:考古学是研究如何寻找和获取与古代人类社会相关的实物遗存,以及如何根据这些遗存来研究人类社会历史的一门学科。

我解释一下,这里面首先讲考古学。刚才有位同学跟我说,考古学是研究实物遗存。没错,但实物遗存在哪里呢?你不得寻找吗?它不是直接摆在那儿的,所以考古学也要研究如何去寻找。等寻找到了有实物遗存的地方,你还得探讨怎样获取它。在考古学上讲就是发掘,你得把实物挖出来。通过寻找和发掘取得了资料,这是一套学问。这个学问在考古学里面叫作"田野考古学",并不是随便什么人都可以去干的。农民有时候也能刨出一些东西来,但那不是考古,即便他不是为了挖宝,他刨出东西捐献给国家,那也不是考古。考古学一定得有一定的方法。

考古学家主要在野外工作,野外天地那么大,究竟到哪里去找呢?不可能到处都有遗址,所以得有一套寻找遗址的办法,我们称作"考古调查"。调查到遗址,我们还得根据具体的学术目标考虑哪些遗址值得发掘。关于怎么发掘,还得有一套办法,叫作"田野考古学"。当然,学科本身是不断发展的。一开始最基本的是在地面上进行发掘,但是有的时候我们还会到海洋里调查,这叫"水下考古",比如近年来的南海一号、南澳一号。此外还有航空考古,有些地方我们人不太容易去;或者说我们也能去,但是在地面上不容易看清楚,在天上反而可以看清楚。就像一个地毯,地毯上面有花儿,如果一只猫在地毯上玩,地毯上的花它看不清楚,但是一个人站在地毯上一看,这个花儿就看得清清楚楚,这叫作猫视和人视。航空考古就相当于人视,它站得高,一下就可以看到整个的情况,所以我们发展了航空考古。

还有卫星考古。也有一个故事,有一个美国资源卫星项目主持人的儿子,在非洲跟一些考古学家进行发掘。考古学家说,我们搞这些古老的东西,你爸爸可是搞最先进的,跑到天上、跑到太空去了,你能不能给我们之间架一个什么桥梁呢?他说,我在你们这里发掘不就是桥梁吗?考古学家说,那不行,你对你爸爸的那套根本不懂。然后他回去就跟他爸爸讲了,他爸爸说可以考虑。后来,他在卫星照片上看到,在希腊科林斯(科林斯地峡)曾经修过一条运河,我们在地面上找不到,可是在卫星图片上地峡就是一条线,那条运河就出来啦。根据不同的红外、远红外的波段,不同东西对于土壤的不同反应就显示出来啦。所以不要小看了田野考古学,新的科学技术都可以用到上面,它是一门科学。

根据定义,考古学既然是研究人类社会,那么它当然属于历史学科。有人问我恐龙怎么样怎么样,我说,我不懂恐龙。越过人的界限,就不是我们考古学研究的内容了。

考古学的发现和研究是一个过程,也许是一个漫长的过程。一个遗址,我们往往要挖很多很多年,比如大家熟知的,中国学者自己最早发掘的安阳殷墟。安阳殷墟是1928年中研院史语所里面一个考古组开始着手发掘的。一开始听说那里有甲骨,还有甲骨文。有甲骨文就可能跟殷代有点关系,便开始了实地发掘。1928年到现在已经87年了。很早就在那儿发现了宫殿,发现了王陵,商代晚期的,出了很多甲骨文,甲骨文的档案都出来了,一个坑的甲骨文。但是作为整体的殷墟考古,一直到现在还年年都在发掘,年年都在勘查,完全清楚了吗?不,还早着呢。所以考古工作是一个漫长的过程,不会一下子就出来一个很明确的结论,它是一个逐步发现、不断研究深化的过程。在过程中,考古学所应用的手段会不断地提高,不断地科学化,所以它是一门生长的学科。刚才我讲的调查、航空考古、水下考古乃至卫星考古,都不是一开始就有的,卫星本身也没有多少年。总而言之,考古学是随着自然科学的发展而发展的一个学科。

考古学既是历史学又是一门独立的科学,它跟以文献为基础的历史学是不一样的。科学是什么意思?科学要实证,是可以验证的。比如说水分子,我们学过初等化学,一个水分子,是两个氢原子和一个氧原子构成的,你不信你就做实验,而实验结果都是这样。它是可以被验证的,可以重复的。考古呢,当然不像氢氧原子构成水分子那个实验法。它在时间上是可以验证的。我们经常讲考古地层学,就是说压在下面的东西要比上面的东西早,早的东西你总不能钻到底下去吧?我们考古学之所以讲地层,是因为地层是一层一层的,底下的早,上面的晚,这是不会改变的,不信你可以去验证。举例来说,我们发现一个存在黑陶的地层在一个出红陶的地层上面,根据这个现象就可以认为黑陶比红陶晚,你不相信可以再挖,肯定是红陶的地层在下面,黑陶的在上面,不会反的。所以说考古学是一门科学,它可以验证。

在澳大利亚出生的英国著名考古学家戈登·柴尔德说过一段话:"考古学引起了历史学科的变革,它扩大了历史学的空间方位,犹如望远镜扩大了天文学的天空视野一样,它把历史的视野往后伸展了一百倍,就像显微镜为生物学揭露了隐藏在巨大躯体内的细胞组织结构一样,考古学又像放射性给化学带来了变革,改变了历史学的研究内容。"这段话我解释一下,他都是拿自然科学的东西来打比喻,这种比喻就说明了考古学的科学性,它跟科学分不开。

举例说明。柴尔德说考古学像望远镜一样,扩大了历史学的研究范围。我可以告诉大家,我们的历史学多是研究历史文献,但如果是研究早期文明,像最早的几个文明:古代埃及、古代两河流域、古代印度、古代中国,那就出问题了。前三个地区的面积加起来还不到全世界面积的1%—2%,把中国加上也不到3%—4%。但是,除了南极洲以外,那百分之九十几的地方也有人啊。这些地方也有历史,只是他们没有文字,不知道自己的历史是什么。拿我们中国来讲,中国有56个民族,但有几个民族有文字,有自己的历史记载?除了汉族以外,大概还有蒙古族、藏族、朝鲜族,别的民族几乎没有。如果只是用文献来研究历史的话,那大部分地区的人民、大部分民族,难道都没有历史吗?当然也有,他们的历史是口口相传的。可口口相传的历史能传几千年、几万年吗?不可能的。但是这些地方只要有人生活,就会有实物遗存,所以都有可能利用考古学去研究他们的历史,这样考古学就一下子拓展了历史学的研究空间。

然后他又说"把它拉后了一百倍"。什么意思呢?现在大家都有一个常识,人类最早的历史——古埃及的历史,是公元前3 000多年,也就是离现在5 000多年。但是,人类的历史可不止5 000多年。人类的历史究竟有多少年呢?这个说法不一。一种说法是说从猿到人,走入人类这条支系以后大概有200万—300万年。一种认为那不算人,那都叫作直立人、早期智人,应该从晚期智人算起,或者称为现代人,现代人也有好多万年。如果从两三百万年前算起的话,那人类的历史可就不止被提前一百倍了。所以考古学,只要有实物遗存留下来,就可以进行研究,它不受文字的限制。

第三,从考古学的研究内容来看,我们现在的历史包括这么几段,一是史前史(或者叫作原始社会史);一是早期文明的历史,早期文明的历史就是之前我讲的古埃及、两河流域、古印度的历史,也包括古代中国早期的历史。但除了古代中国以外,那几个古代文明几乎都没有文献记载,都是靠考古发现的。具体来讲,考古除了发现实物以外,也发现了很多文字,像古代埃及的文字、两河流域的楔形文字、古希腊的文字。

西方有一部片子,叫作《寻找失落的文明》,就是说那些文明已经失落了,那些文字谁也不认识,是后来靠一些学者去探讨、研究,最后才好不容易把它释读出来。所以,中央电视台就有人找我说,严先生,您能不能主持一个我们中国版的寻找失落的文明。我说,我们中国没有失落的文明,我们中国的文明清楚得很。为什么呢?我们中国,比如说商代,这是中国的一个早期文明了,它有文字,这个文字就是甲骨文,没有失落啊!一个完全没有学过甲骨文的人,给你拿一片甲骨来,有的字你立刻就能认,因为过去字的规律跟现在是一样的,一横就是一,两横就是二,三横就是三。即使有些字变了样,但语法跟现在是一样的。所以,你看一片甲骨上的文字,它里面多半是占卜、问神、问祖先的句子,每片基本都差不多。即使你完全没有学过这个,你多念几遍可能也就会了,因为当时的语法跟现在是一样的。再说古埃及文明,现在古埃及地理范围内的埃及人是阿拉伯人,不是原来古埃及人的后裔。同样,两河流域、古印度也都是这样的。所以,只有中国的文明是没有中断的文明,中国文明不是一个失落的文明。我们需要寻找古代的文明、早期的文明,但不必找失落的文明。

既然考古学建立了史前史,建立了早期文明史,那么对于文献已经比较丰富的历史阶段,考古学还有什么作用吗?我认为照样有非常大的作用。

比如说,我以前在北京大学国学院指导过一些博士、硕士(国学院招收文、史、哲、考古四个方面的学生)。其中有一个原来读中文系的学生,他对汉赋很有研究,特别是对《二京赋》——就是长安跟洛阳非常感兴趣。《二京赋》讲得那么生动,两京到底是什么样的呢?文学作品记载的历史又有多少真实性呢?当你从考古学角度来看,汉长安城和汉魏洛阳故城的情况就很清楚了，我们甚至可以知道城里面的布局。像汉长安城里面的未央宫、唐长安城的外郭里坊，这些都是很清楚的。所以，后来那个学生把考古学资料和文学资料结合起来研究，写出了一篇很成功的博士论文，当时学校就很欣赏这种做法。所以不是说有了历史文献记载，考古学就没有用武之地了。

我们知道秦始皇这个人很残暴，好大喜功，修了长城。虽然长城在历史文献上有记载，但长城到底是什么样子的呢？我们现在完全可以去调查。哪是秦长城，哪是汉长城，哪是明长城，哪是新修的长城。文献记载秦始皇发70万刑徒修骊山秦陵，但秦始皇帝陵到底是什么样子的呢？通过考古学研究，我们基本弄清了它的整体格局。目前，我们仅仅挖了几个秦俑坑（就是给他陪葬的坑），其中一号坑还只挖了一部分，就已经让这里变成了非常吸引人的地方。原来谁能想象到这里的塑像有那么高的艺术水平？从历史文献上我们只能了解到秦始皇很残暴，发70万刑徒（奴隶）去修他的墓，但具体修成了什么样呢？虽然我们现在也不是全部了解了，但通过考古工作，皇陵的规划、布局是清楚的，包括秦俑坑的情况。

我们中国是丝绸之国，中国的丝绸有历史。但中国古代的丝绸有着什么样的水平？是怎样织的？我们不知道，因为通过文献记录你是不可能知道的，也没法知道。马王堆汉墓发掘以后，那里面有大量的丝绸，各种各样的织法，其工艺水平可以说跟现代差不多。其中有一件蝉翼纱。一件纱，一件上衣，为什么叫蝉翼纱？因为那种纱衣像蝉的翅膀一样半透明。刚挖出来的时候，因为它是出土的东西，有点土色，摆在当时的一个临时展柜里。可有一位姑娘她不知道那是文物，看到桌子上有不干净的地方，就把它拿来擦桌子，这可了不得。这件事把后面知道的人吓坏了，赶紧拿去清理，还好着呢，一点没坏，干了以后才知道这是一件上衣。有多重呢？49克，一两还不到。这是汉代的水平。我可以告诉大家，在湖北的江陵，有一个马山一号战国墓，比马王堆汉墓还要早。因为是一种特殊的保存条件，衣服都保留下来了,其中的丝绸跟马王堆差不多,织的水平也非常高。像这样的东西从文献上怎么去了解?没法了解。

还有中国的铁。在古代社会,铁是很重要的,那是战略物资。什么时候开始有铁的呢?不知道。但我们现在慢慢知道了,中国的人工冶铁,大概是从春秋时期或者西周晚期开始的,也就是距今两三千年。中国因为此前制作青铜器,有一套非常高的冶炼技术,可以直接拿来冶炼铁,所以在春战之际,大约也就是公元前500年前后,就知道把铁化成水,倒模子铸生铁了。冶炼铁是很难的,跟冶炼铜不一样,欧洲能够制造冶炼铁要迟至17世纪。所以,我们从文献上能知道春秋战国可能有铁了,但是什么铁呢?不知道。考古的好处就是:你不但能发现铁,还能知道这个铁是怎么制造的。我们还发现了很多冶炼铁的炉子,还有做铁器的模子,有陶的,泥的,还有铁的。从这些例子来看,考古学大大充实了历史学研究的内容。

再说陵墓制度。考古学家发掘过几座帝王陵墓,知道等级制度在墓葬里体现得非常清楚。比如,周代有所谓的用鼎制度,天子九鼎,诸侯七鼎,卿大夫就只能用五鼎,这个很清楚。如果我们没有发现这些墓葬,就不清楚。墓葬一挖,里面这个人是什么等级就清清楚楚。

考古学补充了很多历史学的内容,社会史、经济史、生产史、技术史,还包括艺术史等等。现在能够留下来的古画,最早不过唐宋时期。但是通过发掘,墓葬里面的壁画可以一直追溯到汉代,甚至春秋战国。

很多历史文献无法讲清楚的事情,可以通过考古学展现出来。因此,总体来讲,考古学是历史学的一次革命,是历史学发展的一个高级阶段。无论是年代、研究地域,还是研究内容,都大大丰富了。不是像有些学者讲的,历史学和考古学像一个马车的两个轮子,研究历史缺一不可,一定要有一个文献的历史,也一定要有一个实物的历史。你们看我刚才讲那么多,就不像两个轮子,两个轮子不相称,考古这个轮子太大了，对吧？所以它们不是并行的，考古学是历史学发展的一个高级阶段，改变了历史学的面貌，是历史学本身的一个革命。

我讲了半天，好像考古学是个万能的学科，其实考古学也有很大的局限性。局限在哪里？首先，考古学的目标是研究人类社会的历史，而人类的社会，不管是比较低级的还是比较高级的，它都不是全部以实物遗存的形式留下的，不全都是表现在实物上的。比如说，我现在讲话，这个话本身并不是实物，但我讲的内容也是我们现在历史的一部分，考古学就一无所知。我打个不太恰当的比方，比如说，我们在座的各位，一旦有地震来了，大家都被埋了，以后考古可以发现地层下面有很多的座位，我这有这么一个座位，我肯定是讲课的，你们一定是听课的，或者是我在作报告，你们是听报告的。可能会有黑板，或者有一些辅助我讲课的东西，仅此而已。你还能有更深的了解吗？所以，考古学最大的局限就在于它只是实物，而它的目标却是研究社会。这是有差距的，并且这个差距不是很容易就能弥补上的。所以，很多考古学的理论、方法论都是想拉近这中间的差距。

其次，即便是实物遗存，也不一定都能留下来。比如我们研究旧石器时代，靠什么来研究人？得靠化石，就是说人的骨头都变成石头了。这得有条件，人如果死了，腐烂掉了，在地面上不可能变为化石，即使是被土掩埋了也不可能变为化石。它需要在一种特殊的条件下被掩埋，掩埋的环境得有地下水，里面包含钙质，钙质不断取代骨头里的有机质，使它慢慢石化，变成石灰石。如果没有这个条件，那化石就没法形成。所以，不是什么都能以实物形式表现出来，不是什么实物都能留下来。

另外，即使是能够留下来的遗存，我们也不一定都能发现。尽管我刚才讲了半天，说我们有套办法，但也不能把什么都发现；其实，绝大部分是发现不了的。那么，发现了以后，有多少能够发掘呢？也是很少很少的。我们发现的遗址数以万计，而我们发掘的遗址最多也就以百计，而且也不是每一个遗址都完整地发掘了，很多都只挖了一部分。刚才我讲的殷墟遗址，挖了87年也没有挖完，只能挖一部分。我还要强调，这发掘的一部分中，能够做到科学发掘，一点不失误的，只占更少的一部分。

这样得来的资料，要复原古代的社会、历史，谈何容易？所以不断有学者想建构一些方法，搞一些理论的思维，比如中程理论之类的。这在西方比较流行，有过程考古学、后过程考古学等等各种各样的理论。改革开放以后，这些东西一下进来了。当时很多年轻人问我，严先生，他们这些理论，一个人这么说，一个人那么说，到底哪个对啊？我说，你不要被那些理论吓倒。有好多人的考古实践很少，却说得天花乱坠，好像头头是道，是那么回事儿，其实不一定。什么样的方法能让你最正确地了解、寻找和发掘实物，就是好的方法。什么样的理论能使这些资料得到科学的解释，可以用它来解释人类的历史，就是好的理论。

考古学既有优越性，又有局限性。作为一个考古工作者，一定要做到头脑清醒，即使你不是学考古的，看到有些考古报告，或者考古论文，讲得天花乱坠，也不要轻信，再检验检验。

最后我再谈谈考古学的危机。我们现在每天都在高速地建设，你们知道，通过南水北调工程从丹江水库把水调到北京来，挖掉了多少遗址，毁掉了多少遗址！我们的高铁比世界上任何国家都发展得快，一个高铁也要经过很多地方。还有更严重的，叫城市化。城市化是什么意思？是大量地毁灭，大量地建设。把历史文化都给毁灭了，甚至盖些不伦不类的东西。很多人怀旧，寻找旧北京，哪有啊？就一个天安门，就一个故宫。这是一个非常严重的问题。还有现在所说的遗址公园，现在大量地在搞遗址公园，但哪个公园没有建设，建设就要动土，动土就难免毁坏地下的东西。

最近我从微信上看到，冯骥才写了一个东西，写得还不错，他虽然不懂考古，但这些东西讲得挺好。他说现在的建设性破坏非常厉害,大家都觉得是在干好事,其实是在破坏。所以考古学有危机,非常大的危机。那么怎么办?就得普及考古学知识,让比较多的人了解考古学是怎么回事儿。把这些东西完全毁灭了等于把我们的根脉给断了,我们不知道我们从哪儿来,这是不可以的。

所以这些年,我发现了一个相当流行的词,叫作"公众考古"或"大众考古"。我看了一些材料,如果大家有兴趣的话,可以看南京大学办的《大众考古》杂志。这个杂志办得不错,图文并茂,懂考古的、不懂考古的都可以看。总之,我们要唤起民众,要珍视祖宗的历史,珍视自己的根脉。保护文化遗址、文化遗产,是一个非常重大的任务。我就讲到这儿,还有点时间,大家可以提提问题。

学生:严先生,您刚刚提到了公众考古,我想知道您怎么看待它在中国的发展。

严先生:我们过去,特别是学校里,有一些实习。我们发掘出来一些东西以后,常常在当地做一个展示,给当地老乡们讲一讲。首先是那些民工,我们平常就和他们天天在一起,给他们讲;还会办一些展览,让大家了解我们不是怪物,我们是在进行考古工作,这实际上就是公众考古。过去和现在不同,如今"公众考古"这个词一出来,大家觉得这个事儿很重要,有不少单位也很重视,开展公众考古活动。但目前做得好的并不多,我自己了解的就是《大众考古》杂志,一般的活动最多也就几百人参与,影响不会有多大,而这本杂志全国都可以看到。总之这件事情还是应该提倡,应该让更多的人有机会去了解考古学是怎么回事儿,因为每个人都有责任来保护古代的遗产。当然,要每个人都很懂考古学是不可能的,我们也不能那么去要求。

学生:严先生您好,您能否介绍一下您是如何走上考古学这条道路的?还有,我们这些后辈应该如何来开展自己的考古研究呢?谢谢您!

严先生：我小时候迷恋自然科学，想当爱因斯坦。我考北大，北大不是以科学民主著称吗？一个"德先生"，一个"赛先生"，我就是冲这个赛先生来的。结果呢，没有考上物理系，因为我选的专业太窄了。我就喜欢理论物理，理论物理一年就招10个学生，后来我就跑到历史系了。当时我们考古专业的主任苏秉琦先生找到我，他不知道从哪儿打听了一下，跟我说："听说你喜欢理科呀，你来学考古吧，虽然它是个文科，但考古是个边缘学科。"他说："第一呢，考古会用到很多理科的东西；第二呢，好像你也喜欢画个画之类的，考古经常要画图的，你过来吧！我们这正好缺一个班长，你来当班长。"我就是这么过来的。

过来当然也还是不知道考古是怎么回事。我看见刚才有几个同学拿着我那本《足迹》。《足迹》是我走的足迹，里面介绍了我是怎么走上考古之路的。第一篇就讲的是裴文中先生带我在内蒙古实习。裴文中，大家应该都知道吧，其实那个时候他才50多岁，我们都说他是个老专家，都"裴老""裴老"地叫。裴老这个人非常风趣，他能把一个很深奥的问题讲得让你挺开心，觉得是那么回事儿。我开始知道，考古学还是一个很有趣的，可以拓展人思路的学科。这是起了一个头。

我真正进入考古学是在邯郸实习的时候。在那里我认真地发掘了两个遗址，才知道什么叫作地层学，什么叫作类型学，这么一套方法整个顺下来以后，我可以把龙山文化分为早晚两期，我还把早商和西周的遗存也分了两期。这个西周遗址的两期，就是到现在照样没有错。这是我第一次实习，当时我还是个学生，为什么我能做到这个样子？是因为我按照考古学的这套基本方法认真地去做了。我作为一个学生都能做到这样子，自然就为我研究考古学奠定了一定的信心，然后就不断地深入，这以后的路子就长了。

我一毕业就留校当老师，而且不但当老师，还到了我们教研室当秘书。这样我就势必要考虑怎样教学的问题；势必要考虑作为一个秘书该怎么工作，整个学科该怎样布局的问题。当老师有时候有好处，它逼着你，不能只研究一个地方，要懂全国的，甚至还要懂一点世界的；要懂考古学的方法、理论，要指导学生，要告诉学生怎么学习和研究。所以当老师有当老师的好处，我是深深地体会到了。

学生：严先生您好，非常荣幸今天有机会听您精彩的报告。您很早就提出稻作农业起源于中国长江中下游地区，而且认为它分布于野生稻边缘地带。您能否给我们讲一下这个理论是如何提出的？谢谢！

严先生：关于稻作农业，我有一本书叫作《长江文明的曙光》，这本书里面有一篇比较长的文章叫作《稻作文明的故乡》。还有一篇我跟一位日本学者，号称"日本的郭沫若"的梅原猛先生的文章。梅原先生兴趣非常广泛，他写了两百多部书，原来是研究西洋哲学的，后来又对东方哲学产生了兴趣。他觉得西方哲学过分强调"个人"，强调"人定胜天"，改造自然；东方则强调人与自然的和谐，"天人合一"。现在看来，在解决一些社会问题上，好像东方哲学更有效。比如说原来以为东方哲学是落后的、保守的，后面"亚洲四小龙"一起来，中国发展得这么快，那显然不是落后的、保守的，所以他就转向研究东方哲学。那么东方哲学也应该有个基础，他说"西方哲学是建立在小麦、大麦的基础上，建立在旱作农业的基础上。东方应该建立在稻作农业的基础上"。因为东方这些国家基本上都是吃大米的，比如韩国、日本、东南亚、印度等，中国其实大部分也是吃大米的。他一听说我是研究农业起源的，就一定要跟我对谈，我们对谈了两次，然后在日本出版了这本《长江文明的曙光》。

我一直认为，水稻的起源地是长江，而不是华南。过去一些农学家认为水稻起源于印度，或者起源于东南亚，又或者起源于云南、缅甸到印度阿萨姆山地一带，没有人讲是从长江起源的。我从考古发现、历史上关于野生稻的记载以及现代野生稻的分布几个方面琢磨来琢磨去，认为应该是从长江流域起源的。为什么？我提出了一个边缘论。因为在华南、东南亚和印度野生稻多得很，到处都有野生稻。不但野生稻多，别的食物也很多，果子也很多（就是可以吃的根茎类），所以那里采集经济一直比较发达。我有时候跟广东人开玩笑，我说你们老是喜欢吃生猛海鲜，就是你们老是采集，对于北方的种植农业和在种植农业基础上产生的这些烹饪技术你们不懂。这一方面是开玩笑，一方面也确实有关系。

  长江流域为什么是稻作农业的起源地呢？因为长江流域无论是历史记载，还是现代的发现，都有野生稻，但是不多，它是野生稻分布的边缘。那么边缘是什么意思呢？比如说江西的东乡现在还有野生稻，我专门在那调查过；湖南茶陵也还有野生稻，但是不多。长江流域的文化很发达，文化发达人口就多，人口多对食物的需求就多，而长江流域又有一个比较长的冬季，冬季的食物比较匮乏。食物匮乏，就必须得有一种可以称作食物的东西能够储存到冬季。什么东西能储存？稻谷能储存。开始不会很多，但当个补充总有点好处。所以，人们就开始驯化稻子，把野生稻慢慢驯化，逐渐演变成栽培稻。这个过程是在长江流域实现的，不是在华南，更不是在东南亚和印度实现的。

  我的这个理论一出来，美国的几个考古学家很感兴趣。有个考古学家叫马尼士，在墨西哥做过40年玉米的考古，在西亚也做过小麦、大麦的考古，就没做过水稻，所以他就一定要找着我。后来我们合作在江西的仙人洞和吊桶环遗址做了两年考古。非常遗憾我们没有发现稻子，但是发现了很多稻子的植硅体，大体上也能说明那里比较早就开始有驯化的过程。正在这个时候，湖南道县玉蟾岩发现了两粒稻子，这个稻子又像野生稻又像栽培稻，我们也正需要这玩意儿。后来美国哈佛大学有个学者叫作巴尔·约瑟夫又找到我，跟我合作在道县玉蟾岩发掘了两个季度，非常遗憾，我们挖的那个地方倒是出了一些稻子，就是有点扰动，考古一有扰动，就不能作为实证了。

但是我们做了很多其他的研究，比如植硅石之类的研究证明一万多年以前确确实实已经开始驯化野生稻，但是正式变成栽培稻，变成另外一个种，比较晚，得出现水稻田。现在，中国也好，世界也好，最早的水稻田是在长江流域发现的，这不就是考古实际证据嘛。

我给你们说个笑话。稻谷里面有两种稻子，我们中国汉代就有这两个词儿，一个叫粳，一个叫籼，就是粳稻和籼稻——稻谷的两个亚种。日本只有粳稻，就是圆粒大米；而泰国、东南亚只有籼稻，就是长粒大米。我们中国这两种都有。虽然在汉代这两个词儿就出现了，但是农学家不知道啊。因为日本都是种的粳稻，农学家就把这种稻子叫作日本稻；那种比较长的就叫作印度稻，农学家认为这种稻子是从印度起源的。随着考古工作的开展，日本的很多学者也都觉得不管是粳稻还是籼稻，都是从中国过去的。那么是怎么从中国过去的呢？就得找通路。他们认为是从长江口过去的，中国在浙江河姆渡发现了比较早的稻子，河姆渡离长江口不远，便是从那儿过去的。

但我说那怎么过得去呀？因为传播发生在公元前好几千年，公元前四五千年也就是距今六七千年。那个时候能够在海上航行的人，只能是渔民，不可能是农人。那渔民会带稻谷吗？即使他也吃一点稻米，那也是带大米呀，不可能是带稻谷，对吧？而且他怎么到日本呢，他怎么知道那边有个日本呢？他不知道的。也就是说是很偶然的机会，有个什么狂风之类的把他吹过去的。当然不能排除这种可能，但就算真的吹过去了，这人也是九死一生了，九死一生的人上岸，日本人不认为那是一个怪物吗？不把他宰了才怪呢。他会教日本人种稻谷吗？种稻谷不是说我拿了东西给你，你就会种了，那是一个文化发展的过程。你要知道什么时候种，什么时候收，收割以后的稻谷也不能直接吃，还得把它加工成大米。

这个过程怎么教会日本人呢？不可能的。我给你们打个比方，我们云南有一个苦聪人，住在山野里面，没有房子，当然也不种植任何东西，靠采集野果子为生。1949年以后，我们觉得苦聪人这些兄弟太苦了，就把他们找回来，给他们盖房子，也给他们送大米吃，教他们怎么做饭，教他们怎么种田、种水稻。可他们觉得这样苦死了，搞了一段时间就跑了，跑了以后又把他们找回来，如此六次才基本上定下来。那被暴风吹到日本的几个渔民，既没有共产党干部的那种干劲，那种民族政策，也没有那么高的文化，他都九死一生了，怎么可能会教日本人搞这种东西，不可能的。

我们那时候很有意思，我们好几个人一块儿对话。樋口隆康先生也算我的老朋友，比我年纪还大，他就认为水稻是从长江口传播过去的，结果其他人都站在我这边来攻击他，那时候正好要打伊拉克的萨达姆·侯赛因，他说我又不是萨达姆·侯赛因，你们为什么老攻击我。所以，水稻的传播行为，只能是从长江到胶东，从胶东到辽东，从辽东到朝鲜半岛，再从朝鲜半岛到日本，这是一个接力的过程。这里面有很多说法，我今天不展开了。这是有很多事实证明的，年代顺序也合适，所以现在大家基本上都认可我这个说法。

学生：严先生您好，谢谢您作的这个报告，使我受益匪浅。有一个问题，我是外行的，想问一下您，考古地层学都关注哪些方面？

严先生：考古学所谓的地层，就比如说，有一个房屋倒了，它就会形成很多垃圾，地下就成层了，你要是把它切开，它上面的一层就是房屋的垃圾，下面的就是原来的地层，不就是两层吗？或者我们平时倒垃圾，老在一个地方倒垃圾，那垃圾慢慢就形成一个层，各种各样的情况都可以形成地层。你说的这个问题很有意思，有很多初做考古的人不懂地层形成的过程，以为在一个遗址里面，一个时期就是一个地层，不可能的。一个时期可以形成很多地层，而地层往往都是局部的，不可能把一整个遗址都覆盖上，除非有一个人为的活动，要把这个地平一平，再垫垫土，那不是自然形成的地层。所以地层其实就是一块一块土叠上去的，这样势必有一些在下面，有一些在上面。下面的地层是早的，上面的会晚，晚的时候不可能把东西堆到早的地层下面去，对不对啊？这个很好理解的。

有的人根据地层中偶然发现的一个东西，比如说，上面的地层出来根粉笔，而下面的出了个杯子，就认为这个杯子比这个粉笔早，但要我说那可不一定。我们要明白地层与它里面的遗物之间的关系，因为东西是制造的时候形成的，不是废弃的时候形成的。那么，再比如说，我家里有一个现在的瓷器，我家小孩不小心把它给打碎了，我把它扔了；后来，我买了一个明清时期的瓷器，小孩又不小心把它打碎了，我又把它扔了。那么很明显，明清的瓷器就扔在上面，反倒当代的瓷器在下面，你不能根据这么一个地层就说，当代的瓷器早于明清的瓷器，不是的。所以要分开。

那么考古学又是怎样根据地层来把这些器物的早晚分开的呢？这就有个概率的问题。就是说，不能老是现代打碎的都在下面，明清打碎的都在上面，这不可能的。所以，类型学的创始人，瑞典学者蒙特留斯认为，这样的过程应该重复三十次，才可以从偶然性变为必然性。我们根据多年考古工作的经验发现，不需要三十次，有那么几次就可以了。如果是一群器物，一两次就可以了；如果是单独一件器物，就得重复多次。这是一个概率的问题，不是说在下层的东西一定早，在上层的东西一定晚。

学生：严老师您好，我想请问一下考古学研究对于现代社会有什么意义？您刚才讲了考古学的危机，我感觉它主要就是和现在的社会建设有一定矛盾。如果我们能够发现它的矛盾并给予一些帮助，扩大这种社会影响，是不是可以缓解一下这种危机？谢谢。

严先生：这就是刚才讲的公众考古学的功能。到底我们古代这些东西有什么用？有的人会发问，你学历史有什么用，学考古有什么用，又不能吃，又不能穿。我说，人生活在世界上，并不只是为了吃和穿，当然没有吃、没有穿是不行的。你说我们发射卫星花多少钱哪，那能吃能穿吗？但它代表了我们科学技术的发展，而且它是资源卫星也好,国防卫星也好,确实是有用的。很多学科都不是为了能吃能穿的,但是能提高人的素质。一个人生活在世界上,他应该有个追求,应该成为一个有文化的人。我们现在不是有很多议论嘛,说中国人怎样怎样,你们可以打开微信看一看,这些事太多了,那些人都缺乏文化修养。而考古学作为一个学科,对你的科学素养,对你的传统文化素养都是有帮助的。比如说人从哪里来这个问题。上帝造人是不是也还有可能啊?中国古人说的盘古开天地有没有可能啊?了解了考古学,你就不会问这种问题了。

学生: 严老师,我是一个考古爱好者,对于我来讲我非常关注您刚才说的一件事情。刚才您提到目前发现了很多遗迹,您说发现的遗迹是数以万计的,但发掘的只不过数以百计。我也能理解咱们现在可能是由于科学技术的限制,比如说秦始皇陵或者明十三陵这样的很多皇陵都没有被发掘。从考古爱好者的角度来讲,我个人是特别着急的,我特别想知道这些皇陵里到底有什么东西。我想您作为一个考古专家也特别想了解那里面有什么东西吧,目前有没有一个发掘规划,还是就一直这样等下去呢?我想请问您是怎么看这个问题的。

严先生: 为什么我们不挖古代帝王陵墓啊?这是因为我们现在的技术,特别是保护的技术不过关。挖出来挺好,但是你怎么保护呢?不如留给子孙后代,当科学技术更加进步,保护条件更好的时候,人家有兴趣,再挖开。

但是一个非常偶然的机会,我们最近挖了一个帝王陵——隋炀帝陵。为了保护运河,我们在运河旁边的一些地方适当地做了点考古发掘,挖了个很小的墓,但谁也没想到这是个帝王陵。虽然很小,但是墓志说得清清楚楚,就是他。所以我说这是个大好事。什么大好事呢?我们历来都认为隋炀帝是个花花公子,花了国家多少钱去修了那么一条运河,就为了到江南去看琼花。历史不就是这么记载的吗？你现在看看秦始皇是个什么陵，再看看隋炀帝是个什么陵。秦始皇干了什么，秦始皇焚书坑儒；隋炀帝干了什么，隋炀帝建了一条运河。长城在当时是起了点作用，但也不都是秦始皇修的，早就有了，他把它们连到了一块而已。运河这么长，水只能从高处往低处流，它怎么修呢，当时用了很多科学技术。比如说，山东南旺那个地方，有好几层梯级的提水坝，把水提过去。而且运河现在还在用啊！世界上哪有第二条运河有这么长，有哪条运河从隋代（当然后来还有继续再修，隋代没有京杭运河，它是到洛阳）到现在还在用，还在发挥作用？运河起到的经济效益有多大，对民族交融、南北交融的作用有多大，世界上没有第二个。我就觉得应该申请世界文化遗产，果然一下子就通过了。连长城都可以成为世界文化遗产，运河比长城价值高得多，为什么不能？反过来说呢，应该给隋炀帝翻案。

学生：严先生您好，非常荣幸今天能听到您的讲座。最近在石峁发现了城址，它的规模比南方的良渚城还大。那么我们怎样认识在这样一个地区存在这样一个城，在这样一个新石器时代存在这样一个阶段？我想请问您对此有什么看法？

严先生：石峁我们也都感到很惊讶。石峁城在陕西的北部，属神木县，这地方现在还比较荒凉。新石器时代的先民在山上修了一个三四百万平方米的城，有内城、有外城、有皇城。我虽然年纪比较大，但石峁城我还真上去看了一下，为此我还写了一首词。因为我知道，范仲淹曾经戍边就是在这个地方，那时叫麟州，有首词叫《渔家傲》："塞下秋来风景异，衡阳雁去无留意。四面边声连角起。千嶂里，长烟落日孤城闭。浊酒一杯家万里，燕然未勒归无计。羌管悠悠霜满地。人不寐，将军白发征夫泪。"我小时候就念过这首词，到了那里我一看，不就是石峁！在龙山晚期到相当于二里头的这段时间，也就是公元前2000年前后，在山上有这么大个城，出了很多的玉器。

后来我自己也填了一首词："石峁山城风景异，老夫迈步登石级，走近东门寻彩壁。残迹里,红黄白色皆鲜丽。巍巍皇城居重地,层层叠石围墙壁。礼玉玲琅璋与璧,惊未已,文明火炬边城起。"因为东门那儿有彩绘的墙壁,石头砌得非常好,而且画的彩画,有红的、黑的、绿的、黄的,好几种颜色,非常鲜艳。但可惜了,它不可能都留在墙壁上,很多都垮下来了,有的一块一块还是可以看得清楚。石峁城还有个皇城,也都是石头砌的,砌得非常非常好。

但是如果你光看这座城,你是看不明白的。后来我们将这城里发现的东西与周围的进行比较,比如说一些陶鬲,跟山西陶寺遗址的几乎一样。它作为一种文化,差不多能覆盖整个陕北,甚至还覆盖了二里头的一些地方。为什么我们认定它的年代可以晚到二里头呢?因为它的一些遗物和二里头几乎是一样的。它跟北面的游牧文化也有非常密切的关系,比如很多人头的雕像,跟游牧文化的差不多。所以在当时,这里很可能是游牧民族跟农业民族交会的地方,这种交会的地方,往往有冲突。游牧民族经不住冬天的大雪,冬天来一场大雪把他们的牲畜都冻死了,他们吃什么,怎么办?最便捷的办法就是去南边,找农业民族要东西。农业民族不给,他就抢,一抢,人家就要抵抗,所以我们中国历史上,整个长城沿线,都在不断地冲突。长城就是一个农牧交界区,但作为内地的统治者,也不能完全将它阻断,所以就留了几个关口,还是可以进行贸易的。或者实行和亲政策,不然没有什么办法管理啊。可是在那个年代,是没有这样有力的政权来做这件事情的。石峁这个地方,很可能就是当地先民想法子抵御这种冲突,或冲突起来了也有能力来管控的这么一个地方,不然不会在这个地方建城。我想就是这么回事儿。

学 者 访 谈

受访者：Tim Schadla-Hall（伦敦大学学院）
采访者：范佳翎、王　涛（首都师范大学历史学院）

1. 您曾经从事过多年田野发掘，也负责过很多博物馆展览，是什么契机让您走上公众考古学研究之路的？

许多年前，我曾同时承担田野考古学者、教师和博物馆馆长的工作。虽然我对考古学充满了热爱，但在此期间我逐渐意识到很多人并不理解考古学，不认同考古学与所有人相关并具有重要意义。我认为每个人都应该有参与发现他们自己过去的机会，因此我特意参与田野徒步活动，因为这是让人们了解地表调查和分析的一种方式。同时，我也对过去因为各种政治原因不断重新阐释历史这一现象感兴趣，人们并不明白虚构过去是多么容易的事情。

2. 您曾经给公众考古学下过定义，您对以前的定义有没有新的认识或调整？

我仍然认为我们应该采用广泛的定义。遗憾的是有很多人，特别是不少学者试图给出狭隘的定义，甚至将这个领域细致划分。我仍然认为所有因素都与广义定义相关，比如过去的政治因素和虚构过去一样都与教育和考古学直接相关，与之相似的是教育以及保存和展示考古的需要与经济直接相关，激发在地社区参与考古会增强他们的幸福感和身份认同。我主要关心的并不是公众考古学的定义，而是积累能够说明考古学在公共领域有用的资料。

3. 不同的学者对公众考古学有不同的定义,您如何看待这些不同的定义? 造成这些差异的原因您认为是什么?

我已经谈及定义的问题。很遗憾许多狭义定义的研究都是来自学术界。我认为,如果仅是试图缩小和细化一个研究领域,而非贡献新的工作和研究,是非常危险的。公众考古学的内涵意味着它的研究领域会随着时间和兴趣点的转移而转变。比如寻宝这一大家密切关注的领域,无论它是否合法,长期以来都非常活跃。在大多数国家,它受到法律的制约,并且有许多不同的社会经济群体将其作为研究的对象。综上所述,我们很难对一些狭窄的研究领域进行定义,因此我认为广义的定义是只要它涉及、符合公众考古学即可。

4. 至少从中国的例子来看,公众考古更重实践,而很少重视理论或者学理思考,您怎么看公众考古的理念与实践之间的关系?

理论是一切实际活动的基础,所以对公众考古学而言,我并不认为这是一个问题。如果没有从经济学借鉴的理论基础,我们就不会思考考古学的经济问题;研究考古学教育问题时,教育学理论特别是建构主义发挥了重要作用;同样,在考古学与民族主义和身份认同问题上,也需要大量政治和社会理论,因此,理论广泛存在。

5. 在中国,很少有考古学家认为公众考古学是考古学的一个分支,您怎么看公众考古学在考古学科中的定位?

正如戈登·柴尔德所说,考古学是关于我们的,是研究人的学科。所以在某种意义上,所有的考古学都与公众有联系,或者说应该与公众有联系。为什么说让公众参与我们的考古实践十分重要? 这有许多实际原因,简单来说就是,如果公众能够理解考古学,他们就会支持我们,那么对考古学家来说就会有更多的工作机会。此外也很重要的是,我们非常有必要对过去进行阐释,因为很多人神话过去,而考古学家们可以弄清真相。如果我们对社会无用,那么考古学为何存在？

6. 您认为公众考古是考古学家的兼职还是应该专门有一批"公众考古学家"来从事相关工作？

我一直希望考古学家能够在公共背景下考虑他们工作的意义。公众考古学是一个研究领域，更是一个关于沟通和交流的领域。考古学家应该始终认识到公众考古学与他们从事的考古学专业领域同等重要，我并不认为公众考古学与考古学家关注的史前考古学、罗马考古学或者中国考古学等特定领域是分割开来的。公众考古学不应该是兼职，它应该是我们工作的重要组成部分。

7. 在当前的世界局势下，您认为公众考古学对考古学和大众有何新的意义？

正如你所知，有一本反映这个问题的书，就是 Katsuyuki Okamura 和 Akira Matsuda 的《全球公共考古学的新视角》（*New Perspectives in Global Public Archaeology*），它讲述了许多构成公众考古学讨论和研究范畴的问题，尽管当我们涉及已经被广泛使用的文化遗产概念时，很难说清其所指。但回到你的问题，我认为大部分我们关心的领域已经得到认知，应该发生的（以及假以时日将会发生的）是认可这些不同的领域。比如在这个全球化的世界，因为旅游业的发达，考古学的经济价值得到了进一步关注和强调。同样，近年来停止或至少控制非法文物贸易得到了非常多的关注。但很不幸的是，我发现教育议题失去了学术关注度。我们应该继续关注考古学和身份认同的研究，因为这是一个永恒的话题。

8. 您对中国公众考古学的发展有何建议？

在中国，公众考古学有很多可以发展的领域。我希望考古学能够在学校得到进一步发展，因为建构主义理论能够在考古学教育中广泛应用。此外,向公众介绍考古过程和开展相关活动会使他们产生对过去的兴趣。我知道中国许多博物馆鼓励用亲自动手的方式让公众了解过去,比如面向儿童开展了解考古发掘技术的活动,我希望这些能够继续发展。我还希望能够加强对考古学带来的经济效益的进一步研究。在世界各地,考古发现有助于旅游业的发展,我感兴趣的一点是旅游产业的收益是否回馈考古学。我注意到当旅游公司和酒店等其他设施获利时,大部分收入并没有反哺考古领域。我也对历史如何被人利用和滥用以建立身份认同和起源故事保有好奇心。我意识到这对研究来说是一个存在危险的领域,但这也是我希望能看到更多研究的一个领域。更重要的是,我希望考古学家能够与公众分享他们的工作,并且让更多的公众参与到这一为了所有人的事业中。

第二部分

主 题 研 讨

公众考古大家谈

2015年5月，为了筹备第三届"中国公共考古·首师论坛"，首都师范大学公众考古学中心开设了"公众考古论坛"微信群，主要成员包括全国各地从事公众考古学研究和实践的考古工作者、媒体从业者以及高校学生。以这个微信群为平台，大家秉持严肃、认真的态度，以一种比较松散、自由的方式交流、讨论与公众考古学相关的议题。2015年12月5日和6日两天，大家陆续就如何理解和认识公众考古学等问题展开了热烈讨论。本文将学者们的发言编辑整理，希望能够帮助大家对公众考古学有更为深入的了解。

需要说明的是，由于篇幅有限，并考虑到应突出"如何理解公众考古学"这一主题，仅截取各位学者的部分发言，并按姓氏拼音排序，未按原先讨论的先后。

曹兵武（中国文化遗产研究院研究员）

近年来公众考古势头不错，做点理论反思和讨论是必要的，可以使以后的路走得更好。个人以为公众考古是考古学理论方法下一个重要增长点。

公众考古确实和其他学科的科普不一样，它有资料公共性的问题。

国际博协不断讨论修订《职业伦理道德》，并将其作为最重要的行业文献推广，一直是博物馆理论的重要构成部分，考古界则比较漠然。

我们当年讨论"理想的考古报告"，大概进行了一年，现在的网络改变了讨论的局面。

曹　龙(陕西省考古研究院副研究员、公众考古研究室主任)

公众考古不是学科,只是考古学的一种表达方式和传播手段。公众考古之于考古学当属锦上添花,是考古学科发展到一定程度、契合服务社会要求而必然采取的一种措施和方向,也是考古学科社会担当的扩大和延伸。就考古研究机构来讲,如果不扎根田野、融会贯通、奋力织好考古这张锦,则公众考古之花必然无处依托。就考古工作者来讲,组织、参与及力行公众考古活动,除符合服务社会、公众知情等要求外,也是学者个人的一份社会责任和职业担当。目前,像许宏老师之于二里头、方向明老师之于良渚等,都是锦上添花的最好范例,这些深入浅出的阐述,必然会吸引更多的公众了解考古学科,认识文化遗产的价值,进而提高保护文化遗产的自觉意识。随着信息渠道的多元化、迅捷化,于考古工作者而言,我们的利器及优势就是手铲和对考古资料科学、迅速的解读。所以,我们的希望在田野上。

范佳翎(首都师范大学历史学院讲师)

对秦岭老师所说的"公众考古能给考古学一个充满创造力的新的发展空间"不能同意更多!此外,公众考古学能促使考古学者反思本学科,包括对学科伦理的反思(比如美国土著人遗产保护法令的出台),也包括对研究视角的反思(比如女性考古的提出和发展)。从这个意义上讲,也可以说公众考古学是考古学优化升级、不断补完的一个机制。

有一个问题需要注意,公众考古学在西方的逐渐形成是在其社会背景下的(包括政治的、经济的、文化的背景),比如 UCL 的 public archaeology 课程内容里有金属探测者(metal detector)和《珍宝法案》,这个明显是英国特色。我们的政策是一切地下、水下文物都是国家的,这个问题我们就没有谈的必要。而关于盗掘和非法文物买卖、文化遗产旅游等等一些问题是共同的，我们也需要关注。所以，如果要做公众考古（先不管是或不是个"学"）的研究，得在中国的社会环境下思考我们有哪些议题可以讨论，而这些讨论对中国考古学和我们的民众有何意义。

方向明（浙江省文物考古研究所研究员、副所长）

我还是蛮传统的认识：① 千万不要成为分支学科；② 一定要先做好考古学；③ 考古学本身就与公众、大众、公共相伴。

我还是觉得苏先生《如何使考古工作成为人民的事业》是指导性的经典文章（包括补记的文字）。让考古成为"人民的事业"，有利于学科发展，有利于改变行业形象，更有利于社会的进步。

从事这一领域的考古学家，总应该把所做的工作和研究交代清楚，"交代清楚"就是"人民的事业"。我们希望每一位从业人员，都应该有这样的责任和义务，把挖的说清楚，把挖的告诉大家。

李　韵（光明日报文化记忆版主编）

踏踏实实做学问，深入浅出搞宣传，机动灵活找方法，抓到老鼠是好猫。

刘国祥（中国社会科学院考古研究所研究员、公共考古中心常务副主任）

在考古发现和研究成果的宣传方面，要发挥主流媒体的作用，以这次首师公共考古论坛为例，中央人民政府网站予以报道，新华社发了通稿，在这方面新华社汪永基先生有开拓之功！另外，公众考古还要面对政府，推动文化遗产保护。以本月12号陶寺会为例，临汾市委书记、市长均到会，直接决策。至于面向公众的各类考古活动，从不同角度满足社会需要，也应该鼓励。

考古所是公共考古中心，北大是公众考古中心，从这几年开展活动的内容、形式和主题方面,各有侧重,均取得了明显的实效。北大中学生考古夏令营堪称典范。作为公共或公众考古中心,要精心策划、组织一些活动,尽可能常态化,定会产生积极影响。王涛老师在首师的公众考古活动有声有色。

公众考古领域广阔,需要跨界联合,不能局限在考古圈内讨论,我们的力量有限。就考古成果的传播而言,媒体的作用是最大的,但有的媒体为了追求新闻效果,有意夸大某些内容,与考古发现和研究的实际不符或背离,对考古人和学科产生了不良影响。

秦　岭(北京大学考古文博学院副教授)
要从理论方法增长点的角度在考古学内部定义落实公众考古的发展空间。应该先把考古普及和公众考古分清楚,考古普及是考古知识普及化,属于科普的一种。

我最同意曹兵武老师对公众/公共考古的定位和定义,就是应用考古学,把考古学应用到现实社会和非学术的各个层面的统称。这里面有由人及己偏反思的层面,是为理论研究;有具体应用,即各种实践。没有理论建设的一味实践先行的公众考古,就像当年苏公提出区系类型之前各地的发掘,干是干了,也挺热闹,但没有推动考古学甚至公众考古自身进化发展的目标、方向和积累。

科普很重要,但各学术领域都有这个需求,它不是考古学特有的,也不是公众考古学的主要特征。将考古科普等同于公众考古,或作为公众考古的主要内容,我认为有两点不妥:从考古学角度讲,这是单向的给予式的实践,并不是双向的甚至 multi-vocal(多义的)的对考古学自身的补充,就是说科普是考古学的付出,考古学家的奉献,而不是教学相长的过程,双赢没有赢在学理的层面。第二点,不可否认,科普是当下条件下最快、最出活儿的公众考古的实践形式,但如果风起云涌搞科普,就把公众考古的格局做小了。当下条件指,没有各级政府专项拨款,没有学术经费支持,没有专业理论研究的投入,没有课程建设和人才培养。靠有本职工作、学术旨趣的考古学家觉悟高、笔头勤,公众考古永远是副业。

孙庆伟(北京大学考古文博学院教授、院长)

我觉得"为人民服务"才叫公众考古。换言之,现在都是站在学科立场上考虑,而不是站在人民的立场上。

王　涛(首都师范大学历史学院副教授、公众考古学中心副主任)

欧美语境中的公众考古学,集中研究考古学和政府机构、和媒体、和文化遗产等等事项之间的关系及相关问题。大家刚才集中讨论的大都是考古大众传播的问题,只是公众考古学中的一部分内容。

许　宏(中国社会科学院考古研究所研究员、夏商周室主任)

公共考古、公众考古、大众考古,差别何在? 一种理解是:公共考古属政府管理协调范畴,后二者则是学界和公众的民间行为。我担心的是,公众考古一旦成为"学",就又缩回到象牙塔里去了。我同意方向明君的观点,拙著《最早的中国》《何以中国》,首先是学术著作。

20世纪90年代,本人读了《读书》上陈星灿先生的《公众需要什么样的考古学》一文,深以为是的同时,自忖这并不是所有考古学者都需要考虑的问题。不意十年后,自愿上台表演且自得其乐。

郑嘉励(浙江省文物考古研究所研究员)

写一点能让大众接受的学术读物,应该是一个学者自发的、自觉的行为。有的学者愿意做,有的学者不愿意做,都是正常的。这是民间的自发行为,最好不要成为学科的规划方向,事实上,也很难规划。不就是一个会讲故事的、文笔较好的学者,把学术文章写得稍稍好看一点嘛,有什么"学"不"学"可言。力所能及的话,在保证学术性、原创性的前提下，一个有自我追求的学者，尽可能把文章写得好看一点，生动一点，有趣味、有知识、有思想一点。这就是我理解的公众考古学，如果这世界上有"公众考古学"这个说法的话。

张良仁（南京大学历史学院教授）

在中国确实需要有人做公众考古。迄今为止，公众对考古的认识还停留在蒙昧阶段，被传闻和误解所左右，就连一些专业记者也会写一些让人哭笑不得的文章。公众对于考古的错误认识在考古界还没有得到归纳和总结，没有找出症结，所以现在提出解决方案为时尚早。在美国和俄罗斯，都有人给中学生讲课，写科普著作，既通俗易懂，又严谨可靠，但是都没有讲娱乐化。许宏兄的《何以中国》是个很好的范例。其实搞公众考古，我们需要学习一些大众传媒的方法，知道怎么向公众说话即可。无需专业化，只要愿意，人人能做。搞专业化了，考古又不懂了，就像现在的一些记者。

公众考古其实是一种很好的理念和策略，就是让公众参与，贡献他们的时间和智慧，和考古学家互相学习，互相帮助。这在考古发掘、整理和研究中都可以做，值得尝试。我在俄罗斯发掘的时候，就有个电子专家参加发掘，帮我们做物探。这个人有闲、有专业，还有兴趣。在美国，很早就有系友会，就是一帮退休的老头老太太，或者捐钱，或者捐时间（参加器物整理），或者捐设施（烧陶器的电窑炉），或者兼而有之，常年参与系里的各项活动。这样公众考古搞好了，不仅能让公众认识考古，而且能让他们参与考古工作。

王 方（金沙遗址博物馆研究员、副馆长）

博物馆可以说是公众考古最大的载体之一。但中国博物馆由于宋以来的藏宝、鉴宝思维，各博物馆藏品均以质地归类。考古出土之实物一旦成为馆藏，即失去各自的共存关系。遗迹单位及原始编号在馆藏品管理系统中几乎消隐，甚至连备注栏中都无法反映。传统博物馆展览又多据藏品材质的不同而将其归于各个器物厅，布展中也甚少按遗迹单位中的组合关系来表现。博物馆可以说是公众了解考古手段与成果的最佳平台，因此公众考古的推广还应充分调动博物馆的力量，以扩大其影响！同时还要共同呼吁改进现有的藏品管理系统，使考古信息最大化地得以体现。

公众考古学：走向广阔与平易的学问之道*

王仁湘

（中国社会科学院考古研究所/
中国考古学会公共考古专业指导委员会）

中国考古学发展到今天，已经让考古学家们越来越感到，它不再仅仅是属于职业学者的事情了。公众有了解考古学的愿望与权利，考古学也感到有让公众了解的必要，考古学与公众之间的联系愈见紧密。公众考古学在中国的建立，已经有了比较坚实的基础，它是考古学由封闭和神秘走向广阔与平易的学问之道，也是考古学发展的必由之路。

我们注意到，考古学对国民中的许多人来说，还相当陌生。虽然很多人在很大程度上都关注过那些激动人心的重大考古发现，但相当多的人其实并不完全知道考古学究竟是怎么一回事。当一个新发现突如其来，当考古学家自己非常有成就感的时候，他们之中有的人也许并不想理会公众的感受，也不会想起自己对公众应当承担什么义务。不过我们也逐渐感受到，这两方面的状况正在发生明显的改变，这是让人感到欣慰的事情。

对于公众考古学的建立，我有一些很不成熟的思考。我下面的这些话可能一时还不能为业内学者所体谅，但论道的却都是与学者

---

* 本文原刊于王仁湘微博，后收入《庆贺徐光冀先生八十华诞论文集》，科学出版社，2015年。经作者同意收入本书。

们有关的感受与体验，大家虽然有可能会觉得这是小题大做，但我想也许还不至于不屑一顾吧。

一、作为考古学家的考古学

考古学是什么？这个问题如果放在十几二十年前，很多人会不知所云，但在传播媒体广布的今天，一般人似乎都不会不明白，至少会想到考古大约是研究古董的学问。当然这不算是科学的定义，只是一种公众眼光，人们很容易将考古学与文物学合二为一，而且常常是以文物学取代考古学。比较起来，现在的人应当说知道有考古就已经是一个很大的进步了，再要多往前进一步，还得等待些时日。

关于考古学，比较严谨的定义现在不能说没有，但是在考古学家们自己的论著中，依然还有不少歧说，在我们的笔下时常还会有"什么是考古学"之类的争辩。这一论题往往越辩越模糊，甚至会让人不知所措。要知道考古学舶来中国接近一个世纪了，我们真的不知道它有哪些用处，那当然是说不过去的，但明白的事物偶尔也会有不明白的地方，经常作些讨论，也是有些用处的。

对考古学家们来说，这好像是一个最不必要讨论的问题。考古学家们聚在一起要问"什么是考古学"，当然可以说是明知故问，不过，要知道有些最浅显的问题反而是最不易回答明白的。一个学科常常要为它的目标发问，学者们由此展开没完没了的争论，这是很令人奇怪的。不知道考古学会不会是惟一一个这样的学科，是不是还会有"什么是数学""什么是化学"之类的争论。许多人在那里辛辛苦苦地考古，为它奉献了半辈子，甚至一辈子，却不能完全知道最终是为了达到一个什么样的明确目标，这样的研究能做得好或者很好吗？一个世纪了我们还在讨论它的定义，这究竟是怎么了？不过沉静下来想一想，找不着北，也许正是这个学科的生命力之所在，是它的发展之所在。它有一些捉摸不定的目标，它不断有新的目标，它好像没有自己的终极目标。我们考的虽是古，却不能逃避它为现实服务的一面，也许正是因为如此，考古要随着社会的发展和社会的需求不断跟进，所以这个学科总会有新面貌出现。

考古嘛，发掘取证（不是挖墓取宝），考察古代的事情。说起来很简单，听起来也不糊涂，其实呢，远不止于此。考古学大概属于那种浅近而又难于阐释的一类学问，要不然夏鼐先生就不会积一生之体验，在他逝世的前一年以《什么是考古学》为题，细作八千言的解说了。夏鼐先生这样为考古学下定义："考古学是根据古代人类活动遗留下来的实物来研究人类古代情况的一门科学。"言简意赅，夏先生特别强调我们考的是古代而不是现代，是实物而不是文献。根据夏先生的原意，再说浅显一点：取古代的物研究古人的事，考古之谓也。

夏先生去世后，快20年过去了，我们仍然在热烈地讨论"考古学是什么"这样的问题，有时我们自己把自己也弄糊涂了，不知是不是夏先生原来的定义存在什么不妥。我想这是不是有点像木匠们聚在一起，反复讨论木工是做什么的这样的事情。也许小木匠说他是做桌椅板凳的，老木匠说他是修楼阁宫殿的，自然还有人会说木匠也曾造过浑天仪，神话中的天梯也可能是木匠修建的。凡做木制品者，皆木匠也。是不是可以说，凡研究古代事物的，都是考古匠呢？也许建造宫殿的人，是不愿你将他们与做桌椅的小工匠相提并论的。考古这个行当未必也有这样的心理，但考古人也像木工一样，确有大小精粗之分，他们对考古会有不同的理解，他们的努力有着远近不同的目标，相互之间存在差别是不难理解的。大木匠对小木匠的作品小板凳尽可以不屑一顾，但你要说他干的不是木匠活，他不算是木匠，甚或要将他驱逐出木匠阵营，那是不是矫枉过正了呢？

关于考古学的目标，最直接的就是夏先生所说的那样，是取古物研究古事。依现时考古学的发展趋势看，这个目标已然显得有些模糊了。考古学学科的视野大大扩展了，在研究范围上也明显突破了传统领域，它的触角已深入许多相关学科之中，它也越来越强地吸引着相关学科的注意力。我们应当能感觉到，考古学已经越来越不堪重负，如果我们还固守自己那一方自以为"纯洁"的领地，那将是一种悲哀。

考古学研究是一个系统工程，发展到今天，我们觉得它至少要经历探取证物、整理描述、分类链接、整合复原四个程序。我们从业者在这其中扮演着不同的角色，是分不出孰轻孰重的，哪个环节都不能小视，哪个环节出了问题，都会影响到我们结论的准确度。

1. 探取证物

许多的学问是坐而论道，而考古学家们常常要行而论道，考古不是产生在书斋里的学问，而主要是成就在田野里的学问。大量的证据来自广阔的田野，这些证据并不仅仅限于那些具体的器物，而是包括所有物与事在内的综合信息。我们这里所说的"事"，为"事象"之谓，是指古人行为的所有最终结果，也就是种种考古迹象，包括我们的双眼看得见的与不能直接看见的迹象。考古寻物易、寻事难，过去我们重于寻物而疏于寻事，不自觉地破坏了许多信息渠道。需要特别强调的是，传统的考古方法已不足以用来获取必需的信息，所以我们要借助多学科的技术，甚至要恭请一些考古门外的专家直接参与其事。

2. 整理描述

对获得的信息进行整理是考古学家们初步认识的过程，描述则是对信息的记录过程，对所获信息的初步整理，可以方便自己、方便更多的人来了解这些信息。这个过程越客观，描述越准确，我们就会越接近历史的真实面貌。这个描述可以有突出的重点，有受关注的热点，但也要面面俱到，不能有忽略，不能有舍弃。

3. 分类链接

考古信息包罗万象，这些信息对考古研究而言实际上还只是一种初级产品，还需要进行深加工。深加工的技术手段，考古学家们不可能全部掌握,还要将这些产品推向其他研究部门。如关于环境、地质、冶金、农业、铸造、建筑、天文、艺术、音乐、医药等方面的信息,乃至纺织、饮食、酿造、陶瓷、礼俗、人类体质和出土文献方面的信息。不能要求考古学家们将这些方面的问题都圆满解决,应当通过相应的学科作深入研究,必须链接相关学科,征得它们的帮助与参与,才有可能作出比较准确的解释。

4. 整合复原

对于一个具体的考古对象,考古学家们根据自己的研究,结合相关学科反馈的研究成果,再作整合复原,就可以得到一个比较客观的历史片断。将所获得的若干片断缀合起来,或者将相似的对象提取出来作关联研究,我们就可以得到一个时段或一个方面的比较完整的物事内容,还可以再进一步对这些物事作因果义理阐释。至此,一个具体项目的考古学研究任务就算基本完成,达到了我们预定的目标。

凡进入这四个程序中的人员,在某一方面有建树者,都是或可以看作是考古学家或准考古学家。但是,这样的考古,基本上只是学者们的考古,它与公众之间,还横亘着一条鸿沟,公众也许偶尔会跷足望上它一眼,但也不过是雾里观花,水中望月。应当承认,以往的考古太缺乏一种亲和力了。

二、作为公众的考古学

考古学是什么,我们想进一步由公众的角度提出讨论。我们想说,考古学是发展的,考古学有传统、现代与未来之分,它不会一成不变。我们的学科经历了由古物学、金石学到考古学的转变,由书斋到田野的转变,由关注物象到关注事象的转变,由关注物到关注人的转变,由关注本体人到关注行为人的转变。目前考古学正在面临一种新的变革,那就是由封闭到开放、由象牙塔到公众普及的转变。

1. 考古学的公众关注度

考古学让考古学家们很容易有自己的成就感,也很容易有神秘感。但究其实质,考古学是通过历史实物遗存研究古代公众行为与思想并借以窥探真实历史的科学,是今人解读古人的科学。既然是研究公众的过去,这门学问就具有了明确的公众性,它原本应该是非常贴近公众的,应当易于为公众理解和接受。

更直接一点说,考古学在一定程度上是由历史文化的遗留物研究过去知识体系的学问,这样的知识体系其主体部分并不一定十分高深,而且它与公众也是非常贴近的,它是当代知识体系的反向延伸。过去是一个个起点,当今有一个个止点(不是终点,知识也许不会有终极)。这样的知识体系对于公众来说,不会感到非常陌生,也不会拒之千里之外。

基于这样的认识,我们可以说,考古学不应当只是考古学家自己的事,考古学并不是也不应该是不关公众的一门神秘高深的学问。公众对于考古的热情,从他们对近年一些考古活动电视直播的关注度上可以体会到,有人用"万人空巷"来描述考古直播的吸引力,虽不免有些过分,但要说考古直播是仅次于世界杯足球赛直播的最受公众关注的电视直播,应当是恰如其分的。

安于平凡生活的人,大多都怀有一颗好奇的心,好奇周围,也好奇过去与未来。一个满怀信心的人对自己年少时代的回忆,常常会令他津津乐道,这回忆会伴随着他坚实的脚步,直到永远。一个生气勃勃的民族对自己久远历史的回味,则会是一种永不衰减的兴致,这历史是民族进步的永不枯竭的源泉。关心自己的过去,关心祖先的过去,关心民族和国家的过去,关心整个人类、整个世界的过去,这是一个思维正常健全的人所具有的天性。

《论语·学而》引曾子语曰:"慎终追远,民德归厚矣。"慎终追远,是人类礼敬先人、追述传统的优良德行之一,而家宝和国宝,正是"追远"的最好道具。每一个考古发现,都会将公众的思维牵引到遥远的古代,都会成为他们"追远"的一个好机会。

公众既然关注,我们就应该顺应这种需求,在我们与公众之间搭建起一座跨越鸿沟的桥梁。由此我想到,前面提到的考古学家的四个研究程序中,应当再加上一个程序,就是公众传播程序,这个程序的操作将在后面提及。

2. 考古学的公众适用度

考古学对于公众究竟适用度如何,也即是说它对公众具体有些什么用处呢?这个问题很好回答,也不好回答,不容易回答完整。

就考古发现而言,不同的人群会对不同的发现有不同的兴趣。如天文学家对古代墓室的天象图,地理学家对古代的绢绘地图,建筑学家对古代都城内的夯土台基,冶金史家对古代矿井和炼炉,思想史家对先秦时代的简册文献,美术史家对古物上的绘画与纹样,比起常人来会表现出更高的兴致。当然也有公众共同感兴趣的东西,像埃及的金字塔考古,还有马王堆、三星堆和秦始皇陵兵马俑,都是公众津津乐道的话题。还有里耶的九九乘法表、汉代九宫幻方,连少儿都会表现出浓厚的兴趣。这种兴趣扩展了人们的知识领域,这是考古适用于公众的重要意义之所在。

了解考古是公众提升自身修养的一个方式,在扩大知识领域的同时,还可能会完善认知能力,提高全面客观理解世界的能力。一个普通人具备考古学素养,他会在形象思维中了解历史,认知人类的过去。他就拥有了一双看透历史的眼睛,有了一个由过去看现在与未来的清醒头脑。对于一般的大众来说,认识考古,接触古物,他们接受的是传统文化的熏陶,是民族精神的洗礼,这一点是非常重要的。

中国人素有"好古"的雅风,喜收藏,兴赏鉴。早在青铜时代,文物收藏已成传统。殷商大量埋藏用于占卜的甲骨档案,周代王室则多以名器重宝传之子孙。现代的收藏爱好者队伍有越来越壮大的趋势,而考古知识的熟悉与积累,是收藏者提高品位的一个重要途径。

既然考古学是关乎公众素养的大事,我们便可以认定了解考古是公众应当受到尊重的权利,而让公众了解考古则是考古学家应尽的义务。疏通这种相互了解的渠道,我们还有许多工作要做。

3. 考古学的公众参与度

考古学与考古学之外的学者,与普通的公众,存在一种非常密切的关系,他们都有可能是考古学研究的参与者。其实许多相关学科的学者,也是属于公众之列的,所以我们对他们介入考古,也视同公众一般。考古学在很大程度上是可以吸引公众广泛关注与热心参与的学问,这种参与度随着时间的推移将会越来越高。

对于考古学与学人的局限,有的人是非常冷静的,要当一个称职的考古学家很难。要拥有万能的知识,确实很难,难到让你觉得不现实。考古学似乎是万能的,又似乎是无能的。它要涉及许多方面的事物,比任一学科都要庞杂,所以说它是万能的。但它对所涉及的事物一般又不能给出完满的解释,没有准确的答案,显得无能为力,所以我们说它是无能的。由于考古获取的资料包罗万象,涉及许多相关学科,即使考古学家可以作出方方面面的努力,也不可能包揽一切,把所有的问题都研究透彻。考古学不得不变成一只不断生长触角的怪兽,它伸向越来越多的领域,它要寻求各方面的支持与帮助。

我们不能要求考古学家都成为万能的学者,在人类庞大的知识库里,我们难道没有觉得自己过于渺小吗?

(1) 历史学家的考古学

考古学与历史学的关系最为紧密,正因为如此,考古学常常被当作历史学的附庸,它们有着相同的目标,区别仅在论据的性质以及获取论据的手段。夏鼐先生将考古与历史比作车之两轮、鸟之双翼,正是从大历史学的角度对考古学的一种理解,将考古学与狭义历史学相提并论。

读国分直一和金关丈夫所著的《台湾考古志》,卷首有金关丈夫假拟国分口气说的一段话,说到史学与考古学的区别。他说:"假设内人写信给我,信上并没有特别注明我爱你,那么这封信就不能成为了解内人爱我的史学性资料。可是仔细看这封信,在写我名字的地方有些许潮湿的痕迹。虽然没有用词语表达爱意,但推测这可能是内人曾在我名字上亲吻过,成为了解内人爱我的极佳考古学性资料。这就是史学和考古学的差异。"虽然国分直一可能并没有说过这席话,但至少它表达了金关丈夫的意思,考古学与史学的区别还是比较明显的。

在古代,史学中原本也是包容了与考古相似的内容的。伟大的太史公司马迁著《史记》,其中《五帝本纪》一篇兼采百家之说,追述人类初祖事迹,他曾经"西至空桐,北过涿鹿,东渐于海,南浮江淮",考察五帝遗迹,以近乎现代考古学的艰辛调查,去印证文献与传说。对于现代学术而言,历史学对考古学的关注更是与日俱增,考古学的发达为新史学的发展开辟了一条新的坦途。历史学家在考古学家那里看到的是支离破碎的历史残迹,他们想将这些残断的碎片连缀起来,借以恢复已经湮没无闻的历史片断。但是考古提供给史学家的,往往是一些太过于原始的东西,生涩的表述让人无法亲近。隔岸观火的史学家,他们具有另类的眼光,旁观者清,对考古材料会有精当的解说。更何况现代史家中的后起之秀们有的就是学考古出身,具有良好的考古学修养,他们有时比考古学家们更懂得考古,只是没有田野作业机会而已。

(2) 人类学家的考古学

人类学将考古学列为它的一个主要分支,称为考古人类学。人类学与考古学的研究目标相同,关注的问题一致,只是在研究对象与方法上互为区别。这两个学科之间是相通的,可以互为借鉴,互作补充。人类学面对的是富有生气的完备的活材料,而考古学面对的却是没有言语的不完整的死材料,所以考古学不可避免地要借用其他学科包括人类学的理论与方法。而人类学对人类漫长过去的认识,也离不开考古学的帮助。人类学集中在文化和社会现象的研究上,在诸如婚姻、家庭、亲属制度、经济生活、社会生活、政治制度的历史研究上,通过考古学途径获取资料是不能缺少的。

比如人类学和考古学都关注人类的体质形态,体质人类学研究被考古学作为自己的一个必备的项目。人类学自然也关注考古所获得的人类学资料,也寻求通过 DNA 分析手段了解人群相互之间的关系和今古人之间的联系。

(3) 科学史家的考古学

举凡考古所获得的冶金、农业、铸造、建筑、天文、地理、艺术、音乐、医药、陶瓷、印刷等方面的信息,科学史家都是非常感兴趣的,这是文献上见不到的直观论据。他们对这些资料的理解,他们所进行的研究,远非考古学家所能望其项背。考古学为科学史的研究提供了一个重要的平台,它吸引了科学史家亲近考古学,亲近考古学家。

(4) 平头百姓的考古学

按一般意义理解,考古学对于学者之外的公众,它的吸引力可能要小一些,也许是可有可无的,或者是知之不觉多,不知不觉少。其实考古发现就在他们的身边,在他的田间地头,在他的墙跟屋后,甚至在他的锄头下,在他的炕头上(有一个农民将 4 000 年前的巨型石磬铺在炕上睡觉)。

其实平头百姓与考古的关系是非常密切的,他们常常在第一现场接触考古资料,发现古代遗址和遗物。许多百姓对考古都曾作出过自己的贡献,我们要记住,许多重要的考古发现最初都是由平头百姓找到线索的,什么三星堆、马王堆,还有秦俑坑、擂鼓墩,哪个不是这样?

我手头没有准确的统计资料,但可以作出一个很基本的估计,就是全中国的考古从业人员,持有发掘证照的,也许不超过 1 000 人,加上其他辅助人员,恐怕不超过 10 000 人,约在 5 000—10 000 人之间。一个让人们瞩目的行业,只有这样一支非常弱小的队伍。我们需要一个强大的外援队伍,这个队伍的主体是乡村农民、城市居民,还有中小学学生。

我们知道，许多原本应当是十分重要的考古发现却被平头百姓不留神破坏了。成都金沙遗址是被挖土机挖出来的，司机将大量精美的玉石器挖成了碎片，将包括金光闪闪錾有鱼鸟纹的金冠饰在内的大量稀世珍宝铲出来又埋下去还浑然不知。

那些有意无意地带有破坏倾向的人，按最保守的估计，恐怕也要以百万千万计，要超出我们从业人员数万倍甚至数十万倍，这不是一个极大的威胁吗？要化解这种威胁，除了依靠法制的力量外，很重要的一点，便是用学科知识进行教化，这个重任对我们从业者来说，是责无旁贷的，没有另外的人可以取代。所以我们应当用心、用力，通过出版物、电视等媒体多作宣传，要让公众像爱护家产一样爱护历史文化遗产。

除了提供考古线索，公众也会由考古学吸取精神营养，他们中的一些有心人还会成为业余考古学者，会以特定的视角解开那些千年的谜团。我认识一些这样的人，有人确曾在考古研究中作出过自己的贡献。

考古学强调一定程度的公众参与，对学科本身的发展，将会有如虎添翼的功效。各行的学者关注我们，普通的百姓关注我们，也是我们莫大的荣耀。水涨能使船高，民族的整体素质提高了，学科发展的水平自然会得到提升。

三、公众考古学 ABC

公众考古学中的公众，是除考古学家以外的公众，可以是专家学者，可以是农工学商，也可以是妇孺耆老。人人都可以成为考古学家，在一定意义上说，人人都是准考古学家。当然作为公众的考古学，与专业考古匠的考古学是不同的。就像我们常人在家中小炒，你尽可以做出若干种美味来，却不可能与高级厨师匹敌；也许你设计盖一座二层小楼不在话下，但却不可能与设计院的建筑师平起平坐。

厨师有烹调原理，建筑师有建筑原理，平凡的劳作与高深的科学一样，都有一定的规律和原理。研究越透彻，懂的越多，就可能做得越好。公众考古学也该有自己的原理，只是我们眼下还提不出太系统的框架来。现在有所作为的领域，主要是考古学向公众的传播。我们需要传播给公众的，有考古发现本身，有考古研究的过程与成果，也有考古学的要义和一般方法。关于考古学研究的公众参与，我们还要细作考量。

1. 考古学的公众传播途径

为了让公众了解考古学在做什么，做了什么，做成了什么，考古学家需要完成一个新程序，即传播程序。考古学向公众的传播，首先要做到亲近公众，不要那么生硬，不要那么八股，更不要那么故弄玄虚。在向公众传播的过程中，我们首先面对的可能是我们自己头脑中存在的陋习，有一种资料垄断的毛病，就是一个头号的敌人。

考古学向公众的传播，要有不同的手段，也要考虑到不同的层次，要尽可能争取更大范围的成果共享。传播包含有灌输的成分，这样的传播是广谱的，你要引领公众完成一种超越——从当代到往古的超越。如何让公众了解考古？除了最直观的博物馆展览，主要要依靠各种传播媒体。最常见的是平面媒体出版物，还有受众更为广泛的电视媒体和公共网络。

最直观的是博物馆的展览，但在我们国家，光顾博物馆的公众实在是太少了。这当然有各方面的原因，有社会的、经济的局限，也有整体素质的局限。实际上并不是我们的陈列品不精美，可是相当多的人却没有受到吸引，问题究竟出在哪里呢？以国民现实状况出发，我们首先应当考虑的是要取消博物馆的门票，尤其要取消高门票制度，要对学生层面的观众免票开放。教育部门应当根据国情确定学生参观博物馆的最低次数，对于城区和近郊的学生要有较高要求。其次是博物馆要增强陈列的生动感和临场感，要体现出一种亲和力。我在香港参观"香港的故事"展览，同是考古与文物展览，给人的印象深过普通展览十倍百倍,感觉是作了一次穿越时空的旅行。你不能仅仅摆上几个有裂纹的罐子,放大几张图片,写几行解说词了事,要把观众的多少作为衡量展览成功与否的一个标志,达不到预定观众数量指标的展览要及时改展。

从平面媒体方面而言,不论是考古资料还是考古研究的过程与结论,都要有不同层面的东西。考古报告应当至少有两个版本:首先是专家版本,也就是传统版本,是考古学家们自己读的原汁原味的传统作品;其次是大众版本,是平易通俗的普及版本。传统的考古报告和大型图录通常只能印到 1 000—2 000 册,真正对它感兴趣的是专家中的专家,也许最终读者只有几人几十人。面对我们自己虽然印刷得精美无比的著作,会有多大的成就感和自豪感呢?它所能起到的有限作用难道不会令我们汗颜吗?如果将考古报告包装成大众版本,图文并茂,那读者将会是以千计、以万计。对于后者我们作过一点尝试,这样的著作能够一版再版,可以发行 1 万册甚至数万册,影响面之广泛,远不是传统报告可以比拟的。由专业化向大众化的转变,除了观念上的转变,其次就是语言文本的转换,我们要由只专注专业研究向同时关注社会大众的需求转变,由程式化描述向故事化叙述转变,由艰深晦涩向平和生动转变,由仅关注结论向同时也关注过程转变,由不关情向动情转变。

现代人类学研究中有影视人类学,除了以图片形式对研究对象进行记录,还广泛采用电影电视的拍摄形式,制作出来的影片不仅是一个学术成果的记录,它的直观性和易于理解,也会引起非人类学者乃至一般公众的兴趣。遗憾的是,考古学至今还没有一部考古学者自己拍摄的考古学成果专题影片。专业的电视工作者虽然有过一些作品问世,但常常不为专家们认可,有时一些过分炒作还招致不少非议。我们应当借鉴影视人类学的成功经验,在考古系设立影视考古学专业,培养新一代的学者式编导,拍摄出学者与公众喜闻乐见的考古专题片,它既可以作为传统纸质发掘报告的一个补充同时发行,也可以略加改编转卖给电视台向公众播出。

网络作为一个覆盖面广泛的大众传播媒体，是考古学走向公众的桥头堡，它可以以最快的速度实现与公众的沟通，是大众在第一时间了解考古学的平台。考古学家应当发挥网络优势，尽可能缩小与公众之间的距离。

各类媒体其实还可以联合行动，适应公众需求，从公众有可能比较感兴趣的话题入手，做点实在的普及工作。在这个过程中，考古学家应当发挥主体作用。当然考古学的大众化并不等于庸俗化，也不能让伪考古学借机泛滥，不能打着科学的旗号去做违反科学原则的事情。

2. 考古学在商潮中的公众化

近十多年来，考古已在商业化中加速了公众化的进程。仰韶集团的仰韶酒、泸州国窖酒、甘肃的皇台酒、成都的水井坊，还有什么秦俑奶粉等等，都是考古学的间接产物；世界名牌中还有斯芬克斯运动鞋、金字塔等等。一些考古发现虽然通过商潮进入公众视线，但它们并没有立时成为公众能准确理解和普遍接受的知识，问题出在商家身上。

目前的滚滚商潮更多体现的是商业利益，没有顾及更多的考古学效应。如果在那些考古品牌的酒类包装上印上一些基本知识，多作一点客观的宣传，也许可以让更多一些的酒徒在酒足饭饱之余多长点见识，多受点文化熏陶。

我们是否还可以将欣赏考古成果作为大众的一种高层次消费呢？这方面一定有许多事情可以做，如何做好，还可以进一步探讨。

3. 考古学在基础教育中的公众化

最近我得到两个令人鼓舞的消息。北京的一位同行说，他尝试在一所学校向学生展示龙山文化陶片，学生们放学后在田野里采集了许多陶片，发现了一些遗址线索。内蒙古的一位同行说，他也曾在一所学校向学生们展示了不容易辨识的细石器，待学生再上学时一人带来一兜子细石器。这是很了不得的事情,让我们深有感触,也深受启发。于是我想到,如果小学高年级或是初中能在教育部的部署下,结合历史课的教学,只需拿出三两个课时,进行一次"10 片"教育,那效果之显著,一定是可以预期的。我说的"10 片"非常基础,即石片、骨片、陶片、铜片、铁片、瓷片、纸片、布片、竹木片、砖瓦片,通过这些历史遗留的碎片认识存在于自己身边的历史,提高每一个国民的基本素养,同时也发挥发现考古线索和保护文物的作用。

考古学是一门科学,与一般自然科学和技术科学一样,也需要增强公众意识,也需要普及,只是我们没有紧迫感,所以还感觉不到有多大必要。不像电学那样,普及得越好,不仅电能发挥的效果更好,而且伤人也会少。应当像文学、音乐、美术、数学一样,考古学有必要成为享受过中等教育的人士的一种修养。

培根有一句话说:科学的力量在于公众对它的了解。那么考古学的力量呢?如果它是归之于科学之列的话,它会是例外的吗?它会拒绝公众吗?它会忌讳公众的靠近吗?

请允许我借用《文物天地》杂志的最新广告词来表达这样一种时代的需求:

> 因为考古人的努力
> 一些传说变成了真实的历史
> 一些抽象的历史事件变成了可以复原的场景
> 专业的考古发掘开始与社会发展及日常生活息息相关
>
> 尊重人们对历史文化遗产的责任心及关注
> 尊重人们对自己的民族的重大事件的浓厚兴趣
> 尊重人们对寻找探索发现过程的好奇天性
> 探索发现背后的秘密
> 重建中国人对中国文化的想象

这些话写得很好。尊重人们的责任心，尊重人们的浓厚兴趣，尊重人们的好奇天性，这是考古学家们对公众应当抱有的最基本的态度。考古发掘与社会发展和日常生活息息相关，这是公众和所有有良知的考古学家们的共识。考古其实距离公众很近很近，它本来就该是一门公众可以广泛参与的学问，它的一般学问也非常平易，没有那么神秘。打破了这种神秘与距离感，考古将走向一条广阔与平易的学问之道。公众考古学是考古学发展到今天的一条必由之路，也可以看作是考古学发展走入的一个新阶段。

我听过这样一个现代故事，一个刚入学门的小学生在放学路上捡回一个破罐子，说要让研究考古的爸爸帮助考考年代。在他幼小的心灵里，已经培养起了对古物的一种正确正常的态度，他只不过略略受了一些熏陶而已。从这个例证我们可以增加不少信心，孺子可教，如果我们的国民在他们幼小时都能适当接受相关教育，那我们看到的将会是另一番景象。我们并不期望每一位未来的国民都对中国考古作出多大的贡献，但至少他们不会成为一个负罪的破坏者，或者沦为可耻的盗墓贼。

近年来我有想写一本书的强烈冲动，这本书的名字叫《公众考古学》。上面的这些话，有的本来是我准备在书中表达的内容。当然这书至今并没有动笔，也不知能不能写成，或者将来写成它的作者并不是我，但我相信中国一定会有这样一本书出版，它的首版很可能由科学出版社印行。我知道我在这里所说的话，并不一定完全符合什么"原理"，但我相信在《公众考古学》一书中会包纳这样一些主要内容的。

公共考古学推动考古学发展*

杭 侃

(北京大学考古文博学院)

考古学是文理兼容、魅力独具的一门学科,它通过研究古代人类活动留下来的遗迹、遗物复原人类历史,让我们能够更加深刻地认识人类起源、发展以及人与环境之间的互动。考古学与公众之间有着紧密关系,它是人类了解过去最主要的方式之一,人们天然地会对自己的过去和埋在地下的"宝藏"充满好奇。英国女作家阿加莎·克里斯蒂根据在美索不达米亚乌尔考古遗址的经历写出的《古墓之谜》(Murder in Mesopotamia)广受欢迎,成为畅销小说,反映了公众对考古学的兴趣。

考古学在诞生后的 200 年中已经改变了公众对世界的看法,考古新发现还在不断刷新我们对自身历史的认识。田野考古发掘获得的各类遗物充实了博物馆,成为现代社会非常重要的公共文化和教育资源。但在第二次世界大战后,随着世界经济快速发展,大规模的开发建设以及受利益驱使的盗掘,令越来越多的考古遗产遭到人为破坏。严峻的形势使很多学者意识到仅仅依靠考古学界的力量难以全面保护分布广泛、数量巨大的考古遗产,考古遗产的保护需要政府的介入和社会、公众的支持。这就要求考古学界必须向社会阐明考古学的意义和考古遗产的价值,让更多的人参与到考古遗产保护中。

---

* 本文原题为《探讨考古学与社会、公众的关系——公共考古学推动考古学发展》,刊于《人民日报》2016 年 9 月 26 日第 20 版。经作者同意收入本书。

出于以上多种原因，国际上开展了许多面向社会和公众的考古活动，欧美学术界逐渐形成了公共考古学（Public Archaeology）这个研究领域。

尽管 Public Archaeology 这个概念在我国还存在翻译成"公共考古学"还是"公众考古学"的争议，不同国家和地区对其所涉及的研究内容也存在不同看法，但是考古资料的公共属性和遗产保护的现实需要，使得这些争论并不妨碍各国学者在这个概念下开展多方面的研究和实践，公共考古学逐渐成为国际考古学界关注的热点。在与欧美国家愈来愈频繁和深入的学术交流中，一些中国的考古学者看到国际上已经相对成熟的面向公众的考古活动，开始反思我国应该如何更好地让社会和公众了解考古学，提出中国亟须构建公共考古学，并逐渐开展了相关理论探讨和社会实践工作。1990 年，国家文物局委托中国文物报社和中国考古学会开始评选"全国十大考古新发现"，使每年一次的评选成为公众了解考古工作和成果的平台。2002 年在杭州召开的"全国十大考古新发现颁证与学术研讨会"，第一次将"考古学与公众——考古知识的普及问题"作为会议主题。2005 年 12 月，国务院决定从 2006 年起每年 6 月的第二个星期六为我国的"文化遗产日"，从国家层面推动社会对文化遗产的认识和保护。2007 年"文化遗产日"准备期间，国家文物局下发通知，要求全国"具备开放条件的文化遗产地、文物保护单位、古迹遗址、博物馆、纪念馆等在'文化遗产日'当日或前后根据实际情况免费（或优惠）向公众开放；有条件的考古发掘工地可有组织地向公众开放"。此后，一些考古科研机构陆续尝试开展了面向公众的考古活动，围绕考古学和公众的学术研究也大幅增多，并且进一步加强了与国际公共考古学界的交流。

经过近 10 年的摸索和发展，我国越来越多的考古学者转变了理念，认同并尊重公众拥有了解、接触和利用考古遗产的权利，认同考古研究的成果应该尽快转化为社会知识。因为只有这样，专业的学术研究才真正具有社会价值。

审视我国公共考古学发展状况,目前这一领域主要呈现以下一些特点:一是从偶发性(甚至有时会带有一定表演性)向常态化发展。越来越多的教学与科研机构建立专门的公共考古部门,中国考古学会也设立了公共考古专业指导委员会,从而形成了组织机构保障,能够长期、固定地开展常态化的活动,并与大众媒体建立了常态化的联系与合作。二是从不固定状态逐渐向制度化发展。由于缺少制度保障,过去的公共考古工作面临缺少资金和人员的困境,主要靠工作人员的社会责任感和工作热情支撑。近年来这种情况已经有所好转,考古领域非常重要的"田野考古奖"在评定中将是否开展公共考古活动作为考量的内容之一,《国家考古遗址公园评定细则》也将是否开展公共考古活动、是否面向公众进行考古科普教育活动列为重要的考量标准。三是公共考古活动越来越多样化。除了常见的出版、讲座、参观,现在的公共考古活动更加注重面向不同人群设计各有特点、形式多样的活动。新媒体在传播公共考古知识的过程中发挥着重要作用。除了一些考古科研机构的微信公众号,一些青年学者利用微信等新媒体做出了很有影响力的公共考古传播平台。四是关注考古遗产与文化创意产业的融合。比如,有的考古科研机构通过举办创意设计赛、展览、论坛等活动,汇集考古、艺术、设计等多领域的学者,共同探索如何把考古所得的知识体验带入日常生活,希望能够以故为新,联结过去与未来,解放古物,唤醒创造力,让传统美重归日常。

从目前状况看,公共考古学涉及的内容主要是考古学的科学普及,而考古学的科学普及所体现的考古学与公众的关系主要是单向的,公众是受众而不是参与者。事实上,考古学的科学普及只是公共考古学的主要内容之一,并不是全部内容。如果我们仅仅把公共考古学理解为考古学的科普教育或者大众化,实际上就忽视了公共考古学的公共性、政治性和伦理性。但目前我国考古学界在这些方面的理论探讨和研究还比较少,今后应该在这些领域进行更深入的思考。总之,我国公共考古学应在中国的社会、政治、经济背景下探讨考古学与社会、公众的关系。公共考古学的发展会促使考古学者转换思维,批判性地反思学科伦理,扩展研究视角,关注考古学所处世界的现实问题。从这个意义上说,公共考古学是推动考古学不断发展完善的重要机制,也是提高全民智识和审美水平的重要方式。

公共考古的利益攸关方及相关问题

——以海昏侯墓考古新发现公共考古实践为例

曹兵武

(中国文化遗产研究院)

一

海昏侯墓考古,可以说是继曹操墓之后近年社会关注度最高的一次考古新发现。

位于江西省南昌市新建区大塘坪乡观西村附近的墩墩海昏侯墓,是迄今发掘面积最大、保存最好、内涵最丰富的西汉列侯级墓葬。其主墓、墓园及附近的其他墓地、封邑城址相互关系清晰并保存完整,墓葬所在的整个墓园由两座主墓、七座祔葬墓、一座陪葬坑和园墙、门阙、祠堂、厢房、祭祀遗迹等构成,内有完善的道路系统和排水设施。主墓规模宏大,结构完备,墓中出土重达10吨的铜钱、大量黄金和金器,以及带有孔子画像和生平的屏风,大量包含有古文献的简牍及车马、庖厨、礼乐、日用等各类精美随葬品一万余件,具有汉代高等级墓葬所包含的许多重要元素。专家根据多重证据判断其墓主是曾做过汉废帝和昌邑王,最后以首代海昏侯身份下葬的刘贺。新的发现对研究西汉列侯的丧葬与园寝制度,认识西汉时期的经济、社会与文化价值巨大①。应该说,这次发掘确实是近年出土文物精美、学

---

① 文宣:《江西南昌汉代海昏侯墓考古成果发布》,《中国文物报》2016年3月4日第2版。

术价值重大的一次发现。不仅如此，在相关各方的共同努力下，发掘和发现也成为一次成功的公共考古学实践。

这一发现引起考古学界的关注自不必多说，而它能同时也引起管理部门、媒体乃至社会公众的高度关注，则是难得的公共考古的直接效应。这使得这一考古工作的整个过程也具有了普通考古发掘所不具备的一些特点。

首先是政府管理部门的高度重视。发掘过程中地方政府成立专门的领导小组，对发掘及相关的保护利用工作给予全力的保障、协调和支持；国家文物局成立驻现场专家组，集中全国一流专家，指导现场的考古发掘、文物保护与信息提取；在管理部门的指导下，考古队先期制定了专门的发掘方案、保护方案以及对外宣传方案。

这些为发掘的科学性奠定了基础。发掘缘起于5年前发现墓葬被盗后的抢救工作，决定发掘后，考古队并没有立即盯着墓室和可能存在的丰富的出土文物，而是先对周边遗存展开全方位调查，了解到墓地、墓园和城址的存在与结构之后，才开始发掘墓葬。发掘集中了全国优秀专家，尽可能运用先进的观察、分析、记录和信息提取技术。

发掘过程中十分重视文物的现场保护和后续保护。这次发掘发现的文物类型多、价值高，黄金、青铜等金属文物因为年代久远、水浸和地下微环境变化等原因锈蚀严重；大量的漆木器、简牍等有机质文物，在辨识、加固和提取等方面面临的困难更大。因此，发掘中即抽调全国顶尖的文保专家和考古专家并肩工作，探索在已有经验和预案基础上边发掘边保护并制定后续计划的工作模式。

发掘过程中高度重视信息资料的采集、管理、传播和共享。在发掘中尽可能运用传统和最新手段如3D扫描建模等进行全面的信息采集和记录，通过专业媒体发布权威的发掘简报。还在重要节点和阶段性工作后主动向大众媒体进行信息公开，发掘后期甚至有重要媒体驻场进行全面报道；发掘尚未结束，即在处理好保护事项的前提下,在江西省博物馆以部分出土文物举办面向公众的展览,发掘结束后又在北京专门举办汇报展览"五色炫曜——南昌汉代海昏侯国考古成果展"。

二

总之,在海昏侯墓考古中,盗墓贼、考古学家、文保专家、政府、当地民众、媒体以及博物馆及其观众都登场了,而且形成了较高的社会关注度和正面影响力,可以称得上是一次成功的公共考古实践①。但是,上述各方各自关心的角度和内容并不完全一样。

首先说盗墓贼,这是文物保护的死敌和中国文化的痼疾之一,海昏侯墓地在各时期屡屡被盗,最近这次主墓再次被盗,即是这一病态的延续,盗墓贼也冒了比以往更大的风险,因为墓地早已处在各界视线中,其所在的紫金城城址与铁河古墓群已经被定为级别很高的重点文物保护单位,但盗墓贼为图财获利,锲而不舍,累次下手,幸终未得逞。最后被发现并引发抢救性发掘的这次,他们已很精准地在主墓正中打出了穿越墓底板的盗洞,幸未发现遗物使得它再次逃过一劫。当地的老百姓也一直很关心墓地状况,盗墓就是他们首先发现并报案的;考古发掘开始后,他们还拿着族谱来找考古队,说是他们的家族墓地并提出一些权益上的要求,最终作为体力劳动者参加了发掘和后勤保障等工作。政府部门首先是因为墓葬被盗而重视起来,得知发现的重要性之后愈加重视,使保护、宣传及后续利用规划等方面得以快速跟进。就政府来说,地方和文物部门的关注点也不同,前者更关心综合效应,后者更关心工作质量。一般公众除了围观媒体报道,还排长队去看展览,在江西省博物馆展出时即创造了该馆

---

① 曹兵武:《海昏侯墓:一次成功的公共考古实践》,《中国文物报》2016年3月22日第3版。

观众参观的最高纪录,在首都博物馆展出的社会影响则更大,成为京城近年除引发"故宫跑"的"石渠宝笈特展"之外的高关注度大展。其实,我个人觉得与"五色炫曜"同时在首博展出的"王后·母亲·女将——纪念殷墟妇好墓考古发掘四十周年特展",无论是展品,还是展览的形式结构和展示效果,都略胜一筹,但是海昏侯的风头远远超过了妇好,这正是新闻舆论逐步营造的效果之一。发掘工作前期的进展基本上对新闻界保密,后期则有计划地向媒体公开,通过新闻发布、邀请媒体现场报道、进行主椁室开启和开棺实况转播、主动开放和举办展览等形式,一步一步引起公众兴趣和关注,从而使发现成为一个社会关注的热点事件。

这从各方面反映了当今时代遗产意识、资源意识乃至责任意识的普遍觉醒——考古新发现已经不仅仅是考古学家的学术资料了。在盗墓贼眼中,它们是价值连城的珍宝,可以变钱;在媒体和公众眼中,是信息、知识、时尚和新闻的热点;在当地群众和政府眼中,是文化遗产、金色名片和旅游等发展资源,等等。更需关注的问题是,各方能否就此凝聚成一种科学保护和合理利用的共识?可以说,海昏侯墓的考古实践,已经初步摸索出了一套政府、专家、媒体和公众的合作模式,在很好地抢救和保护文物的前提下,最大限度地发现、提取考古信息,满足各方面的关注和需求,并通过媒体报道和博物馆展示的不断发酵,最终形成了一场举国关注的文化盛宴,成为一次较为成功的公共考古学的实践和探索,从而为后续研究、保护和利用营造更好的条件。

考古资源属于典型的公共资源,尽管考古专家具有发掘技能和资质的垄断权,但是考古学与考古工作只是发挥其作用的基础性方面。这些资源能否得到很好的保护和利用,乃至子子孙孙永宝用,的确需要各方的共同配合与努力,调动和投入各种社会资源。海昏侯墓的发掘工作虽然结束了,但后续的资料整理、科学研究、文物保护与展示工作仍然任重道远。据悉,一个现场的考古遗址公园和博物馆展示规划已经明确，申报世界文化遗产也已列入议程。这批宝贵资源应该对科学研究、文化建设以及地方旅游等发挥更加持久的重要作用。我觉得海昏侯遗存的发现与后续保护利用，完全有条件成为南昌当地的一个持久的文化亮点，就像当年的马王堆汉墓一样，至今仍然作为长沙的文化名片和湖南省博物馆的看家展览永续地发挥着作用。

如何实现这些目标，如何让专家、公众、政府和地方等不同的利益相关方从考古发现中各得其所，实现考古资源效益的最大化，正是未来的公共考古学应该继续着力之点。

三

公共考古是科学考古学的延伸，和着重于考古知识普及的公众考古不完全等同。考古界很早就开始了普及考古知识的尝试，但是国际学术界公认的公共考古学乃是由麦克金斯（Charles R. McGimsey）于1972年在其所著《公共考古学》一书中首先确定。麦克金斯由美国当时兴起的文化和考古资源管理（CRM）运动[①]认识到从来就不存在所谓的"私人考古学"和"纯学术"的考古，考古学家需要以社会公共资源发掘同样属于社会公共资源的考古遗存，这在当今社会面临着复杂的政策、财务、公共关系乃至政治等问题，他提出public archaeology 一词，并认为考古学家应该将其当作考古学的分支学科予以研究和对待[②]。进入21世纪后，公共考古学渐渐成为考古学中的显学，甚至产生了以"public archaeology"命名的专门杂志。因此，公共考古学既是考古学的分支学科，也是作为科学的考古学的社会责任。

---

① 陈淳：《为未来保存过去——美国、加拿大的文化资源管理与合同考古学》，《东南文化》1994年第5期，第60—66页。

② Charles R. McGimsey, 1972. *Public Archaeology*. London: Seminar Press.

如果考古学家仍然是公共考古学学科建设与实践的主角,那么,我认为公共考古学的工作至少应分为三个层次,或者有三个面向:

第一是向公众普及考古学知识。这一点在当下中国考古界已经引起相当的重视,不少考古学家撰写普及性读物,开展让公众进工地,或者让考古发现进校园、进社区等活动,就是为了让公众了解考古发现与研究方面的最新进展,学习一些历史和考古知识。这些可以叫作公众考古学或大众考古学,是公共考古学的分支之一。

第二是考古发掘、调查与研究工作服务于与考古学相关的现实社会各领域。比如多年前考古界常说的配合基本建设考古,就是对基本建设工程中的考古发现进行抢救性发掘,包括为大遗址保护和城市规划、环境评估等开展的前期调查与发掘等。这些考古工作当然也具有很强的学术性,但是更主要的是实实在在地为社会和公众提供服务。比如这次海昏侯墓发掘,也是缘起于被盗之后的抢救性发掘,这是最直接的公共考古学实践。这种实践和考古学的学术性并不是完全对立的矛盾,应尽可能坚持抢救过程中的科学性和规范性,最大限度提取学术性信息,因为每一次发掘及其处理的遗存都具有不可替代性。

第三是考古资源管理与利用,让考古在解决考古学家的学术性问题之外,也成为人们重建历史记忆、增强社区认同和促进社会发展的资源和工具。这里包括知识与方法两个层面。知识层面其实在普及过程中已经体现,只有让公众了解考古发现,认识历史,考古资源才有可能变成他们的知识与发展资源。更重要的是,考古学还应该探索并建立考古资源社会化利用的体制机制以及方法和技术,探索并提供让公众通过考古认识历史、提高素质、构建价值观与群体认同等的具体理论和方法,包括通过展示、文创、旅游等创造新的经济和社会价值。这一方面如果能够成为现实,可以让公众将考古当作一个动词而非一门学问。这可以理解为面对同样的考古资料,允许不同的人从不同的角度进行考古。

后两者也可以合称为应用考古学①。

四

在国际上,盗墓、出土文化返还原属地和原住民、考古遗址与资源管理、考古学的社会责任与伦理道德等等问题,都是公共考古学经常讨论的重要议题。从学童、土著(当地)居民到相关学科专家及政府要员,都是公共考古学的相关者,因此也都是公共考古学学科架构与实践不能回避的方面。

毫无疑问,公众是需要考古相关信息和知识的,考古学家也有责任提供这些信息和知识。经济与社会的发展,使得公众的知识需求和文化消费越来越高,其中不仅有历史信息、族群归属感的需求和满足问题,也有整体素质及文化遗产保护意识和利用知识、技能的培养问题,这是事关考古学与社会可持续发展的重要问题。因此,这不仅是考古学工作内容的拓展,同时也对考古学的理论和方法提出了新的要求,即既要坚持客观性、准确性等科学性要求,也要注重伦理性和职业道德,以及学术价值之外的艺术价值、社会价值等,其最终目的是提高公民的历史、科学与审美素质,培养真善美的道德情操,积累社会可持续发展的文化资本。

与政府和相关部门、社区、居民的沟通和相互理解,是公共考古学一直非常重视的一个方面,这不仅是单纯的促进学术发展的需要和普及考古知识的保障,也是因为当代考古学早已超越早期个别人的兴趣爱好而成为一门学科、一种职业和一种公益性事业,它使用的是社会的公共资源,处理的是公共遗产资源,因此政府的管理和所在地方及其居民的支持、参与都是必不可少的。一个社会如能制定合

---

① 曹兵武:《文化遗产时代的考古学——兼谈公共考古学或应用考古学相关问题》,《南方文物》2014年第2期,第10—14页。

理的考古政策,并予以适当的财政和其他方面的支持,不仅有利于学术进步,而且有利于遗产资源价值认知、配置利用和社会的可持续发展。

为社会公共事务提供咨询和介入式服务,是公共考古学的另一个重要方面。可持续发展思想下的社会进步和文化多元化的社会与文化生态,使得将遗产作为资源发挥作用的需求与途径越来越多,也赋予考古学家更多的社会责任。比如城乡发展需要对包括遗产等在内的资源进行适当的价值评估以及保与用的合理规划;开展遗产旅游,需要对古迹遗址等进行适当的展示和诠释;建设地方认同和社群凝聚力,也需要对遗产进行重新解释与合理利用;开展文创产业及开发其他文化产品与服务,需要了解文物与其他遗产资源的历史、科学与艺术价值,等等,这其中,考古资源与考古学研究都可以发挥不可替代的作用。发达国家和欧盟等已经将工程建设之前开展考古调查与发掘作为法规性要求,甚至将对文化景观等的影响作为环境评估的前置性考量因素,并形成了完备的标准与操作规则[1]。

因此,公共考古学不应仅仅是简单的考古信息传播和考古知识普及,而应该是考古学的延伸和应用,是考古学与遗产学的中间型学科,它是在科学考古学引导或支撑下的公众考古——让公众通过考古发现重新认知自己和人类历史,利用考古资料和相关资源构建社会与群体认同,谋求文化、经济和社会发展的一门学科。公共考古学的发展也可以为考古专家提供更加多样的发展和就业机会。根据1998年的一次系统调查[2],英国约4 500名职业考古学家中,34%是从事合同考古等公司的雇员,14%是代表各级政府的考古遗产监管者,15%是各类遗产机构的员工,15%是大学教员,3%从事咨询服

---

[1] Timothy Darvill, 2004. "Public Archaeology: A European Perspective." In John L. Bintliff edited, *A Companion to Archaeology*. Blackwell Publishing Ltd.

[2] Aitchison, K., 1999. *Profiling the Profession: A Survey of Archaeological Jobs in the UK*. York: Council for British Archaeology, English Heritage, and the Institute of Field Archaeologists.

务,其余的基本上是在博物馆、志愿者团体或其他公益性机构工作。

可以预计,随着经济、社会与文化的发展,我国考古工作的内容与质量都会不断提升,社会对考古专业人士的需求也会有所增长,公共考古学将成为未来考古学理论与实践的重要增长点。

近年来,有关我国基本建设与考古工作的关系问题,考古资料现场保护和移交、后续利用问题等方面的讨论甚至是争论,都属于需要系统研究的重要公共考古学课题。而考古知识普及、考古成果展示、考古资源在旅游与社会发展中的评价及应用等,也是正在拓展的新的工作领域。因此,今天的考古学家不应再是早期那种单枪匹马的学术探险者,或者仅仅是利用公共资源开展学术研究的科学家,而应该(或至少有部分人)向担负公共资源保护与合理利用职责的公共知识分子或专家转变。

公共考古的关键是资源及其权益的合理体现、实现及效益最大化。因此,我们需要对考古资料在学术研究、物权与文化归属、经济与社会价值等方面进行深入挖掘,也需要从考古资料使用链条与考古学的利益相关者两个角度,探索公共考古学的物本体与信息在现代社会的传递传播渠道与发挥作用的路径,这是构建公共考古学学科体系与理论方法的重要方面。

文化遗产时代的文化与遗产自觉,使得现代人类可以借助考古学等现代科学技术手段重新发现已逝的历史、文明以及文化成就,既开阔了自己的视野,又丰富了跨时空的文化多样性,提高了文明互鉴、对话的能力,这是新的人类回归命运共同体的具有全球性意义的文明复兴和开创未来宏伟事业的有机组成部分。在此过程中,公共考古学可以提供学术支撑与实践手段,考古专业人士的专业知识和技能也必将发挥更大的作用。

"公众考古学"和"公众考古理念"辨析*

范佳翎

(首都师范大学历史学院)

自20世纪中叶以来,Public Archaeology①从提出至今已经发展成为一个比较成熟的研究领域。英国学者Nick Merriman在他主编的 *Public Archaeology* 一书开篇即明确指出:"公众对考古学兴趣的不断增长以及越来越多的公众参与使研究考古学、遗产和公众之间的关系成为一门学科。"②

"改革开放"后,中国考古学界在恢复国际学术交流的过程中接触到这一研究领域,当时在欧美已经得到较大发展的 Public Archaeology 被具有学术敏感度的我国一些学者译作"公众考古学"介绍给国内学界,还提出"中国亟须建构'公众考古学'"③。近几年,越来越多的中国学者开始关注公众考古学,提出了自己对公众考古学的理解。"所谓公众考古学……核心就是通过公众对考古活动的参与,来最大限度实现考古学的价值和功能。"④"所谓公众考古学,是

---

* 本文原刊于《南方文物》2013年第4期。应主编之邀在此重刊旧文,旨在抛砖引玉,希望引起更多学者关于公众考古学的思考。

① 目前,"Public Archaeology"的中文翻译有"公众考古学"和"公共考古学"两种版本,其中文定名还缺乏基于对其内涵理解基础上的广泛讨论和深入研究,本文对这一问题暂不涉及,文中国际部分采用英文原文 Public Archaeology,国内部分则采用比较早的译文:公众考古学。

② Nick Merriman (ed.), 2004. *Public Archaeology*. London: Routledge.

③ 曹兵武:《中国亟须建构"公众考古学"》,《中华读书报》2003年9月3日。

④ 陈洪波:《考古学和公众的距离到底有多远?——关于公众考古学的思考》,《中国文物报》2005年8月12日第7版。

指由政府支持,以考古学家为主导并积极参与的,出于公众利益对考古学进行的管理,向公众宣传考古学为未来而保存过去的意义,鼓励公众积极参与考古活动与文化遗产保护,其内容包括抢救性考古、文化遗产保护和考古学知识的普及、考古学的公众教育等。"[1]"它(公众考古学)根本上是要将考古学回归公众,强调考古学的公益性,尊重公众对考古活动的参与权、知情权、监督权和受益权,通过考古机构和考古学家引导和转换,与公众共享考古成果,最终达到文化遗产有效保护和传承以及满足公众文化需求的目的。"[2]"其最终目的是通过实现考古学的大众化,使文化遗产保护意识深入人心。"[3]这些观点虽然在具体的论述上有所差异,但基本态度都是一样的,把公众考古学看作是为了实现文化遗产保护和考古学的发展而开展的分享考古或者说考古学科普工作——"所谓公众考古学,简言之,就是指考古学的大众化"[4]。

梳理国际上关于公众考古学的研究,会发现以上我国学者的观点和一些美国学者的看法不谋而合。美国学者 John H. Jameson Jr. 认为"美国的 Public Archaeology 可以理解为文化资源管理(CRM)项目实施的直接结果以及在诸如学校、公园和博物馆等公共场所开展的考古教育和阐释活动"[5]。Michael Shanks(也是美国学者)认为"Public Archaeology 是专业的考古学家在公共利益(public interests)领域所从事的活动,主要包括保护古代遗址和遗物的相关法律、管理博物馆收藏、将过去展示给公众,以及与开发者合作以减

---

[1] 魏敏:《公众考古学与史前遗址信息阐释》,复旦大学文物与博物馆学系硕士论文,2009年,第3页。
[2] 郑媛:《试论在中国建立"公众考古学"的必要性》,《文物世界》2010年第4期,第49页。
[3] 姚伟钧、张国超:《中国公众考古基本模式论略》,《浙江学刊》2011年第1期,第48页。
[4] 李春华:《博物馆与公众考古学》,《中国文物报》2005年8月12日第7版。
[5] Jameson, J.H., 2004. "Public Archaeology in the United States." In Merriman, N. (ed.), *Public Archaeology*. London: Routledge, p.22.

少建设工程对古代遗存造成的破坏"①。

然而,不管是"考古学的大众化"还是"考古学家在公共利益领域所从事的活动",都明显偏重于实际操作层面,指向的是实践,而非学术研究的层面。其实,这种对公众考古学的片面理解已经遭到了国际学术界的批判。英国学者 Nick Merriman 指出:"Public Archaeology 这一领域的重要性在于它研究了考古学得以成为更广泛的大众文化组成部分的过程和结果……由于 Public Archaeology 关乎民族问题和文化认同(identity),难免就涉及价值上的权衡和冲突,这为更广义的 Public Archaeology 开辟了一个新的讨论空间。我们不仅需要讨论考古产品(比如教育项目、博物馆展示和遗址游览),还要讨论在公众领域中如何从考古遗物上生成意义的过程。"②第一份专门探讨公众考古学问题的国际性学术杂志 *Public Archaeology* 的前主编 Neal Ascherson 更是犀利地指出"Public Archaeology 在英国、德国、澳大利亚是一个样子,而在美国却是另外一回事。美国对 Public Archaeology 的理解和实践是非常不具包容性且局限的……这种让公众参与以便专家们可以不受干扰地开展他们的工作的想法与世界其他地方以及这本杂志倡导的激进的、变革的 Public Archaeology 相距甚远"③。

把以上不同的论述综合起来分析,对 Public Archaeology 就会有两个不同层面的理解。一个是作为一个学科或者一个研究领域的"公众考古学",一个则是一种职业素养或伦理的"公众考古理念"。

一、公众考古学的研究内容

作为一个学科或一个研究领域,公众考古学到底研究哪些问题?

---

① Shanks, M., 2005. "Public Archaeology/Museology/Conservation/Heritage." In Bahn, P. and Renfrew, C. (eds), *Archaeology: The Key Concepts*. London and New York: Routledge, p.219.

② Merriman, N. (ed.), *Public Archaeology*. London: Routledge, p.5.

③ Ascherson, N., 2000. "Editorial." *Public Archaeology* 1, p.2.

经过几十年的发展，公众考古学在国际上已经相对成熟和稳定，发表、出版了数量可观的学术论文和专著，很多大学也开设了相关的本科甚至研究生课程，也有了专门的学术期刊，可以通过分析涉及的内容来认识这一问题。

1997 年，伦敦大学学院考古研究院（Institute of Archaeology, University College London）最早开设了公众考古学的硕士课程（MA in Public Archaeology），随后还将公众考古学作为本科教育的必修科目[①]。至今该课程已经开设了十几年，其课程指导教师和客座教师们在国际公众考古学研究领域都具有一定影响力。该学院官方网站上关于这一课程的研究内容详列如下：

① 考古学和公众关系的历史（如古物研究、业余考古活动以及发展成为职业）histories of the relationship between archaeology and the public (e.g. Antiquarianism, amateur archaeological activities and the development of a "profession")；

② 金属探测和寻宝活动 metal detecting and treasure hunting；

③ 古董交易 the antiquities trade；

④ 归还考古资料 restitution of archaeological material；

⑤ 广播、流行文学、出版和电子媒体中的考古学 archaeology in broadcasting, popular literature, press and electronic media；

⑥ 对遗址或博物馆考古陈列的评论 critical review of public presentations of archaeology on sites and in museums；

⑦ 考古遗址和旅游 archaeological sites and tourism；

⑧ 流行的考古学（比如灵线、新异教信仰、宇宙考古等）和学术的考古学 popular archaeologies (e.g. ley-lines, neo-paganism, astro-archaeology) versus academic archaeologies；

---

① Schadla-Hall, T., 2006. "Public Archaeology in the Twenty-First Century." In Layton, R., Shennan, S.J. and Stone, P. (eds), *A Future for Archaeology: The Past in the Present*. London: UCL Press, p.77.

⑨ 社区考古 community archaeology initiatives;

⑩ 土著考古 indigenous archaeologies;

⑪ 考古学和身份认同（国家之上的、国家的、地区的）archaeology and identities (supra-national, national, regional)。①

2000 年，第一份专门研究公众考古学问题的国际性杂志 *Public Archaeology* 问世，为该领域的学术探讨和交流提供了一个国际平台。时任主编 Neal Ascherson 在第 1 期"编者的话 (Editorial)"中详细列出了该杂志研究和探讨的具体内容：

① 买卖没有出处和近期被盗掘的文物 the sale of unprovenanced and frequently looted antiquities;

② 现代国家主义的出现和作为职业的考古学的共生关系 the symbiotic relationship between the emergence of modern nationalism and the profession of archaeology;

③ 公共资助缺乏造成的考古学私有化，以及合同考古在世界范围内的出现 the recent "privatisation" of the profession, as public funds dry up, and the emergence all over the world of "contract" archaeology;

④ 人权在考古学中的位置，特别是土著族群决定或至少分享如何对待、阐释和管理他们的遗址和文化遗存的权利 the position of human rights in archaeology and, in particular, the rights of indigenous populations to take or at least share in decisions on the treatment, interpretation and management of their sites and material relics;

⑤ 小说、电影、电视及其他媒体中表现的考古学 the representation of archaeology in fiction, film, TV and other media;

---

① Schadla-Hall, T., 2005. "Overview of the Course." In *Public Archaeology Course Handbook 2005 - 2006*. 也可见该课程网页：http://www.ucl.ac.uk/archaeology/studying/masters/courses/ARCLG056

⑥ 有关可移动的发现或财宝的法律 the law on portable finds or treasure trove;

⑦ 真实性之谜,历史主题公园引发的伦理问题以及历史的再扮演 the enigma of what we mean by authenticity, and the ethical dilemmas posed by historical theme parks and re-enactments of the past;

⑧ 作为国家权利的延伸或作为地方抵制中央的催化剂的考古学者 the archaeologist as the long arm of state power, or the archaeologist as catalyst for local resistance to the state。①

以上所列研究内容大多具有普遍意义,但有些则带有比较明显的地域或者国情特征,如"金属探测和寻宝活动"和"有关可移动的发现或财宝的法律",是针对英国存在的私人寻宝活动及相关法律,这一问题当然并不适于世界上所有国家。因此,公众考古学的研究内容既有普遍性的部分,也应该有结合不同国家或地区自己的社会、文化、政治、经济等特点的不尽相同的内容。对这些议题进行梳理、归纳后,可以把公众考古学的研究内容分为以下三个部分:

1. 考古学者对自己学科的思考

公众考古学对于传统考古学而言不仅仅是一个新的研究领域,还在理念、思想等方面对专业的考古学者产生了强烈的冲击,引发考古学者对学科内部的很多问题重新进行反思。在这种反思下,考古学者们不再单纯地在一个专门化的学术研究领域孤立地进行自己的研究,而是开始关注与学科本身相关联的社会、伦理问题,考古学的理论和方法也会相应有所调整。考古学所面临的社会伦理问题主要包括性别、民族和种族、政治和意识形态、宗教等方面。除了以上社会伦理问题,公众考古学也要求考古学者对考古学的理论、方法等问题进行重新审视和思考。文化遗产时代的到来使得作为单纯学术研

---

① Ascherson, N., 2000. "Editorial." *Public Archaeology* 1, p.2.

究领域的考古学受到了更多社会关注,与此同时考古学者们也面临着新的任务和挑战。如何在文化遗产保护、开发和利用中发挥专业学者的作用,如何既有利于自身的科学研究又有利于普通公众分享考古学研究的成果,同时尽量保护不可再生的文化遗产资源,成为摆在考古学者面前的新课题。这也就必然影响传统考古学家的职业理念,现实要求考古学者不能仅仅做一个潜心学术的专家,更要处理很多实践层面的问题。而完成与时代特征相适应的角色变化是当前很多考古学者正在经历的重要转折,他们也必须开始思考在这样的情境中考古学者应当扮演怎样的角色。同时,在具体的考古发掘和研究过程中,需要做出怎样的转变以更好地顺应当前文化遗产保护的要求也是考古学者面临的重要问题。近几年我国很多考古学者已经开始关注这个问题,不但积极参与文化遗产保护工作,也探讨考古学与文化遗产保护的关系①。

2. 考古学与公众的关系

考古学与公众的关系可以从两个方面来考察,一是公众作用于考古学,另一方面则是考古学作用于公众。前者在当前的表现主要是公众对于考古学所表现出的兴趣和参与要求。这种兴趣和要求在当前的很多社会现象中都能体现出来,如文物收藏热、流行小说和影视作品中备受欢迎的考古元素等。考古学对于公众作用的主体是考古学研究成果的分享和与之相伴生的遗址展示、考古科普和教育等活动,当然还包括在这些活动的实现过程中所依据的理论、采用的技

---

① 如曹兵武:《中国考古学与文化遗产保护——一个观念变迁的历史检讨》,《中国文物科学研究》2007年第3期,第8—11页;王巍:《保护好大遗址是考古工作者义不容辞的责任——在中国大遗址保护研讨会开幕式上的讲话》,《考古》2008年第1期,第14—17页;张忠培:《中国大遗址保护的问题》,《考古》2008年第1期,第18—26页;傅清远:《大遗址考古发掘与保护的几个问题》,《考古》2008年第1期,第27—30页;杜金鹏:《试论考古与遗址保护》,《考古》2008年第1期,第31—37页;白云翔:《考古学与文化遗产保护》,《四川文物》2008年第3期,第44—45页;王学荣:《"中国大遗址保护研讨会"纪要》,《考古》2008年第1期,第38—45页;卜工:《在文化遗产保护中加强考古研究机构的建设》,《中国文物报》2009年12月4日;金旭东、吕斌:《大遗址保护视角下的考古工作》,《江汉考古》2011年第4期,第117—120页。

术和借助的媒介。将过去呈现给公众、将考古专业知识转化为社会人文知识可以说是考古学的目标之一，而如何实现考古学和公众二者关系的良性互动则是公众考古学研究内容的一部分。

3. 考古遗产的保护、管理与利用

面对盗掘、建设开发等威胁因素，考古遗产的保护成为专业考古学者们无法回避的问题。考古遗产的保护、管理和利用可以说是考古学中涉及利益相关者最多、与公众联系最为紧密，同时在当前社会中也最受关注的部分。公众考古学要反思考古学者在遗产保护和管理中的作用和角色，如何与其他学术领域及广大利益相关者寻求合作，如何兼顾考古学研究、遗产保护和遗产地民生经济的协调，从而实现考古学术的持续发展和考古遗产的科学保护、有效管理。

总之，公众考古学的研究是将考古学纳入广泛的社会、经济、政治、伦理的大背景中，研究和探讨考古学与社会、与公众的关系。虽然目前在我国公众考古学作为考古学一门新的分支学科尚未为广大学界所全面接受，仍有不少学者并不认同其作为一个学科的重要意义，但英国、美国、新加坡、中国台湾、中国香港等国家和地区都已经先后设立了专门的课程甚至硕士学位，我们无法忽视公众考古学作为一个新的研究和探讨领域的潜力和价值，需要有更多的学者，特别是考古学者在研究考古学之余思索考古学的社会性、伦理性问题，逐渐形成一定的研究群体，形成基于我国社会、经济、政治背景的中国公众考古学的研究对象、理论和方法。考古学经过一百多年的发展和实践，经过程主义考古、后过程主义考古的理论井喷发展，其理论和方法目前尚无重大突破。而公众考古学的探讨和研究则是考古学从社会的、政治的、经济的、伦理的角度自我审视的过程，也是考古学突破自身去思索考古学与社会、公众等关系的过程，是考古学在21世纪得以进一步发展的动力。

二、公众考古理念的内涵和意义

与公众考古学研究紧密联系的公众考古理念,是基于肯定考古学学科社会价值和社会责任的一种职业素养或者职业伦理。公众考古理念的核心是对公众权利的肯定和尊重,包括社会公众的文化教育权利和生存发展权利:一方面尊重公众的文化权利,认同考古资料既是考古学的研究对象,也是属于全社会的珍贵文化资源,要与公众分享考古知识;另一方面尊重公众,特别是考古遗产所在地民众的民生权利,谋求考古学研究、考古遗产保护和当地社会经济文化发展的共赢。

回顾中国考古学发展的历史,公众考古理念并不是新事物,"考古是人民的事业"[①]"工农考古"[②]"考古学的大众化"[③]等等,都与公众考古理念相契合。特别是随着文化遗产保护越来越得到重视,很多考古学者参与到大遗址保护、文化遗产保护的工作中,更多地认同和理解公众考古理念。

公众考古理念需要考古学者、考古遗产管理人员、博物馆工作者等专业人员的认同和贯彻,应通过不断宣传、教育、培训等方法,宣扬这种理念在文博领域的认同,希望更多的考古学者、田野发掘负责人、博物馆工作者、遗产管理者等专业从业人员能够逐渐接受并认同这一理念,并在考古遗址的发掘、研究、保护、管理、利用这一完整的过程中贯彻这一理念。从长远看,这对于我国考古学的持续发展,对

---

① 苏秉琦:《如何使考古工作成为人民的事业》,《进步日报》1950年3月28日;苏秉琦:《六十年圆一梦(自序)》,《华人·龙的传人·中国人——考古寻根记》,辽宁大学出版社,1994年,第1—2页;童明康:《人民的事业 学科的荣耀——贺〈苏秉琦考古学论述选集〉获首届"国家图书奖"》,《华人·龙的传人·中国人——考古寻根记》,辽宁大学出版社,1994年,第253—254页。

② 吉林大学历史系考古专业、河北省文物管理处编:《工农考古基础知识》,文物出版社,1978年。

③ 苏秉琦:《建立有中国特色的考古学派》,《考古》1995年第6期,第541—543页。

我国文化遗产保护、管理和利用都具有重要的意义。

三、结　　语

目前,各级文化遗产保护主管部门、相关研究和保护管理机构等已经在身体力行地贯彻公众考古理念,这一点从近年来各地开展的丰富多样的公众考古活动即可见一斑,但相对欠缺有关公众考古学的学术研究和探讨。因此,中国学者应该积极参与有关公众考古学的国际讨论,特别是要结合中国的情况,关注和思考在公众考古学这一术语下能够探讨和解决中国哪些具有现实意义的问题,拓展对公众考古学内涵的理解,发展出"有中国特色的"公众考古学。这就需要更多来自不同领域的学者加入有关公众考古学的探讨,从政治、社会、经济等多个角度审视和反思考古学以及与之相关的各个问题,特别要思考中国的公众考古学应该有哪些自身特色,开阔我们的视野,拓展我们的思路,避免将公众考古学仅仅局限于"考古学的大众化"。当然,公众考古理念要求考古学的科普和大众化,要求与公众分享考古成果,这是推动我国考古学发展以及文化遗产保护的有效途径。这一方面我们已经做了很多积极的努力,需要的是坚持不懈和不断深入。

互联网时代公众考古传播的探索与实践

乔 玉

(中国社会科学院考古研究所)

公众考古,顾名思义就是"面向公众的考古学"。美国考古学家查尔斯·麦克金斯(Charles R. McGimsey)1972年出版的《公共考古学》(Public Archaeology)一书中首次提出公众考古学的理论[1],并探讨了考古学与包括经济、社会、文化等在内的不同社会元素之间通过协作方式保护历史资源的构想。

讨论公众考古的必要性前,我们先要分析一下我们面对的"公众"的组成。简单来讲,我们的受众群体不仅仅包括一般意义上的"公众",也包括学者和国家行政人员,这些群体都需要大众化、通俗化的考古学。有学者专门对公众考古的受众群体进行了分析研究[2]。

对其他学科的学者而言,只有深度理解考古学科的研究成果,才能发挥各学科的优势,对考古学进行多学科的合作研究和交流,更深层次地延续考古学研究。

对行政人员来说,只有深度理解了考古学的内涵,正确评估其价值,才能因地制宜地制定有关考古学研究、博物馆建设、文化遗产保护等的相关法律、法规及条例。而法律法规的建立和完善对考古文博事业的发展、公众对考古学的认识和文化遗产的保护程度都有着

---

[1] Charles R. McGimsey, 1972. Public Archaeology. London: Seminar Press, p.5.
[2] 魏峭巍:《分歧与整合:公共考古学基本理论问题的探讨》,《江汉考古》2011年第2期,第39—44页。

至关重要的作用,为考古文博事业的开展及文化遗产保护提供了有力的制度支撑和保障。

对公众而言,考古学研究成果是追根溯源、探寻中华文明起源的重要基础,是民族、国家的精神文化食粮。通过开展公众考古活动向社会公众宣传考古成果、普及考古知识,对于提高全民文化遗产保护意识,传承与弘扬中华民族优秀历史文化具有深远意义。

第一届"中国公共考古·仰韶论坛"的参加者在谈到感受时都用了"感动"这个词①。他们为同行间的热烈交流而感动,为精彩的演讲而感动,也为公众的热情参与而感动。美国加州大学洛杉矶分校的莫妮卡在演讲结尾时说:我们应该珍惜祖先的文化遗产,因为祖先们再也不能回来为我们重建那些遗址了。主持人被这句话深深感动,颇为动情地说:"我们的祖先再也不能回来为我们绘制绚丽的彩陶、制作精美的玉器、建筑高大的祭坛、巍峨的殿堂,我们的文化遗产、文明基因不可再生,是每个人应该倾心真爱的瑰宝,这是考古人执着于公众宣传的深层动力。"我想,公众考古最终要向公众传递的,就是这份感动,这份责任感。

一、中国公众考古历程的简要回顾

中国的公众考古活动在中国考古学发端伊始就开始了,国内学者对公众考古的关注和研究由来已久。苏秉琦先生就是重要的公众考古践行者,他的《华人·龙的传人·中国人——考古寻根记》被选入1988年全国高考语文阅读题;《中国文明起源新探》以通俗的话语总结了他毕生的研究成果,苏先生称此书为"一本我的大众化的著作,把我一生的所知、所得,简洁地说出来"②。吴汝康的《人类的过

---

① 乔玉:《考古与公众有多远——"中国公众考古——仰韶论坛"侧记》,《中国文物报》2013年11月8日第5版。
② 苏秉琦:《中国文明起源新探》,生活·读书·新知三联书店,1999年。

去、现在和未来》被收入"名家讲演录"科普系列书系,向公众普及人类起源与进化方面的知识①。

此类"通俗"的学术性著作近年颇为流行,代表作品还有许宏的《最早的中国》②和孙庆伟最近出版的《最雅的中国:春秋时代的社会与文化》③,均采用通俗易懂、清新活泼的语言带给公众一个全新的考古世界。连一向被认为枯燥难懂的考古发掘报告也开始以崭新的姿态面世卖萌。《赫章可乐二〇〇〇年发掘报告》④图文并茂,采用"发掘者说"理论,用通俗的视角、浅显的语言讲述考古学常识,带给学者和公众一个全新的考古学报告;《梁带村里的墓葬——一份公共考古学报告》⑤更是面向普通读者,由专业人士对一篇考古发掘简报进行详细笺注,使公众得以了解"考古发掘的缘起、过程和结果,有记录也有分析,有推理还有结论",是考古学走向公众的成功案例。

更有一些作品系统、通俗地向公众介绍考古知识,如《考古探秘》⑥《考古好玩》⑦等。

2002年,杭州召开"全国十大考古新发现颁证与学术研讨会",其主题是"考古学与公众——考古知识的普及问题",明确提出建立公众考古学的问题;2008年10月中国社会科学院考古研究所成立公共考古中心;2014年3月中国考古学会公共考古专业指导委员会成立大会在成都举行;各省市文博单位也纷纷开设公众考古部门。

随着考古学科的发展,公众考古活动越来越丰富多样,更多的考古工作者开始主动地肩负起公众考古推广、宣传、研讨的责任,公众

---

① 吴汝康:《人类的过去、现在和未来》,上海科技教育出版社,2000年。
② 许宏:《最早的中国》,科学出版社,2009年。
③ 孙庆伟:《最雅的中国:春秋时代的社会与文化》,科学出版社,2015年。
④ 贵州省文物考古研究所:《赫章可乐二〇〇〇年发掘报告》,文物出版社,2008年。
⑤ 陈燮君、王炜林:《梁带村里的墓葬——一份公共考古学报告》,北京大学出版社,2012年。
⑥ 李伯谦、徐天进:《考古探秘》,科学技术文献出版社,1999年。
⑦ 高蒙河:《考古好玩》,复旦大学出版社,2011年。

考古的理念更为丰富、形式更为多样。2013年中国社会科学院考古研究所发起了中国公共考古论坛,第一届和第二届都是在中国考古学的发祥地之一、仰韶文化所在地三门峡举办,第一届有来自十几个文博单位和高校的40多位专家学者畅谈各自在公众考古领域的实践与心得、行动与思考,得以让我们一窥目前中国公众考古的现状[①],高蒙河教授评价此次论坛在公众考古学上具有编年史的意义。第二届公共考古论坛参与的人数扩充到二十几家单位的60余人,论坛不仅充分展示了考古的魅力和各地区不同文博单位、高校的公众考古活动成果,同时也使我们认识到在现代传媒手段发达的今天,大力发展公众考古事业,争取话语主动权的紧迫性[②]。2015年10月25日,第三届"中国公共考古·首师论坛"在首都师范大学举办,有来自约50家文博单位、高校和媒体的近200位代表参会,覆盖面广、内容更加丰富[③]。

公众考古是考古学科惠及公众的重要手段。如何让看似严谨、深奥的考古学快速、便捷地走向公众,除了各种形式的公众考古活动,媒体的力量不容忽视。公众考古活动参与人数有限,受众人群有限,如何让"小众"的学科成为"大众",媒体的作用至关重要。只有通过媒体细致的解读和全方位的报道,才能最大限度地把这些活动的精髓传达给公众,才能最大程度发挥公众考古活动的作用。

正如前面提到的,一些学者已经开始撰写深受读者欢迎的科普读物;各媒体及网络对文物考古的宣传力度不断加大;各种文博考古类网站也像雨后春笋般成长起来;各种新媒体(论坛、微博、微信)也为考古文博学科提供了重要平台。

---

① 乔玉:《考古与公众有多远——"中国公众考古——仰韶论坛"侧记》,《中国文物报》2013年11月8日第5版。
② 乔玉:《公共考古可以走多远:第二届"中国公共考古——仰韶论坛"的思考》,《中国文物报》2014年12月5日第5版。
③ 贾昌明:《第三届"中国公共考古——首师论坛"会议纪要》,《中国文物报》2015年11月20日第7版。

随着互联网的发展,新媒体成了公众考古的重要媒介平台,这是公众考古的重要新动态。很多考古文博单位、学者、考古文物爱好者、高校学生、普通公众等都开始运用微博、微信账号宣传、普及学科文化。公众考古在媒体的推动下逐渐走向多样化,广播剧、微电影、考古故事,正在潜移默化地改变着公众对考古的认识。例如,由多个高校学生志愿者组成的"北山小分队"制作了"殷墟"系列广播剧以"喜马拉雅FM"为平台播出;北京大学学生开设了"挖啥呢""挖噻"等微信公众号,紧随文物考古热点,在短期内就引发了广泛关注。

公众考古重在行动,这是很多参与者的共识,例如微博中的古今串烧、幻化为探铲的鼠标、攀岩的志愿者、炫酷的动漫、动人的演讲,创新的行动总是领先于理论。下面,我想以"中国考古网"的建设和实践为例,分析公众考古中媒体的作用①。

二、公众考古的实践和探索

由中国社会科学院考古研究所主办的中国考古网创办于2002年8月,目前有中文版、英文版、手机版、考古论坛、中国考古网新浪微博、中国考古网官方微信六种展示形式,形成以网站为核心的系列媒介平台群,六种媒介形式相辅相成,多角度、全方位宣传、报道学科文化(图1)。

中国考古网坚持创新,特色办网。立足于严谨的考古学研究,秉承向公众传播考古成果、传递中华文明的理念,坚持内容为先,多种媒介平台协同发展,覆盖广泛,是公众考古宣传的重要平台(图2)。

网站建设过程中,不断探索、完善网站栏目。网站围绕资讯报道、学术研究、学术资料、公共考古四大主题精心设置24个一级栏目

---

① 乔玉:《考古离公众有多远?"中国考古网"的公众考古探索》,《大众考古》2013年第6期,第66—68页。

图1

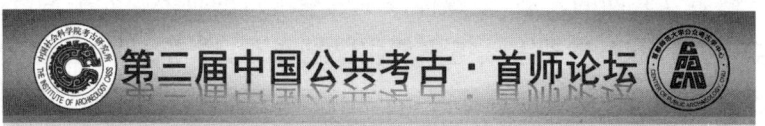

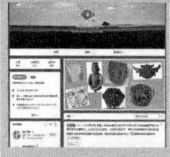

中国考古网
——学术性 科普性 趣味性 互动性

中国考古网坚持创新，特色办网

- 以"科研办网"为宗旨，目标就是：更多的倾听公众的声音，服务于科研、服务于大众，使中国考古网成为考古学传播和交流的平台、成为公众考古的基地。
- 内容覆盖面广，以学术研究为基础，兼顾大众普及和科普。
- 网站和新媒体联合打造强大的宣传平台。以网站和微博为平台，组织系列线上活动。

左：在首届仰韶论坛上给粉丝赠书合影；左中：首届中国公共考古仰韶论坛；右中：第二届中国公共考古仰韶论坛；右：2014年中国考古网系列征集活动一等奖获得者合影

配合第一届"中国公众考古—仰韶论坛"组织有奖答题活动；配合第二届"中国公众考古—仰韶论坛"组织考古T恤衫设计、考古动漫和微电影等作品有奖征集活动；配合第三届"中国公众考古—首师论坛"组织优秀公共考古活动、考古也文艺、创意博物馆作品有奖征集活动；对重大学术会议和活动进行微博现场直播，第一时间向公众传播会议精彩讯息。

中国考古网最给力粉丝参观首都博物馆　　组织学生参观国家博物馆
考古T恤好设计一等奖作品

- 组织公共考古活动：连续组织和承办了三届中国公共考古论坛；组织"上下五千年，微动少年心"公众考古活动。

图 2

及 26 个二级栏目,内容既有学术性的研究成果、种类繁多的考古资料,又有时效性强的学科资讯和通俗易懂的大众科普内容。内容涵盖广、时效性强,在公众考古方面发挥了重要的作用。

在内容上,坚持以科研为基础。科研单位办网的优势在于它的学术力量和学术资源,我们尽量将这个优势发挥到最大。在新闻板块信息的选择上,特别注重其学术价值和行文的严谨性,对于重要考古发现,一般都直接与发掘的主持者联系,请其按照网站的需要提供第一手文字和图片资料;对原创的稿件都会请专家审核后再发布。结合考古田野和科研工作的特点,我们在很多省市建立了信息渠道,每有重要的田野发掘和学术活动,我们都会积极组稿、约稿,第一时间报道。

对考古人物的访谈也深受公众欢迎。我们加强了访谈内容的设计,做到雅俗共赏,让公众领略考古人的风采,进入考古人的内心世界。2014 年考古所还与上海古籍出版社合作,将广受欢迎的中国考古网"人物专访"栏目的成果汇集成册,出版《考古学人访谈录》系列丛书[①],实现了网络媒体与纸质媒体成果的相互转化,这一举措也为专业学科网站的发展提供了新的思路。

公共考古是网站最最丰富多彩的专题,也是最受大众关注和欢迎的栏目。我们设立了公共考古专栏,宣传公众考古活动和一些相关的理论探索,在考古园地栏目设立了考古随笔、考古百科和考古花絮三个子栏目。考古随笔是考古文物工作者及爱好者的随感,风格清新,为学科通俗化提供了一个很好的展示平台;考古百科通过简洁易懂的考古学文化词条,带给公众专业的考古知识;考古花絮图文并茂地展示精彩现场,让考古走近大众,让公众身临其境,了解真实的考古,以及考古工作背后的艰辛。

[①] 王巍:《考古学人访谈录Ⅰ》,上海古籍出版社,2014 年;王巍:《追迹:考古学人访谈录Ⅱ》,上海古籍出版社,2015 年;王巍、乔玉:《问学之路:考古学人访谈录Ⅲ》,上海古籍出版社,2017 年;王巍、乔玉:《求索:考古学人访谈录Ⅳ》,上海古籍出版社,2020 年。

同时，网站平台还和微博、微信有机结合，多角度、全方位展示考古成果。

2011年6月中国考古网的官方新浪微博开通，虽说微博是很大众化的一个媒介形式，但我们坚持以严谨的学术研究为基础，用通俗、生动、趣味性的语言来宣传考古学文化。我们分不同专题每天固定时间发布，除了"新书介绍""现场传真""每日一字"等固定栏目，还会根据网民需求和流行元素开设一些临时的特色专题，比如曾经做过的特色专题"考古江南style""神鸟很忙""舌尖上的考古""考古探案"等，以及现在正在做的"云想衣裳""学人语录""梦回大唐"等，还有配合节庆做的"马年说马""中秋说兔"等，深受好评。用严谨的考古资料和诙谐的网络流行元素普及考古知识，同时还对重大学术活动做微博现场直播，用通俗的语言第一时间向公众传播会议动态和讯息，让公众及时、快捷地了解考古学研究的最新进展。

除了展示，还利用微博平台组织了一些线上、线下活动。如连续三年承办了中国公共考古论坛，并通过网站、微博平台组织了一系列的征集活动。配合第一届"中国公共考古·仰韶论坛"组织有奖答题活动，普及考古学知识，并遴选优秀考古爱好者参加会议；配合第二届"中国公共考古·仰韶论坛"组织了考古T恤衫设计、考古动漫和微电影、优秀公众考古活动项目征集大赛；配合第三届"中国公共考古·首师论坛"组织优秀公众考古活动、考古也文艺、创意博物馆作品有奖征集活动；组织"上下五千年，微动少年心"公众考古活动等等。

中国考古网通过对网站媒介群的建设，以及对公众考古的思考，探索了传统学科网站发展的新思路。学科网站的受众群体是有限的，而且其学术性强等特点注定不会吸引太多人的眼球，但随着互联网的高速发展，微博、微信、论坛等媒介平台火爆，给传统的学科网站带来了新的生机，这些新平台的使用，为网站发展注入了新鲜血液。网站和新媒体只要能有机结合，使其相辅相成，必定会很大程度促进学科网站的发展，为公众考古添砖加瓦。

高蒙河教授曾提出公众考古实际是实现考古知识的转换,包括"考古知识向一般学术知识的转换",目的是"取得在历史学和相关学科领域的话语权";还包括"一般知识"向文化层面的转换,这两个转换应该主要是对学术界公众而言的,是期望考古学成果能在重塑中国文化上发力。他提出的文化层面向社会层面的转换,应该主要是面对一般公众的,是让一些重要考古知识成为公众的"常识"。中国考古网在公众考古方面的努力,就是想促进考古知识的转化,使得考古学成果在文化建设和提高民众文化素质、树立民族自信心等方面发挥更大的作用。通过这些努力,我们看到网络平台在服务科研、服务大众方面有着良好的前景。考古大众化任重而道远,中国考古网会继续努力,更多地倾听公众的声音,坚持服务科研、服务大众,成为考古学传播和交流的平台,成为公众考古的基地。

三、公众考古,任重道远

通过开展公众考古活动以及媒体的宣传报道,向社会公众宣传考古成果、普及考古知识,对于提高全民文化遗产保护意识,传承与弘扬中华民族优秀历史文化具有深远意义。

目前的公众考古活动形式已经颇为丰富,有主题讲座、模拟考古、考古探险、考古夏令营、摄影比赛、考古文博知识竞赛、动漫图说、专题电视片和各种文化产品等等。宣传平台既有纸质媒体,也有网站、微博和微信等新媒体,还有"十大考古发现"和"公共考古论坛"这样的主题活动。大家都在思考,这些活动在形式上虽然丰富,但也难免雷同,是否还可以走得更远?比起形式来,公众考古在内容方面,可提升的空间很大,要走的路还很长①。

---

① 乔玉:《考古其实很"好玩"——公共考古发展与学科文化传播新思考》,《中国社会科学报》2015年11月26日第7版。

内容提升的关键是要以坚实的学术研究为公众考古的基础。这也是中国考古网一直遵循的,所谓"大雅才能大俗"。这方面的一个例子是中国社会科学院考古研究所李新伟研究员在第一届"中国公共考古·仰韶论坛"上的演讲"五千年前的一场葬礼"①。演讲是这样开头的:"黄河和秦岭之间的黄土塬上,盛夏时节,林木郁葱。晨曦中,处处村落升起袅袅炊烟,但一个大型聚落里却异常沉寂,人们默默地涌向中心广场。路边洁白的野茉莉花已经凋谢,结出了细小的果实,聚落中的一个男子就在昨晚也如花一样凋谢,停止了呼吸……"这段颇为诗意,充满细节的开场白是以坚实的研究为基础的。在西坡大墓 M27 的填泥里面,发现了野茉莉花细小果实的印痕,由此得知墓主的死亡时间为盛夏;演讲中关于墓主吃猪肉多,可能"习武"等颇为吸引公众眼球的叙述,也是以人骨的同位素分析、腹部土样中的寄生虫分析和骨骼分析为基础的;演讲中关于西坡墓主代表的中国史前时代"第一代领导人"出现的讨论,更是以演讲者对中国史前社会发展和"社会上层远距离交流网"的深入研究为基础的。

北京大学齐东方教授在第二届"中国公共考古·仰韶论坛"上的演讲"梦回大唐"也充满"内涵"和细节,唐代才子佳人日常吃穿用度的细节都是精湛的考古研究的成果。齐东方教授曾经说过,"从我自身的实践来看(做公众考古)不比写一篇学术论文要简单。能够把一个复杂的问题简单化、把一个抽象的问题具体化、通过生动有趣的语言让大众去了解你所擅长的专业知识是需要一定能力的"②。

种种实践表明,只有以坚实的学术研究为基础,公众考古在内容和形式上才可以走得更远。

---

① 李新伟:《西坡葬礼:还原 5 000 多年前的聚落习俗》,《中国文化报》2013 年 11 月 14 日第 3 版。
② 中国考古网 2015 年 11 月 28 日发布的对齐东方教授的专访:http://www.kaogu.cn/cn/kaogurenwu/xuezhefengcai/2015/1130/52232.html

上述关于内容和形式的讨论引发出一个更让人深思的问题：我们在内容和形式上到底可以走多远？考古学家们已经逐渐走出象牙塔，但如果有人问考古知识更像交响乐还是流行乐，多数考古学家恐怕会选择前者。那么，我们的公众考古是保持交响乐的阳春白雪范儿，去提高公众的欣赏领会能力呢？还是再放下点身段，突出考古知识中迎合流行时尚的部分，满足一些公众的好奇心呢？这是颇费踌躇的问题。考古学家面对的公众有不同的文化层次和不同需求，公众考古不妨既奏交响乐也唱流行歌。但多数考古学家会坚守一个信念：公众考古的目的不是为了使"冷僻"的考古学家成为被粉丝热捧的文化名人，不是为了仅仅满足"古墓里是否有僵尸"之类的好奇，而是为了让公众了解考古学家用手铲辛苦发掘出的关于我们的祖先、我们的文明的知识，感受只有考古资料才能带来的对我们灿烂文明的真切体验和心灵震撼，激发出公众对文化遗产的自豪、自信和珍爱。

在公众考古领域，永远是行动先于理论，我们需要且行且思考。

不可否认的是，中国的考古学大众化还处于起步阶段，和西方一些国家相比，我们还没有建立完善的公众考古的大众传媒系统，还没有专门的机构或基金为公众考古服务。我们虽然已经有了科普读物，已经有了媒体和网络的宣传，甚至还有了公众考古的理论，但考古学的大众化并没有真正意义上地深入人心，比如偏远的乡村，而这些地方往往是我们遗迹、遗物较多的场所。因此，公众考古的方法和力度是至关重要的。

面对公众，考古学家的工作不仅仅局限于复原已经发生的过去，还必须解释历史是如何发展的，文化遗产的意义是什么，如何呈现这种意义，这种意义能为当今的民众提供什么，这种种问题的解答正是中国公众考古学的核心所在。文化遗产保护是一项庞大的公益事业，社会公众才是进行考古资料和文化遗产保护的主体，缺少了公众的支持，文化遗产保护将无从谈起，这是我们当代考古学家必须面对的问题。从这个意义上说，公众考古任重而道远。

从日常到崇高的文化遗产体验

——文化遗产保护中公众考古的逻辑和实践

崔天兴

(郑州大学历史学院)

一、学 术 回 顾

一般认为现代文化遗产概念自18世纪肇始。1986年版《柯林斯词典》把遗产概念定义为由过去传承至今或根据传统而传承的事物。丹尼斯·吉耶马尔认为保护就是延续文化遗产寿命的行为。保护这一活动自发端起,不仅通过调整技术和原则来适应理论和社会的需求,保护对象也从艺术品领域发展到更宽泛的遗产领域①。

20世纪文化遗产保护理论有两种:唯美主义理论和科学保护,这两种理论都着眼于保护和恢复对象的完整性。唯美主义理论以美学完整性为核心,应尽量保存和修复,并同时保存艺术品上的历史印记;科学保护则强调自然科学在保护中的应用。20世纪50年代以后,研究式保护理念风靡科学保护领域,它被认为是最好的甚至是唯一可行的保护方法,而非科学的方法逐渐被淘汰。

随着对科学保护中的客观性、原真性的批判,学术界把可读性引入了文化遗产保护。可读性是指对象具有的让观察者能正确理解或阅读的能力,从而强调文化遗产传达意义的能力。保护的目的不再

---

① [西]萨尔瓦多·穆尼奥斯·比尼亚斯著,张鹏、张怡欣、吴霄婧译:《当代保护理论》,同济大学出版社,2012年,第23—27页。

是强加真实性，而是为了便于阅读对象，文化遗产保护理念也从保护真实转向保护意义。但文化遗产保护是否能顺利落实，并得到人们的认可，单单依靠技术路线往往劳民伤财，也很难取得令人满意的成果。所以本文就文化遗产体验在文化遗产保护中的重要性、作用和方式，简单谈谈自己的看法。

二、文化遗产体验的概念和分类

文化遗产体验是一种主体的感性活动，经由感官获得某种愉悦，是一个主观范畴，是关乎主体对外界的某种感觉。审美化的体验也就是对生活方式、物品和环境的内在要求，而物质生活的精致性转化为主体对消费品和生活方式本身的愉悦体验。文化遗产的非认知、象征和美学意义的生产构成了区域文化的鲜明特征，这些核心资产的再生产包括视觉、听觉、触觉等方面，可以结合现代实验结果充分利用当代科技技术，形成明确的文化遗产的主要形式。因此，文化遗产体验可以分为日常体验、科学体验和崇高体验。

日常体验是建立在朴素的实在论基础上的，对于意义的理解是按照或然率和必然率进行的，人们按照日常生活经验来理解文化遗产的意义，人们理解和阐释文化遗产的意义是共同约定的和一致的。审美经验和日常经验对文化遗产参观者是基本一致的，关于文化遗产审美经验的元叙事正是人们的日常经验。在对文化遗产的体验过程中，实际上有一个从文化遗产符号向日常生活还原的过程，作为日常生活的摹本和镜子而存在，所以对文化遗产的解释就是将其还原为人们日常经验中的实在经验。

科学体验是现代主义的审美范式，是通过科学方法和技术重建经验，用工具理性来取代主体日常认知。换言之，文化遗产意义的理解和阐释只在于科研经验。

崇高体验也可以称之为纯粹审美经验，是关于主体的精神范畴，它在总体上体现为文化的主体原则,即人的原则。这个原则进一步转化为审美文化场内各种活动的尺度,即人及其人化的自然。审美是人精神自主的重要领地,席勒指出人只有是人的时候才会审美,黑格尔说审美是人的解放的必经之路,海德格尔说人诗意的栖居乃是人的此在不被忘却的本真状态①。崇高体验可以分为:① "创伤"即崇高;② 与过去的分离体验;③ 神话式体验②。

三、从"日常体验"到"崇高体验"的逻辑及实践

1998年美国经济学家B·约瑟夫·派恩与詹姆斯·H·吉尔摩提出体验经济,其典型特征是:消费是一个过程,消费者是这一过程的"产品",因为当过程结束时,记忆将长久保存对过程的"体验"。消费者愿意为这类体验付费,因为它美好、难得、非我莫属、不可复制、不可转让、转瞬即逝,它的每一瞬间都是一个"唯一"③。文化遗产体验与体验经济描述的过程是一致的,穿越时间、空间与历史对话的参与者所获得的就是具有娱乐、教育、逃避、审美功能的日常、科学、崇高体验。

杜威指出一件艺术作品一旦获得经典地位,就会开始莫名其妙脱离它得以形成的人的状况以及它在实际生活经验中产生的对人的作用④。Lash和Urry认为在现代信息社会背景下,被广泛采用的"信息社会"一词,仅仅局限在信息处理和计算机系统上,而没能体现当代生产和消费的非认知、象征和美学的意义。他们提出是象征而

---

① 周宪:《文化表征与文化研究》,上海人民出版社,2015年,第147—198页。
② [荷]F.R.安克斯密特著,杨军译:《崇高的历史经验》,东方出版中心,2011年,第272—295页。
③ [美]B·约瑟夫·派恩、詹姆斯·H·吉尔摩著,夏业良等译:《体验经济》,机械工业出版社,2002年,第37—38页。
④ [美]杜威著,程颖译:《艺术即体验》,金城出版社,2011年。

不是信息字节成为后现代经济的核心资产,也就是市场对审美的殖民化。正如消费品需要象征意义成为被渴望的东西,场所也需要明确的文化身份变得可被参观、可被理解[①]。

文化遗产的认知、象征和美学意义构成了不同时间、不同区域文化的鲜明特征,这些核心资产的再生产包括视觉、听觉、触觉等方面,结合现代实验结果充分利用当代科技技术,形成明确的文化遗产体验的主要形式。

(一) 日常体验的逻辑及实践

日常体验是人们按照日常生活经验来理解文化遗产的意义,人们理解和阐释文化遗产的意义是共同约定的和一致的。

日常体验是建立在朴素的实在论基础上的,对于意义的理解是按照或然率和必然率进行的。日常体验的共享性质强化了它在当代文化遗产传播格局中的文化霸权地位,使得同质的大众体验已经把其他与之对立或不一致的文化排挤到边缘地位,导致很深刻的危机。日常体验通过霸权来挤压话语的多重空间,使得文化显现出相对的边缘—中心地位。另一方面将异质的声音吸纳和同化,在模拟和组合中改变它们原有的挑战性和批判性,即形成了所谓的殖民化过程。日常体验以各种方式利用其他文化资源,并把这些资源最终改造成适合日常逻辑的共享性文化,使其他文化流行化和通俗化[②]。

日常体验的参与者一般由普通群众、利益攸关者等组成。日常体验的实践包括到文化遗产地旅游、参观博物馆、阅读相关书籍、观看相关视听材料、参与相关遗产保护活动。由于缺乏相关知识,普通群众只能按照日常生活的经历来思考和认知文化遗产,最典型的逻辑为"以今论古""人云亦云",很少进行批判性深入思考(表1)。

---

① Lash, Urry, 1994. *Economics of Signs and Space*. London: Sage.
② 周宪:《文化表征与文化研究》,上海人民出版社,2015年,第76—98页。

表 1　文化遗产体验的相关参与者及体验分类

	参　与　者	积极体验	消极体验
日常体验	群众、利益攸关者	√	√
科学体验	研究者	√	
崇高体验	群众、研究者	√	

普通群众体验往往形成文化遗产认知的舆论范围，或改善或恶化公众的文化遗产行为。而利益攸关者的文化遗产体验往往对文化遗产的保存状况有直接影响：积极体验往往促进文化遗产的保存，消极体验则使文化遗产保存受到威胁，如文化遗产的建设性破坏、过度开发以及日常生活的破坏等，从而威胁文化遗产的有形本质、真实性和重要特征。

(二) 科学体验的逻辑及实践

科学体验是现代主义的审美范式，脱离了日常经验的参照。伴随着知识的增长，科学经验越来越远离日常经验，通过科学方法和技术重建认知，日常经验已无用武之地。换言之，文化遗产意义的理解和阐释只在于科研经验，用工具理性来取代主体认知，对文化遗产的日常体验进行批判性的思考和研究，即发现文化遗产的理论、实践问题以及文化遗产常识的表达问题并探索、解决问题的过程和能力。

这种文化遗产体验模式包括阅读专业性书籍、对文化遗产进行检测和分析以及解决与文化遗产相关的学术问题，从而深入探讨文化遗产的社会价值、历史价值、科学价值、文化价值和美学价值。

这种文化遗产科学体验的参与者一般为文化遗产研究者，他们的深入研究提供了文化遗产的新发现、新知识、新理论、新意义，丰富了文化遗产的内容，同时也构成了参与者的人生过程和经历，为文化遗产知识的传播和分享提供前提和基础。这样文化遗产的再发现也就是研究者主体建构的过程，同时主体的深入体验和丰富也是文化遗产的再发现,两者相互依存。

科学体验者一般都是文化遗产保护的积极倡行者、参与者和保护者,很少出现毁坏文化遗产的背弃行为,对文化遗产保护具有积极的意义。

(三) 崇高体验的逻辑及实践

崇高体验也可以称之为纯粹审美体验,可以分为:① "创伤"即崇高;② 与过去的分离体验;③ 神话式体验。

所谓的创伤即崇高是指崇高是心理学创伤概念的哲学对应者,创伤是崇高概念的心理学对应者。一般认为是在文化遗产体验和参与者的身份之间实现了和解,这一和解既尊重文化遗产体验,也尊重参与者的自我认同和身份,由此确保了两者的持续存在。与(日常)正常的经验相比,创伤和崇高都是极其直接又极为间接的。崇高拥有正常体验所缺乏的直接性,因为经历时无认知和心理工具的中介保护;同时又是极为间接的,经历者无法直面直接性,导致体验者和创伤体验相分离。借助分离,创伤和崇高颠覆了体验者经历文化遗产的正常图式,从而不被正常体验所接纳,并将一切体验客观化。

与过去的分离,安克斯密特总结为"失去的客体,先是被拉进主体,这是为了使它作为被批判的对象再被赶出去——而最终在这一掩饰下,它永远留作了主体的一部分"。这种对过去和现在的视角差异导致了观察历史事实的方式和视角的变化。

神话作为阈限现象讲述的是人类时间的故事。随着时间的诞生,神话成为人类集体出生的创伤体验。在过去的经验中,神话和历史性崇高无所不在,也同样存在于现代人的认知中:在神话思维中存在一种极其理想化、田园诗般的过去,即凭借此能暂时忘却丑陋的和非自然的现实世界。

文化遗产体验者把文化遗产的经历融入深刻的人生过程和社会过程之中,体验的丰富和深刻使文化遗产相关理论或问题束的概念不断得到深入和澄清,使文化遗产常识和认知的逻辑过程更加准确。文明中的崇高文化遗产成为参与者"高贵的单纯,静穆的伟大"和"敬畏"的体验①。

(四) 从日常到崇高体验的内在逻辑

日常体验可以分为积极体验和消极体验。积极体验是指情感得到深入触动的体验,如愉悦、痛苦、悲伤等认同体验;消极体验则包括熟视无睹的体验。因此不是所有的日常体验都能上升到崇高体验上来,体验与文化遗产的参与者本身密切相关。

科学体验为文化遗产的日常体验和崇高体验提供了新发现、新内容、新视角和新意义。"研究"是保障体验为真实内容的所有行动,也是增加文化遗产可读性的必经之路。科学体验使崇高体验的内容更加充实和丰富,崇高体验使科学体验得到了升华。但也不是所有的体验都能上升到崇高体验上来(图1)。

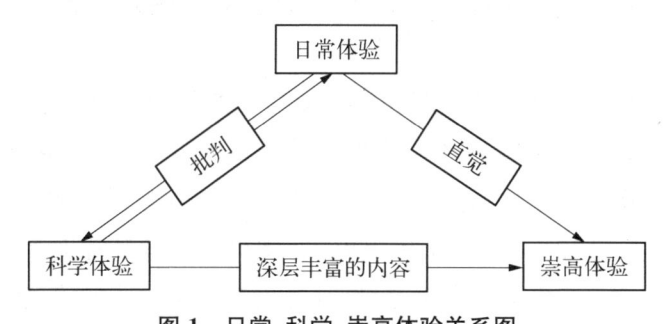

图1 日常、科学、崇高体验关系图

因此,"文化遗产体验"概念包括了三类观点:

1. 方法论上的:要求参与者理解地认知,强化文化遗产的可读性,丰富文化遗产体验手段。

---

① [荷] F.R.安克斯密特著,杨军译:《崇高的历史经验》,东方出版中心,2011年,第272—295页。

2. 认知理论上的：体验同时具有主观性与客观性，既涉及一种事实的主观诠释，又涉及已经被给定的体验的内容与对象。体验显示出"那些被体验的东西，以及那种体验方式"。文化遗产的历史、科学、审美价值只有在诠释的过程中才能获得它的文化意义。因此，体验不是在缺乏事实联系的基础上（亦即所谓在"虚构的"传统意义上）进行的独自建构，而是指向逝去事件的经验性事实内容，只有通过增加可读性，才能理解文化遗产的相对意义内容。

3. 目标理论上的：参与者的主观体验在获得文化遗产认知方面具有极其重要的意义，体验在意义构建上参与到历史的诞生中。这种体验认知强调行为主体关注个人与集体的身体体验、回忆内容或者心态，以便把它们作为经验性史料来使用。在这个以体验为导向的新方向上，人们已经形成了一种新的方法程序，即记录和诠释已逝去的研究者的体验世界。

四、文化遗产体验在公众考古中的重要性

每一个人都有权利理解和欣赏文化遗产的价值，而文化遗产也只有生存在人民群众中才能体现出活力和价值，只有依存于群众才能真正体现出其文化内涵。1999年，第十二次国际古迹遗址理事会大会通过的《国际文化旅游宪章》认为，文化遗产是日常生活、社会进步和变化的一个生动的参照点，是对文化多样性和社区特征的阐述。文化遗产为不同的参与者提供了经历不同社会生活的体验，积极的文化遗产体验经历正日益成为自然和文化遗产保护的参与力量，它可以为文化遗产创造经济利益和社会效益，并通过创造的效益教育社区和影响政策，来实现对文化遗产以保护为目的的管理。

文化遗产体验的核心在于提供可参观的、可理解的、有差异的穿越时间和空间的场所，从而达到科学体验和崇高体验，使民族文化和历史文化引起精神上的共鸣。

文化遗产的"象征"是理解区域社会传统文化的基础,所以文化遗产体验者要求穿越时间和空间的文化遗产具有可读性和可参观性。因此,文化遗产的可参观、可读是从感官的不同方面对体验的丰富意义进行了承诺。

文化遗产可读性的生产是指文化如何用可被理解的形式生产出来以及这种方式呈现的深意。对不同感官体验提供承诺的技术成为支撑文化遗产可读性的关键,而丰富的感官体验则是满足文化遗产分享需求的承诺和目的,丰富的感官体验都是身体体验。这些体验构成了文化遗产认知的日常、科学、崇高体验的不同层次。

具身认知研究认为认知依赖于身体行动,这些身体体验根植于更广泛的生物、心理和文化背景中。知觉体验的地点不仅仅是通常所认为的脑,而是贯穿在有机体——世界交互作用的循环中,有机体对脑外资源的征用是认知过程的重要组成部分[①]。

有学者在研究中发现将一个故事与具体的物和地点相联系,可以保证一种特别精确的长时间的记忆传递,重访历史事件发生的圣地对于长期社会记忆的唤起和延续起到了重要作用。我们将符号象征和实物实地相联系,并借此进行回忆的强大力量已经被研究记忆工具的心理学家所证明。历史事件只有被嵌入一种联系中,通过一种描述(故事、情节、寓言)才能获得它的历史意义。"全方位"的、丰富的、具体的文化遗产体验变成了参与者自我认知的组成部分,如身临其境,被唤起几乎无限的、鲜活的自传式记忆[②]。这种认知动力不断地在时间上(考虑到其他时代)、文化上(考虑到其他文明与生活形式)、体系上(考虑到不同事实维度,如政治、经济、社会、日常生活世界等)扩大了文化遗产体验的视野。

故安克斯密特在《崇高的历史经验》中说:"我们如何感受过去和

---

① [美]劳伦斯·夏皮罗著,李恒威、董达译:《具身认知》,华夏出版社,2014年。
② [英]莫里斯·E.F.布洛克著,周雷译:《吾思鱼所思——人类学理解认知、记忆和识读的方式》,格致出版社、上海人民出版社,2013年,第425—442页。

我们如何知道过去一样重要。"

五、小　　结

　　文化遗产具有高文化、群体识别性、思想性、情感意义等维度，从而具有个人叙事价值、非个人叙事价值、科学价值等，其象征性价值越高越容易成为被保护的对象。

　　文化遗产的非认知、象征和美学意义构成了不同时间和区域文化的鲜明特征，文化遗产体验的特征是不可重复的人类经验，无法接受任何科学方法的检验。从文化遗产保护、研究、传承、利用角度，只有可读的、可参观的、友好的文化遗产才能获得持久的生命力。

　　因此，学术界把可读性引入文化遗产概念之后，文化遗产不但保护真实也保护意义。文化遗产体验被分为积极或消极的日常、科学、崇高三种体验模式。这三种体验模式为满足日益增长的文化遗产公众分享需求和供给提供了内在逻辑和提升思路。

　　因此，文化遗产体验的核心在于提供可参观的、可理解的、有差异的穿越时间和空间的场所，从而达到科学体验和崇高体验，使民族文化和历史文化引起精神上的共鸣。

浅谈博物馆公众考古活动的开展

李彦平

（中国艺术研究院）

博物馆是保藏展示自然和文化遗产实物的重要机构，也是连接人类过去和现在的桥梁。博物馆免费开放之后，越来越多的公众走进博物馆，人与物之间的互动更为密切，博物馆参观已经成为公众社会生活的一部分。在公众考古快速发展的背景下，政府、民众、社会团体成为考古活动的支持者和参与者。相关工作者发布考古信息、组织考古活动、普及考古知识，使考古学逐步走出象牙塔，为大众所了解和认识。博物馆以其大量的实物资料、独特的展示空间、优越的地理位置、固定的受众人群成为考古发掘现场之外，公众参与考古活动最有益的场所。

近年来，从国内到国外，从地方到中央，从私立到公立，各级各类博物馆组织了大量的公众考古活动，取得了较为突出的成果，积累了一定的经验，也给我们带来一些反思和思考。如何根据大众需求组织不同形式的博物馆公众考古活动以发挥博物馆优势，达到最佳的公众考古教育效果，让观众成为考古活动的知情者和受益者，成为博物馆面临的重要课题之一。

一、博物馆开展公众考古活动的类型

1. 体验式

体验式公众考古活动是最受大众欢迎的形式之一，通过亲自动手实践、参与感知,参观者不仅能够近距离观察和触摸神秘的文物藏品(或复制品),体验参与其中的愉悦感和满足感,还能在专业人员的引导下获得考古学知识并激发进一步学习的兴趣。

香港文物探知馆有一个认识早期陶片的房间,约十几平方米,四周矗立着布满抽屉的柜子,柜子与天花板之间的部分是各种考古发掘现场的图片和简单的文字描述。抽屉有十几厘米见方,每个抽屉里有不同类型的陶片,可以透过玻璃近距离观察。房间中央的大桌子上摆放着彩色铅笔、陶片复制品、纸张等物品,参观者可以随时把纸蒙在陶片复制品上,通过涂画了解和感知陶片纹饰特征,并获得自己的拓印作品。德国杜佩遗址公园招募了大量志愿者,分工合作,负责遗址公园的房屋复原、苗圃种植、石器打制、陶器制作、家畜饲养等活动,并实时记录所参与活动的过程和内容,以复原 13—14 世纪时的一个古村落遗址①。节假日和周末,一部分志愿者为大家讲解遗址状况,另一部分志愿者从事复原研究工作,还有一部分志愿者组织前来参观的家庭参加与遗址展示有关的亲子活动或比赛。志愿者深入体验了解当时的社会生活,其实验考古研究成果又推动考古学科的发展,当地的居民也能适时参与考古活动。不同年龄阶段、不同教育背景、不同兴趣爱好的公众都能找到适合自己的实践活动,最大限度地调动了社会力量,杜佩遗址公园成为公众参与考古、体验考古的乐园。

这种体验式的公众考古活动还有不少实例,大葆台西汉墓博物馆就是较早开展模拟考古发掘活动的博物馆。在主墓室展厅外有一个专门的区域,布置成探方的形式,工作人员把一些复制文物按地层埋入土中,参与者使用专业考古工具,在工作人员的指导下进行模拟发掘,感知文物发掘出土的过程,获得考古学知识,是馆内最受欢迎的活动。除此之外还有书写竹简、投壶礼仪、器物翻模等多项公众考

---

① 黄可佳、韩建业:《考古遗址的活态展示与公众参与——以德国杜佩遗址公园的展示和运营为例》,《东南文化》2014 年第 3 期,第 40—45 页。

古活动,受到业内外人士的一致好评①。首都博物馆举办的"王后·母亲·女将——纪念殷墟妇好墓考古发掘四十周年特展"还特意布置了一个文物触摸区域,摆放一些妇好墓出土青铜器的复制品,供参观者触摸、赏玩。

2. 探究式

探究式学习是国家基础教育改革中的一个重要目标,需要学习者主动参与、深入探讨、反复研究,在我国尚处于探索阶段②。教育界对这种学习方式讨论较多,在博物馆公众考古活动中虽然没有明确的理论研究,但实际活动中,考古、文博工作人员已经在有意识地引导参与者去探讨、去研究。

在台湾博物馆教育活动中,有为儿童、亲子、一般观众设置的"学习单",这是一种从学习者出发,依据目标设置的自主学习活动的学习资料,种类与形式多种多样,目的是引导参观或辅助学习,收到了良好的效果③。2014 年下半年,北京市 101 中学在首都博物馆参观活动中,也采用了这种"学习单"的形式。参观活动前,学校散发《101中首都博物馆活动手册》,手册中详细介绍了参观内容、相关背景知识,并设计了每个主题的思考题目,要求学生带着问题参加活动。参观当天,学生先是分组聆听专业人员讲解,接着自由活动,分组合作,寻找手册中问题的答案。这些答案一部分隐藏在讲解中,另一部分需要学生仔细观察、认真思考、研究探讨才能找到。寻找答案的过程调动了学生的积极性,发挥了探究式学习的优势。

威尔士国家博物馆有一项"凯尔特武士"表演项目,武士"死亡"

---

① 马立伟:《遗址博物馆公众考古教育探析——以大葆台西汉墓博物馆新馆社教建设方案为例》,《2014 年学术前沿论坛文集》,北京市文物保护协会,2015 年,第 51—60 页。

② "科学探究性学习的理论与实验研究"课题组:《探究式学习:含义、特征及核心要素》,《教育研究》2001 年第 12 期,第 52—56 页。

③ 孟庆金:《学习单:博物馆与学校教育合作的有效工具》,《中国博物馆》2004 年第 3 期,第 15—19 页。

后被埋入"地下",文物保护工作者和观众一起探讨武士被埋葬在"地下"后,其遗体、服装、随葬品的变化,然后由工作者展示科学发掘和保护过程,最后武士返回,观众再次就"墓葬"出土物品与工作者进行讨论、研究①。项目设计十分巧妙,参与者要探究不同材质文物的劣化过称,并在工作者的帮助下完成考古现场的科学发掘和文物保护工作,过程体验与学习探索相结合,系统理解考古工作的科学性和规范性。

3. 过程分享式

考古学是一门严肃的学科,一些活动需要专业的考古工作者才能实施,但考古发掘、文物研究的实施过程可以与公众一起分享,使参与者通过观察、聆听、交流等方式分享考古活动。

早期博物馆展览中多以考古发掘现场图片或视频的方式拉近参观者与考古的距离。随着科学技术的发展,多媒体、激光投影等现代科技手段丰富了公众考古活动的内容,营造适当的氛围,全方位调动参观者的各种感官,使其仿佛置身其中。在"岭南印记——粤港澳考古成果展"中,策展人为了使观众了解陶器的制作过程,特意在制陶展厅中播放"手工制陶"的视频,并把视频投放在一圆弧状的大陶坯上,营造了独特的视觉效果;为了使观众更好地了解水下考古的操作,在展示海底沉船场景时,营造波光粼粼的水下世界,并播放水下考古过程的视频资料②。目前,这种营造视听氛围、调动观众感官参与的特展,在大中型城市博物馆展览设计中运用比较广泛,公众不仅能参观文物,还能分享考古乐趣。

对于那些观众很感兴趣,但无法亲自实践的考古活动,让观众能够亲临现场一起分享活动过程是十分重要而有意义的。西班牙国立

---

① [英]尼克·梅里曼著,黄洋、高洋译,陈淳校:《让公众参与博物馆考古》,《南方文物》2012年第1期,第175—183页。

② 蔡奕芝:《博物馆与公众考古——"岭南印记——粤港澳考古成果展"策展心路》,《文物天地》2015年第9期,第74—79页。

考古博物馆的展厅里有一个不大的文物修复开放区,每天都有一两位专业的文物修复人员在展示日常修复工作,一些陶器、铜器等文物在这里修复。参观者可以通过窗口观察修复者的工作内容,了解修复的过程和采用的工具、仪器、材料等。良好的隔音设施阻止了噪音和粉尘,宽大明净的窗口使修复室内一览无遗,参观者现场感知,极大地满足了好奇心。利物浦文物保护中心在默西赛德郡国家博物馆与美术馆也有类似的一个观众中心,一周开放七天,观众通过视频了解实验室内的工作并能与工作者对话,还可以在规定的时间参观实验室[①]。

4. 外延式

博物馆的展品可以通过租借的方式,延伸服务工作。对于那些没有明确的考古发掘背景,无等级的文物,可以制作外借文物盒送给偏远地区的学校,以满足教育活动的需要。雷丁博物馆已经将这样的文物外借活动持续了近一个世纪之久,外借的内容除了文物还有一些考古学资料。还未外借的文物,参观者可以触摸,还可以在开放区观察工作者为外借文物盒做准备、处理回收的盒子等过程[②]。

除了文物外借,在信息技术高度发达的背景下,公众考古外延活动方式丰富多样,各地考古发现、最新发掘成果都可以通过讲座、电视、电台、网站、微博、微信、纸质出版物、电子阅览资料等方式传递,成为大众认识和参与考古活动的重要途径。2015 年 11 月,海昏侯墓出土文物在江西省博物馆展览,观众之多创建馆之最。2016 年 3 月 2 日,"五色炫曜——南昌汉代海昏侯国考古成果展"在首都博物馆正式开展,首日 1 000 个预约名额在开展前三天已经约满,第一周预约名额短短几天全部被约完,因预约观众过多,3 月 5 日还出现暂停

---

① [英]尼克·梅里曼著,黄洋、高洋译,陈淳校:《让公众参与博物馆考古》,《南方文物》2012 年第 1 期,第 175—183 页。
② [英]尼克·梅里曼著,黄洋、高洋译,陈淳校:《让公众参与博物馆考古》,《南方文物》2012 年第 1 期,第 175—183 页。

预约的情况。海昏侯墓出土文物展览引起了公众极大的兴趣,成为继马王堆汉墓文物展览万人空巷盛况之后的另一个高潮。回顾海昏侯墓的发掘报道,可以发现民众的参观热情与媒体的追踪宣传是分不开的。2015年末,江西省召开新闻发布会介绍海昏侯墓考古进度和部分成果。随着孔子像屏风、青铜火锅、金饼和马蹄金、乐器、玉器等大量珍贵文物的出土,大众媒体、自媒体等多种传播手段跟踪报道海昏侯墓的发掘进度。"五色炫曜——南昌汉代海昏侯国考古成果展"开展之前,展览的日期、地点、主要内容、布展信息等已经备受媒体关注。据弘博网分析,截至2016年3月4日下午3点,以"海昏侯"三个字作为关键词在百度新闻中进行搜索,有近200万篇报道。这些媒体报道正是网络时代公众考古活动的主要外延形式[1]。而首博的特展,不仅展出了海昏侯墓出土的大量文物,还有考古发掘过程、文物出土现场、墓主人生平、文物科学保护的详细图文资料介绍。因此,江西南昌海昏侯墓的发掘就是一次成功的公众考古实践[2],这也是博物馆公众考古活动的成功案例。

在博物馆外延式公众考古活动中,考古发掘参与者的现场讲座也是普通民众详细、全面、科学认识和了解考古学的重要形式。近几年来,引起公众关注的陕西石峁遗址、播州杨氏土司墓地等重大考古发掘已经在高校、博物馆进行了多场面向公众的学术讲座,发掘者亲口讲述考古发掘过程、遇到的问题及解决办法、文物资料、历史信息、目前的研究状况等内容,并配以考古发掘和整理的现场照片、视频等资料,拉近了公众与考古现场的距离。参加者除了高校考古学、博物馆学专业学生外,还有大量的社会听众,他们认真记录,积极提问,表现出了一定的专业素质。首都博物馆开展的"探秘海昏侯国"讲座更受欢迎,能容纳230人的礼堂讲座当天来了300余人,许多人席地而

---

[1] 弘博网:《海昏侯相关新闻的媒体报道情况分析》,2016年3月7日。
[2] 曹兵武:《海昏侯墓:一次成功的公共考古实践》,《中国文物报》2016年3月22日第3版。

坐,或站在走廊①,成为博物馆公众考古活动的热情参与者。

二、博物馆公众考古活动的一些思考

公众考古学的意义,不仅在于普及专业的考古知识,消除公众视考古学为"盗墓""鉴宝""挖宝"的错误认识,还应当使观众能够简单解读考古资料,理解考古学的价值和作用,将公众考古视为日常生活和基本常识的一部分,从而主动普及传播考古知识,爱护文化遗产,丰富社会生活,提升自身素养。博物馆公众考古活动就要围绕这一目标设计开展和进行实践。

1. 沟通和阐释方式的多样性和针对性

沟通和阐释是贯穿公众考古学理论和实践的最基本的理念和方法②。良好有效的沟通和阐释是联系普通民众、考古学科、考古学家的重要纽带。

博物馆的参观者,年龄不同、知识背景不同、社会经历不同,对考古学的理解和感知也不同,因此,需要多样的形式更有针对性地进行沟通和阐释。对于低龄幼儿和青少年来说,体验式、探究式和过程分享式的公众考古活动更适合他们的年龄和生理特点,对考古学知识的沟通和阐释更多依靠动手动脑、参与实践来完成,以激发他们的潜能和兴趣。在圆明园遗址公众考古活动中,我们发现成人对遗址的介绍、发掘情况、相关背景等知识性的内容更感兴趣,而青少年则对如何使用探铲、发掘出什么文物表达了更多的热情。在各大博物馆的体验区,其主要参与者也以青少年群体为主。专业讲座、文字资料这种外延式公众考古活动的参与者以成年人居多,这就需要众多的考古学家、博物馆研究人员通过浅显直白、通俗易懂的语言文字,把

---

① 见首都博物馆网站:《"探秘海昏国"学术讲座备受瞩目》。
② 李琴、陈淳:《公众考古学初探》,《江汉考古》2010年第1期,第38—43页。

专业的考古学知识介绍给公众,满足人们日益丰富的文化生活需求。《呦呦鹿鸣:燕国公主眼里的霸国》①一书,分两本,一本比较专业,适合具有考古、文博知识背景的专业人士;另一本以珍藏手绘本的形式,解读霸国历史、介绍考古发掘过程、普及文物知识、揭示当时的社会生活,文字生动,通俗易懂,适合普通大众阅读。一些微信公众号更是将一些考古知识和活动以幽默风趣、图文并茂、贴近生活的形式进行传播。这些都是专业知识通俗化解读的有益尝试。

当然,我们也应该看到,上述活动的实施,一方面需要博物馆克服以展品为主的单调形式,开设更多的公众考古体验区、实践区,设计更多的公众考古参与活动;另一方面考古学家、博物馆研究人员也要提供更多的理论和研究支持,构建公众考古的学术框架。同时,活动的实施离不开资金、场地、人员的投入,这就需要政府、社会、大众和专业人员共同提高认识,积极参与,全力支持。

2. 重视考古学信息的传递

不管是什么形式的公众考古活动,都要传递准确、科学的考古学知识,激发参与者对考古活动的兴趣和热情。知识水平、社会地位、价值观念决定大众看待考古学的角度和获得的考古学感知是不同的。考古人员重视其传递的考古信息,历史学家重视史料价值,媒体人员重视考古报道吸引的阅读或收视率,文玩商人看到的是市场价值,普通民众看到的是金银珠宝。利用媒体手段,向普通民众传递考古学信息是目前公众考古活动中的重要内容。

在体验式的公众考古活动中,我们发现一些参与者仅仅满足于体验过程带来的愉悦感和新奇感,而忽视了考古活动本身所传达的考古学知识和信息,片面地了解考古活动后,失去了再探索的兴趣和动力,偏离了公众考古活动的最初目标。在外延式活动中,参与报道的多是

---

① 山西省考古研究所、山西博物院、首都博物馆:《呦呦鹿鸣:燕国公主眼里的霸国》,科学出版社,2014年。

一些对考古学不甚了解的记者、媒体人,报道重点主要集中在珍贵文物上,就像海昏侯墓的报道那样,更多地关注于马蹄金、金饼、青铜火锅、19吨铜钱、玉器、青铜器等,导致大众关注点就集中在文物的经济价值上,忽视了考古发掘的价值、文物的艺术价值、文物蕴含的历史价值等,要像王仁湘先生说的那样,"少点急躁心,多看点文化"。

因此,公众考古活动的方式和形式是实施手段,知识传递、激发兴趣才是最终目标。公众考古要在提高人们对考古学认识的基础上加以普及推广,正如张忠培先生认为的,"'提高'是源,'普及'是流,源不竭,流长流"①。

3. 博物馆公众考古理论和实践研究的薄弱

公众考古学是20世纪60年代在西方兴起的一门学科,我国考古学科建立之后,虽然老一辈的考古学家在考古工作中进行了一些公众考古活动,但这一概念的引入和探讨近几年才刚刚开始,一些传统的考古工作者甚至认为这并不是真正的考古学,不愿探讨其理论,更不愿参与实践工作。2003年9月《中华读书报》首次提出《中国亟待构建"公众考古学"》,2006年8月《初论公众考古学》发表②,至此关于公众考古学的探讨才刚刚开始;2010年之后,更多的科研院校学生和教师以及考古学者才开始参与公众考古学理论和实践的研究。2013年由中国社会科学院考古研究所、河南省文物局等多家单位联合举办的首届公共考古论坛在河南三门峡展开,会议不仅有公众考古讲演、研讨会,还展示了各种各样的公众考古活动,取得了一定的成果。同时,《江汉考古》《南方文物》等专业考古学期刊相继发表公众考古论文和译文,北京联合大学文化遗产保护协会创办的刊物《文化遗产与公众考古》刊载了学生和教师翻译的大量国外公众考古理论和实践文章,高校、文博单位举办的公众考古活动也逐渐增

---

① 高蒙河:《中国公众考古的典型案例》,《中国文物报》2014年10月24日第7版。
② 郭立新、魏敏:《初论公众考古学》,《东南文化》2006年第4期,第54—60页。

多，微博、微信、公众号等网络媒介依托自身优势，成为公众考古活动的另一阵地。

从上述统计来看，公众考古学在我国尚处于初步探索阶段，公众与考古学还有断层和相当远的距离，考古教育还未普及，博物馆公众考古活动刚刚展开，公众考古理论研究也亟待加强。公众考古任重而道远，还需要更多的考古学家、博物馆工作人员、高校学生和教师去研究、探讨和实践。但我们也看到，随着人们生活水平和人文素养的提高，越来越多的普通民众开始关注考古学，通过各种途径了解考古学知识，积极参与公众考古活动，以博物馆为依托的公众考古活动有着极大的发展前景。

三、结　　语

公众考古学在欧美等国起步较早，经过长期的实践和探讨已经发展得比较成熟，无论是理论探讨还是实践活动均形成了自己的特色；而在我国，最近几年才被考古工作者所接受和认可，对公众考古理论和实践的探索刚刚开始，还处于初步探索阶段。近年来虽然一些博物馆、考古工地开展了一些体验式、探究式、过程分享式、外延式的公众考古活动，媒体、网络等资源也积极参与考古学信息的传递，但还存在沟通和阐述方式需要多样性和针对性、考古信息的传达不够充分、理论研究和实践活动有待进一步加强等问题，需要政府、社会、公众的积极支持和共同参与，相关考古、文博专业人员更要提高思想认识，落实理论研究，采取积极行动，以构建适合中国大众的公众考古学理论，搭建公众考古活动平台，让公众考古活动走进民众社会生活，让人民群众真正成为考古活动的参与者、受益者、支持者和传递者。

第三部分

公 众 实 践

喇家遗址的公众考古*

叶茂林

(中国社会科学院考古研究所)

喇家遗址的发掘和研究中，灾难现象的发现是一个与众不同的新课题。由于现象比较吸引人，喇家遗址受到了公众的广泛关注，而喇家遗址的多学科研究，也颇受大家关心。但喇家遗址在公众传播方面还是有一定偏颇的，这就容易带来一些误解和新问题。正因为这样，我们认为喇家遗址考古队需要加强公众考古的工作（过去我们仅做了考古学的宣传普及）和学术与科学知识的引导。我和王仁湘先生都积极在这方面做了一些工作。特别是王仁湘先生，一直都很自觉也很热心于考古学的大众普及和传播，堪称是一个带头人和公众考古的大家。我自然也是深受其影响。

喇家遗址的公众考古，主要是考古发现的特殊所引起的。一是灾难之谜，一是面条新知，这两个方面最容易打动公众。公众因为关心，逐渐深入考古与科学探索。这也是两方面：一是多学科探索，一是考古新发现，后来还涉及考古遗迹和文物的保护。这些方面，想来都是比较容易引起公众兴趣的。喇家遗址先民死亡与灾难现象及现场的感人场景，都最触动公众的敏感神经。最早引起公众热议的就是怀抱小孩的人骨遗骸，诸多人骨姿势表现出来的相互救助场景曾经轰动一时，自然让人联想并好奇他们死于什么原因，想知道他们背后的故事，这就成了人们津津乐道的地方（图1）。

---

* 基金支持：国家自然科学基金（批准号：41230104）、中国社会科学院创新工程。

图 1　喇家遗址发掘现场

发现地点也就成了大家争相目睹的去处。找到的地震和洪水等原因的许多证据，以及多学科研究探索等相关内容，同样受到公众关注；喇家遗址面条的新成果，也一度广受传播，曾一石激起千层浪，甚至成了举世瞩目的新闻，几乎和当时中国载人航天的新闻一样铺天盖地。这是人们的兴趣点，轻易可触，也是容易引起疑惑、争议的地方，问题也就出现了。面对问题，我们考古队和合作团队必须正视，必须发声，必须开展公众考古的工作。

关于喇家遗址的公众考古，我们可以从几个方面来作一简述，并提出新思考。

一

我们最初对喇家遗址的了解，是因为它出土齐家文化玉器。

1998年我和王仁湘一起，会同青海同行，沿黄河进行考古调查，选择发掘点，后来选定官亭盆地就是考虑到了喇家遗址在其中的重要性。

1999年就做了试掘，效果不错。2000年正式发掘，没想到这个区域因为先前改土造田的原因，已被推掉了一些土层，地面覆盖较薄。F3、F4所在探方，耕土层下就有房址露头。我们很快清理下去，房内埋藏的人骨遗骸全部被清理出来，白灰面和人骨架暴露无遗（图2）。

图2　F4

F4出土了14具人骨遗骸，F3也有2具遗骸，人骨遗骸的惨状惊呆了围观的所有人。一时间消息传开，发掘地点成了人山人海的参观现场，要维持秩序才能保证正常的考古工作。青海电视台随后在考古现场拍摄新闻报道。

当时，大家有一个共同的认识就是，这是一个灾难场面。灾难原因何在？有各种猜想，须尽快研究解决。在保护发掘现场的同时，我们仍然在有条不紊地继续开展整个发掘工作。王仁湘亲自以最快速度给《中国文物报》写了一篇考古发现的消息报道①。这篇报道虽很短小，但文字精彩，立刻引起了关注。北京大学环境学院的夏正楷教授就是看到这篇报道而主动联系我们来做工作的。

2001年喇家遗址又获得新进展，并取得新认识，这次成果得到了相关各方面的认同。年底，考古所新创的考古新发现报告会，喇家遗址位列榜首。2002年，喇家遗址入选2001年度"全国十大考古新发现"，这为喇家遗址考古发现进行了一次更广泛的媒体宣传，形成进一步的良好社会影响。随后，中央电视台联系我们，希望拍摄喇家遗址考古发现。他们到国家文物局办理了相关报批手续，发掘开始后，编导余立军和摄像王琥也很快来到了喇家村。考古队与他们相互配合的过程，也是不断磨合的过程。

开始我们没想到他们要住下来跟踪拍摄，这会有一点影响我们正常工作；还有一点担心他们不能科学、严谨、准确地报道，误导观众。因此，我们起初还有点勉强，并不把他们的工作视为我们考古工作的一部分，对于公众考古的认识也不深刻、不全面。

余立军虽然很年轻，但有一种想做好这次拍摄的热情。每天我们发掘上工，他们也一起上工，把摄像机架在发掘现场录像。有时会让我讲喇家遗址发掘的经过和发现情况、工作的想法、研究的思路等，这是我们比较愿意的，我也很想把我们自己的思考告诉他，让他们较完整、真实、准确地了解喇家遗址。这就有了较好的沟通，时间长了，我们也愿意告诉他们更多的情况和一些细节，让他们知晓考古学的科学性，考古学家在想什么、希望做什么，怎样进行考古学的研究；也告诉他们不想被拍成什么样，希望他们能够与我们的思路合拍，尤其不喜欢什么、担心什么，都如实告诉他们。

---

① 国道、晓燕、林海等：《青海喇家村齐家文化遗址最新揭示：史前灾难现场摄人心魄，黄河慈母佑子情动天地》，《中国文物报》2000年7月5日第1版。

有一次，他们拍摄时想用很细的线，把大玉璧吊起来转动。我们认为这样会有发生危险的可能性，当时那个情况下，也没有更好的条件，就不同意这样拍，他们虽表示遗憾，最终还是尊重了我们的意见，没有那样冒险拍摄大型玉器。他们主动提出来想法，征询我们，这就是一种沟通，在相互磨合，在逐步理解我们。

还有一次，本来架设在发掘现场的摄像机在工作，但他们熬不住长时间没有新发现，就搬走去拍摄其他的了。上午快收工时，出土了一件大玉刀残件，是在地震喷砂的砂层里面裹挟着的，周围什么痕迹和现象也没有。余立军他们没拍到这一发现的过程，感到很遗憾。这实际"教训"了他们，他们由此懂得了考古发现的拍摄，要有耐心，能够等待，要付出时间代价，着急就可能丧失重要机会。因为考古发现多带有偶然性，难以预知。那时我们的发掘记录条件还很不好，只有照相机，没法摄像，重要现象都没留下录像，确实遗憾。

经过一段时间的磨合，我们共同完成了发掘现场的拍摄，加深了彼此之间的理解。他们理解了考古，我们也理解了考古纪录片的公众考古意义，认识到电视片其实是公众考古的重要部分。原以为只有我们自己做的相关考古学普及工作才是公众考古，这其实是狭隘和片面的。公众考古需要各方面共同来做，媒体、大众、其他相关者，只要按照考古实际，按照考古学要求，按照科学传播规律来做，强调科学性、准确性，在掌握好分寸的前提下增加观赏性，它的影响力可能会更加突出，传播效果也会更好。

中央电视台《探索·发现》栏目播出了三集的《史前部落的最后瞬间》，把喇家遗址考古发现研究最初的工作展现给公众，虽觉还有一些欠缺，但公众认为还算比较成功的考古电视纪录片，大获好评。2003年它获得了第21届中国电视金鹰奖的纪录片最佳编导奖，得到了专业的认可。余立军成为央视该栏目主编。后来，以此改编并重新定名的《尘封的史前文明》两集电视片在《地理·中国》栏目和中小学假期节目中，被不断反复播出。喇家遗址的考古发现，通过电视媒体，传播范围更大，影响也更广。

喇家遗址考古工作和喇家遗址的公众考古,由此进入一个新的阶段。

二

喇家遗址的考古发掘仍在不断扩大和深入,考古探索及多学科研究也随之一步步深入。伴随时代的发展,特别是互联网的普及,喇家遗址考古发现的影响也越来越大。一个曾经默默无闻的黄河边的土村,因喇家遗址的考古发现,一下成为举世瞩目的新热点——喇家村已成为世界上很有名的小村落。

我们在喇家村最开始用电话线上网打开谷歌地球的时候,很多偏远地方的小地名几乎都还未标注到上面去;可后来点击打开谷歌地球,随着图幅越来越大,喇家村的名字赫然出现在青藏高原黄河边官亭盆地喇家村所在的卫星图上,周围广大区域里,那时有的乡镇地名都还没有被标注。这让我们惊异,也同时刺激着我们的心情,似乎还激励了我们,在互联网时代打开喇家遗址公众考古的思路。如今谷歌地球已经全覆盖了大大小小的地名,包括各种各样的照片和介绍标注(甚至许多都已成为影响地图画面的干扰了),真是今非昔比啊。

喇家遗址的公众考古,因考古发现的影响,越来越重要了,也越来越需要了。喇家遗址的各种媒体关注,也在与日俱增。

1. 我们自己关于喇家遗址的科普性通俗写作

这其中,王仁湘先生起了带头作用。举例说,王仁湘早有多篇关于喇家遗址考古发现的较精彩而重要的文章发表。如喇家遗址大石磬的发现[1],在王仁湘的笔下,如同娓娓叙说的故事,读起来轻松愉

---

[1] 王仁湘:《宝器重光——黄河磬王发现记》,《文物天地》2001年第1期,第35—39页。王仁湘文章之后,仍有一些人继续写喇家石磬的发现,有的却并不尊重客观事实,随意改变发现者名字,把本该记录的重要发现人的名字抹去,添加了别人。这也说明了公众考古的重要性以及权威性的必要。

快。这件石磬,不仅形态特殊,而且发现过程奇特,冥冥中有缘。它在喇家遗址上闲置了也不知多少年,最后被王仁湘和一起帮助钻探调查的村民喇虎,从村民朱七十奴的家里发现。而它,却没能再在喇家村停留几时,就收进了青海省博物馆。我记得,发现石磬后不久王仁湘就离开喇家遗址返回北京,后来省里来人,还有电视台记者,拍摄考古现场之后夜里又拍摄这件石磬,让我做的介绍。我拿起拍照时用作比例尺的圆木棒头,敲击了石磬的不同位置,发出金属般的声响,清亮而音域各有不同。这些美丽声响,成为难得的记录。随后,石磬被装上车运到省博物馆珍藏。若没有特别原因,之后我们也很难再见到它了。真希望有一个展览,能让它永久陈列,让群众都能在博物馆里欣赏到黄河磬王的尊容,最好还能听到它的美妙声音。

再说王仁湘写的喇家面条一文①,既是考古学和饮食文化方面的普及作品,通俗易懂,图文并茂,非常精彩;同时也是一篇有学术价值的研究文章,从考古与文化史角度,解读了喇家遗址面条的发现(图3)和在饮食文化研究中的重要意义,还讨论了中国面食的发展历史,有理有据,有史有论。既可面向大众,也可面向学术界和研究者。

我们从王仁湘的论述中,得到许多启发和参考,更深入认识了面条的科学价值。这是喇家遗址面条发现后的第一篇专题研究和通俗介绍,有很好的作用。随后我们也陆续发表了文章,以科普的笔触,在报刊上讲喇家遗址面条的发现和意义,说研究过程,澄清事实,解读科学认识②。我们还在若干科普刊物上,以大量图片、较大篇幅来介绍喇家遗址考古的成果和收获③,效果十分明显。多年来,通过各

---

① 王仁湘:《面条的年龄——兼说中国史前时代的面食》,《中国文化遗产》2006年第1期,第75—79页。
② 叶茂林:《破解千年面条之谜》,《百科知识》2006年第7期,第46—49页;叶茂林:《不可思议的考古发现》,《成都文物》2008年第1期,第1—10页。
③ 叶茂林:《青海喇家遗址探秘——被灾难覆没的史前聚落》,《中国科学探险》2005年第7期;叶茂林:《史前灾难——喇家村史前遗址考古》,《大自然探索》2006年第2期,第64—71页;叶茂林:《官亭盆地的地下秘密——黄河谷地上最完美的句号》,《国家人文地理》2009年第6期,第40—43页。

图 3　面条发现场景

种平面媒体发表的喇家考古科普介绍文章,有十数篇之多,估计达数万字,图片上百幅。这是我们考古队在喇家遗址公众考古方面做的一大板块的工作。

我们自己在写作中,力图做到科学性,尽力保证准确,用词遣句字斟句酌,较好地把握了分寸。喇家遗址面条的发现,因为重要,引起了一些质疑。仔细研读发现,其实是由于误传或不实报道的夸大宣传,造成误解。只有严谨科学地报道,才能真实准确地传播。考古学家和科学家严格认真的工作和取得的认识,需要正确宣传。公众考古也是科学。

2. 利用多种媒体全方位面向社会大众

(1) 网络媒体方面

我们看到了迅速发展起来的网络媒体的重要性,及时在网上做了一些传播。大约在十年前我们就开始在中国考古网开辟"喇家遗址论坛"栏目,后来考古网改版,我们又率先拿出"喇家遗址研究专题"栏目,并不断推出新的资料和研究内容加入栏目中。我们很希望大家在网上就能够基本上把与喇家遗址相关的一些主要资料都找到并能下载,方便网友们和研究者进行查阅和研讨。

我们还较早地使用网络自媒体,在搜狐和新浪上,先后发布了个人博客和微博,以喇家遗址为名①,希望与更多的网友建立联系,提供喇家遗址考古发现的相关资料并进行讨论。不过,由于本人不太善于维护网上博客,特别是先前限于条件——那时在野外出差期间,网络使用很不方便,很长时间内都荒疏了更新和维护;后来有了一定的上网条件,但有时因为太忙也还是会疏于上网更新博客;更因为个人上网能力所限,没有想办法加强博客宣传喇家遗址的作用。我们的喇家遗址博客,在传播上起到的效果还是不够理想,至今仅有约3万多的点击量,发展的空间还很大。

中国考古网目前是我们使用得最好的专业网络媒体,它也给我们考古学界创造了一个很好的网络公共平台。喇家遗址以及我们个人的资料,也都在这个平台上有介绍。这里的喇家遗址栏目,由于有网站的维护,我们也就很放心。

(2)广播和电视媒体方面

除了网络,我们认为电视是效果更好的公共媒体,我们仍很注意发挥电视台的作用。

还以面条为例子吧。2011年,中央电视台科教频道《走近科学》的编导联系我们要做发现面条的节目,我们积极配合,实现了很好的合作。《四千年的"长寿面"》在编导和我们认真交换意见、有明确共识之后,拍摄顺利,相互理解、协调也非常好。甚至编导在北京做后

---

① 搜狐博客:在那遥远的地方有个喇家遗址(http://kgsyeml.blog.sohu.com/);新浪博客:kgsyeml的博客(http://blog.sina.com.cn/kgsyemlljyz)。

期制作时，还联系我们询问，搞清楚相关问题，避免出错。这是一期我们双方和观众都满意的具有特殊影响的科学的考古节目，播出后受到广泛好评。它的记述和解读都很准确，是我们很愿意推荐的一档关于喇家遗址考古发现的电视节目，是做得很到位的科普，甚至得到了国际专家的认可与推崇①。

央视曾经做过地质灾害防灾减灾的科普节目，邀请我们做客，讲述喇家遗址灾难。央视少儿频道《芝麻开门》走进海东的节目、《走遍中国》的《中国古镇》节目、《远方的家》的《江河万里行》节目等多档节目都专门拍摄了喇家遗址，考古队也都大力配合，积极参与。当然有的不一定很到位，喇家遗址只是其内容之一，但仍在传播喇家考古。电视媒体一次又一次拍摄播放，喇家遗址也就不断进入千家万户，进入男女老幼的视线。

还要特别提到，喇家遗址面条在《自然》发表后（图 4），我在喇家遗址上接受了世界多个媒体的频繁电话采访，那几天我的手机费都有点吃不消了。其中，香港电台做了长时段的普通话连线，主持人表示话题很受香港听众欢迎。

（3）考古科普公共讲座方面

我们受邀在香港古物古迹办事处开设在九龙公园的公众考古园地向香港社会公众讲述喇家遗址的考古发现，得到香港市民的热烈关注（图 5）。在台湾，我们也是一样，把喇家遗址考古的 PPT 一再认真修改，更好地展示给他们。在港台的这些民间学术活动中，我们都特别表达了欢迎共同开展工作和合作研究的心意。

超星公司也邀请我们作了一期介绍喇家遗址考古发现的讲座。

---

① 该节目视频请参看新华网新华视点保留的视频录像资料（2011 年 6 月 24 日）。人民网一篇记者报道中记录了这样一段话："'西方人民一直是从兵马俑去认识中国，但是我们看到这些纪录片就开辟了一个比较新颖的方式，让西方人去认识一个不一样的中国。'一位国际评委在评价《四千年前的长寿面》时如是说。"同时，我们还欣喜地看到，在英国著名考古学家伦福儒教授的第 6 版《考古学：理论、方法与实践》中，已经增加了喇家遗址出土面条的新资料。

图 4　*nature* 杂志的报道

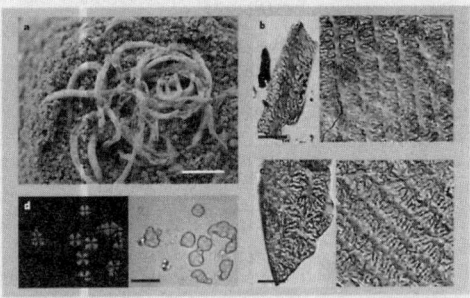

这是中国社科院和超星的一次合作,包括了社会科学的各学科内容。我们认真准备了PPT,但是由于不是直接面对公众,录制中存在一些考虑不足和配合的问题。尽管节目放在网上,方便了网友们的观看,但我们认为还是存在一定缺点,需要改进。

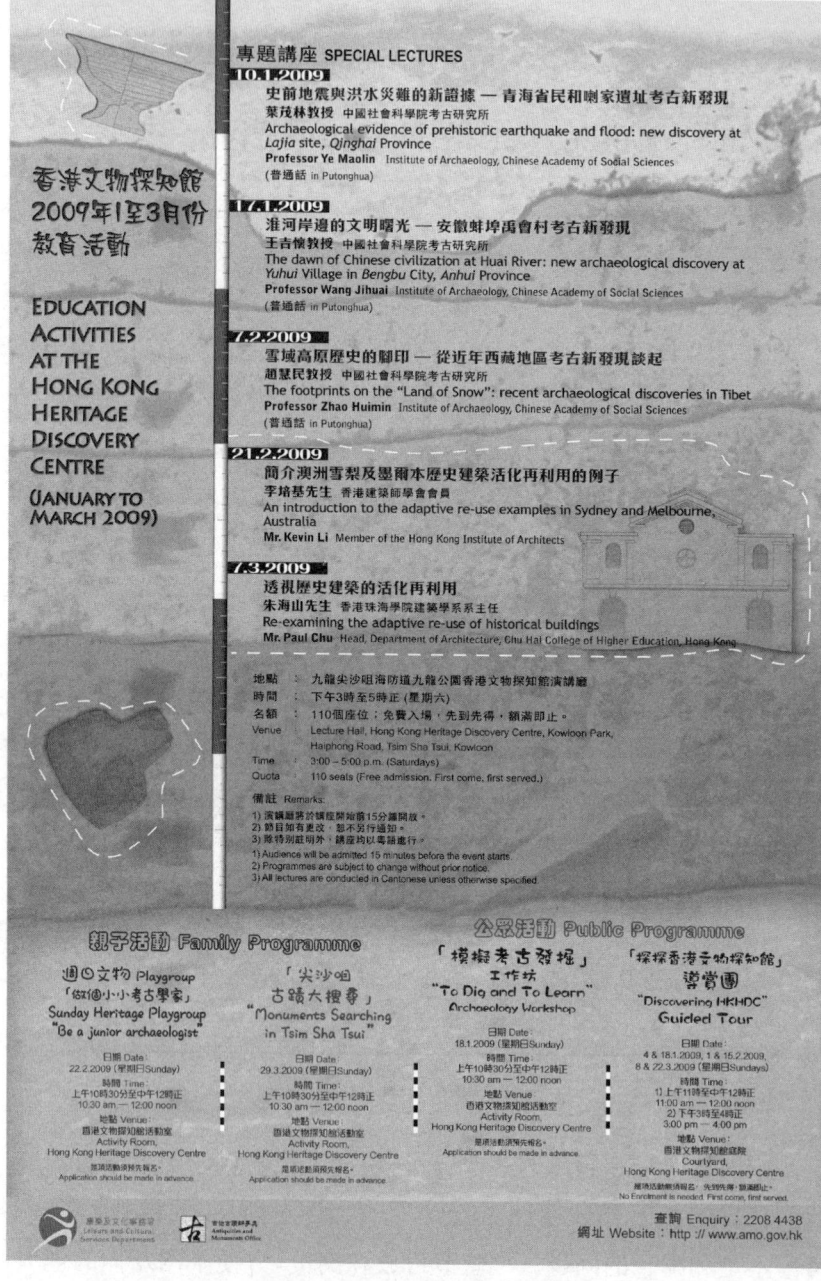

图 5　在香港的公众考古海报

除了这些，王仁湘先生也做了很好的喇家遗址考古发现的 PPT，他在很多场合都曾进行过公众考古的讲座和演讲。我们也在其他相关场所，如三星堆遗址和一些大学等，面对公众作了讲座。

在北京艺术博物馆 2015 年举办的"齐家文化玉器展"报告会上，我们为公众作了"喇家遗址与齐家玉器"的主题演讲。我们注意到，听众中有许多是学界以外的民间收藏者和喜爱收藏的普通群众，通过喇家遗址考古发现玉器的 PPT 演示，给收藏群众作了一次齐家文化古玉的科普。

（4）喇家遗址现场展与齐家文化玉器展

2015 年的"玉泽陇西——齐家文化玉器展"专题展览，由北京市文物局和我们考古所合办，以考古发现真品展出，颇具代表性和典型性，有重要借鉴意义。展览虽小，但精致、高调，给公众提供了近距离接触齐家文化玉器的机会，公众考古作用不小。是亲近民众、走进民间，对接考古学术与民间收藏的一次大交流。

在民间有广泛群众基础的收藏鱼龙混杂，假齐家玉器泛滥，还以公开出版物的形式登场，扰乱视听。个别曾经的正当职业者也来帮腔，借学术探讨以假乱真，谎称是尚未被考古发掘到的新品。喇家遗址等出土的齐家玉器，提升了公众的认知水平。

喇家遗址 F3、F4、F7、F10 四座窑洞式房址的灾难现场，较早建设了保护棚，形成了遗址博物馆的雏形。考古队为博物馆的筹备提供全程帮助，我所的遗产保护中心专家指导和帮助进行现场遗迹修复加固工程。我们无私提供并精选了陈列展板的全部图片，经我精益求精地反复推敲、补充、修改、提炼，完成了《黄河悲歌》陈列大纲文本定稿。展览的主题和凝练精准的解说词，每每打动参观者。

（5）在喇家遗址上讲解和口头宣传

喇家遗址博物馆 2006 年已落成，2010 年添置陈列展板，但因多种原因，至今未能对外开馆。不过它仍是遗址上唯一还能让人看到考古成果的地方，一直以来都是一个接待内部参观的场所。多年来我们也肩负着给参观者讲解的义务，我也是一个讲解志愿者，只要我在喇家村，有需要和有可能，我都尽力做好讲解并回答提问，毫无怨言。这是必需的喇家遗址公众考古工作。我的讲解已不计其数，对象既有各级领导，也有普通群众。

喇家遗址的公众考古工作还包括发掘中给参观者介绍。最难忘的记忆，是那天喇家村小学的孩子们集体到我们考古现场参观，我正好在发掘，非常高兴地为孩子们讲解正在做的考古工作，孩子们跟我就像好朋友一样亲近。不知道喇家村小学生们都记住了什么，不过我相信，他们幼小的心灵一定知道他们家乡的地下有很重要的古迹，会引以为豪；再在地里见到古物，会拾来告诉我们；他们还懂得要保护这片遗址，说不定哪一天他们会喜欢这个工作。

（6）公众考古对遗址保护发挥积极作用

我们发现，喇家遗址的讲解做好了，就容易沟通和传递保护理念，引起领导的重视。关于F3和F4的保护，开始领导们已决定搬移到省博物馆，我提出原址保护更利于进一步搞清楚灾难原因，得到了领导们的认同，于是改变决定，原址保留。

我与海东市市长多次交流，增强了市长对遗址公园保护大于建设开发的认识，使市长更加重视保护与考古研究，也更愿意听取考古队的意见。

三

下面再谈一下喇家遗址公众考古中遇到的一些问题。除了前述某些方面存在不足，在公众考古工作上，我们也还有若干问题，有的或许还是经验教训，值得记取。当然有的可能也并非我们自己的原因。

1. 与国外某些媒体接触中的问题

（1）美国探索频道旗下的制作公司想要对喇家遗址进行拍摄，

已两次深入协商,在基本达成意向后反悔。这可能是双方存在不信任,也许还有对方的自以为是,要我方按照他们的想法和规则。当时谈妥之后,要我签授权书,保证他们先期宣传,还要求我们不得干涉他们的所有拍摄。我说无论国内外的拍摄,都要首先保证遗址安全,如有问题定要提出干预,这须写进协议书和授权书中,他们持保留态度。著作权和使用权的确认也有分歧。双方同意等拍摄时再作商谈,再签。他们返回后,提出暂停。

（2）韩国电视台拍摄面条之路节目,说是为北京奥运会作宣传,我们表示支持,之后没了下文。后来发现他根本没用喇家的面条资料,该编导李某还在片中表述了另一种态度,歪曲历史,匪夷所思。吕厚远先生看后曾在网上公开对央视春节期间播此不负责任的节目表示不满并揭露电视片中的问题。李某还写书,被国内某大学翻译出版,其中恶意捏造,把王仁湘描写成江湖骗子,让人愤怒！2014年西安丝绸之路饮食文明国际会议上,我报告喇家遗址面条,声讨李某卑劣,说明真相,与会者产生强烈共鸣。

（3）意大利一家机构要拍摄喇家遗址面条电视片,但却不愿申请报批。我们告知这是必须程序,否则无法合作。对方就是不去办理,以为给点好处就能搞定,这让我们难以理解,不过,我们也绝不通融。

（4）接触中发现国外确有一些人是别有用心的,外国人也未必都守信用。如在喇家遗址面条发表之后,国外媒体和作者有不少联系我们索取资料,我们都尽可能提供,有人信誓旦旦表示要回馈我们其出版物,可结果都不了了之。

2. 与国内媒体出现的一些问题

很多学者在谈论公众考古时,都会提到考古发掘的电视直播具有很大影响,其实这也要两方面看,也有学者指出它同样可能带来负面影响。喇家遗址工作之初,王仁湘先生就曾与央视谈过直播,那次我们已经做了一些准备,电视台却告知取消。这看来还不算太严重的问题，可我们因此有了一点经济损失。

这样产生的误差，特别是带来的问题，容易给我们造成某种错觉：有的人是否真诚。

总体上说，电视媒体与考古队，往往是不对等的。即使是一些小电视台，如县级电视台，有的也会很自负。与电视台打交道，我认为，非常需要沟通与磨合，达成共识才能互惠共赢。目前看来，我们与国外媒体间出现的问题似乎要更多一些，也许这是我们今后要加强和改进的地方。

四

喇家遗址国家考古遗址公园立项，再成公众考古的契机。遗址保护实际也是公众话题，并且越来越成为公众考古强力推动的事业。喇家遗址保护，现在仍然面临问题和困难，一定程度上说还是严峻的。遗址公园立项，未必就是保护工作做好了，很多工作才刚开始。公众考古就是继续促进保护的力量。

对于以遗址公园规划为名，不惜拆改已建博物馆，意图再做规划获取更大利益的有违遗址保护宗旨的现象，我们表示不予支持，并明确文物保护理念，重申公众考古传递的要义：遗址公园只有更好保护遗址之理！

公众考古是以公众喜闻乐见的形式吸引公众走进考古学，普及深入的认识和深刻的理解，揭示规律，复原历史。使考古不是挖宝、文物不能再生的基本观念成为常识。唤醒公众觉悟，培育优质素养。公众考古之于遗址保护，是润物细无声地提升民众文物保护意识，让全民文化遗产保护观念深入人心，潜移默化。

公众考古还会促使我们行业和学界，包括官员，依法行政，依法开展工作，创新思维和工作方式。考古不贪婪发掘，遗址公园不过度开发。不能认识、研究不透，要把它保护下来留给后代，留给未来，这已经成为学界新的理念。喇家遗址被公众频频认知,是压力也是动力,我们在努力追求更高的目标,提高对公众考古的认识和思考。

曾经我们意识到喇家遗址考古发现具有超越考古学的跨学科意义,力促多学科研究进而推进了学术发展。现在又深感喇家遗址公众考古,应在社会多元化和全球化视域与背景下定位,跳出考古学狭义框架,探索多学科、跨领域结合。

我们在思考:喇家遗址公园怎样更好地保护遗址。当前最切实也是最普遍的问题是,保护与开发这对矛盾怎么解决,如何让可能是对立的两面,成为和谐共生、互促双益,有利于长久保护的有机一体?喇家大遗址保护如何可持续发展?

我们在思考:怎样抓住喇家灾难遗址的感动场面和兴趣点,创造艺术化和文学化的作品,让考古学外化为多种形式的思维和非物质文化形象,使考古成果多样化。

我们在思考:利用青海夏都的优越条件,创办喇家遗址夏令营和学术夏令营,吸引公众,特别是青少年参与遗址公园短期活动;吸引研究生和特殊专门人才参加短期研修或专题研讨,体验观摩喇家遗址与考古出土实物,考察环境地貌,思索讨论喇家遗址相关问题,创作喇家遗址各类作品,包括文学艺术作品。期待他们中有人走出去留学和交流,把喇家遗址课题带到国外学习并传播,把研究对接到世界更多地方。

我们在思考:并且也已早就提出把我们考古队租住的土族农家小院,保留原状,作为遗址公园的一个游览项目,供参观者考察喇家遗址考古队的工作生活,把考古队室内工作和真实生活环境,开放给公众了解。

我们在思考:将喇家遗址研究继续辐射到官亭盆地考古研究,以及黄河上游考古研究,把青藏高原、蒙古高原、黄土高原结合区域农牧交错带的齐家文化史地关系、人地关系,引入公众考古话题。从更大范围中观察喇家遗址在中华文明中的位置。

我们在思考：喇家遗址在"一带一路"中的地位和意义，让它成为公众考古的话语。

我们在思考：喇家遗址史前考古发现，有什么可提供当代借鉴的经验教训。把史前人类经验变成当代的历史知识，上升到当代智慧。地震考古，或许便可发挥它在现实社会中防震减灾的大智能和大作用。

我们在思考：被称"第一碗面"的喇家遗址发现，如何开发成喇家遗址公园现实版可吃到的"长寿面"。悉心复原并重现史前面条的风采，多学科研究大可为我们找回那曾经失去的喇家遗址远古风味。文化遗产或可转化为文化产业。

我们还将继续思考。

附记：本文所述内容截至2016年，喇家遗址更多公众考古实践敬请持续关注。

公众考古的另一种载体

——文创产品和文创思维

吴长青

(上海古籍出版社)

一、背景和定义

这些年,随着新媒体的迅猛发展,人们获得信息的方式越发便捷,尤其是资讯或新闻的碎片化分享,早已自然而然地融入大家的日常生活中。热门或冷门的各类信息的获得渠道,几乎没什么死角空白了。在这个过程中,对于原本人们想靠近却始终有隔膜的考古领域,传播方式的发达一定程度上大大缩短了寻常百姓与这个冷门学科之间的距离。这也无怪乎近来的一些重大考古发现如江西南昌海昏侯墓、四川彭山江口沉银遗址等,通过不断地宣传以及各种新闻媒体的炒作,较以往更容易得到大家的关注,其影响持续时间之长、范围之广,均非同日而语。

在这样的大背景下,在未来资讯更加发达通畅的新时代下,考古如何走向大众这个问题再次面临挑战。前些年常见的形式有:将考古工地向公众开放,工作人员现场讲解,展板陈列宣传,举办公众可以参与旁听的学术讲座,或者通过传统媒体如电视、报纸以及新媒体微信、微博等的各种报道;除此外,自2013年于河南渑池县开展的首届"中国公共考古·仰韶论坛"以来,之后又于三门峡、北京、李庄、天门、贵阳、桂林等地持续举办了六届公共考古论坛,社会反响热烈,俨然成为国内有影响力的公众考古研究与交流的平台;为推动中国公众考古事业发展,中国考古学会于 2014 年 4 月成立了公共考古专业指导委员会。由此可见,从学术机构举办论坛,到新闻媒体倾力报道,再到普通大众积极参与,曾经高冷的考古事业似乎已经从象牙塔走出来,并深入民众了,但在形式如此多样的外表下,更为精细化的运作和推广可能会成为接下来要思考的本质问题。如公众考古的语言是否应该更普及一些,一次重大考古发现的对外展现是否根据不同对象设置不同的活动和表述(或分为不同层级),其中内容对外宣传的度如何把握,究竟哪些内容适合宣传?是否存在更多的方便操作和普及的形式?以及是否有更好的内容载体,对考古走向大众形成助力?

本文将从内容载体即文创产品这个角度,谈一些考古如何普及及怎样走向公众的浅见。文化创意产品,简称"文创",是近几年刚刚兴起,也渐为人们接受的一种产品模式。坊间对其有各种理解,如东方卫视首席记者骆新称"文创是个筐,什么都可以往里装"[1],微信公众号"大好器象"言"文创就像诗里写的姑娘一样,迷人又朦胧",还有网友戏说"圈心不算还要圈钱,偏偏还不争气地心甘情愿"[2]。而真正的定义也是五花八门,学界还没有统一的界定。联合国教科文组织将其定义为具有传达意见、符合于生活方式的消费物品。台湾《2010 台湾文化创意产业发展年报》中将其界定为可以传达意见、符号及生活方式的消费品,不一定是可见可触的物体,具有文化性、精选性、创意性和愉悦性,是文化创意产业中相当重要的一环。又如"文化创意产品是与一定民族和地区的文化背景相联系,源自个人才情、灵感或智慧,并通过产业化的方式进行生产、消费和营销的,满足人们精神需要和欲望的任何有形产品和无形产品"[3];"文创产品属于知识产品

---

[1] 骆新:《"文创"的误区》,《中国广告》2018 年第 8 期,第 105—107 页。
[2] 余如波:《衍生品开发需要"顾客思维"》,《四川日报》2017 年 8 月 25 日第 16 版。
[3] 郝鑫:《浅析文化创意产品的内涵和外延》,《现代交际》2012 年第 7 期,第 126—128 页。

的范畴,是人类的知识、智慧、灵感、想象力的物化表现"①。简单来讲,就是将某种创意美化后的物化表现,这种创意或简称 IP(intellectual property),可以借助某一个故事、某一种形式、某一种文化,等等。众所周知,考古发掘的对象非常丰富,大到成千上万平方米的遗址、墓地、古城,小到具体的石器、骨器、青铜器、简帛、铁器、瓷器、玻璃器等,再到符号、文字、图形、绘画等,这些古人类的智慧结晶和精神财富都可以经过重新创意设计后,借助今天的某种载体进行传播。

二、政策鼓励和相关活动

实际上,文创产品的开发,从政策规定到民间各项活动都是有积极响应的。2016 年 5 月 11 日,国务院办公厅转发文化部等部门下达的关于推动文化文物单位文化创意产品开发若干意见的通知。这份通知非常详细,其中还对文化文物单位作了明确定义,即"文化文物单位主要包括各级各类博物馆、美术馆、图书馆、文化馆、群众艺术馆、纪念馆、非物质文化遗产保护中心及其他文博单位等掌握各种形式文化资源的单位"。2017 年 2 月国家文物局印发的《国家文物事业发展"十三五"规划》,其中明确提出,"支持各方力量利用文物资源开发文化创意产品,推出一批具有示范带动作用的文化创意产品开发项目和优秀企业。到 2020 年,打造 50 个博物馆文化创意产品品牌,建成 10 个博物馆文化创意产品研发基地,文化创意产品年销售额 1 000 万元以上的文物单位和企业超过 50 家,其中年销售额 2 000 万元以上的超过 20 家"。各地也有相关政策的制定,如 2017 年 12 月中共上海市委、上海市人民政府印发《关于加快本市文化创意产业创新发展的若干意见》,共 50 条,简称"文创 50",其中提到:未来五年,

---

① 姚林青、卢国华:《文化创意产品的经济性质与外部约束条件》,《现代传播》2012 年第 5 期,第 106—110 页。

本市文化创意产业增加值占全市生产总值比重达到15%左右,基本建成现代文化创意产业重镇;到2030年,本市文化创意产业增加值占全市生产总值比重达到18%左右,基本建成具有国际影响力的文化创意产业中心;到2035年,全面建成具有国际影响力的文化创意产业中心。

上行下效,各地各机构的民间活动此起彼伏。北京大学考古文博学院主办的"源流运动"在业界一直反响不错,2017年11月启动了"源流·第二届高校学生文化遗产创意设计赛",以"风雅·宋"为主题,希望借助青年的力量,将宋时精神带入当下日常,在文化遗产与艺术、设计间架起沟通桥梁。本届赛事还得到了北京大学党委宣传部、共青团北京大学委员会的指导,以及九家文博单位的鼎力支持,在赛事规模、参与人数、线下活动等方面都突破上届大赛,也收获了诸多佳作。2018年9月,第十二届杭州文化创意产业博览会成功举办,已经成为全国四大重点文化会展活动之一,成为推动杭州文创产业"提质、增效"发展,打响"全国文化创意中心"品牌,推进城市国际化战略,建设世界名城的重要抓手和重点平台。2019年,由故宫博物院和北京电视台等联合出品的《上新了故宫》一、二季收视率很高,该节目还请著名演员邓伦、周一围担任故宫文创新品开发员。类似的活动,在全国可谓如火如荼。

三、其他领域的文创表现

客观说,文创产品品种极其繁多,所涉及的行业领域也非常之广。人们通常所理解的文化,无论古已有之,还是今天新生之产物,但凡普通百姓能够喜闻乐见,或但凡能够通过某种载体将这种文化普及开来的,其相应的创意产品便会在该领域生根发芽。大熊猫是我国国宝级动物,也是成都这座城市的标志。因此,从2013年10月9日熊猫邮局创办以来,至今已经开了多家分店,主打大熊猫文化,文创产品包括明信片、邮册、大熊猫印章、玩偶、日用品等,并形成线上线下统一连锁经营主题邮局的模式(图1)。无独有偶,江苏邮政也把邮政产品与主题文化有机融合,先后开发"阿狸""蝙蝠侠""魔兽"等动漫、游戏类封片近80种。

图1 熊猫邮局明信片

电影和电视剧是人们喜闻乐见的一种艺术形式,影视娱乐类文创往往随着某一影视的播出逐渐受到人们的追捧,且种类繁多、形式各样,具有巨大市场潜力。这一类文创往往代表较流行的文化元素,相关领域产品的开发,不仅能丰富文创的内涵,对于促进影视的宣传、塑造影视的口碑,也有不容忽视的力量。如《花千骨》影视剧播出后,各种纺织糖宝小玩偶就在市面上流行(图2);获第15届布达佩斯国际动画电影节最佳动画长片奖的《大鱼海棠》,其2 000套珍藏版明信片在3天内预售被抢空(图3),光线传媒电商部副总经理李慧说:"《大鱼海棠》上映前一周衍生品开始'爆',热卖期超过三个月。去年天堂伞(销售额)就有二三百万左右,今年依旧卖得很好,今年有规划会再次运营这个IP。希望'去电影化',变成长期运营的IP。"

图 2　糖宝抱枕

图 3　《大鱼海棠》明信片

除此外，出版社天生具有厚重的文化资源和内容生产优势，然而整体而言，对于文创产品的研发显得有点力不从心，这一方面可能是因为缺乏产品的研发经验，另一方面也许和出版社本身对"纸"的天然依赖性有关，其文创产品以日历、手帐、笔记本、帆布袋为主。日历系列中，市面上表现比较突出的产品有：故宫出版社《故宫日历》、中华书局《红楼梦日历》、中信出版社《童谣日历》以及单向街日历。销售最好的是《故宫日历》，被誉为"中国最美日历"，累计发行300万册（图4）；其次是单向街日历，其中《单向历2019》销售就超过80万册（图5）。笔记本系列以"读库"本为代表，一如其出版风格，该系列讲究简约雅致，内容涉及中外的名著、绘画、艺术、书法、珍玩等，品类繁多，形成了很好的规模化、系列化效应。

图4　故宫日历

图5　单向街日历

四、文博考古领域的文创开发

全国的文博机构如博物馆、文化馆、艺术馆、考古所等单位,是富含文化精品的天然场所。2015年3月20日的《博物馆条例》,明确博物馆可以从事商业经营活动,挖掘藏品内涵,与文化创意、旅游等产业相结合;2016年5月,《关于推动文化文物单位文化创意产品开发的若干意见》出台,进一步将文创产业发展推入"快车道"。这之后,各地文博机构的确跃跃欲试,甚至小试牛刀,大有"忽如一夜春风来"之势,文博界掀起一阵文创热,一时间开发了不少文创产品。但即便如此,因为文创产品本身要贴近生活的需求,从创意到生产、成本控制到定价、推广到营销等一条完整产业链的构建需求,以及文博机构本身体制等方面的约束等等,这些文创产品大多并未真正走向规模化、市场化、产业化。

这其中,北京故宫博物院是为数不多的在文博圈内开发文创方面有所作为,且亮点频现的机构。据了解,故宫自2011年便开始大力开发推广文创产品,内部专设文创事业部,号称参与文创的工作人员达到150多人,分布在产品策划、设计、生产、销售等各个环节中。故宫文创曾创下10亿大关,直逼门票收入。目前文创数量超过1万件,其中手机壳就有480种。故宫淘宝粉丝数接近254万,天猫文创旗舰店粉丝数112万。两家店铺上线的文创产品加起来已有500余款,许多产品销量都在1万以上(图6)。

图6 故宫淘宝

比活跃的故宫更为严肃的国家博物馆也在文创方面做了不少努力。截至 2015 年底，国博设计开发文创产品 3 000 余款，其中拥有完全自主设计版权的 1 800 余款。国博有两个主打品牌：一是"国博衍艺"，以国博自己的馆藏文物衍生品为主；二是"文创中国"，立足于所有文博单位馆藏开发的带有行业性的尝试，产品涵盖所有文化机构优秀的衍生品。国家博物馆于 2016 年 1 月 18 日召开新闻发布会，宣布中国国家博物馆天猫旗舰店正式上线运营(图 7)，这也是继故宫博物院开设"故宫淘宝"企业淘宝店之后，第二家开启时下文化领域最流行的电商销售模式的大型博物馆。

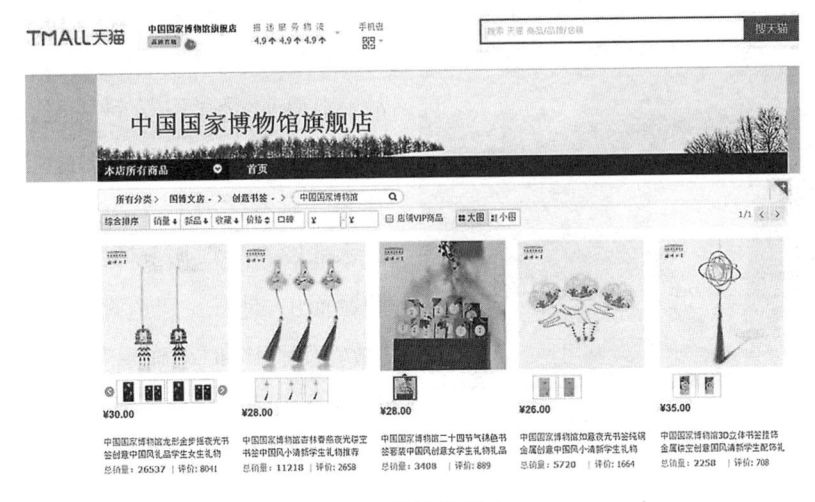

图 7　国博旗舰店

除此外，全国各地省级博物馆在文创方面，均有不同程度的研发和推广，而博物馆里的文物商店目前是其主要展示及销售窗口，距离真正的线上电商运营还有很长的路要走。

五、爆品的启示

所谓爆品，第一要素就是绝对畅销。打造一件非常畅销的文创产品,并非易事,似乎需要很多综合性因素才能促成,但恰恰是这一类性质的产品,某种程度上可以作为典型的文创案例分析,进而为文创产品的开发、推广提供方向性的指导。

先看两个案例。故宫文创中的"故宫·小确幸——画笔下的宫城角落"笔记本,自上市以来就反响不错且长销不衰。该笔记本穿插了不少绘画作品,据悉这些作品是由一位85后巨蟹女阿乐,以清新细微、返璞归真的画风绘成的。单本定价49元,在故宫天猫店的几十种笔记本里排名第一,月销量近3 000册(图8)。为配合宣传,故宫特为此录了一分钟视频,还有大量的内容图片和材料装帧图片等。显然,"故宫·小确幸"笔记本能够在故宫几十种笔记本里脱颖而出,是有一定道理的,这是"故宫"大IP和"小确幸"小IP,以及49元定价、典雅的设计、视频宣传等等综合作用的效果。

图8 "故宫·小确幸"笔记本

2018年4月1日,一篇名为"一片叶子烧出天价瓷器,失传700年,在他手中复烧成功了"的文章在新媒体"一条"公众号上推出。文中言称这是"桑叶与陶瓷的一次偶然的相遇,造就了木叶天目盏流传千年的永恒之美"。天目是黑釉瓷的代称,木叶天目盏的制作技艺失传700年后,为今天景德镇陶艺家焦鼎辉重新找回并赋予新的生命力。这是典型的文创产品与新兴媒体平台合作推广销售的成功案例,此文发出后,一周内众筹达到百万(图9)。

由此看来,作为一款文创爆品,应经过全方位的策划和设计。首先须IP即创意要好,所赋予的文化概念一定要与当下人们的接受度

图 9　木叶天目盏

联系起来；其次，定价要适当，尤其不能过高，最大程度地提高购买的可能性；第三，什么的概念附着于怎样的材质，须有一番考量，选材不当很容易功亏一篑；第四，设计要讲究一些，虽然设计的美与否，并无标准可参考，但赏心悦目、恰如其分是起码的尺度和目标；最后我们要明白，如今早已不是"酒香不怕巷子深"的时代了，王道之路显然也不独"内容"一份了，宣传为王、渠道为王更是互联网时代的新产物，因此产品的宣传及营销方面的本领必须过硬，工作必须尽量做足。

六、从文创思维走向文创产品

上面爆品案例的启示告诉我们，文创的设计是个系统化工程，我们也逐渐明白了完成这项工程的大概顺序。一首歌，一个典故，一件有故事的文物，均可以成为创意的出发点；我们甚至可以由点及面，由某个灵感、某个作品，如一部电影、一次展览，或一次重大发现，策划出一系列文创产品。有了创意后，我们得去寻找设计团队，如洛可可设计团队、中央美术学院等均在此方面有丰富的经验。在设计的同时，需要物色不同材质材料的相应制造厂商，不同材料厂商也不同，我们需要如布类、纸类、瓷器类等等这样的生产商实现加工。加工完成后，宣传和营销就要跟上去，各种沙龙座谈、展览、促销活动，与新媒体、新平台的合作，以及门店与网店的结合，这些环节最好也由专业的团队来把控。总之，从内容到设计，策划到营销及市场反馈等，样样不能少。

如火如荼的文创大业，与原本高冷严肃的考古事业二者似乎相距甚远。而实际上，如上所述，就文创的核心即IP本身来说，考古的对象是有天然优势的。而且表面上看，我们只需要借鉴和研究其他领域在文创方面的成功运作经验，打通制作文创产品的各个环节即可，而四川省文物考古研究院等考古机构在文创方面的勇敢尝试，以及近些年公众对于考古的关注热度，已然为这方面的探索做了很好的铺垫。但我们发现，真正实施起来，却会面临重重困境，似乎可以摆出无穷的需要解决的问题。作为学术机构能否开发文创，如何应对文创的商业性？是否可以抽出部分的发掘和科研经费，或者是否可以申请专门的宣传经费，用于文创开发？如果自身不具备研发条件，是否可以与外面的公司合作，商务谈判、《文物法》《版权法》等之间的关系如何把握？如此种种，确实是每个考古机构必须面对的，或者说我们需要探讨和思考的是，作为学术性机构，在文创的道路上可以走多远。但无论怎样，在我们将考古成果向公众做普及时，文创产品一定可作为公众考古的载体之一。作为从业人员，我们无非要根据实际情况，适当开发一些文创。而这背后，或者说在产品形成之前，我们在公众考古普及工作中，更需要掌握和学习的是文创思维：如何站在需求者或使用者的角度思考，如何以喜闻乐见的方式呈现，如何与其他专业团队合作。公众考古任重道远，"让文物活起来"势在必行，文创能否担此重任，拭目以待，但一定是分阶段进行较为稳妥，即先逐步掌握文创思维，再将文创产品全面铺开。

另一只眼看"公众考古"

——大众传播视野下的公众考古新问题

付 裕

（人民政协报）

以大众传播学的视野和方法，研究中国公众考古的现状和未来，特别是当代中国考古发展中的大众传播情况和接受情况，是目前公众考古学研究中，"不可或缺"却"易被忽视"的角度。

说其"不可或缺"，是因为通过对目前公众考古大众传播状况的研究，不难发现，随着公众考古的不断发展，大众对考古的兴趣日渐浓厚，公众对考古的接受和关注程度也显著提高。但由于公众考古的大众传播情况、状态、亟待解决的问题等仍然缺乏系统性的深入研究和探寻，大众传播仍然是公众考古领域中"易被忽视"的问题。这也成为大众传播视野下，公众考古所面临的新问题。

这也就是说，虽然大众传媒工作人员处于考古发掘现场、博物馆、展示活动空间等考古直接相关现场，但事实上却通过手中的各种媒介手段，塑造了比考古领域更为开阔的大众传播与接收的公共空间。也可以说，虽然大众媒体的摄像机、照相机、文字记者等是直接面对考古现场的，但接受他们所传播内容的受众，却是场外的读者和观众。

正因如此，在面对场外受众时，大众媒体对考古现场的观察和记录，是带有"选择性"的。虽然大众媒体为受众提供了认识考古、了解考古的窗口，也为公众更深入地了解考古状况提供了可能，但从传播结果而言，大众媒体所选择的传播内容和重点、所利用的传播形式和方法，都是经过慎重选择的。而这些"被选择"的内容，则会对公众考古的未来走向、长远发展等产生深度影响和干涉。

因此,对于报道、传播公众考古的大众媒体而言,其本身就是一只特别的眼睛。而研究专门针对公众考古的大众传播形式、内容和特殊规律,不仅有助于推动公众考古研究的深入发展,扩大公众考古的影响力,也有助于推动公众考古的发展。大众传播与公众考古之间,存在既相互依存,又相互矛盾的关系,这是由两者本身的不同性质所决定的。

一、公众考古与大众传播"相爱相杀"

公众考古与大众传播之间的关系比较复杂,两者相互关联、相互需要,却又存在诸多性质、特色上的不同点。从关联性而言,公众考古的深入发展离不开大众传播,面向更多公众、更远未来的考古学科发展,需要大众媒体的传播和推广;同样,作为大众传播所需要的好内容、好题材的提供者,公众考古也与大众传播密不可分。两者相互依存、相互需要,同时相互联系,关系密切。

但是,公众考古与大众传播之间也同样存在比较突出的矛盾,这些矛盾是公众考古和大众传播的性质所决定的,需要特别注意。

首先,两者之间比较突出的问题就是考古的学术性与大众传播的通俗性之间的矛盾。考古学作为科学性、研究性的专业学科,需要学术的、缜密的调查研究和严谨的表达方式,所得的结论,是经过考古学家仔细发掘、认真研究之后得出的学术性结论。但大众传播需要尽量让更多人快速而准确地了解具体情况,因此,就需要通俗易懂的表达方式和传播途径。

其次,考古的复杂性与大众传播的简明性之间也存在矛盾。在传播过程中,大众关注的热点内容会实时更新,且由于资讯较多、热点变化迅速等原因,大众传播的内容和语言不仅要通俗易懂,而且要简明扼要,以适合公众接受的方式,进行更准确、更广泛的传播。这种特点,与考古学所要求的精准、复杂的论述过程和严谨、准确的科学结论有诸多区别。也就是说，大众传播内容的要求，往往是要将复杂的考古内容通过简单扼要的传播方式讲述清楚，这本身就使得以复杂性、严谨性著称的考古与以简单、直白为特色的大众传播之间产生矛盾和冲突。

还需强调的是，考古的长期性与大众传播的时效性之间也存在一定程度的矛盾。考古过程是严谨的科学研究过程，需要大量的时间进行长期的研究，但大众传播则特别重视时效性。在传播过程中，需要以最快速度、最短时效对考古长期以来的研究成果进行汇总，并选取重点内容进行详细解说，这也造成了两者之间的不调和。

总体而言，公众考古学术性、复杂性、长期性的特点比较突出，与大众传播的通俗性、简明性与时效性存在性质、特色之间的不同。这些矛盾与不同，隔在公众考古与大众传播之间，成为两者相互联系、相互沟通的阻碍；但是，也正是因为这些不同的存在，才让从事公众考古和大众传播的工作者们，进行更多的思考和探索，寻找适宜两者共同发展的道路。公众考古与大众传播彼此需要、互为补充。

二、公众考古的大众传播现状分析

对于公众考古的大众传播对象，也就是其接受者而言，是呈橄榄形分布的。橄榄的两端，应为考古工作者、根本不关心者，橄榄中间的这部分人群，则是公众考古大众传播的接受主体，也就是大众。

从数据分析角度，经过不完整测算，截至2018年10月，以"考古"为名称的微信公众号有169个，以"考古"为题目的微信类文章共有10 800条[①]，以"考古"为搜索内容，搜索呈现网页数共22 963 811条。在搜索引擎所进行的检索数量对比上，分别以"考古""拍卖""文

---

① 本文数据均来源于搜狗数据库—搜狗指数数据平台，采集时间2018年10月18日。

物""博物馆"等为关键词,进行粗略统计,可以看出几类相关内容所受关注的具体情况。

以单纯的搜索数量来看,无论是在PC端,还是在移动端,大众对于"拍卖"的关注度均较高(图1)。从整体趋势分析,通常国内的文物艺术品拍卖会每年集中出现两次——3月—6月及11月—次年1月,因此,点击量和微信阅读量的峰值也出现在相关区域内。

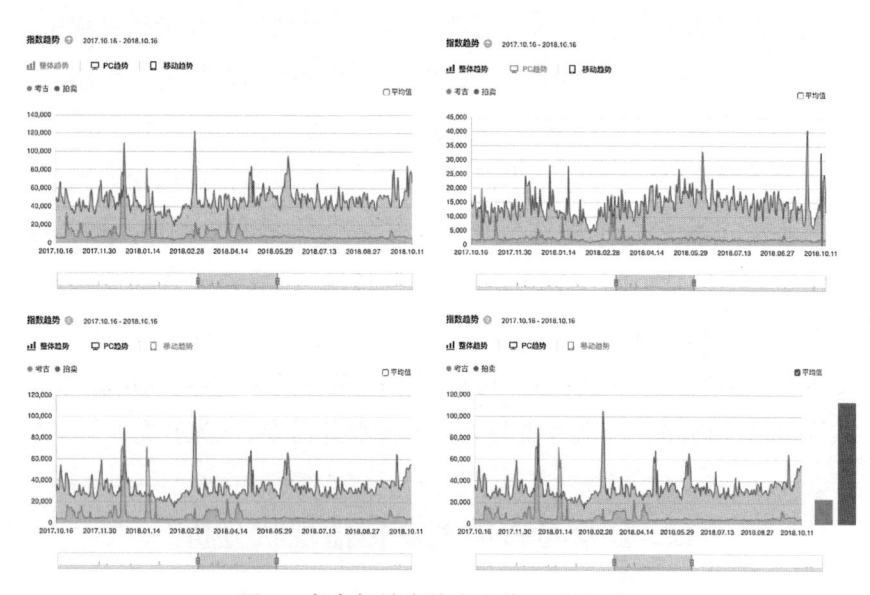

图1　考古与拍卖的大众传播数据对比

每年年底时,考古领域多会发布考古新发现,进行年终盘点,因此,考古类新闻在年底点击率往往会出现峰值。从以上表格来看,两者的点击量对比也明显出现在年底,差额对比最高时可以达到55 248∶109 080。可以明显看出,公众考古在搜索数量上所占的比重与古董艺术品拍卖相比,相差近一半。

与此同时,有关拍卖的日点击量最高时可以达到21万左右,有关考古的日点击量最高仅为81 641次。两者最高日点击量相差2倍多,而这种趋势在移动端表现得更为明显。

然而,在调查 PC 端点击量时,情况稍有不同。可以看出,在有些时候,考古的点击情况与拍卖持平。这也可以说明,相当一部分受众是使用搜索引擎搜索考古内容的,这些受众可能更倾向于资料整理、信息采集等工作性内容。而这与移动端用户基本以日常娱乐为主的阅读习惯相比,差别比较明显。

再将"考古"与"博物馆"的搜索数量进行对比分析,两者的点击量区别也比较明显(图 2)。从整体趋势而言,受众对考古的搜索明显低于博物馆,尤其是在移动端,两者搜索情况的差别表现得更为明显。这不仅说明当今"博物馆热"的现状,也说明与考古比较起来,公众对博物馆的关注程度更高。

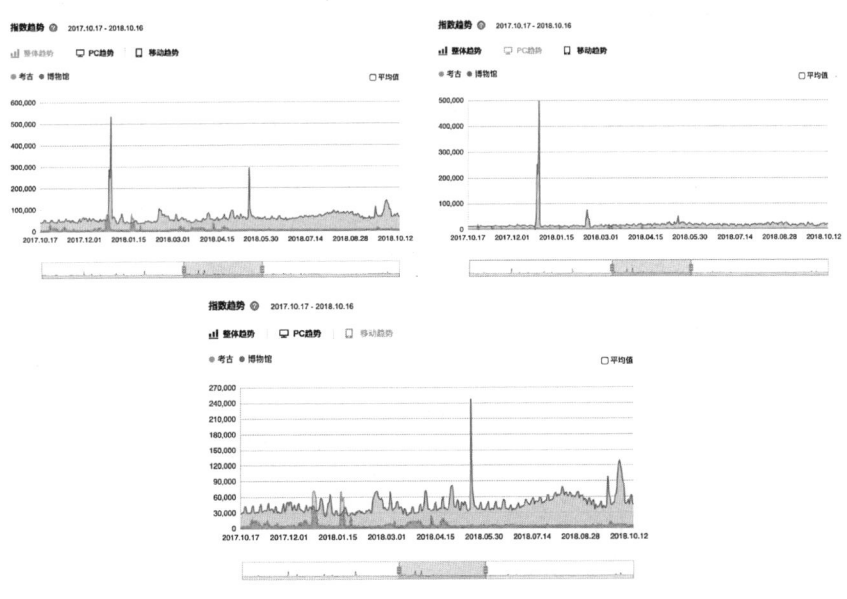

图 2　考古与博物馆的大众传播数据对比

此外,在对"博物馆"的搜索过程中,明显出现了两个波峰:其一出现在 5 月中旬,其二出现在 8 月左右。按时间推测,前者或与 5·18 国际博物馆日的关注程度相关,后者则是因为适逢暑假,学生及家长的暑假活动多安排于博物馆游览学习。

5·18 国际博物馆日的设立对大众关注博物馆程度的提升有较大影响。通过一个专门纪念日，强化大众对博物馆的认知，也从侧面提升了博物馆的受关注程度。这也是促进大众传播的典范。

近年来，由于博物馆行业在自身建设中，尤其注意在大众领域内的传播和影响，通过推广展览、专业策展、设计衍生品等多种推广方式，获得更多大众瞩目，取得更多公众影响，也使大众对博物馆的关注度有所提升。

再以"考古"与"文物"为关键词进行搜索，来判断在大众传播中两者的受关注情况（图3）。如今，融媒体的发展促进了传播主体和传播客体之间的互动，这种不同于单向传播的互动情况，改变了以往考古学家、文物工作者等和大众之间的交流情况。微博、微信、短视频等自媒体传播方式的出现，再加上报纸、杂志、广播电视等传统媒体的深入发展，将媒体融合落到实处，实现多元化、精准化的"跨屏传播"，也使大众传播的主客体互动交流成为可能。

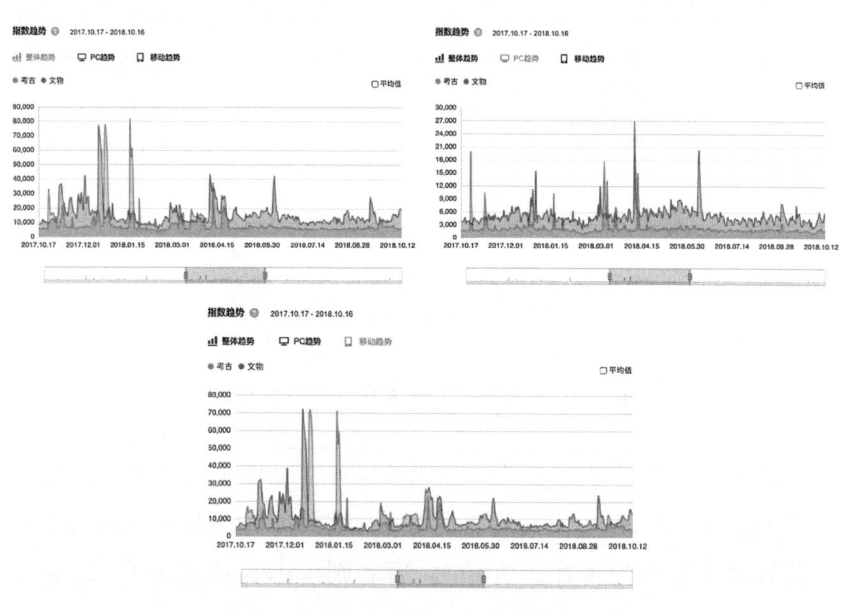

图3　考古与文物的大众传播数据对比

在这种情况下,大众对"文物"的关注程度逐渐提升,并一直维持着较高的关注度。从图3中,可看出大众对文物的关注度同样明显高于考古,特别是在年底和年中出现了几次相对的波峰。5月初与6月初的两次关注小高潮可能与国际博物馆日、文化和自然遗产日密切相关,在相应的纪念活动中,大众对文物的关注逐渐升温,并走向深入。

同样,因为年底的盘点活动增加、纪念活动增多,考古与文物两个领域都获得颇多关注,出现一年中的关注度波峰,这也与寒假临近,元旦、春节将至有所关联。空余时间增加,关注人数增多,自然带来更多的传播力和影响力。

三、主动设置议题引导大众传播兴趣

考古的广泛认识和大众传播情况虽然面临一些挑战,但公众考古的未来依然令人期待。因此,在发展过程当中,公众考古工作者需要考虑大众传播的特点和方式,扩大传播范围,吸引传播关注,其中,特别需要主动设置议题引导大众传播的兴趣。

所谓主动设置议题,是指要有计划、有时间、有序地设置传播内容,照顾受众习惯。例如,国际博物馆日、世界文化遗产日设置为每年固定日期,这样的设置使得大众对固定日期的特殊活动形成期待,而纪念活动中所进行的节日安排,也使得大众对公众考古的关注程度逐渐增加。

同时,有计划、有序地策划考古公众活动,进行公众教育,也有利于大众传播的深入和发展。大众媒体在进行内容选择时,同样需要寻找有特色、有内容的考古活动,因此,在进行公众考古活动之前,就要充分理解大众传播的特点,有侧重、有重点地进行公众考古的大众传播,做好重点选题策划,以及大众传播的人员安排,不要面面俱到。

其中,最重要的是,要找到大众关心的热点和重点,寻找大众传播的热点和重点,这也是大众传播的重点内容所在。只有大众关心的内容和喜闻乐见的形式,才能成为日后传播的重点。这也要求从事公众考古的工作人员,可以提前预判大众所关心的内容,寻找到读者、观众最为感兴趣的热点,提前进行策划和宣传。

考古工作者和大众传播者应该相互配合、相互理解、携手共赢,共同、主动地研讨并设置议题,寻找公众考古热点选题,通过多种融媒体传播方式,强化议题,延伸热点,形成系列,推动公众考古的传播范围和传播速度,创新公众考古的传播形式,对公众考古的热点进行不断强化和内容补充,通过大众传播的深入发展,推动考古走向更多、更广的公众。

公地与私意识：遗产化进程中的在地社区

——以河南淮阳平粮台遗址为对象的观察

王思渝

（北京大学考古文博学院）

一、引言：以"遗产化"的视角看遗址和社区

李军先生在论及"文化遗产"这一概念的时候，曾经有过一段表述："'文化遗产'具有的两个方面：它的特殊的和普遍的维度。也就是说，它在小共同体（'家庭'）和在大共同体（首先是'国家'然后是'世界'）中分别扮演的角色，以及由此向彼依次扩展的痕迹。"[①]批判遗产研究（critical heritage studies）对这个痕迹有着更加细致的描述。以 Kevin Walsh 为代表，在 1992 年时，他开始大量使用"遗产化"（heritagization）这个词，他强调的仍然是一个特定的空间或者对象是如何以遗产为名而被有选择地保护下某些形象，并同时放弃了更为完整的历史概念。他将这一过程用"遗产化"来加以概括，在这一过程当中，在地社区往往会不断被重塑和影响[②]。

上述研究描述的实际上都是一个将特定的对象逐步冠以"文化遗产"之名的过程；而且，这个过程往往伴随着特定的保护对象，以及

---

① 李军：《什么是文化遗产？——对一个当代观念的知识考古》，《文艺研究》2005 年第 4 期，第 123—131 页。

② Kevin Walsh, 1992. *The Representation of the Past: Museums and Heritage in the Post-modern World*. London and New York: Routledge.

与之相关的人的"私"的身份逐渐丧失,"公"的立场逐步强调。考古遗址与在地社区之间的关系通常便体现了这一过程。按照我国的土地管理体制以及考古遗址事实上"无主"的特性,研究者通常将考古遗址视为与历史建筑、传统村落等其他文化遗产类型相比更为理所应当的"公地",即,在所有权和使用权的双重意义上都交由"公"家的代表来掌控。而在传统的经验当中,对于生活在遗址周边以"私"为基础的在地社区则采取相对漠视的态度。这种现象近年来已经愈发受到文化遗产研究、公众考古领域的关注。但是在现有的研究当中,一来存在明显的应用化倾向,以建议性的论述为主,缺乏对个案的实证关注;二来少从"公"与"私"这一本质问题出发,对长时段内的社会互动缺乏兴趣。

基于此,本文选择平粮台遗址作为个案来更为细致地对此展开讨论。本研究建立在研究者于2016年9月至12月在当地开展的社会调查工作的基础之上。

平粮台遗址位于河南省淮阳县大连乡,恰处在大朱、寨门庄、小白楼等几个现代村落的交界地带。1979年河南省文物考古研究院作为官方机构正式介入该地,开启其保护历程,使得该地正式步上了一条"遗产化"的道路。选择该个案的原因在于平粮台遗址先后经历了圈地保护、塑造伏羲像和围墙再扩三个关键节点,完整地体现了在强制征地、信仰契合以及新时期的土地和遗产政策这三种截然不同的情况下在地社区对待同一遗址的"公""私"立场变化。借此,以期对文化遗产领域内的公私问题、公众考古领域内的遗址与社区关系问题一并作出回应。

二、圈地保护

1979年,考古学家正式发现平粮台遗址。从1980年开始,基于遗址保护的理由,以考古队为主导,开始了一场围绕遗址进行征购土地和修筑围墙的工作。

就当时而言,在地社区对文化遗产缺乏基本的认识和尊重,破坏遗址的行为频现。平粮台遗址在地形上是当地的一处高地,是周遭百姓生活取土的重要来源,并且各个生产队和大队的砖窑厂当时也已经开始在遗址本体上方开窑烧砖,对遗址造成了难以忽视的破坏。再加上,早在1979年考古队正式进驻之前,当地已经多次出现了发现文物并私下交易文物的现象。"东西向的墓,全部是楚墓,里头没有铜器也有玉器"这样的话语甚至已经成为村民们的乡间共识。因此,保护遗址迫在眉睫。

在此情况下,以省考古队为代表的官方力量开始介入遗址保护工作。考古队当时提出的设想方案是采用征购的形式直接购买遗址所在的土地,并在购买的土地四至修筑围墙,以避免村民趁虚进入遗址范围并产生实际上的破坏行为。当时为实现该设想而开展的保护程序可简述为:先由考古队出面,在得到国家文物局一级的中央关照后,再逐步从县级政府开始层层获取地方支持,最后与生产队干部这样的基层管理层在遗址保护所需的土地价格、面积等细节上达成一致。

这个过程到1981年底基本宣告结束。从此之后,在地社区未经许可不得随意进入这片被围墙圈起来的遗址,遗址成为一片所谓的"公"地。

这里所谓的"公"地,尚没有面向公众开放的含义,而是基于遗产保护的需求,将该地块的所有权和使用权都控制在一个单一集体的手中,以避免破坏。因此,此时的"公"主要体现在两方面:其一是动机上的公共利益;其二是事件发展过程中的参与机构的集体属性和官方属性。

从动机上,圈定平粮台遗址并征购土地,首先基于一种所谓的公共利益动机。它所传达的基本逻辑在于,文化遗产是生活在这片土地上的先民所创造的,今天生活在这片土地上的每一个个体均有公平地享用其福利的权利,所以,任何一个个体都不具备在未得到他人同意的情况下去破坏文化遗产的正当性。因此,保护遗址不被任何潜在的个体所破坏,实质上便是在保护这种面向所有人的公共权利。

从参与主体上,考古队首先扮演了重要的撬动角色。时任考古队队长曹先生最先提出了保护和征地的诉求,而其后续行动均是以"考古队"这样的集体身份展开。在平粮台遗址因其学术上的重要意义而引起官方和学界的关注之后,国家文物局 1980 年首先下拨了 10 万元的保护经费;在进入具体的操作层级后,地方各级政府和有关行政部门开始正式参与进来。在对曹先生的访谈中可以看出当时实际的操作顺序:首先,县里的官员为考古队提供了一份当时普遍的土地征购价位表作为参照,然后考古队与乡领导商议价格,最后再找村干部签订协议。在最终确定买卖价格的大会上,双方虽然采用了吃肉喝酒这样乡土特点明显的会议方式,但是参会人员的权力结构却表现得极其明显。考古队方面由曹先生带领两位当时考古队主要的助手参加,村一级出面的主要是平粮台遗址这片地域所涉及的一个大队和四个生产队的队长、副队长、会计,此外还特意请来了乡里面负责相应片区的"包片儿干部",主要作用是"好好替他们说话啊"。就在这一场会议上,双方最终确定了以 320 元一亩的价格征购土地。从这一决策过程便能发现,这是一套典型的自上而下的公共治理程序。撬动方推动整个事件进展的公关过程遵循着严格的从国家到基层的政治顺序,所有的参与方均是以一个官方性质的集体的身份在其中斡旋、协商和决策。

另一方面,当以"公"为名的集体不断引导着事件的流程和走向的同时,在地社区的"私"意识也从未真正地消失过。

尤其是在征购土地和修筑围墙的初期,在地社区从未放弃过对这片土地的占有诉求。他们对这种由公家来全权决定的赔偿金额和圈地形式心有不满,并一度演化为阻拦砖材运输、晚上偷偷破坏白天建好的墙体、围墙内的私人耕种行为等。对此,考古队一方面依靠县级的公检法和宣传部门这样的上级外来机构对恶性事件进行制止和劝导,另一方面开始有意识地雇佣当地"难缠"的人加入修筑围墙的队伍,并找到了村支书的亲戚来负责打地基,这样"一般人家不缠他",再加之鼓励每片地里的村民按照"垒一米三块钱"的原则一起建围墙,从而换种方式来满足在地社区的诉求。

从整个国家的大背景来说,1978年小岗村分田到户的实践之后,国家直到1981年底才正式在制度上确认了家庭联产承包责任制的合法性①。因此,1980年前后,平粮台遗址所在地的用地权力理论上仍然掌握在大队和生产队这样的集体名义手中。但是,在我们的调查中发现,平粮台遗址所在村落早在1980年时已经开始受到分田思想的影响,土地问题上的私权意识逐渐浓烈。亲历者的回忆是,"这个地当时还没完全分到农民手里头,到1980年过了春节,这个地有的已经到手了"。对于正在分地期间的村民们而言,平粮台遗址形成"公"地之后留给大队和生产队进行再分配的土地总额变少了,每人能分到的土地便明显小于预期。与此同时,官方性质的各级集体在制定土地赔偿的金额分配时,并没有充分考虑私人的实际占有土地问题,而是将占地亩数直接换算成金额交到生产队和大队的手中,再由它们面向个人进行平均分配。这种方式看似简单,但实际上切断了作为主导者的考古队与在地社区之间的正面沟通。

更为重要的是,在调研过程中,我们发现,对于在地社区而言,他们一开始感到不满的焦点尚不在于分配的公正与否,而是在于"一次性买断"。尽管考古队方面一直在强调320元一亩的价位已经在当时的市场价(最低280元一亩,最高380元一亩)范围中属于偏高的一类,但是对于村民而言,他们考虑的核心问题一直在于土地本身,而非金额。在村民们看来,其一,这笔赔偿金不足以形成后代子孙连

---

① 刘正山:《当代中国土地制度史(上)》,东北财经大学出版社,2015年,第7—8页。

绵不断的生计,这是与一片土地所能给他们带来的最根本的差别。毕竟,正如费孝通先生所论的,土地构成了中国村落社会在代际之间保持相对固定和不流动、形成人际伦常的基本资源①,动摇土地权属问题所造成的连带影响远非简单的一次性赔偿金所能弥补的。其二,村民们从一开始便不习惯将自己实际损失的土地面积与周边的土地市场价进行等额换算,比起实际可耕作的土地而言,这套市场经济法则对于他们显得太过诡辩和陌生。因此,以集体名义进行的"公"地买卖在这一层面上触犯了大多数村民的"私"利。

三、信仰与地点意义

在上述圈地运动结束之后,平粮台遗址的考古工作一直持续到20世纪80年代中后期,该地一直以一种"公"家属地的性质存在。直到1996年,该地正式被下放到地方进行管理,由周口市政府下文,宣布在此区域成立周口市平粮台古城博物馆。如此一来,才正式有了面向"公"众开放的意图。

博物馆正式开放之初,对在地社区的态度曾经几度徘徊,这直接体现在是否对他们收取门票这一问题上。而在这个过程中,真正影响到在地社区对遗址的重新认知的一个重大事件当属2000年初期围墙内一尊伏羲像的修筑。

当时,由张馆长出任该博物馆的第一任馆长。而他对平粮台遗址性质的认识自有一套"科学"逻辑,这与淮阳周边地区长久以来民间对伏羲的信仰既形成了两条独立的体系,又不谋而合。张馆长本人参加了1978年在平粮台遗址开展的第一期文物考古训练班,开启了其对考古学的系统认识。该期训练班的领队和负责人

---

① 刘正山:《当代中国土地制度史(上)》,东北财经大学出版社,2015年,第7—8页。

便是前文已经提及的,20世纪80年代以来主要在平粮台遗址从事发掘工作的曹先生。对于平粮台遗址的考古学性质,曹先生遵照考古学研究的基本逻辑倾向于将其看作《左传》所记"太昊之虚",即太昊伏羲氏的都城,并在1983年和1987年的两篇学术文章中先后公开表明了其观点[①]。而作为其"弟子"的张馆长虽然缺乏严谨的考古学论证,但却继承了这一观点,并以其为重要名义开始对平粮台遗址进行宣传推广,同时也在此基础上对伏羲文化和伏羲思想展开了更进一步的研究和发挥[②]。这种做法的影响在于:"公"家传递的官方价值开始与"私"下传播的民间信仰走上了一条相互谋合的道路。实际上,在更早期的考古队与在地社区的互动(主要通过民工雇佣的方式)中,在地社区之间已经开始流传,眼前的这处考古遗址正是他们信奉了多年的伏羲的"阳宅"。如今,张馆长又组织力量在围墙内修筑了一尊巨大的伏羲像,这更给了在地社区进一步相信和释放这种信仰的机会。

2004年,以当地民间的会头为核心,该地开始围绕伏羲像兴起了"办会"的习俗(图1)。此事最初由民间的会头们自发挑起,按照会头之一的朱姓会头本人的说法,起会最初由于没钱,还需要向各家各户去募捐,在这个过程中便需要与周边商户进行协商,也要为他们寻求方便。最终,为了错开邻近村落的其他集会的时间,把时间定在了每个月的农历逢三之时。集会办起来之后,迅速取得了轰动的效果,各家各户的捐款用于办会本身之后甚至还有富余,参加的人也是排满了会场。在此之后,每月农历逢三便有个人或组织自发前往平粮台遗址内的伏羲像前进行烧香、唱戏、祭拜,这样的传统得以延续下去。时至今日,集会的形式和规模已发生变化,但是主题仍始终围绕伏羲。商户们借助这种信仰集会,也取得了相当可观的经济效益。

---

① 曹桂岑:《曹桂岑考古文集》,科学出版社,2012年,第155—164页。
② 张志华:《周口文物与考古研究》,中国文史出版社,2003年。

图 1　村民在围墙内的伏羲像前开展信仰活动

如此一来,当地甚至将世俗意义上的"赶集"也就此确定为同一天。由于后期的管理问题,这些集市被移到了距离遗址更远的外环大道上,但仍然保留了每月农历逢三这个时间传统。

总的来说,集会的成功很大程度上得益于它符合村民私下惯有的信仰传统。在平粮台遗址周边村落历来有起会听戏的习惯;平粮台遗址这片公地位于村落地理位置中心,又因不许建设,四周空旷,成了一片办会的绝佳空地;再加上有了伏羲像之后,更为办会提供了理由。

另一方面,我们也在这个过程中看到了遗址作为一处特殊"地点"的意义。在平粮台遗址案例中,遗址在在地社区心中获得认同的过程有别于传统官方话语体系下的"遗产化"生成机制,而更像是迈克尔·罗兰所关心的对"器物"的崇拜问题。罗兰讨论的问题是,当博物馆通过一种去语境化的方式来处理特定对象时,它会"激活"该对象的一种神圣化的价值①；而平粮台遗址的情况反映的则是，通过将一个对象放在一个特殊地点中来赋予和增进其崇拜价值，该地点的特殊意义事先就已经于公于私实现了谋合。在这个过程中，平粮台遗址是不是文化遗产并不重要，重要的在于信众们一方面看到了可视的、体量巨大的崇拜对象，即伏羲像，另一方面也在邻里乡间听闻了考古学家们认为平粮台遗址是伏羲都城的说法。如此一来，在平粮台遗址开展伏羲崇拜的相关活动被不断赋予合法性，这种合法性在平粮台遗址周边地区获得了广泛的"私"人认可。

这种认可的强大之处还表现为：起会之初，基于遗址管理的需要，张馆长并没有开放平粮台遗址围墙内的区域以供信众活动，戏台还是被设置在了围墙西门以外。但是为了表达与伏羲像之间的关系，信众们不惜"从人祖像②身上牵了一根红绳，牵到西门，在西门那儿搭了一个神棚挂了一个牌子，把红绳系到神棚那儿，牌子上写着'人祖'二字，然后绳子的另一头，系在人祖像上，相当于这个戏就唱给他听了"。

尽管拥有这种地点意义上的联系，但是仍然很难就此认为当时的平粮台遗址已经与在地社区完全融为一体了。集会中的大量活动仍然需要在围墙以外的空地展开。并且，当集会用到的戏台一开始面朝正东，正对着平粮台遗址之时，张馆长强调戏台哪怕需要重造也必须面朝南。这让组织办会的会头们感到很不满，但最终也不得不听从。而到了第一场戏开始的时候，朱会头依然邀请了张馆长发言，因为"咱们讲话有什么用啊，咱们是老土，我说您是领导让您讲一下话吧"。等到集会逐渐红火起来之后，张馆长也有了进围墙烧香要收费的提案。尽管在村落这样的熟人社会中，形成了"你要是跟他认识就不收，不认识就收"的局面，并且基本上最后大家都认可了，但这项制度本身算是事实上通过并执行了。这些事例都依然可看出"公"家的权威，因此，平粮台

---

① ［英］迈克尔·罗兰著，汤芸、张原编译：《历史、物质性与遗产：十四个人类学讲座》，北京联合出版公司，2016年，第120—129页。

② 即伏羲像。

遗址依然是悬浮在村落中心的一处名义上的公地。

四、围墙再扩

20世纪80年代中后期之后,受工作安排和经费限制等因素的影响,平粮台遗址的田野考古工作暂时进入空白期。考古工作的重启始于2010年以后,受到当时的大遗址保护和考古遗址公园建设热潮的影响,地方政府和省级文物专业机构都再次对平粮台遗址产生了兴趣。在新一轮的考古工作中,除了重新整理过去的成果、厘清围墙内的遗迹情况,还包含了很强的将工作视野投入围墙以外的倾向,即,从过去的平粮台古城的概念扩展到对广范围的平粮台遗址的关注。这样的研究转变一方面印证了考古学近年来的学术趋势,另一方面也与大遗址和考古遗址公园的现实诉求相匹配。

与考古工作的重启和范围扩大同步的,还有围绕平粮台遗址的新一轮文化遗产保护和规划的启动。2012年平粮台遗址所在的周口市便向河南省提出了《周口市人民政府关于扩大淮阳平粮台遗址面积的请示》,2011年、2013年先后委托清华大学相关团队编制了《平粮台古城遗址文物保护规划》,划定的重点保护范围都已经超过了现有的围墙范围,建筑控制地带更是囊括了大朱、寨门、小白楼等现代村落。在这些设想中,围墙外扩的趋势愈发明显。

与这种外扩趋势同时存在的是在地社区对遗址和考古工作持续的疑惑和不了解。从时间上来说,虽然伏羲像的存在使在地社区需要频繁进出围墙,但是此时恰处于田野考古工作的空白期。因此,即便进入了现场,对于在地社区而言也并不能起到任何增进考古知识层面的帮助,没有亲眼见过考古工作,反而容易使村民们产生圈地废弃的感觉。从空间上来说,平粮台遗址恰好位于大朱、寨门、小白楼等现代村落的地理中心。村民们不光对阻碍交通的问题产生了不满,更有甚者表示,围墙的存在、保护遗址或者要为遗址未来开发留出余地这样的理由,使得村民难以开展基础设施建设,已成为制约村落发展的重要原因。尽管考古学家们认为,自身并没有直接参与过类似于阻挠村民开发的事件,但是,对于村民们而言,他们依然认为考古学家们难辞其咎。毕竟,村民们关心的信息点围绕在两个层面:其一,村落建设的现状没有改善;其二,基层地方政府所传达出来的信号是"考古优先、保护优先"。至于这其中是怎样的关联、怎样的决策机制,都已经超出了村民们的兴趣范围。

尽管面临着这样的在地社区关系现状,围墙外扩的实际过程依旧从2013年前后在事实上展开了。

围墙外扩必然意味着土地性质的变更,新一轮的征地应该更准确地表述为租地。从80年代的强制性买断变成如今的有期限租用,这种改变一方面源于80年代征地时激起村民们反对的原因依然存在,另一方面在于近年来国家土地政策也确实不断在向"租"的方向引导①。不过,即便是改为了租地,平粮台遗址的围墙外扩过程仍需要处理不少的公私矛盾。

首先,根据视现有土地上的地上附着物和青苗价格来衡量赔偿金额的原则,学者所谓的"种房""种田"等农民在征地过程中常见的行为②在平粮台遗址案例中也频有出现。尤其是对于平粮台遗址周边村落的现有人口构成而言,空心化趋势明显,青壮年大多已经外出打工,并且已兴起寄钱回家盖独栋小楼的趋势。这种住宅性质的用房,无论是征用还是租用,都将涉及拆迁和安置的问题,因此,对于平粮台遗址目前为止的围墙外扩工作而言,这尚且属于"不敢动"的范畴。

与此同时,由于当地青壮年缺失,家庭收入不再完全依靠农业,这

---

① 国家从1998年《土地管理法》第二次修订时便开始上调征地审批权限,提高征地补偿;2002年《农村土地承包法》的出台正式将承包这种经济学逻辑上的"租用"机制广泛带到了农村;2004年《国务院关于深化改革严格土地管理的决定》、2008年《中共中央关于推进农村改革发展若干重大问题的决定》都在一再严格征地审批程序、缩小征地范围。

② 周飞舟:《生财有道:土地开发和转让中的政府和农民》,《社会学研究》2007年第1期,第49—82页。

也使得村庄内的耕地开始部分呈现出无人愿意继续耕种的情况,而这种家庭形成了一种新的理性的经济选择,即,将耕地借由遗址保护的名义转租出手,原本的土地实际占有者依靠地租形成固定收入。并且,原本的土地占有者在失去土地之后也可以被遗址管理者雇佣。站在遗址管理者的角度,新增的土地本身需要新增一定数量的管理人员;站在原本的土地占有者的角度,失去土地之后换来了一份新的职业,以及地租之外的一笔新收入。这种方式在目前土地的供需总量都尚且不算太大的时候,成功缓和了围墙外扩过程中与在地社区之间的矛盾。但随着围墙外扩的规模逐渐扩大,这种方式是否能得以继续推广仍有疑问。

其次,即便农地和宅基地都可以通过经济方式来解决,但是对于村落社会而言,依然存在一类难以用赔偿的方式来处理的土地类型,即,坟地。在平粮台遗址目前圈定的围墙外扩范围内,事实上存在不少村民们的家族坟地。在面向平粮台遗址周边的大朱村村民的一份《土地租赁协议书》上,明确作出承诺:"甲方[①]若有坟地应保护原样,并允许进入(殡葬)、踩踏、挖穴而破坏的植被等附属物,无需包赔。"这样的制度设计可谓是予村民们的传统伦理习惯以尊重,但这也自然会为遗址未来的保护和展示利用留下隐患。为了解决此问题,地方政府和平粮台遗址的管理者从2016年开始考虑征地建设公墓,现已选定大朱村与大吕村中间的一片滩涂空地和部分农地,签订了《公墓土地租赁协议书》。尽管如此,公墓这种形式对于平粮台遗址所在的诸多村落而言都是新鲜事物,村民们能否积极响应,仍然有待未来实践的验证。

五、结语:公与私的纠结

通过上述讨论,本文呈现了平粮台遗址"遗产化"的过程中与在地社区之间在三个不同阶段发生的不同公私关系。

[①] 指大连乡大朱村村民。

第一阶段,围墙的初建是第一次也是最激烈的一次由"私"向"公"的扩展。围墙的修筑,宣告了一个独立场所空间的正式形成。这样的场所的意义不仅仅在于地理空间的阻断,更在于以一种规训式的语调①面向场所以外的人,宣告此地从此开始有了与外不同的一套属于"公"和为了"公"的话语体系。

从机构意义上来说,这里的"公"到底指向的是具体哪家单位,在在地社区的眼中显得并没有那么重要,对于他们而言,这更易被理解为是一层从上至下的"集体"概念。而从平粮台遗址的圈地过程来看,文化遗产因其动机上高于村集体以上的理由,被顺理成章地纳入一套自村集体以上的更高层级不断下压的标准官方流程中;再加上,在当时的背景下,基本上不存在今天的遗产研究和实践中所强调的公众开放等意识,因此,当时的"公"地属性并没有给"私"足够的容纳空间。尤其是对于这种一次性买断的做法,有学者曾经指出,农民将土地视作家园,这建立在世代居住并传承的基础之上。农民所关心的话题其实并不在于土地的绝对产权归属,而是接下来的土地利用和流转是否能解决自身的生计问题②。平粮台遗址此时的"公"地处理方式,切断了这层以"私"出发的家园意义,也并没有对他们最关心的核心生计问题作出明确的答复。

第二阶段,在修筑伏羲像、与民间信仰相映衬的时期,平粮台遗址获得了至今为止最为广泛的认可,被赋予了一种地点意义。这种地点意义的价值正在于它具备了与每一个私人个体发生联系的群众基础。正如阿斯曼所谓的"集体的认同是参与到集体之中的个人来进行身份

---

① 福柯在讨论"规训"时,首先讨论的便是"分配艺术";而在"分配艺术"中,首先提到的便是"要从对人的空间分配入手"。在这当中,一个"与众不同的、自我封闭的场所"更能让所有人明白,这片场所在形成之时便代表着的一套自我成立、不言而喻的"纪律"体系被人为地建立了起来。

② 赵旭东:《否定的逻辑:反思中国乡村社会研究》,民族出版社,2008年,第166—173页。

认同的问题……取决于特定的个体在何种程度上承认它"①。个体之所以会承认它,一方面在于这一地点意义的生成过程有着广泛的参与,会头们起会和村民们参会都遵照自下而上的行事逻辑;另一方面在于个体能直接清晰地感受到于"私"有利的成分。在这种民间信仰中,"人祖爷"的"保佑"类似于一种万能神药,能够为村民们的日常生活提供重要的帮助。更为重要的是,在这个以"私"出发的过程中,寻找到了容纳官方学术解释的空间,也与官方管理者面向公众的旅游企图有着部分重合,从而与"公"家有了可合作的空间。

第三阶段,到了围墙再扩的阶段时,我们发现了租地、雇佣在地社区成员、暂时保留私坟、试图建公墓等一系列更加有趣也更加符合当代现实的做法。我们似乎看到了当地的"遗产化"过程进入了一个在纯粹的"公"与"私"之间周旋的阶段,机构意义和认同意义上的"公"似乎出现了融合的希望。但是,这仍建立在现阶段围墙再扩的规模尚不算大的基础之上。2016年底,平粮台遗址正式被列入《大遗址保护"十三五"专项规划》的"重要大遗址"名录中。未来,平粮台遗址能够得到的官方支持和"公"地属性仍会不断加重。而与此同时,在地社区成员的就业需求和遗址管理方的雇佣需求之间并不一定能长期互相满足,宅基地拆迁等棘手问题还都被搁置,最新的官方文物保护规划对伏羲像采取了拆除态度。这都将不断对平粮台遗址未来的"遗产化"过程中与在地社区的关系提出考验。

回到"公"概念本身,我们实际上习惯了认可文化遗产的公共属性,其中重要的理据之一便在于认为它"符合社会全体或大多数成员需要,体现他们的共同意志"②。但是,我们在表述此观点时仍然更多的是在作一种应然的判定,而非实然。类似于平粮台遗址案例所反映的情况,我国的文化遗产与在地社区之间的关系上的"公"属性,大

---

① [德]扬·阿斯曼著,金寿福、黄晓晨译:《文化记忆:早期高级文化中的文字、回忆和政治身份》,北京大学出版社,2015年,第136页。
② 王云霞:《文化遗产法学:框架与使命》,中国环境出版社,2013年,第80页。

多停留在所有权的非"私"层面,强调集体参与性质的事务与行动。

但是,"集体"并不能全然等同于"公共"①,"公"所代表的现代含义还可以走得更远。例如,哈贝马斯所强调的"公共",指得更多的是国家与个人之间的自由议论氛围以及由此形成的交往能力②。而当下考古遗址的公共管理中,实则正缺乏这种纳入社区议论、允许个人发声的社会空间,过于强势的"公"立场替代了这一过程。这实则也是近年来兴起的公众考古活动可有所发挥的重要方向。

正如李军先生所言,"政治"是文化遗产的本质内容之一,而这"政治"的含义当中,"我们""你们""他们"这样的认同性概念又是不可被取消的事务③。我们期待,在属于"我们""你们"和"他们"的文化遗产中,未来也能找到更加清晰的"我""你"和"他"的存在。

附记:本研究成稿于 2017 年 6 月,并受淮阳平粮台遗址 2014—2019 年度考古发掘项目资助。2016 年 9 月至 12 月,平粮台考古队在平粮台遗址开展了平粮台社区考古研究项目。该项目有两个相辅相成的子项:其一是围绕平粮台遗址的保护史,展开遗址与在地社区关系的调查研究,本研究便得益于此;其二是在平粮台遗址开展了平粮台社区考古系列活动。该活动将定位集中在遗址周边的村落上,通过课堂教学、互动手工、遗址参观和有奖游戏(图 2),逐步观察在地社区对所传达考古学知识的反馈。不仅吸引在地社区走进围墙、了解考古遗址,而且强调在地特性,鼓励和激发村民们在遗址的场所空间内自由议论和表达。例如,在不作刻意引导的前提下,通过小孩们自由作画的方式,将在地社区心中的考古遗物和遗迹表现出来,并择遗址开放日进行现场展示(图 3)。

---

① 陈弱水:《中国历史上"公"的观念及其现代变形》,《公共性与公民观》,江苏人民出版社,2006 年,第 3—39 页。
② [德]哈贝马斯著,曹卫东等译:《公共领域的结构转型》,学林出版社,1999 年。
③ 李军:《文化遗产与政治》,《美术馆》2009 年第 1 期,第 2—15 页。

图2 2016年9月至12月在平粮台遗址开展的平粮台社区考古系列活动

图3 2016年9月至12月在平粮台遗址开展的平粮台社区考古系列活动

湖北省博物馆公众考古的实践与思考

方 勤

(湖北省博物馆/湖北省文物考古研究所)

"第三届中国公共考古·首师论坛"吸引了来自全国50多家考古文博单位及各高校的公众考古践行者,大家齐聚一堂,共同探讨公众考古的实践和理论。湖北省博物馆首次参加论坛,收获颇丰,推选的三件作品获奖,其中"湖北省博物馆首届公众考古夏令营"荣获"中国公共考古"一等奖,首届考古夏令营学员姜修翔、杜辰龙的作品分别获得三等奖。本文将以湖北省博物馆公众考古实践活动为例,分析探讨公众考古活动的理念和思路。

湖北省博物馆馆藏丰富,拥有各类文物、标本20余万件(套),其中一级文物近千件(套)。藏品以出土文物为主,既有浓郁、鲜明的地方色彩,又具有时代特征,基本反映了湖北地区古代文化的面貌。在20余万件藏品中,不少是稀有珍品和重要的科学资料。如新石器时代京山屈家岭文化的蛋壳彩陶纺轮,天门石家河遗址出土的玉人、玉鹰,盘龙城商代遗址和墓葬出土的大玉戈及铜鼎、铜钺,湖北随州战国曾侯乙墓出土的青铜器群、曾侯乙编钟及16节透雕龙凤玉佩、二十八宿天文图像衣箱,云梦睡虎地出土的秦代法律文书竹简等,吸引了无数海内外游客慕名前来参观游览。湖北省文物考古研究所具备国家文物局认可的考古发掘团体领队资格,主要担负湖北省境内的文物保护、考古发掘、文物建筑保护设计维修等工作,承担配合大、中型基本建设的文物保护与考古调查、勘探、发掘任务,组织编写考古报告,开展科学研究等。近年来,湖北省的多个重大考古发现,引起社会广泛关注,近期发掘的湖北枣阳郭家庙曾国墓地由于其重大的考古意义,入选"2014年度全国十大考古新发现",这是湖北省考古项目4年内第3次获选。湖北省博物馆、湖北省文物考古研究所馆所一家,有利于整合湖北当地的考古资源,展示最新的考古成果,实现了考古一线与博物馆展品的有机衔接,为举办公众考古活动,创新公众考古实践形式提供了有利条件。

在过去的考古模式中,考古发掘要等到研究报告全部出炉之后才对外公布,且考古发掘过程不接受围观与采访,出土文物要送到文物库房统一修复,并做好研究后才能与观众见面。随着考古科技手段、文物保护手段的不断提升,使文物及时获得保护并尽快对外展出成为可能。近期枣阳郭家庙墓地的发掘,采取了"边发掘、边保护、边研究、边展示"的模式,不仅进行了多场现场直播,还及时通过专家采访、讲座论坛等多种模式对外公布考古进展情况,让公众能第一时间了解考古情况,拉近考古与公众的距离。

一、湖北省博物馆的公众考古实践活动

1. 大冶四方塘的公众考古活动尝试

为加深社会各界人士对考古工作的认同,推动公众考古事业的发展,2015年2月5日,湖北省博物馆组织志愿者团队一行20人前往大冶铜绿山古矿冶遗址四方塘古墓群体验考古发掘,开展公众考古活动。

在遗址发掘现场,四方塘古墓群发掘项目负责人、湖北省文物考古研究所研究员陈树祥首先为大家介绍了铜绿山古矿冶遗址的基本概况,也为大家讲解了基本的考古知识,如洛阳铲的使用方法,如何辨认五花土、如何确认墓葬的打破关系等。接着他指导大家体验了洛阳铲的使用,然后选取志愿者代表深入墓坑,参与现场发掘。陈树祥研究员最后带领大家参观了铜绿山遗址博物馆,为大家详细讲解

了铜矿的探寻、开采、冶炼等专业知识,让大家对铜矿冶炼过程等有了更为深入的了解。

近年来,考古工作日益受到社会关注,亟需考古部门开展公众考古活动,提升广大民众对考古工作的认知与理解。湖北省博物馆顺应时代潮流,让不同年龄、不同职业的志愿者体验公众考古,志愿者们又进一步向广大的社会群体宣传考古知识和遗产保护。

2. 湖北省博物馆举办首届公众考古夏令营

为了更好地利用湖北省博物馆的文化资源,充分发挥博物馆的教育职能,普及历史和考古知识,为广大对考古、历史等方面知识具有强烈兴趣的大学生搭建零距离接触考古工作的平台,帮助他们增强文化遗产保护意识,扩展视野,提升人文素养和实践能力,湖北省博物馆于2015年7月7日—7月11日举办了首届公众考古夏令营。夏令营以探索商周文化为主题,内容丰富,形式新颖,多角度诠释了公众考古。

(1) 目标受众:对考古有一定了解或兴趣的大学生

他们往往阅读过考古读物、观看过纪实类的考古电视节目或聆听过公众讲座。

(2) 活动目的

丰富大学生的文化涵养,让保护文化遗产的观念在他们的知识体系中成为常识。更重要的是让他们在今后的生活、工作中能带动周围的人一同关注考古、关注文化遗产保护。

(3) 公众人物在公众考古领域中的作用

公众人物可以起到意见领袖的作用,在他们的影响下可以让更多的人关注考古。著名作家刘醒龙以湖北省博物馆国宝曾侯乙尊盘为线索推出重磅力作《蟠虺》,引起广泛关注。此次公众考古夏令营,湖北省博物馆特邀刘醒龙先生亲临现场与学员交流互动,刘醒龙先生与学员们分享了他心中的考古学、楚文化的特点及青铜器的意义,受到学员欢迎,取得了良好的效果。

此次公众考古夏令营将专家授课、考古实践、器物鉴赏等内容结合起来,通过跟班、互动交流等环节提高学员的积极性、主动性和参与性,为社会公众尤其是青少年学生了解博物馆、了解考古学、了解中华优秀传统文化搭建了桥梁。湖北省博物馆举办的首届公众考古夏令营是拓展博物馆社会教育功能、推动公众参与文化遗产保护的一次有益尝试,得到学员们的认可和媒体的广泛关注,荣获"中国公共考古"一等奖。

二、公众考古活动的推广

湖北省博物馆主打教育品牌"礼乐学堂",根据观众认知能力和文化需求,积极将考古成果送去幼儿园、小学、中学、大学和军营,宣传考古的成果;并为弱势群体带去了量身打造的特色活动,不仅使他们感受到博物馆的魅力,更让他们感受到社会的关爱。这些推广普及考古成果的特色活动共计600余场,惠及公众十万余人,得到受众的广泛认可并在业内赢得了良好的口碑。

三、公众考古活动的推介技巧

湖北省博物馆重视公众考古活动中的推介技巧,将出土文物生活化,以通俗易懂的语言对文物进行阐释,不断向专业理论、专业概念、专业知识的"大众化"方向努力;通过举办的公众考古实践活动消除社会公众对考古学"神秘化"的认识,让社会公众了解考古学的工作和方法;同时坚持从文物本身出发,并积极寻找文物之间的结合点,加强省际交流与合作;积极尝试灵活有效的方式以加强与大学、其他考古系统的专业考古力量的合作,使公众考古力量能够得到更好的整合;加强考古人与公共媒体的互动交流,提升公众考古工作的质量。

随着考古进程的不断推进,湖北省博物馆将在公众考古道路上不断地进行探索与思考,让考古更好地走近大众。

湖北省博物馆公众考古工作的发展策略

钱 红

(湖北省博物馆)

近年来,湖北省博物馆充分利用自身资源,积极以多种形式开展公众考古工作,不仅普及了历史和考古知识,增进了公众的文化遗产保护意识,而且拓展了人们的视野并提升了大家的人文素养和考古实践能力。

一、公众考古工作的发展现状

湖北省博物馆与湖北省文物考古研究所在2002年合并为一家单位,具有一般博物馆无法比拟的优势。首先表现为公众考古资源上的优势,如考古工地、陈列展览一应俱全,可以融合开展公众考古工作。其次是考古科研水平高,湖北省博物馆不仅拥有一批优秀的考古专家,而且拥有一批颇具影响力的博物馆专家,这是公众考古工作开展的坚实基础。第三,具备公众考古教育推广能力,能充分考虑不同受众的文化需求及认知能力,策划开展适宜的公众考古展览及教育活动,达到最佳宣传效果,利于公众考古工作的推进。

(一)"礼乐学堂"大力推广考古成果

为了充分利用湖北省博物馆的文化资源,更好地发挥博物馆的教育职能,湖北省博物馆创办了"礼乐学堂",通过教育架起与社会公众沟通的桥梁，让博物馆藏品活起来，让考古成果得以充分展示。

"礼乐学堂"自2014年9月创建，19个月的时间里，以"走出去""请进来"相结合的形式，用爱心服务社会，开展适合不同受众的活动600余场次，惠及公众14.5万人次，获得广泛赞誉。

1. "礼乐学堂"的由来

《礼记·乐记》中说："乐者，天地之和也；礼者，天地之序也。""礼"是古代的统治制度及社会秩序，其重要载体是以鼎为核心的青铜器；而"乐"可使天地和谐，是为维护当时统治服务的工具，"乐"的重要物化载体是编钟、编磬等乐器。礼乐文化是中国传统文化的精髓。湖北省博物馆馆藏文物26万件（套），以尊盘、越王勾践剑、编钟、编磬等为代表的礼乐重器举世闻名，礼乐文化是湖北省博物馆的主题特色文化，因此创办"礼乐学堂"教育品牌，旨在融合湖北省博物馆及湖北省文物考古研究所的文化资源及专家、讲解员、教育推广人员、志愿者等多种智慧，形成合力，促进自身可持续发展。

2. "礼乐学堂"的创新点

湖北省博物馆"礼乐学堂"在公众考古工作中深受欢迎，其自身具备以下创新点：

内容创新：依托湖北省博物馆的藏品和湖北地区的文物考古工作确定公众考古展示内容。目前"礼乐学堂"依托固定陈列"曾侯乙""楚文化"等，利用"穆穆曾侯"等流动展览，策划相关课程，内容包括"礼乐中国""青铜冶铸成就""古文字发展的历史""瑰丽的漆器""商周玉器"等丰富多彩的地域文化，有效地展示了湖北地区的考古成果。

切入点创新：试着用公众的眼光看考古，找准不同受众的视角来展示推广。例如，在圣诞节，由圣诞钟声引出曾侯乙编钟并展示它的音乐性能、音乐成就及发现的伟大意义，以此对比中外文化之异同，更好地弘扬传统文化。

授课方式创新：打破传统"填鸭式"推广模式，开发出丰富的互动环节，通过PPT教学、动漫演示、穿越剧场、触摸文物、互动体验等多姿多彩的方式展示湖北地区的考古科研成果。例如，在"文物与成语"课程中，公众可以换上古代服饰，拿上亲手制作的文物道具演出情景话剧，在体验中感知文物与成语的关系及成语"自相矛盾"的真正寓意。

受众对象创新：博物馆是为公众服务的公益性文化机构，关心所有社会成员是每一座博物馆应有的使命，其中包括弱势群体。"礼乐学堂"的受众不仅有学龄前儿童、小学生、中学生、大学生，还有社区居民，也有军人以及福利院的孤寡老人和孤儿；同时，"礼乐学堂"也一直关爱社会弱势群体，为留守儿童、外来务工人员及其子女、盲人、聋哑人等弱势群体策划实施"温馨关爱课程"，使他们体验到博物馆文化的魅力，感受到社会的关爱。其中"让我的声音做你的眼睛"关爱盲人课程设计了"历史知识课堂""触摸体验文物钟""聆听千古绝响""我心中的博物馆"等环节帮助盲人朋友认知礼乐文化。关爱盲人课程已为海峡两岸20多所盲校举办专题课程，是为视力障碍人士量身定做的课程。

课程思路创新：公众考古工作不仅要彰显本馆及所在地域文化魅力，而且应该敏锐地抓住社会热点，因势利导，才能达到有效沟通。2015年岁末，大型历史古装剧《芈月传》热播，成为公众茶余饭后的热门话题，为满足公众了解真实秦、楚文化的强烈愿望，湖北省博物馆"礼乐学堂"策划推出"追随芈月看秦楚"系列活动，结合剧中楚国贵族宴飨、婚庆场景及道具，依托本馆文物，以线上、线下相配合的方式展示秦、楚文化的考古成果，还原历史。此推广工作吸引了众多关注，应邀到陕西历史博物馆、广西壮族自治区博物馆等处开展，深受欢迎，掀起了全民学史的热潮。

3. 打造"礼乐学堂"公众考古工作品牌

"礼乐学堂"自创建至今，以"走出去""请进来"的形式服务于不同年龄层次的公众，举办适宜各类受众的活动，展示考古成果，普及考古知识。

首先是"走出去"——中华大地遍留香。"礼乐学堂"公众考古工作不仅走遍了江城的幼儿园、小学、中学、高校和军队等地,而且还走遍了湖北的黄冈、随州、十堰、襄阳、荆州、宜昌等地县市;不仅走进了新疆伊犁、博州等边远少数民族地区,而且应邀走进了外省以及宝岛台湾等地,为中华大地不同年龄的受众展示考古成果。

其次是"请进来"——礼乐学堂常开讲。"礼乐学堂"不仅积极"走出去",还充分利用传统节日、双休日和寒暑假等节假日将公众"请进来"开展活动,让他们充分感受到礼乐文化的魅力。例如,"礼乐学堂湖北省博暑假课程""礼乐学堂湖北省博寒假课程"等,这种时时开讲的工作思路满足了社会大众对公众考古工作的多元化需求。

(二) 举办首届公众考古夏令营

为了给对考古、历史等方面知识具有强烈兴趣的大学生搭建零距离接触考古工作的平台,湖北省博物馆于 2015 年 7 月 7 日—7 月 11 日举办了首届公众考古夏令营。夏令营历时 5 天,以探索商周文化为主题,具体分为以下几个环节:

1. 本馆专家授课。讲授最新考古动态、商周礼乐文明及考古基础知识。湖北省博物馆馆长、湖北省文物考古研究所所长方勤以及馆、所多位专家为学员作专题讲座。内容包括"2014 年度全国十大考古新发现"中的"湖北省枣阳郭家庙曾国墓地重大考古发现""考古是什么""曾侯乙""文物修复""盘龙城""文物鉴赏"等,为学员们探索考古学奥秘开启了一扇智慧之门,同时拓展了学员们的视野,增强了他们对考古工作的认知。

2. 盘龙城遗址考古实践。遗址踏查是最具魅力的环节,考古夏令营学员一行到商代盘龙城遗址,和考古专家一起踏查古代遗址,体验考古,不仅了解了盘龙城遗址的基本概况,而且学习了如何辨认五花土、如何确认墓葬的打破关系及田野考古工作的基本方法。考古一线专家还为同学们现场示范洛阳铲、手铲等发掘工具的使用方法,并引领学员们参与考古体验。此次盘龙城遗址的考古实践,加深了大学生对考古工作的认识,激发了学员们参与考古、投身考古事业的热情。

3. 与"大家"互动交流。湖北省博物馆特邀茅盾文学奖获得者、著名作家刘醒龙现场与学员交流互动,多角度诠释公众考古。商周的礼乐文明辉煌灿烂,其巅峰之作曾侯乙尊盘令人叹为观止。刘醒龙以尊盘为线索推出重磅力作《蟠虺》,荣获第九届中国书业年度图书大奖,名列《人民日报》发布的2014年度推荐五本书之一及中国小说学会举办的2014中国小说排行榜长篇小说榜首。刘醒龙与学员们分享了他心中的考古学、楚文化的特点及青铜器的意义,他幽默风趣的语言和对问题的独到见解赢得了学员们与现场观众的阵阵掌声。

4. 外聘"考古大咖"授课。此次考古夏令营还邀请到了国内公众考古领域的知名专家中国考古学会公共考古专业指导委员会主任委员王仁湘、北大考古文博学院著名考古专家徐天进及《中国文物报》社主任李政为学员们讲授考古专业知识。这些著名专家不仅让学员们从不同角度认识了考古学,更让他们看到了考古人的情怀,懂得很多做人的道理,体会到考古工作者的敬业奉献精神。

5. 实行跟班制,及时了解学员需求。为了使此次考古夏令营取得良好的效果,夏令营实行跟班制,设立班主任,随时了解学员学习动态及需求。班主任通过举办主题班会的形式增进学员与学员之间、学员与工作人员之间的感情,听取学员们为湖北省博举办下届考古夏令营提出的合理化建议。

(三) 培养志愿者公众考古素养

为加深社会各界人士对考古工作的认同,推动公众考古事业的发展,湖北省博物馆于2007年组建志愿者团队。目前该团队共有2 000余人,既有小学生"小小讲解员",也有中学生志愿者、大学生志愿者,还有成人志愿者。湖北省博物馆在日常工作中,除了对志愿者进行考古学、博物馆学等方面的专业培训外,2015年年初还组织志愿者团队一行20人前往大冶铜绿山古矿冶遗址四方塘古墓群体验考古发掘,开展公众考古活动,让不同年龄、不同职业的志愿者体验公众考古,提升志愿者团队的公众考古素养,使之更好地服务于公众。

二、公众考古工作存在的问题

湖北省博物馆在长期的摸索中形成了具有自身特点的公众考古工作模式,取得了一定的成绩,具体表现在:

"礼乐学堂"推广成效显著。"礼乐学堂"展示考古成果的工作引起了《光明日报》《中国文物报》等各大媒体的广泛关注。2015年5月底,获得时任文化部副部长、国家文物局局长励小捷的高度肯定。同时"礼乐学堂"还出版了图文并茂的科普读本《文物与成语》《感知楚人的世界》等,有效地促进了公众考古工作的发展,被中国科协授予"全国科普教育基地",也成为"国培计划教学基地"。

公众考古夏令营喜获殊荣。为期五天的湖北省博物馆首届公众考古夏令营课程设置从考古知识主题讲座到遗址勘查与体验再到文物鉴定与欣赏,各个环节相互配合,为大学生搭建零距离接触考古的平台。外聘的专家为考古夏令营提出了一些建设性的意见,为湖北省博物馆日后举办考古夏令营提供了一些思路。"湖北省博物馆首届公众考古夏令营"喜获中国社会科学院考古研究所与首都师范大学联合举办的第三届"中国公共考古"一等奖。

湖北省博物馆志愿者团队素养不断提升。循序渐进的培训和实践使湖北省博物馆志愿者团队整体素养不断提升,他们在公众考古工作中发挥着重要的作用,获得社会各界广泛赞誉。志愿者团队曾荣获文化部"全国优秀志愿者"个人称号并4次荣获"牵手历史——中国博物馆十佳志愿者之星"称号。

同时,我们也发现湖北省博物馆在公众考古工作中还存在一些问题：

首先是"礼乐学堂"的展示宣传方式以线下为主，缺乏备受青少年喜爱的线上互动方式，覆盖面受局限。

其次是没有充分发挥本地区的考古工地资源优势，使公众到现场体验参与考古工作的期望少有达成，满足不了人们对公众考古的需求。

第三，缺乏公众考古理论的支撑。目前湖北省博物馆公众考古工作尚在摸索阶段，没有形成理论体系。

三、公众考古工作的发展策略

针对湖北省博物馆公众考古工作的现状以及存在的问题，可作以下尝试，促进自身可持续发展。

1. 建立理论体系。公众考古学的目的、方法是什么，可以通过受众分析、专家研究及志愿者的桥梁作用多方位科学界定。科学界定出公众考古与考古学的异同，建立适合公众考古工作可持续发展的理论体系，引导社会大众了解考古学知识，唤醒人们对祖先的崇拜、对伟大祖国的热爱，提升大家的历史责任感，从而呼唤公共道德的回归。

2. 实施远程教育。在目前以线下为主的推广展示方法基础上，拓展出线上的数字化教育服务方式，满足观众的多元化需求。更应该充分利用互联网平台，实施远程教育，扩大覆盖面，让更多的公众享受湖北省博物馆的公众考古成果。

3. 充分利用自身考古资源。湖北省内的考古工地、古代遗址、遗迹等考古资源非常丰富，而且多在学术上具有重要意义。湖北省博物馆应该充分利用这些资源，增加考古现场体验机率，满足公众到考古现场体验参与的需求，有效地将理论与实践相结合，达到最佳宣传效果。

高中生对考古学了解情况的问卷调查

龙天一

（河北师范大学）

近年来，随着社会的发展，公众对考古的兴趣日益增加，但人们对考古却仍有很多误解。鉴于此，笔者在就读的贵州师范大学附属中学开展了一次问卷调查①，以分析高中生对考古学的了解情况。

贵州师范大学附属中学的前身是1901年由著名爱国民主人士黄干夫、黄齐生两位先生创办的达德学校，经过百余年的发展，学校日益成熟完善，为贵州省首批省级示范性高中，历年高考成绩均居全省前茅。2013年底，学校考古社成立，至今已有社员上百名，笔者为社团负责人之一。社团在课余时间积极开展相关活动，为了解同学们对考古的看法，更好地促进社团发展，特开展此项调查活动。

两次调查分别在2014年9月和2015年10月，以2017届高一学生和2018届高一学生为调查对象。两次调查共发放问卷400份，有效问卷376份，回收率94%。

调查问卷由笔者设计，参考了《土司，考古与公众：海龙囤公众考古的实践与思考》的部分题目以及网络上的调查问卷形式。问卷共有25道题，其中单选20道，多选5道。

---

① 龙天一，投稿时为贵州师范大学附属中学学生，现为河北师范大学考古学专业学生。

一、单　　选

（　）1. 您的性别：A. 男　B. 女
（　）2. 您的文理意向：A. 文　B. 理　C. 暂定
（　）3. 您是否了解考古：
　　　　A. 了解　　　　　　　　B. 了解一点
　　　　C. 完全不知道　　　　　D. 想了解，但专业性强，无法理解
（　）4. 您是否喜欢考古：A. 喜欢　B. 一般　C. 不喜欢
（　）5. 您对考古的第一印象是什么：
　　　　A. 科学研究　　　　　　B. 挖宝与探险
　　　　C. 保护文化遗产　　　　D. 神秘的东西，不了解

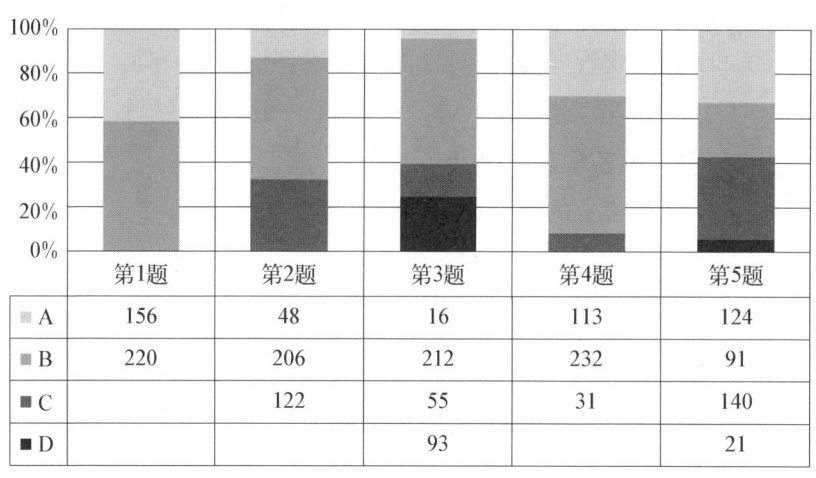

	第1题	第2题	第3题	第4题	第5题
A	156	48	16	113	124
B	220	206	212	232	91
C		122	55	31	140
D			93		21

图 1　1—5 题结果

（　）6. 您是否看过考古书籍：A. 看过　B. 没看过
（　）7. 您是否关注考古新闻：A. 关注　B. 不关注　C. 偶尔看到
（　）8. 如果给您提供一个到考古发掘现场的机会，参与发掘过程，您愿意去吗：A. 愿意　B. 不愿意

	第6题	第7题	第8题	第9题	第10题
A	122	71	332	182	224
B	254	69	44	22	39
C		236		172	113

图 2　6—10 题结果

(　) 9. 您去外地时是否会去参观博物馆：
　　　A. 会　　　　B. 不会　　　　C. 视情况而定

(　) 10. 您希不希望高中有考古选修课：
　　　A. 希望　　　B. 不希望　　　C. 无所谓

(　) 11. 您喜欢看考古类节目（如纪录片、考古直播）吗：
　　　A. 喜欢,有兴趣　　　　B. 一般,遇到就看
　　　C. 不喜欢,没有兴趣

(　) 12. 您对考古的哪一环节最感兴趣：

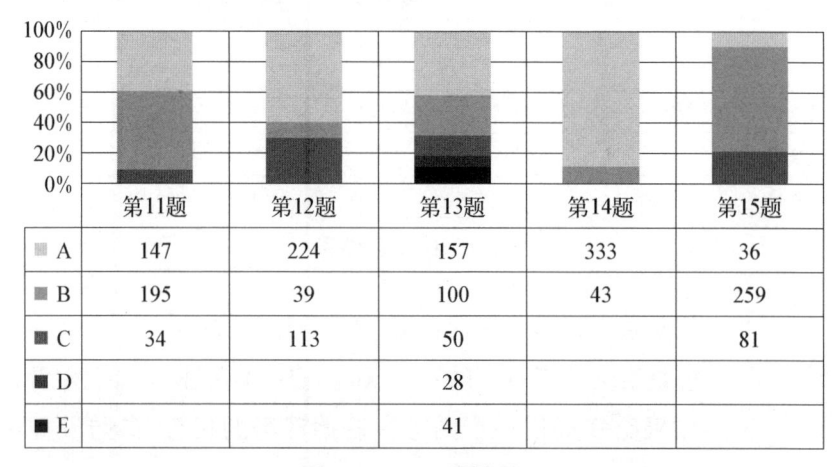

	第11题	第12题	第13题	第14题	第15题
A	147	224	157	333	36
B	195	39	100	43	259
C	34	113	50		81
D			28		
E			41		

图 3　11—15 题结果

    A. 发掘过程 B. 文物修复 C. 相关研究

( ) 13. 您对贵州考古哪个方面最感兴趣：

    A. 史前考古 B. 夜郎考古 C. 民族考古

    D. 其他   E. 无

( ) 14. 您怎么看待公众与考古的关系：

    A. 公众应该了解考古 B. 公众与考古无关

( ) 15. 您认为考古与您的生活有关吗：

    A. 关系挺大，贴近生活 B. 有一定关系

    C. 无关系

( ) 16. 您怎么看待各地因施工破坏考古遗址的现象：

    A. 这是文化遗产，政府应该加大保护力度

    B. 遗址太多，政府应该选择性保护

    C. 与政府无关

( ) 17. 您怎么看待曹操墓的争论：

    A. 专家的观点是对的 B. 学术问题有争论

    C. 不了解

( ) 18. 您认为考古与盗墓的关系：

    A. 考古是官方盗墓 B. 考古与盗墓没有关系

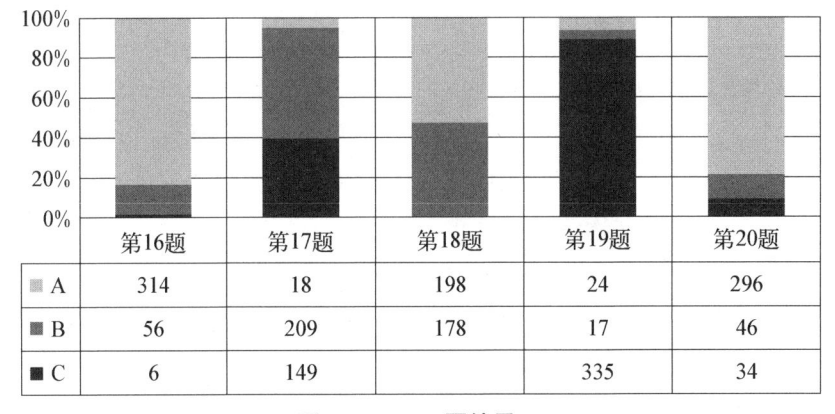

	第16题	第17题	第18题	第19题	第20题
A	314	18	198	24	296
B	56	209	178	17	46
C	6	149		335	34

图 4　16—20 题结果

(　　)19. 您认为鉴宝与考古有多大关联：
　　　　A. 鉴宝不是考古　　　　　B. 鉴宝就是考古
　　　　C. 鉴宝是考古的一部分

(　　)20. 您认为恐龙化石属于考古的研究对象吗？
　　　　A. 属于　　　　B. 不属于　　　　C. 不确定

二、多选（在所选选项前打勾）

21. 您是否知道以下考古遗址：
　　　(　　) A. 蓝田人　　　　　　(　　) B. 良渚遗址
　　　(　　) C. 二里头遗址　　　　(　　) D. 三星堆遗址
　　　(　　) E. 殷墟　　　　　　　(　　) F. 周原
　　　(　　) G. 金沙遗址　　　　　(　　) H. 汉阳陵
　　　(　　) I. 隋炀帝墓　　　　　(　　) J. 上官婉儿墓
　　　(　　) K. 大明宫遗址　　　　(　　) L. 海龙囤遗址

22. 您喜欢哪种考古普及活动：
　　　(　　) A. 新闻　　　　　　　(　　) B. 微博
　　　(　　) C. 讲座　　　　　　　(　　) D. 纪录片
　　　(　　) E. 博物馆　　　　　　(　　) F. 现场体验
　　　(　　) G. 科普书籍　　　　　(　　) H. 夏令营

23. 您关注考古的哪个方面：
　　　(　　) A. 世界古文明　　　　(　　) B. 本省考古情况
　　　(　　) C. 考古发掘工作情况　(　　) D. 考古理论、方法
　　　(　　) E. 文物背后的故事
　　　(　　) F. 考古工作者的经历和生活
　　　(　　) G. 怎么成为考古学家

24. 您对哪个时代的考古感兴趣：
　　　(　　) A. 旧石器时代　　　　(　　) B. 新石器时代

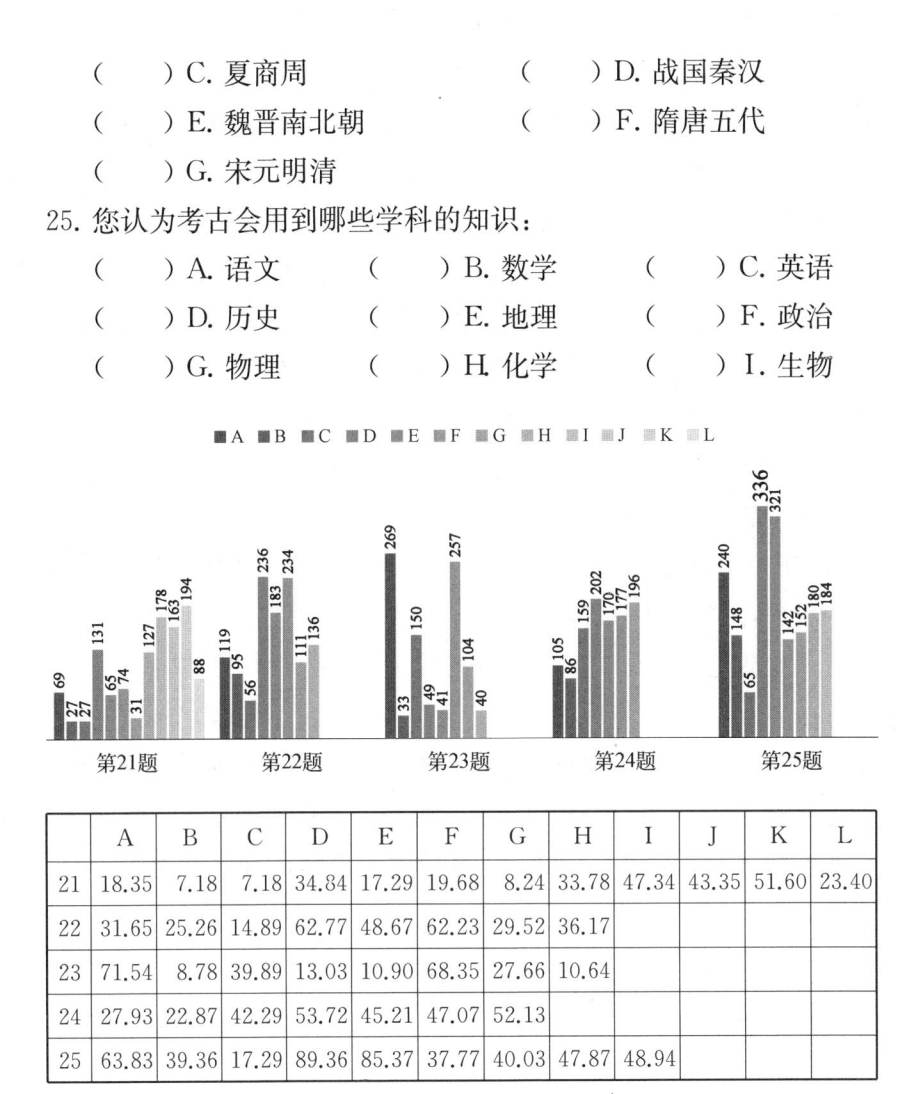

（　）C. 夏商周　　　　　（　）D. 战国秦汉
　　（　）E. 魏晋南北朝　　　（　）F. 隋唐五代
　　（　）G. 宋元明清

25. 您认为考古会用到哪些学科的知识：
　　（　）A. 语文　　　（　）B. 数学　　　（　）C. 英语
　　（　）D. 历史　　　（　）E. 地理　　　（　）F. 政治
　　（　）G. 物理　　　（　）H. 化学　　　（　）I. 生物

	A	B	C	D	E	F	G	H	I	J	K	L
21	18.35	7.18	7.18	34.84	17.29	19.68	8.24	33.78	47.34	43.35	51.60	23.40
22	31.65	25.26	14.89	62.77	48.67	62.23	29.52	36.17				
23	71.54	8.78	39.89	13.03	10.90	68.35	27.66	10.64				
24	27.93	22.87	42.29	53.72	45.21	47.07	52.13					
25	63.83	39.36	17.29	89.36	85.37	37.77	40.03	47.87	48.94			

图 5　21—25 题结果（单位：%）

三、结　　论

　　通过对这次调查的结果进行定量分析，我们发现了高中生对考古的一些看法，试图为本社甚至其他考古社开展活动提供一定的经验。我们可以看出，同学们对考古的兴趣很高，但认识不足，有诸多误解，因此，需要加强同学们对考古的认识，我相信，这在教育中，在同学们的成长中是很关键的。对此，我们提出以下建议：1. 应该肯定考古社在学校里的作用以及必要性；2. 考古社开展考古普及活动时，既要注重学术性，更要注重趣味性，二者缺一不可，这应该是社团开展活动的一大关键问题；3. 考古知识对高中生的学习成长是有一定帮助的，开展考古知识普及，可以加强社会主义精神文明的建设，培育四有公民，增强同学们的科学文化修养和思想道德修养，以追求更高的思想道德目标；4. 同样，高中生对考古也是有一定帮助的，在正确的指导下，培养他们对考古的热爱，就算以后不学考古，也能获得对考古的正确认识。

应该说明的是，本次抽样调查也许可以代表师大附中同学对考古的看法，但不能代表贵阳市内所有高中生对考古的看法，更不能代表贵州省甚至全国高中生对考古的看法。因此，如果有其他学校也搞一次类似的调查，然后将调查结果与本文作一个比较，分析它们之间的异同，那将是有意义的，同样，这份调查也可以在师大附中继续进行下去，这样就可以分析出每届学生对考古认识的差异情况（这也是本次分析不足的地方）。另外，这份问卷设计还有不完善之处，有待以后改善。

最后，感谢为本次调查发放问卷的老师和社员，没有他们的帮助，调查和文章都是不可能完成的。

第四部分

研究新识

傅斯年与古史重建

——读《傅斯年全集》*

孙庆伟

(北京大学考古文博学院)

古史重建是20世纪中国史学的重要话题,并直接催生了近代科学考古学在中国的诞生。一个世纪以来,中国考古学背负着重建古史的重任踽踽独行,缔造辉煌。那么,近代科学考古学的缔造者傅斯年对于考古学与古史重建持何种态度,无疑是一个饶有兴趣的问题。阅读《傅斯年全集》①的有关论述,我们可以对此问题获得若干较为清晰的认识。

一、"无中生有"地创业

史语所本是"无中生有"的志业,傅斯年创建史语所之目的,不仅是"要把历史学语言学建设得和生物学地质学等同样",更是"要科学的东方学之正统在中国"②。如果追溯起来,傅斯年的这一理想当缘于他对中国传统学问的极度不满。他在北大求学阶段,就曾著文列举中国学术的七大弊端,以及由此弊端而形成的"教皇政治、方士宗

---

* 本文为教育部人文社科重点研究基地重大项目(14JJD78004)阶段性成果。
① 欧阳哲生主编:《傅斯年全集》,湖南教育出版社,2003年。
② 傅斯年:《历史语言研究所工作之旨趣》,原载1928年10月《中研院史语所集刊》第一本第一分;《傅斯年全集》第三卷,第3—12页。

教、阴阳学术、偈咒文学"①。因此,年轻的傅斯年对"国故""国学"甚为不屑,迫切希望能有专门机构来建设科学的新学术:

> 向者吾校性质虽取法于外国大学,实与历史上所谓"国学"者一贯,未足列于世界大学之林……期之以十年,则今日之大学固来日中国一切新学术之策源地。②

自然地,傅斯年很早就萌生了用科学方法来研究中国学问的念头,他说:

> 把我中国已往的学术、政治、社会等等做材料,研究出些有系统的事物来,不特有益于中国学问界,或者有补于"世界的"科学。中国是个很长的历史文化的民族,所以中华国故在"世界的"人类学、考古学、社会学、言语学等等的材料上,占个重要的部分。……研究国故必须用科学的主义和方法,决不是"抱残守缺"的人所能办到的。③

可以说,年轻时代的傅斯年对"科学"的崇拜近乎迷信,以至于一度对北京大学"哲学门隶属文科之制度,颇存怀疑之念",认为研究哲学者必须具备自然科学知识,并上书蔡元培校长力请"使哲学门独立为一科",全校设置由"文、理两科""变作哲、理、文三科"④。

---

① 傅斯年:《中国学术思想界之基本误谬》,原载1918年4月15日《新青年》第四卷第四号;《傅斯年全集》第一卷,第21—28页。
② 《〈新潮〉发刊旨趣书》,原载1919年1月1日《新潮》第一卷第一号;《傅斯年全集》第一卷,第79—82页。
③ 傅斯年:《毛子水〈国故和科学的精神〉识语》,原载1919年5月1日《新潮》第一卷第五号;《傅斯年全集》第一卷,第262—263页。
④ 傅斯年:《傅斯年致校长函》,原载1918年10月8日《北京大学日刊》;《傅斯年全集》第一卷,第37—40页。

1919年12月26日,傅斯年由北京出发去上海,前往英国伦敦大学学院留学①。他自述留学动机和计划是:

> 我将来要专那门科学,现在还不会定。但以心理学为心理的、社会的科学之根源,我至少以三年的工夫去研究它。在研究它以先,去研究动物学、生理学、数学。如此迂远,成功上实在讲不定。但我宁可弄成一个大没结果,也不苟且就于一个假结果。②

王汎森据此分析,傅斯年在英国求学的"主要目标是一方面摒弃代表着中国思维方式的模棱两可、过于笼统和形而上学的思维方式,同时运用一些实验的、观察的和数理分析的方法探求人类思想的深层"③。

傅斯年这种无畏的、不功利的探求,当然是难能可贵的。这不仅仅在于他对科学的信奉,更在于他早早就抱定了这样的宗旨,即"无中生有的去替中国造有组织的社会,是青年的第一事业"④。他后来有过这样的自我评价:

> 病中想来,我之性格,虽有长有短,而实在是一个爱国之人,虽也不免好名,然总比别人好名少多矣。心地十分淡泊,欢喜田园舒服。在太平之世,必可以学问见长,若为政府 persecuted,也还如是,惜乎其不然也。……我本心不满于政治社会,又看不出好路线之故,而思进入学问,偏又不

---

① 参看《傅斯年先生年谱简编》,《傅斯年全集》第七卷,第404页。
② 傅斯年:《留英纪行》,原载1920年8月6日、7日《晨报》;《傅斯年全集》第一卷,第399—402页。
③ 王汎森:《傅斯年:中国近代历史与政治中的个体生命》,生活·读书·新知三联书店,2012年,第61页。
④ 傅斯年:《青年的两件事业》,原载1920年7月3日—5日《晨报》;《傅斯年全集》第一卷,第384—388页。

能忘此生民,于是在此门里门外跑去跑来,至于咆哮,出也出不远,进也住不久,此其所以一事无成也。今遭此病,事实上不能容我再这样,只好从此以著书为业,所可惜者,病中能著书几何,大是问题耳。①

那么,在寻找到"科学"的史学研究方法之前,傅斯年又是如何看待中国古史的呢?在北大求学期间,傅斯年曾著文认为:

周平王东迁以前,世所谓唐虞三代,此时期中,虽政治不无变化,而其详不可得闻,既无编年之史(《竹书纪年》不足信),又多传疑之说(夏殷无论,即如两周之文王受命,周公居东,厉王失国诸事,异说纷歧,所难折衷)。惟有比而同之,以为"传疑时代"。盖平王以降,始有信史可言也。②

以周平王以降为中国信史的开端,这种观点不可谓不激进,但也恰好突显了五四时代的社会风尚。对于信史之前的神话传说,傅斯年的判断是:

就中国论,古来一切称帝之神王皆是宗神(tribal gods),每一部落有其特殊之宗神,因部落之混合,成为宗神之混合,后来复以大一统思想之发达,成为普遍的混合。《尧典》所载尧廷中诸人……其来源皆是宗神,即部落之崇拜。后来或置之于一堂,或列之于多系,其混合方式要不出于战伐的,文化的,思想的。两民族或两部落攻战之后,一败一胜,征服人者之宗神固易为被征服者所采用,有时被征

---

① 1942年2月6日傅斯年致胡适信,《傅斯年全集》第七卷,第234—235页。
② 傅斯年:《中国历史分期之研究》,原载1918年4月17日—23日《北京大学日刊》;《傅斯年全集》第一卷,第29—36页。

服者之宗神,亦可为征服人者所采用。文化高者之宗神固可为文化低者因文化接触而采用,有时亦可相反。本非一系一族之部落,各有其宗神,后来奉大一统思想者,亦可强为安置,使成亲属。此等实例累百累千,世界各地之古史皆有之,不以中国为限矣。①

在欧洲的七年间,傅斯年的学习和生活状态给人以"杂乱、颓放"之印象,但这种散漫的治学方式却令他最终成长为一个中国现代学术的设计师②。在他的留学后期,傅斯年对中国古史已有了新的认识。在他给顾颉刚的《论古史书》中,我们可以读到他的以下看法:

> 三百[年]中所谓汉学之一路,实在含括两种学问:一是语文学;二是史学、文籍考订学。这两以外,也更没有什么更大的东西,偶然冒充有之,也每是些荒谬物事,如今文家经世之论等。③

这等于是昭示了数年之后傅斯年创办史语所实在是一种必然。他同时又对古史中的具体问题发表了看法:

> 禹、舜、尧、伏羲、黄帝等等名词的真正来源,我想还是出于民间。除黄帝是秦俗之神外,如尧,我拟是唐国(晋)民间的一个传说。舜,我拟是中国之虞或陈或荆蛮之吴民间的一个传说。尧、舜或即此等地方之君(在一时)。颛顼为

---

① 傅斯年:《性命古训辨证》,《傅斯年全集》第二卷,第570页。
② 王汎森:《傅斯年:中国近代历史与政治中的个体生命》,第72页。
③ 傅斯年:《与顾颉刚论古史书》,原载1928年1月23日、31日《国立第一中山大学语言历史学研究所周刊》第二集第十三、十四期;《傅斯年全集》第一卷,第445—473页。据该文所附顾颉刚的按语,傅斯年此文从1924年1月写起,直到1926年10月乘船从欧洲返国,仍未完稿。

秦之传说,营为楚之传说,或即其图腾。帝是仿例以加之词(始只有上帝但言帝),尧、舜都是绰号。其始以民族不同方域隔膜而各称其神与传说;其后以互相流通而传说出于本境,迁土则变,变则各种之装饰出焉。

二、"史学即是史料学"

1927年,傅斯年结束了七年的欧洲留学生活返国。甫一回国即就任中山大学文科主任,创办中山大学语言历史学研究所。在《语言历史学研究所周刊》发刊词中,傅斯年第一次吐露了他对未来的心声:

> 现在国立第一中山大学设立语言历史学研究所,给予我们以研究工作,我们对于这个机关抱有很大的希望。我们要打破以前学术界上的一切偶像,屏除以前学术界上的一切成见!我们要实地搜罗材料,到民众中寻方言,到古文化的遗址去发掘,到各种的人间社会去采风问俗,建设许多的新学问![1]

在这里,傅斯年揭示了重建中国语言历史之学的三个重要途径——到民众中寻方言,到古文化的遗址去发掘,到民间去采风,统而言之,就是"要实地搜罗材料"。这就难怪一年之后,他创办中研院史语所,大声疾呼"近代的历史学只是史料学"了:

> 历史学和语言学在欧洲都是很近才发达的。历史学不是著史:著史每多多少少带点古世中世的意味,且每取伦

---

[1] 傅斯年:《〈语言历史学研究所周刊〉发刊词》,原载1927年11月1日《国立第一中山大学语言历史学研究所周刊》第一集第一期;《傅斯年全集》第三卷,第12—13页。

理家的手段,作文章家的本事。近代的历史学只是史料学,利用自然科学供给我们的一切工具,整理一切可逢着的史料,所以近代史学所达到的范域,自地质学以至目下新闻纸,而史学外的达尔文论正是历史方法之大成。①

这一时期,傅斯年在不同场合反复阐述这一观点,如他向中研院报告本所工作时就说:

> 此项旨趣,约而言之,即扩充材料,扩充工具,以工具之施用,成材料之整理,乃得问题之解决,并因问题之解决引出新问题,更要求材料与工具之扩充。如是伸张,乃向科学成就之路。②

在给友人的信中他也作如是说:

> 研究所的宗旨,一、到处找新材料。二、用新方法(科学付给之工具)整理材料。其事业:一、助有志此项研究之学者;二、继续已动手之工作之进行(有他处已动手,而力不足遂止者);三、自己创始几件合众力方可成功的工作;四、训练若干有新观点、用新方法之少年工作者(我们都算在老年列里);五、为全国同趣之人创一个刊印研究结果,并奖励奖励机关。此必我兄所赞同也。③

或曰:

---

① 傅斯年:《历史语言研究所工作之旨趣》,原载1928年10月《中研院史语所集刊》第一本第一分;《傅斯年全集》第三卷,第3—12页。
② 傅斯年:《中研院史语所十七年度报告》,《傅斯年全集》第六卷,第9页。
③ 1929年10月6日傅斯年致冯友兰、罗家伦、杨振声信,《傅斯年全集》第七卷,第81—82页。

敝所设置之意,并非求继续汉学之正统,乃欲以"扩充材料,扩充工具"为方术,而致中国历史语言之学于自然科学之境界中。①

这一阶段,傅斯年不仅以"史学即是史料学"的观点来要求史语所同仁,他本人在研究中也身体力行,注意践行这一宗旨。1928年,傅斯年在他的《中国古代文学史讲义》中就单列有"史料论略"一节,专门讨论史料的性质与整理,比较清晰地反映了史语所创办初期他的史学观点:

> 整理史料是件很不容易的事,历史学家本领之高低全在这一处上决定。后人想在前人工作上增高:第一,要能得到并且能利用的人不曾见或不曾用的材料;第二,要比前人有更细密更确切的分辨力。近年能利用新材料兼能通用细密的综合与分析者,有王国维先生的著作,其中甚多可为从事研究者之模范;至于专利用已有的间接材料,而亦可以推陈出新找到许多很有关系的事实者,则为顾颉刚先生之《古史辨》诸文(多半尚未刊印)。②

随着时间的推移,傅斯年对史料和史学的认识更趋成熟。1933年,傅斯年在执掌史语所的同时也在北大历史系讲授"史学方法导论"课程,并为此编写了同名讲义,系统阐述了他的史学观念和史学研究方法③。该讲义凡七讲,分别是:

第一讲　论史学非求结论之学问
　　　　论史学在"叙述科学"中之位置

---

① 1930年9月13日傅斯年致王献唐信,《傅斯年全集》第七卷,第92页。
② 傅斯年:《中国古代文学史讲义》之"史料论略",《傅斯年全集》第二卷,第43页。
③ 傅斯年:《史学方法导论》,《傅斯年全集》第二卷,第307—351页。

论历史的知识与艺术的手段
第二讲　中国及欧洲历代史学观念演变之纲领
第三讲　统计方法与史学
第四讲　史料论略
第五讲　古代史与近代史
第六讲　史学的逻辑
第七讲　所谓"史观"

可惜讲义已无完稿,仅存第四讲"史料论略",但恰好可以体现傅斯年的史学态度。在该讲的开首,傅斯年即阐述了以下三点:

一、史的观念之进步,在于由主观的哲学及伦理价值论变做客观的史料学。

二、著史的事业之进步,在于由人文的手段,变做如生物学地质学等一般的事业。

三、史学的对象是史料,不是文词,不是伦理,不是神学,并且不是社会学。史学的工作是整理史料,不是作艺术的建设,不是做疏通的事业,不是去扶持或推倒这个运动,或那个主义。

所以傅斯年在课堂上告诫学生:"史学便是史料学,这话是我们讲这一课的中央题目。"在这样的观念支配下,"扩充材料,扩充工具"就成了史语所的立所之纲,而在傅斯年眼里,考古学恰好就是符合这两项标准的新学问。傅斯年说:

考古学是史学的一部分,这个部分与其他部分不同,因其与自然界有关;与地质学是不能分开的,如离开了地质学,考古学就失其效用,考古学就根本不能成立的。所以考古学在史学当中是一个独异的部分。

……

古代史的材料，完全是属于文化方面，不比现代材料，多可注意于人事方面，因为文化史，特别是古代史的着意点，不是单靠零碎的物件，一件一件的去研究，必定有全部的概念方可。用一件一件的东西去研究，固然有相当的结果，所得究竟有限，况其物的本身，间有可怀疑之处，所以应当注重整个的观念。①

待史语所殷墟发掘开始之后，傅斯年更是对考古学充满了自信：

吾等所敢自信者，为近代科学的考古方法。故以殷墟为一整个问题，并不专注意甲骨等。满意工作经若干年，为中国古史解决若干重要问题，为中国史学争国际的地位，故李济、董作宾先生等在场工作，方法求其至细，工具求其至精，记录求其详尽。近代考古学之殊于传统的古器物学处，即在问题之零整，记录之虚实，目证之有无。②

傅斯年坚信殷墟发掘对于重建殷商古史乃至理解整个中国上古史具有决定性意义。在殷墟发掘后不数年，傅斯年就把可信的古史上推到殷商时代：

中国史之起点：据传说在五千年以前，然舍神话及传说而但论可征之信史，实始于殷商之代，唐虞夏后，文献不

---

① 傅斯年：《考古学的新方法》，原载1930年12月《史学》第一期；《傅斯年全集》第三卷，第88—95页。
② 傅斯年：《致〈史学杂志〉编辑先生函》，《傅斯年全集》第三卷，第64—66页。

足征也。①

他后来更指出：

> 古史者，劫灰中之烬余也。据此烬余，若干轮廓有时可以推知，然其不可知者亦多矣。以不知为不有，以或然为必然，既违逻辑之戒律，又蔽事实之概观，诚不可以为术也。今日固当据可知者尽力推至逻辑所容许之极度，然若以或然为必然，则自陷矣。即以殷商史料言之，假如洹上之迹深埋地下，文字器物不出土中，则十年前流行之说，如"殷文化甚低""尚在游牧时代""或不脱石器时代""《殷本纪》世系为虚造"等见解，在今日容犹在畅行中，持论者虽无以自明，反对者亦无术在正面指示其非是。差幸今日可略知"周因于殷礼"者如何，则"殷因于夏礼"者，不特不能断其必无，且更当以殷之可借考古学自"神话"中入于历史为例，设定其为必有矣。夏代之政治社会已演进至如何阶段，非本文所能试论，然夏后氏一代之必然存在，其文化必颇高，而为殷人所承之诸系文化最要一脉，则可就殷商文化之高度而推知之。②

从学生时代坚持"平王以降，始有信史可言"，到主张"可征之信史，实始于殷商之代"，再到相信"夏后氏一代之必然存在，其文化必颇高"，其间的变化不可谓不大，而这一切显然都拜考古学之赐。

但最可玩味的是，傅斯年固然希望史语所诸同仁能够"动手动脚"找来新史料，但他在重视出土材料和明清内阁档案等"直接史料"

---

① 傅斯年：《东北史纲》，《傅斯年全集》第二卷，第383页。
② 傅斯年：《性命古训辨证》，《傅斯年全集》第二卷，第594页。

的同时,其实并不轻忽传世文献这类"间接史料",而且强调两者颇可互相发明。

首先,傅斯年认为"间接材料"是研究者理解"直接材料"必不可少的知识背景。他说:

> 若是我们不先对于间接材料有一番细工夫,这些直接材料之意义和位置,是不知道的;不知道则无从使用。所以玩古董的那么多,发明古史的何以那么少呢?写钟鼎的那么多,能借殷周文字以补证经传的何以只有许瀚、吴大澂、孙诒让、王国维几个人呢?……所以持区区的金文,而不熟读经传的人,只能去做刻图章的匠人;明知《说文》有无穷的毛病,无限的错误,然而丢了他,金文更讲不通。……以上说直接材料的了解,靠间接材料做个预备,做个轮廓,做个界落。

反过来,傅斯年也主张直接史料对间接史料有"校正"作用:

> 一旦得到一个可信的材料,自然应该拿他去校正间接史料。间接史料的错误,靠他更正;间接史料的不足,靠他弥补;间接史料的错乱,靠他整齐;间接史料因经中间人手而成之灰沉沉样,靠他改给一个活泼泼的生气象。①

傅斯年对"直接材料"和"间接材料"的区分,可以说颇具"二重证据"的意味,而这也是傅斯年一直以来秉持的态度。如早在1926年,他读到顾颉刚的《古史辨》时,即与胡适谈道:

---

① 傅斯年:《史学方法导论》,《傅斯年全集》第二卷,第307—351页。

> 颉刚的《古史辨》，我真佩服得"五体投地"。……同类的思想，我也零零碎碎的以前想到几条，只是决不会有他这样一体的解决（系文题）。这一个中央思想，实是亭林、百诗以来章句批评学之大结论，三百年中文史学之最上乘。由此可得无数具体的问题，一条一条解决后，可收汉学之局，可为后来求材料的考古学立下一个入门的御路，可以成中国……之结晶轴。①

所以，傅斯年并不是要简单地抛弃间接史料，而是希望能够找到处理这类史料的科学方法，比如顾颉刚的《古史辨》方法。在1932年出版的《东北史纲》第一卷中，我们可以窥见他对两类史料的运用方法：

> 一、近年来考古学者人类学者在中国北部及东北之努力，已证明史前时代中国北部与中国东北在人种上及文化上是一事。
> 二、以神话之比较为工具，已足说明历代之东北部族与开中国历史之朝代有密切之关系。
> 三、以殷商朝鲜肃慎等地名之核比，知在中国史之初期中，渤海两岸是一体。
> 四、更以诸史所记东北部族之习俗生活等，知其与所谓"汉人"有一共同的基本成分，转与漠北之牧族，西域之胡人，截然不同。
> 人种的，历史的，地理的，皆足说明东北在远古即是中国之一体。此系近代科学寻求所供给吾等之知识，有物质

---

① 1926年8月17日—18日傅斯年致胡适信，《傅斯年全集》第七卷，第42—43页。

之证明,非揣测之论断。①

傅斯年重视史料,自然是为了写出新的科学的古史。1934年,傅斯年在北京大学历史系讲授"中国上古史单题研究"一课,从他拟定的课程纲要里我们大致可以看出傅斯年对中国上古史的整体理解及著史方式:

> 此科所讲,大致以近年考古学在中国古代史范围中所贡献者为限;并以新获知识与经典遗文比核,以办理下列各问题:(1)地理与历史。(2)古代部落与种姓。(3)封建。(4)东夷。(5)考古学上之夏。(6)周与西土。(7)春秋战国间社会之变更。(8)战国之大统一思想。(9)由部落至帝国。(10)秦汉大统一之因素。②

以"新获知识"和"经典遗文"来整理古史,其实是傅斯年一以贯之的态度。然而,傅斯年虽于史语所有创立之功,但无奈他"非官非学","无半月以上"可以连续为其自由支配的时间,所以很难将他的理念真正付诸自身的研究实践中③。所幸的是,傅斯年选定了李济担任史语所考古组主任,这位远离政治、心无旁骛的学者在实际上组织实施了该所古史重建的研究实践④。

---

① 傅斯年:《东北史纲》,《傅斯年全集》第二卷,第396页。
② 傅斯年:《〈中国上古史单题研究〉课程纲要》,原载1934年度《国立北京大学一览》;《傅斯年全集》第五卷,第42页。
③ 傅斯年:《性命古训辨证·序》,《傅斯年全集》第二卷,第502页。
④ 如李济的高足许倬云就回忆道:"济之师只喜欢学术工作,除了学术工作以外,不慕荣华,多次中央研究院院长出缺,他代理院务,却拒绝出任院长。他以自由主义者的立场,始终不支持蒋介石的专制及国民党的威权,只因为他无所求,他才能在蒋氏面前,不卑不亢,泰然自若。这是从智慧延伸而得的自尊,智者与勇者,本是一体。"参看《长忆济之师:一位学术巨人》,《家事、国事、天下事——许倬云先生一生回顾》附录一,南京大学出版社,2012年,第349—353页。

三、"狼狈为善",共建古史

1928年冬,李济在毫无思想准备的情况下接受了傅斯年的邀请,答应出任该所考古组主任。对于将陈寅恪、赵元任、李济等人从清华研究院挖走,傅斯年甚为得意,并戏称是要与陈、赵、李诸位"狼狈为善",共创事业①。如今回望这段历史,我们不禁要感叹,如果没有李济的加盟,傅斯年的古史重建理想恐怕要落空。

李济答应出任史语所考古组主任后,立即赶赴安阳,与已经主持了殷墟第一次发掘的董作宾会面②。1929年秋,也就是殷墟第三次发掘结束之后,考古组不仅收获了刻字甲骨、刻花骨片和白陶等精美器物,而且采集了"那极多极平常的陶片、兽骨等",李济由此展望"在这种材料上我们希望能渐渐地建筑一部可靠的殷商末年小小的新史"③。

但是,通过锄头考古学发掘出的新史料来构建"殷商末年小小的新史"还不是李济的终极目标,因为他深切地知道:

> 现代中国新史学最大的公案就是中国文化的原始问题。要研究这个问题,我们当然择一个若明若昧的时期作一个起发点;这个时期,大部分的学者都承认在秦汉以前的夏商周三个朝代。因为我们中国文化的基础是在这"三代"打定的。要能把这将近两千年长的文化找出一个原委,中

---

① 李光谟:《从清华园到史语所:李济治学生涯琐记》,清华大学出版社,2004年,第120页。
② 有关1928年冬傅、李二人的初次会面以及李济受邀加入史语所的经过可参看李济所撰的《傅所长创办史语所与支持安阳考古工作的贡献》一文,原载1975年《传记文学》第28卷第1期;《李济文集》卷五,上海人民出版社,2006年,第234—237页。
③ 李济:《民国十八年秋季发掘殷墟之经过及其重要发现》,原载1930年《安阳发掘报告》第二期;《李济文集》卷二,第225—248页。

国文化的原始问题，大部就可解决。……要是我们能够如此一步一步的追寻出来，中国早期文化的递嬗的痕迹，当然也就可以看出来了。

寻找中国文化的源头才是李济的根本目标，而殷墟则是实现这个目标的起点。以殷墟为起点去追溯更早时期的中国文化，实际上就是重建中国上古史的另一种表述。从构建"殷商末年小小的新史"出发，进而建筑"新中国上古史"，这就是李济为史语所同志所描绘的宏伟蓝图。李济曾经说：

> 自从研究院开始发掘殷墟以来，我们就感觉到有发掘附近遗址的必要。所选择的第一个是殷墟东南靠平汉路的一个鼓出的地方，土名叫后岗。发掘是梁思永君一人经手的。作了两次，他就得了我们天天梦想而实在意想不到的发现。……无疑的，这是一个极重要的发现。第二次后岗发掘以后，我们又在后岗西北的侯家庄与河南浚县大赉店发现堆积情形与后岗相同的遗址。这更可证明这三组文化相互的关系了。当然这里边没解决的问题还多得很。这只算替中国建筑"新中国上古史"的同志辟开了一个比较可靠的出发点，由此往前就可以渐渐地到那平坦大路。①

但人算不如天算。殷墟发掘为古史重建开了一个好头，也为史语所赢得了崇高的学术声誉，但先后踵接的战争极大地束缚了史语所的工作。1949年，史语所迁台，李济从此失去了在大陆从事考古发

---

① 李济：《中国考古学之过去与将来》，原载1934年《东方杂志》第三十一卷第七号；《李济文集》卷一，第325—331页。

掘的机会,但他却开始全盘思考中国上古史的重建问题,并把殷墟作为古史重建的关键"支点"。李济相信,"安阳的发现,一方面把地上和地下的材料联系起来,一方面把历史和史前史联系了起来"①。

但古史重建是个系统工程,究竟该从何着手？李济看到了这层纷扰,并提出了自己的见解：

> 就中国上古史说,亟待解决的问题,虽说是多方面的,但是,据我个人看来,有两个基本课题,比其他题目更为重要。这两个课题的一个,是构成中国民族的人种问题。……我们基本课题的第二个——中国文化的开始。②

追寻中国民族和中国文化之原始,实际上早已蛰伏在李济心中。早在学生时代,李济就曾经在一份《自撰简历》中表述了如下的志向：

> 他的志向是想把中国人的脑袋量清楚,来与世界人类的脑袋比较一下,寻出他所属的人种在天演路上的阶级出来。要是有机(会),他还想去新疆、青海、西藏、印度、波斯去刨坟掘墓、断碑寻古迹,找些人家不要的古董来寻绎中国人的原始出来。③

李济在史语所所做的努力实际上是践行了他年轻时代的理想,但此时的李济更是赋予了古史重建这项工作以重大的社会意义,希

---

① 李济：《中国上古史之重建工作及其问题》,原载 1954 年《民主评论》第五卷第四期；《李济文集》卷一,第 353—360 页。

② 李济：《再谈中国上古史的重建问题》,原载 1962 年《中研院史语所集刊》第三十三本；《李济文集》卷一,第 406—416 页。

③ 李济手稿,据李光谟估计,当写于 1920 年李济离开克拉克大学去哈佛研究院前后,《李济文集》卷五,第 412 页。

望通过历史和考古学者的工作来树立民族自信心和自豪感①。他说：

> 我们相信,健全的民族意识,必须建立在真实可靠的历史上。要建设一部信史,发展考古学是一种必要的初步工作。②

在李济的晚年,他更是竭尽全力地推动《中国上古史》的编撰工作,并始终强调民族的发展和文化的演进两大主题：

> 五十余年来,地下发掘出来的考古资料已经累积到了一个颇为可观的数量,发表的报告不断地透露了在远古的时代,中国民族与文化形成的消息。……如何把这批史前的史料与中国文明的黎明期衔接起来,实为治中国上古史的同志们当前面临的一个紧要课题。……如何整理？我们想尝试这一件工作。我们的目的是想编辑一部比较可信的中国上古史。我们无意再写一部偏重政治方面的专史,褒贬过去的帝王卿相,评论每一朝代的兴替。我们想把它的重心放置在民族的发展与文化的演进两组主题上。③

---

① 在一些西方学者看来,中国考古学具有强烈的"民族主义"色彩,如普林斯顿大学贝格利教授在《剑桥中国先秦史》"商代考古"中就指出："考古学压倒一切的任务是满足强烈的民族主义需要。由于这一因素,当时(中国考古初期)没有什么比找出安阳文明的本土源头更受到重视。""通过显示其证史能力,安阳发掘为考古学这样一个国共两党均不重视的学科(两党均将外国学者排斥在田野工作之外)在中国赢得了立足点,但其代价是它成了证史的工具。"参看唐际根：《考古学·民族主义·证史倾向》——〈剑桥中国史·商代考古〉提出的问题》,《考古与文化遗产论集》,科学出版社,2009年,第9—16页。类似地,美国学者罗泰也认为："考古学被接纳是因为在她的处女航中(如果可以这样说的话),为反驳'疑古派'提供了武器,并能被用来维护传统。"参看[美]洛沙·冯·福尔肯霍森(罗泰)著、陈淳译：《论中国考古学的编史倾向》,《文物季刊》1995年第2期,第83—89页。

② 李济：《〈田野考古报告〉编辑大旨》,原载1936年《田野考古报告》第一册；《李济文集》卷一,第332—333页。

③ 李济：《〈中国上古史〉编辑计划的缘起及其进行的过程》,原载1972年《中国上古史》(待定稿)第一本；《李济文集》卷五,第151—153页。

从 1928 年傅斯年创办史语所开始发掘殷墟，到 1972—1985 年四卷本《中国上古史》（待定稿）在史语所陆续出版，前后历经半个世纪①。殷墟十五次发掘缔造了 20 世纪上半叶中国学术的一个辉煌，它不仅将可信的古史前推至商代晚期，更呼应了傅斯年当年发出的让"科学的东方学之正统在中国"的呐喊。但客观地说，就整体而言，古史重建的结果依然差强人意，距离傅斯年的期望必然很遥远。我们不禁要感慨，倘若没有傅斯年的遽然离世，也没有政治上的区隔让李济过早地淡出考古第一线，中国古史的重建工作又该是如何的一番景象呢？

---

①　《中国上古史》拟定一百个题目，分属史前部分、殷商篇、两周篇，1972 年第一本出版后，因为数位学者相继谢世，撰写计划陷于停顿，直到 1985 年才推出第二本殷商篇、第三本两周篇之一"史实与演变"与第四本两周篇之二"思想与文化"。四本总共 66 篇论文，实际上相当于 4 部论文集，故有学者认为"称为《中国上古史》，有点名不副实"。参看宋镇豪主编：《商代史》卷一《商代史论纲》总序"重建商代史的学术使命与契机"，中国社会科学出版社，2011 年。

五千年前良渚古国的王：
反山第 12 号墓

方向明

（浙江省文物考古研究所）

1986年5月31日,浙江余杭,反山遗址。
王明达,浙江省文物考古研究所反山考古队领队：

  下午,开工以后天气闷热,黑沉沉的乌云从天目山方向翻滚而来,一场雷雨即将来临。我和杨楠、费国平同志站在3号探方的北隔梁上,商量对付雷雨的应急措施,这时3点刚过。突然陈越南同志从下挖的"坑"内清出一块粘有小玉粒和漆皮的土块,用手掌托着,小心地递到我跟前,我弯腰看了一眼,从160厘米高的隔梁上跳下,急忙爬到坑中,蹲在出土现场观察了足足一刻钟……又露出朱红色的漆皮和很多小玉粒(这就是后来经上海博物馆吴福宝师傅精心剥剔成功的嵌玉漆杯),当时再也不敢下手了,兴奋、激动的心情久久不能平静。……这天晚上,我们买了几瓶酒,多炒了几道菜,我、杨楠、费国平、陈越南等在住地开怀畅饮,兴奋地谈论着这次发现将会产生的作用和意义。①

  随葬大玉琮、大玉钺的反山第12号墓重见天日。自1986年5

---

① 王明达:《良渚"王陵"——反山发掘记》,《文物之邦显辉煌——考古发掘与文物保护纪实》,浙江人民出版社,2000年,第119页。

月 29 日开始下挖,5 月 31 日确认,至 6 月 28 日最后起取完毕,历时近 1 月。反山共清理了 9 座良渚文化早期大墓,2 座良渚文化晚期残墓,出土遗物 1 273 件(组),其中陶器 37 件、石器 54 件、象牙器和鲨鱼牙 10 件,其他均为玉器(包括镶嵌玉器的漆器)。玉器的单件统计数量超过 3 500 件,玉器种类达 20 多种,数量、品质、种类、纹样、雕琢工艺等均在良渚文化玉器中独占鳌头,迄今为止还没有任何一处良渚遗址出土的玉器超过反山①。

我们在发表反山简报时,称为"反山墓地",苏秉琦先生在与笔者的一次谈话中,对此提法不甚满意,问我是否可以称为"陵"。笔者受到极大的启发,确实,反山墓地营建规模之大、随葬品之丰厚、玉器之多而精,至今为止,还没有任何一处良渚文化超过的,这不是最高等级的贵族"王陵"吗?②

反山的发现是不是偶然？为什么它可以称为五千年前的王陵？为什么第 12 号墓是王陵中的"王中王"？这些王陵主人的后继者最后的结局如何？让我们从发现的学术史、反山王陵和第 12 号墓、王的后继者等方面来说说。

一、发掘良渚大墓的学术史

施昕更是良渚考古发现第一人。1938 年施昕更在《良渚》中提到杭县第二区一带,"素以产汉玉闻名,为乡民盗掘转辗入于古董商之手而流失者,不可胜计,杭县所出玉器,名为安溪土,驾乎嘉兴双桥土之上,而玉

---

① 本文所引反山发掘资料未另外注释者,均引自浙江省文物考古研究所:《反山》,文物出版社,2005 年。
② 王明达:《良渚"王陵"——反山发掘记》,《文物之邦显辉煌——考古发掘与文物保护纪实》,浙江人民出版社,2000 年,第 123 页。

器所得不易,价值至巨,且赝品充斥,不可不注意的,杭县的玉器,据善于掘玉者的经验,及出土时的情形看,都是墓葬物,可无疑问,而墓葬的地方,无棺椁砖类之发现,据掘玉者以斩砂土及朱红土为标识,也是墓葬存在的一证,在出土时所见的葬仪,亦是很值得注意,所谓有梅花窖,板窖之称,排列整齐而有规则,每得一窖,必先见石铲,下必有玉,百不一爽,每一窖之玉器,形式俱全,多者竟达百余件,而所置部位,亦俨然如周礼正义'圭在左,璋在首,琥在右,璜在足,璧在背,琮在腹,盖取象方明神之也'的情形相符节,又常因窖之所在地不同,而玉有优劣之别,一方面固因环境不同,一方面更为当时殉葬的阶级制度不同所致"。

虽然施昕更的良渚发掘没有掘到玉,但《良渚》报告中刊印了馆藏的1930年出土于良渚后湖村的两件玉璧。施昕更去良渚试掘也有弄清楚玉器出土情况的想法,"杭县北乡(也就是良渚长明桥一带)本来是出汉玉(?)出名的,起初我就注意到汉玉的出土地,当然它是可以给我一个明了的线索的,结果,因为遗址的湮没,已漫不可考"。

施昕更在良渚的试掘距离揭示"汉玉"的真相仅一步之遥,《良渚》中描述B层土层时,"认为有汉玉的蕴藏",但"明显表示这层时代较晚,为汉代的墓葬区地层",最终"未目见为憾"①。

施昕更为什么没有掘到玉?与试掘面积小有关,最重要的是第一手的掘玉者想必没有告诉他掘得"百余件"玉的位置,再加上"汉玉"的固有认识,使得对良渚文明玉器的认识延后了近半个世纪。不过,我们很难想象,如果当年施昕更不经意地发现了有"汉玉"的反山或其他什么"山",随后和现在的情形会如何。

之后,1953年杭州老和山(现浙江大学玉泉校区所在)、1963年良渚安溪苏家村、1971年余杭长命桑树头(现良渚古城西部)都出土了良渚玉器,但都与1959年夏鼐先生就命名的"良渚文化"擦肩而过

---

① 施昕更:《良渚(杭县第二区黑陶文化遗址初步报告)》,浙江省教育厅,1938年,第39、40页,第5页,第13页,第18页。

（玉器是良渚文化的重要内涵，在良渚玉器完全没有被认识之前，"良渚文化"却先被命名了）。直至1973年吴县（今属苏州）草鞋山M198随葬琮、璧的良渚大墓的发现。

1973年草鞋山的良渚文化考古突破是必然中的偶然。草鞋山遗址早在1956年就被发现，20世纪70年代初国民经济处于崩溃的边缘，为了拉动内需，复苏经济，各地建屋筑路，砖瓦厂取土更是轰轰烈烈。1972年，阳澄湖边上的这座东西长约120米，南北宽约100米，高出地面达10.2米的草鞋山出土了琮、璧等大量玉器，"一下子出土这么多璧琮类玉器，当然要寻根探源了"①。1973年M198第一次出土了琮、璧等良渚文化玉器，"玉琮、玉璧与薄壁黑陶、黑皮陶是同一时代的东西"②。随后，1977年吴县张陵山、1979—1982年武进寺墩等地陆续出土琮、璧等良渚文化玉器。

但是，真正意识到良渚玉器在"山"上，或者说良渚高等级大墓都埋在人工堆筑营建的高土台上，却是上海青浦福泉山遗址的发掘。

福泉山是一处东西长94米，南北宽84米，高6米的大土墩，1979年试掘时就有M9玉器的出土。1982—1986年福泉山考古取得重要收获，不仅出土了大量良渚文化玉器，更重要的是发现了地层堆积是"颠倒"的，也就是说包含早期遗物的堆积跑到上层去了，"显然是有人把附近另一个古遗址的泥土搬移过来，在这里原有的崧泽文化遗址上堆筑了一个高台墓地"③。

牟永抗，时任浙江省文物考古研究所考古二室主任，他后来回忆道："1983年冬我赴京经沪时，由张明华同志陪同再次来到福泉山。……我明白为什么从1977年南京会议开始，一直读不懂草鞋山简报中'第二层（良渚文化堆积层）为淤土层'的原因。既然淤土应是

---

① 汪遵国：《草鞋山遗址发掘追记》，《苏州杂志》2001年第6期。
② 南京博物院：《江苏吴县草鞋山遗址》，《文物资料丛刊(3)》，文物出版社，1980年，第12页。
③ 黄宣佩：《福泉山考古记》，《黄宣佩考古学文集》，上海古籍出版社，2014年，第275页。

水下沉积之土,它何以爬到高出地面的'山'上去的原因。"①

原来,这些显贵、权贵的大墓都在"山"上,在人工堆筑营建的大土墩上,那些"汉玉"的真正出土地点就在这些大土墩上,考古学家苏秉琦先生形象地称之为"中国的土建金字塔"。这些情况被敏锐的浙江考古界嗅到了,同样也是大土墩的反山,成为浙江考古界献礼良渚发现50周年的目标。1986年春节刚过,"由王明达任领队,参加人员为芮国耀、刘斌、杨楠、费国平等,立即填写'发掘申请书',并将王明达起草的《反山良渚文化墓葬发掘操作细则》打印"②,反山终于拉开了历史性的序幕(图1)。

图1 反山王陵平面图

二、反山王陵考古的意义

反山发掘当然并非完全一帆风顺,诚如考古学家严文明教授书

---

① 牟永抗:《关于良渚、马家浜考古的若干回忆——纪念马家浜文化发现四十周年》,《农业考古》1999年第3期,第17页。

② 浙江省文物考古研究所:《反山》,文物出版社,2005年,第7页。

评《反山》时所言:"在人们的认识并不统一的情况下,主事者认定那是一处良渚文化高规格的墓地,当时与有关方面交涉停建厂房,而着手有计划、有组织地进行考古发掘。这可以说是一个具有科学预见的战略性决策。"①

反山考古取得了石破天惊的重大发现,墓葬考古单元完整,按层精心剥剔,随葬器物配伍关系得到了前所未有的突破性认识②,根据出土状况并结合器物形制,命名了大量新的玉器种类,如冠状器、玉钺冠饰和端饰、柱形器等等。1986年在纪念良渚遗址发现50周年会议上,王明达先生根据吴家埠遗址的发掘和展开的系统调查提出了"良渚遗址群"③。在反山、瑶山发掘后,又发现了一处"性质类似某种政治或宗教、文化中心"的"人工堆筑工程"的"中心遗址"(后来定名为莫角山遗址)④。反山、瑶山的发现掀起了玉器、玉文明研究的高潮,推动了中华文明起源和良渚社会结构的深入探讨。

反山,现存体量为东西长近140米,南北宽约40米,海拔标高约12米,高出周边地表4米。1986年反山西部660平方米的发掘中共清理良渚文化墓葬11座,其中属于早期高台墓地以第12号墓为核心的墓葬9座,晚期筑高后残存墓葬2座。反山王陵的堆筑营建分为如下步骤:

1. 堆筑草包泥,高约1.5米。2013年在良渚古城内栈桥码头的发掘中,对草包泥堆筑工艺有了进一步的了解,草包泥一般长40、宽

---

① 严文明:《一部优秀的考古报告——〈反山〉》,《中国文物报》2006年7月12日第4版。
② 牟永抗先生事后对此进行了反思:"像目前这样以肉眼加手感的观察手段和纯手工的操作条件,是很难准确发现并保存当初用来组装、串缀或镶嵌诸多玉质部件而无法原状保存下来的许多以有机物质为材料的载体,因而无法全面了解和认清众多玉器的形态和功能。""现在我们对良渚文化的基础性研究,特别表现在以居住址为主体的聚落形态考察尚未正式起步的情况下,大墓发掘孤军前进,在总体研究的战略上未必有利。"参见牟永抗:《关于良渚、马家浜考古的若干回忆——纪念马家浜文化发现四十周年》,《农业考古》1999年第3期,第5—20页。
③ 王明达:《"良渚"遗址群概述》,《良渚文化(余杭文史资料第三辑)》,1987年。
④ 浙江省文物考古研究所:《浙江省新近十年的考古工作》,《文物考古工作十年(1979—1989)》,文物出版社,1991年,第119页。

10、厚 10 厘米,重 4—5 公斤,内部为取自沼泽地的淤泥,外部用茅草或荻草包裹而成①。

2. 铺垫沙层,厚约 15 厘米。

3. 堆筑黄土,高达 3 米。埋葬以 M12 为核心的 9 座大墓,年代距今约 5 000 年,属于良渚文化早期。

4. 距今 4 600—4 300 年,也就是良渚文化晚期,再堆筑加高 1.5 米,埋葬 M21 和 M19。

至东汉时,反山成了一批砖室墓的墓地(图 2)。

土筑金字塔:反山王陵的堆筑营建

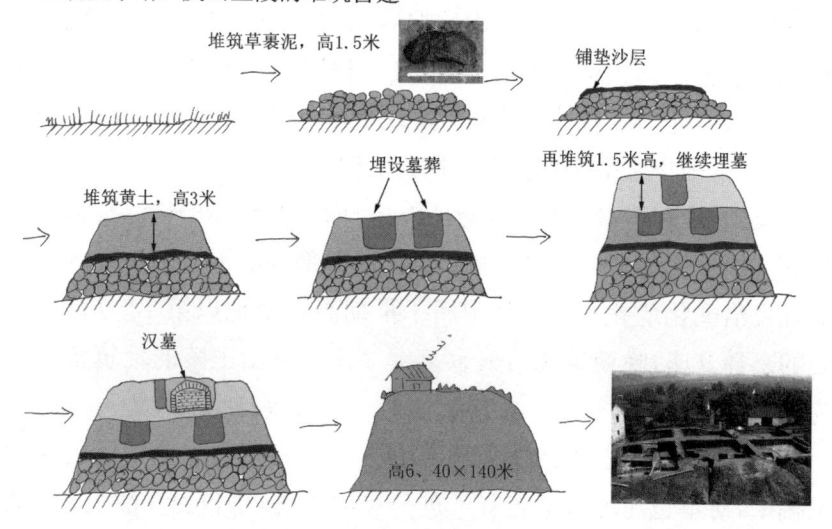

图 2　反山王陵堆筑营建过程

反山营建的总土方量超过 3 万方,根据对于良渚古城城墙土方量的估算,平均完成每方堆土需耗 13.5 工时②,这样光反山第一阶段营建 4.5 米高的工程,就至少需要 34 万工时。本文所说的五千年前良渚古国的王,是反山良渚文化早期 9 座大墓中的核心墓葬

---

① 浙江省文物考古研究所:《2006—2013 年良渚古城考古的主要收获》,《东南文化》2014 年第 2 期,第 36 页。

② 王宁远:《从村居到王城》,杭州出版社,2013 年,第 193 页。

M12——第 12 号墓的墓主。

反山考古也是江南地区首次揭露超过 1 米深的新石器时代墓穴。江南地湿，土中包含杂质多，难以准确辨认考古遗迹的开口。1978 年以前，由于没有像样的墓葬单元揭示，"平地掩埋""不挖墓坑"的认识占主流。浙江考古前辈下足了工夫，1978 年前后浙北良渚文化小墓发掘时，"牟永抗先生为了辨认良渚文化的墓坑，不仅把探方内地面铲光，还从正光、侧光、逆光各个角度观察，还洒水、盖上薄膜，利用一切办法，多次'停工'，反复仔细观察，终于在这次发掘中，边找边剥剔，确认了良渚文化的墓坑"①。浙北小墓的田野发掘经验为反山考古奠定了扎实的基础，反山九座大墓，均在第一时间确认了墓穴的开口。

反山 M12 深 110 厘米，M14 深 90 厘米，M15 深 60 厘米，M16 深 120 厘米……1982 年发掘的武进寺墩 M3 出土玉璧 24 件、玉琮 33 件，"该墓无墓坑，无葬具，系掩土埋葬"②。同样，青浦福泉山良渚文化墓地的清理中，也多"未发现墓坑"③。江苏的考古学家迟至 1999 年江阴高城墩的发掘中，才揭示出超过 1 米的墓坑。不要小觑墓口的及时发现，单元遗迹揭示的完整是判读和认识葬具结构、随葬品组合的基础。

反山发掘是将其作为聚落遗址的一个有机组成部分来看待的，虽然葬具均已腐朽，墓主骨骸几乎不存，但是考古学家根据不同层次的"板灰"、淤积层以及随葬品的滚落位移，来推断葬具的形式、随葬品的组合组装关系。这些均在后来保存较好的墓例中得到了验证，是良渚文化田野考古的重要突破。

---

① 王明达：《嘉兴地区崧泽·良渚文化考古记事》，《崧泽·良渚文化在嘉兴》，浙江摄影出版社，2005 年，第 7 页。
② 南京博物院：《1982 年江苏常州武进寺墩遗址的发掘》，《考古》1984 年第 2 期，第 113 页。
③ 上海市文物保管委员会：《上海青浦福泉山良渚文化墓地》，《文物》1986 年第 10 期，第 3 页。

在墓底筑有"棺床"状的低土台,围以深 10 厘米左右的浅沟。"棺床"大多呈凹弧形,致随葬品从两侧向中部倾倒,造成玉璧、石钺等部分器物因撞击而破碎的现象。这说明墓内原来应有棺木类的葬具,支撑一定的空间范围,才会发生这种情况。……少数墓内在"棺床"外侧,还有一个约为"棺床"宽度三分之一的空间,其外侧与浅沟外壁之间发现竖向排列的板灰痕迹。在这空间内往往发现两或三件柱状玉器陷入底部的淤土中。柱状玉器常发现在棺盖之上,与"棺床"上的随葬品有十余厘米的高差距离,似为某种棺上饰具。这种柱状玉器滚落到了上述空间底部,很可能狭长的空间范围是椁室所在。①

这些判断在随后保存较好的墓例中均得到了验证。1988—1989年良渚庙前 M31 第一次清理出一具较为完整的独木棺,独木棺长230、宽 60 厘米②。2006 年良渚后杨村 M4 也发现 3 件方形柱形器等距离放置在独木棺的盖板上③。椁的具体形态和结构虽然没有实物的保留,但是从井干式痕迹以及没有椁底板判断,应该与良渚庙前遗址发现的两口木构井一致。这样基本复原了良渚大墓的棺椁制度:设棺床,置独木棺,搭建木椁,随葬品放置在棺内和棺椁之间。棺椁制度是古代中国社会礼制和社会复杂化的重要内容之一,环太湖和海岱地区是目前所知最早产生棺椁的地区④,良渚文化显然走在了前头(图 3)。

反山发掘按层剥剔,注意随葬品之间的平面关系,使大量玉器的

---

① 浙江省文物考古研究所反山考古队:《浙江余杭反山良渚墓地发掘简报》,《文物》1988 年第 1 期,第 3 页。
② 浙江省文物考古研究所:《庙前》,文物出版社,2005 年,第 63 页。
③ 王宁远:《良渚遗址群后杨村遗址》,《浙江考古新纪元》,科学出版社,2009 年,第 132 页。
④ 栾丰实:《史前棺椁的产生、发展和棺椁制度的形成》,《文物》2006 年第 6 期,第 49—55 页。

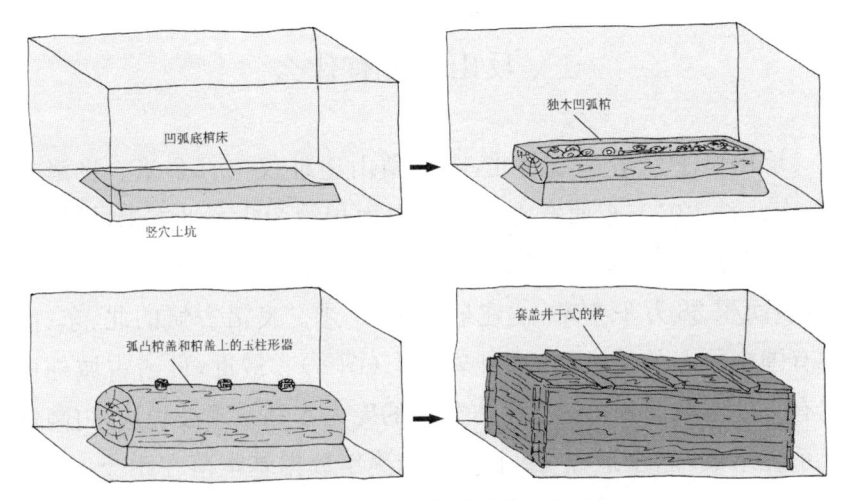

图 3　良渚显贵大墓棺椁葬制示意图

组合关系得以确认,这其中最为重要的是完整玉钺的组装、管珠和原始璜组佩的穿缀以及嵌玉漆器的复原,大大丰富了良渚文化玉器的内涵。

在反山完整玉神像发现之前,良渚琮节面的神人和兽面纹样被识读为"象征的"和"形象的"兽面纹,琮节面凸横挡的鼻子被误读为"阔嘴",或分为"小眼面纹"和"大眼面纹"[①]。反山完整神像的发现解决了图像的解构,琮折角的框状适合纹样就是简化和突出的神像,琮的形意被引向深入。

当然,更为重要的是反山、瑶山等一系列显贵大墓的发现促使考古学家思考其背后的社会组织结构和社会发展阶段,进而探索良渚文化在中华文明起源过程中的地位和意义,以及中华文明深层次的内涵和本质。"水稻、蚕丝和玉器""东方史前太阳崇拜""玉器时代"等主题是其中的代表[②]。

---

① 南京博物院:《1982年江苏常州武进寺墩遗址的发掘》,《考古》1984年第2期,第118页;邓淑苹:《古代玉器上奇异纹饰的研究》,《故宫文物季刊》第4卷第1期,1986年,第8—9页。

② 牟永抗:《牟永抗考古学文集》,科学出版社,2009年。

三、反山王陵有什么

反山位于良渚古城西北,距莫角山遗址仅二百余米。良渚古城,南北长1910、东西宽1770米,总面积约300万平方米,城墙宽20—145、最高4米。中心址莫角山底面东西长630、南北宽450米,顶面积28万平方米,营建最厚达17米。良渚古城的北、东、南还有围合状态的遗址,构成外郭形态(图4)。最近,良渚古城外西北有一处水域面积可达8平方公里的庞大水利系统被确认,由高低坝系统组成,六个地点12个碳十四测年数据基本落在距今4 900

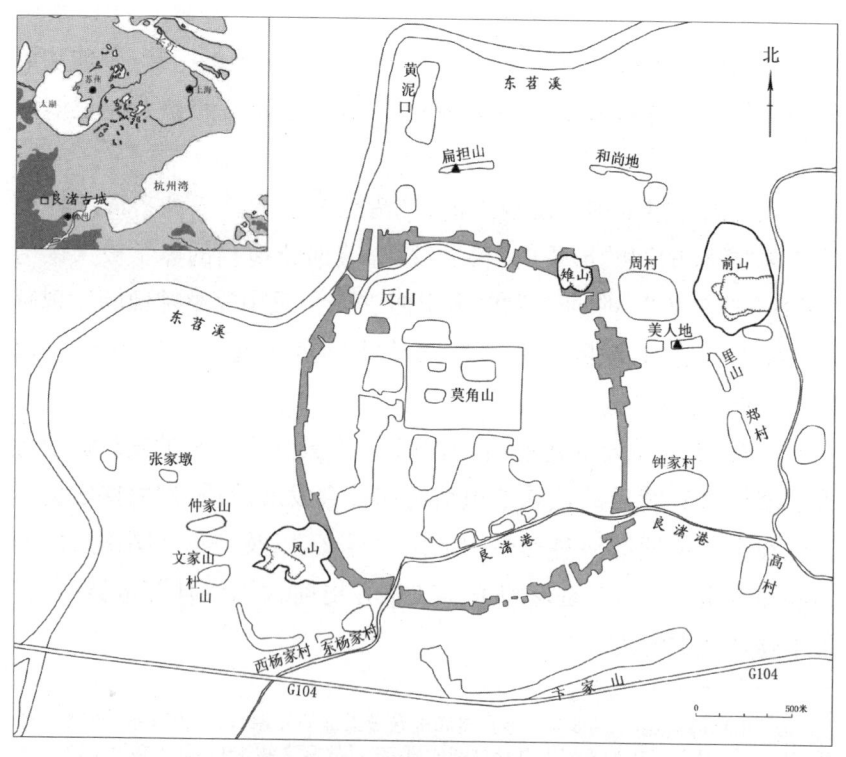

图 4 反山在良渚古城内的位置

年前后①。

良渚文化距今 5 300—4 300 年,在良渚遗址群和周边地区,有一类由盖、滤钵、长柄分隔盆组合而成的过滤器非常有特色,它与标志女性身份的纺轮、璜共存,仅分布于良渚遗址群和周边的临平遗址群,崧泽文化晚期至良渚文化早期出现,至良渚文化中期消失不见,过滤器是良渚文化分期的标志性器物。瑶山、反山墓地中出土过滤器,共存的陶豆有弧壁大圈足和折腹弦纹大圈足之分,代表了略有先后的两个阶段,均属于良渚文化早期阶段。以 M12 为核心的反山王陵年代应该处于距今 5 000 年前后,与古城庞大水利系统的建设或者说完成年代接近,反山王陵的主人应该是水利系统的设计者,也是古城格局的规划者。

钺源于斧,穿孔石斧是钺的雏形,穿孔石斧就是钺②。早在 20 世纪 60 年代,林沄先生通过对甲骨文、金文"王"字的分析,认为"王"字读音和斧钺之古名有关,为象征军事统率权的斧钺之形③。长江下游是钺的主要发现地,早在马家浜文化晚期就开始出现石钺。早于良渚文化的安徽巢湖凌家滩高等级墓葬中,石钺、玉钺为重要的随葬品,仅 07M23 就随葬石斧 2 件、玉斧 10 件、玉钺 3 件,石钺则达 43 件之多④。江苏金坛三星村与凌家滩墓地年代相当或略早,还出土了装置骨牙质瑁镦的豪华型石钺杖⑤。崧泽文化时期,钺成为男性的标志和权力的象征。

反山王陵的男性墓葬中,均有石钺出土,这类石钺色泽斑驳,硬

---

① 浙江省文物考古研究所:《杭州市良渚古城外围水利系统的考古调查》,《考古》2015 年第 1 期,第 3—13 页。
② 吴汝祚:《太湖地区的原始文化》,《文物集刊:长江下游新石器时代文化学术讨论会论文集(1)》,文物出版社,1980 年。
③ 林沄:《说"王"》,《考古》1965 年第 6 期,第 312 页。
④ 安徽省文物考古研究所:《安徽含山县凌家滩遗址第五次发掘的新发现》,《考古》2008 年第 3 期,第 7—17 页。
⑤ 江苏省三星村联合考古队:《江苏金坛三星村新石器时代遗址》,《文物》2004 年第 2 期,第 4—26 页。

度高，抛光精美，孔大，俗称"花斑钺"，仅出土于良渚文化高等级墓葬中。根据测试，主要由刚玉与硬水铝石矿物组成[①]。在反山、瑶山墓葬中，头端的石钺体型偏小，另赋予了特别的含义(图5)。

图5 反山王陵出土的花斑钺

石钺的随葬有鲜明的等级，玉钺的等级主要体现为是否装配瑁、镦。良渚文化早中期阶段，一般每座男性权贵大墓中都随葬有1件玉钺，反山9座墓葬中有5座随葬玉钺，其中3套玉钺装置玉瑁镦，1套装置玉镦。迄今为止，良渚文化权贵大墓中，装置玉瑁镦的玉钺发现较少，武进寺墩1件、苏州草鞋山1件、青浦福泉山2件、良渚瑶山2件，反山占了40%。

[①] 中国科学院上海光学精密机械研究所科技考古中心、复旦大学、浙江省文物考古研究所：《浙江余杭良渚遗址群出土玉器的无损分析研究》，《中国科学：技术科学》2011年第1期，第9页。

早在瑶山简报中,就提到了玉钺冠饰(瑁)的意义,"犹如纵向对折的冠状饰,或可视作冠的侧视图"①。冠状器是神像"介"字形冠帽的写实,神像是良渚文化玉器的灵魂,是良渚社会宗教信仰和威权礼仪的反映。玉钺和神像"介"字形冠帽的有机结合,把权力和神像紧密联系起来,王也成为神像的扮演者。

反山王陵9座大墓中随葬玉器逾3 072件(不含散落的玉粒、玉片),青浦福泉山30座墓葬中,随葬玉器仅613件(含玉粒)。除了玉璧选材不同之外,反山王陵出土的玉器基本以高品质的透闪石软玉为主,色泽呈"鸡骨白""象牙黄",少含斑驳的杂质。反山王陵也是出土琮、璧数量最多的墓地,琮20件、璧130件。青浦福泉山的琮大小加起来才10件、璧仅17件。武进寺墩M3虽然有32件琮,但材质甚差,曾一度被误识为经过火烧。

当然,反山M12还出土了迄今为止体量最大的琮王、玉钺王。

在随葬玉器的种类和组合方面,反山王陵中以琮、璧、钺为代表的良渚玉器基本组合齐全,还拥有良渚遗址群和周边临平遗址群"人无我有"的玉器,如成组锥形器、组装中叉的三叉形器;以及良渚遗址群权贵大墓中特有的玉器,如成组半圆形饰,反山王陵就有4套,更有豪华权杖和各类装配端饰的权杖。

反山王陵出土的神像数量最多,最为标准。神像包括单一的兽面像和复合的神人兽面像,所谓标准,指的是图像的基本结构高度程式化。反山共有17件(组)玉器雕琢神像43幅,雕琢简约神像的琮、琮式玉器(如琮式柱形器、琮式锥形器、琮式管等)则达72件。这其中繁缛和简约(简约就是强调)、完整和分割、减地浅浮雕阴线刻和透雕等多种形式俱全,构成神像的基本元素高度统一、高度程式化,除了少量龙首纹图像的孑遗,没有其他图像主题(图6)。

---

① 浙江省文物考古研究所:《余杭瑶山良渚文化祭坛遗址发掘简报》,《文物》1988年第1期,第39页。

图 6 反山王陵 M12∶87 柱形玉器上的神像

　　工艺上精益求精,除了基本的切割、钻孔、减地和抛光之外,还有透雕、掏膛、阴线微雕,一应俱全,尤其是阴线微雕,1毫米内可以多达5条细刻线而不重叠,巧夺天工,叹为观止。此外,还有一些复杂几何体的玉器,如玉钺瑁镦、权杖的瑁镦和各类端饰。反山 M23 出土一套三件有玉端饰的纺织具,卷布轴、分经杆(或卷经轴)的端饰各由两块可以拼合的玉件组成,错位相扣,严丝合缝。

　　当然还有嵌玉漆器。长江下游是木胎漆器最早的起源地,早在距今七八千年的跨湖桥、河姆渡遗址中就出土有漆弓、漆碗等。良渚文化的木作技术高度发达,良渚遗址群庙前、卞家山等出土了大量木器,一些木器上涂朱髹漆,甚至在一些独木棺盖上也有髹漆的证据。在反山王陵中,出土了嵌玉圆形器、嵌玉漆觚、嵌玉漆杯等,一些玉钺柄上也髹漆嵌玉。在木胎漆器上嵌玉,画龙点睛,开启了镶嵌工艺的先河。

四、反山王陵中的"王中王":第12号墓

虽然M12位于王陵的核心位置,但按照出土玉器的数量和种类,反山王陵 M12 还略逊于 M20;不过在用玉的品质、雕琢的质量和主要组合上却鹤立鸡群,如墓主的头饰组合,以及琮、璧、玉钺、豪华权杖、高端嵌玉漆器等(图7)。

图7　反山 M12 玉器随葬场景

反山 M12 头饰有冠状梳背、镶插弦纹长管的三叉形器、一组 4 件的半圆形饰、一组 9 件的锥形器等（图 8）。

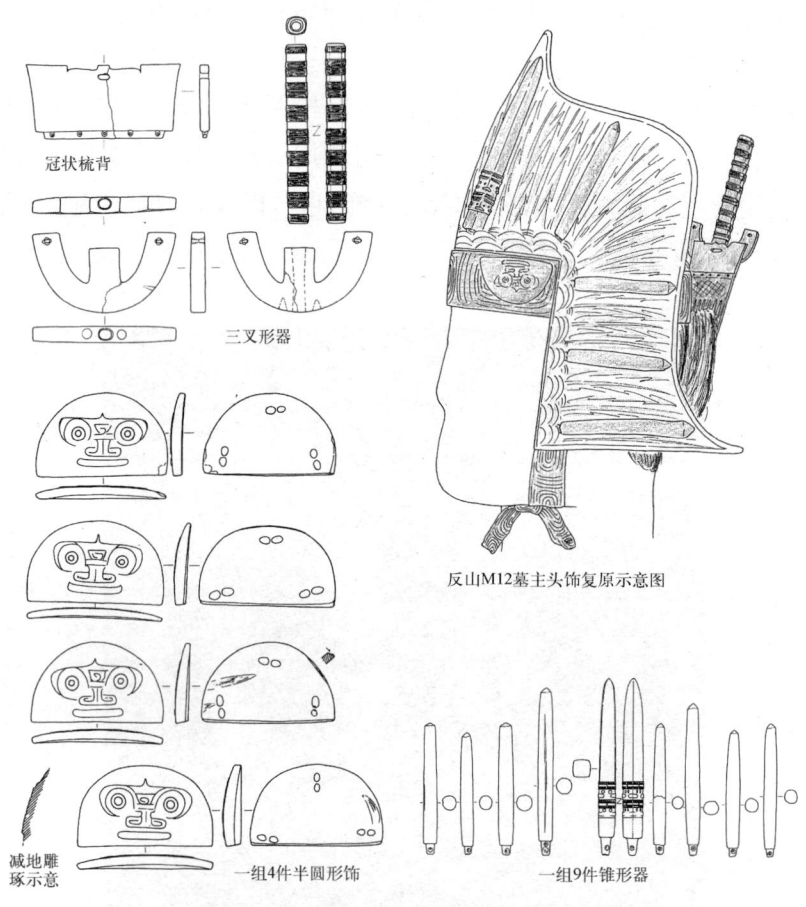

图 8　反山 M12 头饰玉器和复原示意图

冠状梳背没有性别之分，高等级墓地中往往每墓一件。冠状器主要分布在杭嘉沪地区，苏南沿江良渚文化高等级墓葬中少见。从海盐周家浜、海宁小兜里等尚保留骨牙梳体的墓例看[1]，冠状梳背镶

---

[1] 蒋卫东、李林：《海盐周家浜遗址抢救发掘获硕果》，《中国文物报》1999 年 11 月 17 日第 1 版；浙江省文物考古研究所、海宁市博物馆：《小兜里》，文物出版社，2015 年。

插在墓主的脑后。桐乡普安桥 M11 冠状梳背紧贴三叉形器[①],说明它们均一起插在墓主脑后的发髻上。

三叉形器仅为男性权贵所有,主要分布于良渚遗址群和周边地区,过了嘉兴地区不见。三叉形器中叉上方另镶插组装玉管,就仅限于良渚遗址群和临平遗址群了。反山 M12 三叉形器中叉上方的弦纹玉管长达 7.7 厘米,雕琢八节,每节由上下两组弦纹组成,是一件浓缩版的小琮。如果说冠状梳背的造型直接取自神像的"介"字形冠帽,镶插它象征着人神之间的交往,那么男性权贵特有的三叉形器一定还另有寓意,有研究者认为三叉形器是鸟的象形,或者说与河姆渡文化中三火焰形的图像有关等等,均有一定的可取之处。

成组锥形器也仅为男性权贵所有,也主要分布于良渚遗址群和周边的临平遗址群。除了瑶山 M10 数量达 11 件外,包括反山王陵在内的其他高等级权贵墓地中,一组 9 件是最多的组合。反山王陵除 M22、M23 女性墓不出外,余均出土成组锥形器,M12、M14、M16、M20 均一组 9 件,M15、M17 一组 7 件,M18 一组 3 件,单数的成组锥形器中有 1 件较长或雕琢纹样。良渚古城外西南的文家山墓地中,等级最高的 M1 成组锥形器才一组 3 件[②],等级毕现。良渚庙前第四次清理的墓地,M4 出土成组锥形器一组 3 件,锥形器下方有涂朱残痕,由此推断成组锥形器原先应该卯销在某一载体上作为头饰佩戴。在没有成组锥形器分布的浙北嘉兴地区良渚文化大墓中,往往会有成组野猪獠牙头饰出土,中间的一对野猪獠牙最为粗壮,它们成组卯销在某一载体上,横向作为墓主头饰佩戴,成组锥形器的使用方法应该与此类似。成组锥形器的单数递减组合成为男性权贵等级的标志。

成组半圆形饰仅出土于瑶山和反山,反山 M12 出土了唯一一组

[①] 北京大学考古学系、浙江省文物考古研究所、日本上智大学联合考古队:《浙江桐乡普安桥遗址发掘简报》,《文物》1998 年第 4 期,第 3—5 页。

[②] 浙江省文物考古研究所:《文家山》,文物出版社,2011 年。

雕琢神像的半圆形饰。半圆形饰正面弧凸，背面凹弧且有隧孔，可见原先应该呈等距缝缀在皮革或丝麻等载体上，复原围径 20—30 厘米，可以佩戴在墓主头上，也可以放置在头端。

反山 M12 琮王位于墓主头部左侧，为成组锥形器所压。反山琮王 M12∶98 体量大、雕琢精美，直槽的具象神像和两侧节面的简约神像对应，彰显了直槽的地位。琮射面如璧，暗示了射口的意义。琮王出土位置特别，很可能原先枕于墓主头下，这倒与红山文化牛河梁第十六地点第 4 号墓墓主头下枕大玉凤异曲同工。琮王高 8.9、射面径约 17.5、射孔 5 厘米，是迄今为止体量最大、玉质最精美的良渚文化重器（图 9）。

图 9　反山琮王 M12∶98

无独有偶，良渚文化晚期武进寺墩 M3 墓主头端左侧也随葬有一件小射孔的大琮，形制与反山琮王基本相同，高 7.8、射面径约 17、射孔 5.7 厘米，只是材质远远不能与反山琮王相比了。

反山 M12 玉钺王长 17.9、刃宽 16.8 厘米，是同时期体量最大的玉钺,玉钺的两面减地浅浮雕结合阴线微雕神像和鸟纹,也是迄今为止出土的唯一一件。玉钺由瑁、玉钺本体、镦和镶嵌玉粒的髹漆柄组成。正是通过那些野外清理时发现的残存镶嵌玉粒,浙江的考古前辈第一次复原了完整的玉钺形态(图10)。

图 10　反山玉钺王 M12∶100

反山 M12 还出土了唯一的一件组装瑁镦的豪华权杖,瑁镦通体雕琢神像,填刻以螺旋纹为主体的地纹。野外清理时发现权杖的镦恰好位于 90 号琮射孔内,经过反复推敲并结合反山 M20 象牙器也有深入琮射孔的旁证,反山 M12 豪华权杖随葬时应该配了琮"座"(图11)。

反山 M12 豪华权杖由于有机质柄的残朽,具体形态不明。2010—2011 年,青浦福泉山吴家场地点良渚文化晚期 M207 发现和复原了 2 件保存较为完整的象牙权杖,长 79 厘米,转配雕琢神像和

反山M12:103镦

反山M12:91镦

反山M12:90琮

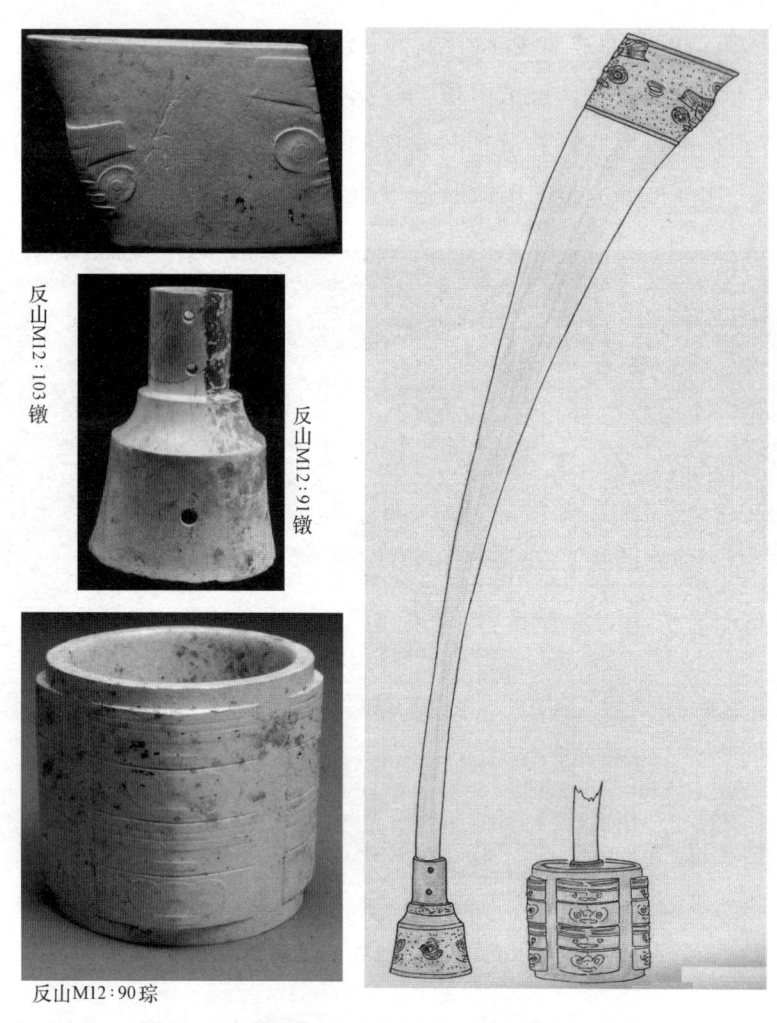

图 11　反山 M12 豪华权杖的瑁镦和复原示意图

鸟纹的象牙镦，权杖主体为切割为片状的象牙本体，以转折处为中轴，减地浅浮雕雕琢十组神像，权杖顶部特征与反山 M12 豪华权杖的瑁形完全一致，不但让我们窥探了豪华权杖的全貌，而且还明确了彼此之间跨越近千年的传承[①]。

---

①　上海博物馆：《上海福泉山遗址吴家场墓地 2010 年发掘简报》，《考古》2015 年第 10 期，第 61 页。

反山M12出土了2件精美的嵌玉漆器。反山M12：1，嵌玉漆杯（壶），翘流带把，与同时期的翘流陶壶形态一致，通体髹漆且镶嵌玉粒，经仔细甄别，发现镶嵌纹样实际上是以圆形的镶嵌玉片为中心，辅之以螺旋纹，组成一组组神像的眼睛和螺旋底纹，漆壶口沿和圈足部位也镶嵌小玉粒，玉粒小的仅1—2毫米，正面弧凸背面平整，反映了当时玉作工艺的高超（图12）。反山M12：68是一件嵌玉圆形器，外径约28厘米，中间为圆形镶嵌玉片，以此为中心分层次镶嵌光芒状玉粒和梅花状玉粒组合，这件嵌玉圆形器既可以视为"太阳盘"，也可以视为神像的大"神眼""太阳眼"（图13）。

反山M12在反山王陵中等级最高，在良渚文化中等级亦最高，

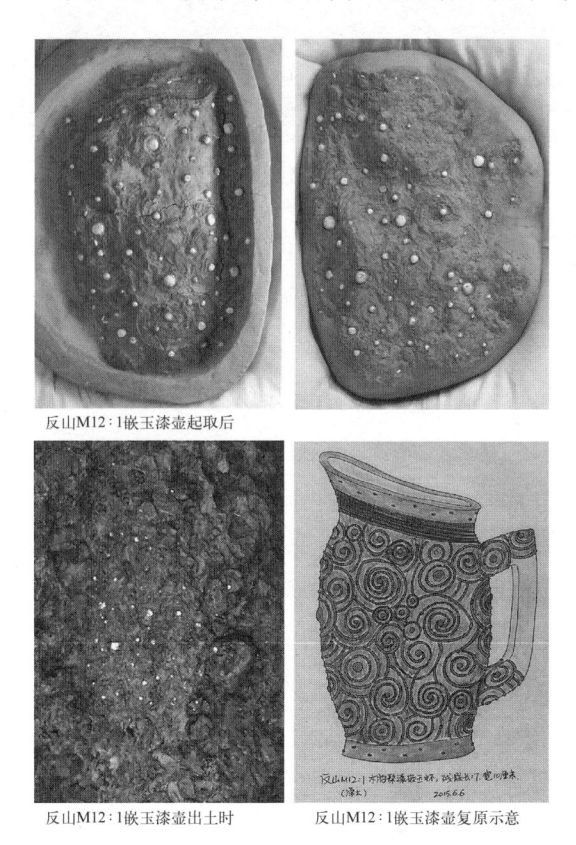

图12　反山M12嵌玉漆壶和复原示意图

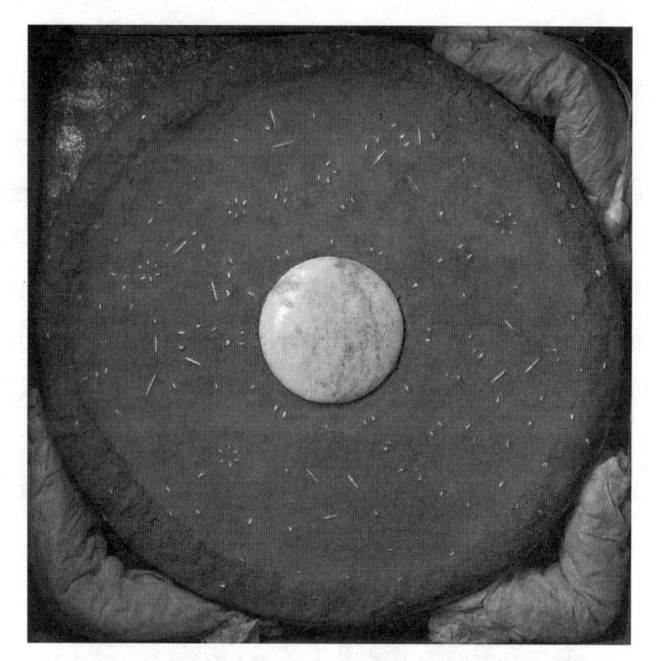

图 13　反山 M12 嵌玉圆形器

综合随葬品的组合、种类，玉器的用料品质、雕琢工艺，嵌玉漆器的品质等因素，反山第 12 号墓当之无愧为反山王陵的"王中王"。

五、良渚王的后继者

良渚是一个建立在统一信仰认同基础上的威权社会，是有分化但又有秩序的复杂社会，良渚社会基础的根本是对于玉资源和琢玉高端手工业的控制。良渚玉器有矿物、工艺和社会三大属性[①]，具有独特交织纤维显微结构的透闪石软玉经过抛光打磨，有着温润淡雅的光泽，透闪石软玉是一种不可再生的稀缺资源，随着透闪石软玉地位的确立，从玉料的获取到精细雕琢，再到成品组合的随葬或拥有，不仅体现了当时最高端手工业的技术水平，而且通过原始宗教信仰

---

① 牟永抗：《良渚玉器三题》，《文物》1989 年第 5 期，第 64—68 页。

的幌子炫耀了神秘。这一系列的流程和其中的规范，需要严密的社会组织来支撑，更需要高度的威权来维系，其中任何一个环节出了问题，都会牵一发而动全身。

良渚古城建筑规模巨大，为多城圈的凝聚式围合格局。根据考古勘探，良渚古城及周边未发现农田种植现象，但仅两次火灾就损失了1—1.5万公斤的稻谷，这些王族和王族的近亲们过的显然是一种衣食无忧、不劳而获的生活。这样的聚落格局靠什么来维系？为什么会形成这样独特的聚落格局？答案就是"玉"，"玉"是维系良渚社会的精神纽带。从以良渚古城为中心的良渚遗址群到周边的临平遗址群，再到遗址高度密集的桐乡—海宁遗址群，进而到福泉山中心址，乃至整个沿江苏南地区，"玉"无不是各聚落群之间亲疏远近、秩序等级的反映。

反山发掘仅揭示了反山遗址西部，那么目前保存尚好的反山东部还有大墓吗？根据《反山》报告整理的2002年的调查和勘探，笔者认为目前已清理的660平方米大体上已经完整揭露了以M12为核心的王陵，王陵的南北边界基本保存完好，西部遭到晚期破坏，M15、M18再往西确实没有墓了。反山王陵的格局可以江阴高城墩墓地为参照，高城墩也是一处东西向的高台墓地，以M13为核心的墓地位于高台的西部，东部为长35、宽4.6米的红烧土遗迹，并有三处相隔均为15米的陶器堆[①]。反山东部也很有可能存在这种类似特别房屋基址的红烧土遗迹。

以M12为核心的反山王陵仅九座大墓，根据器物组合可知M22、M23两座为女性墓，男性墓中M18等级相对较低，他们显然不是一一继承的王，应该是一个有血亲关系的"王族"。良渚遗址群从最早的瑶山、庞大水利系统的建设到良渚古城格局的最后形成，历时近千年，良渚古城内类似反山王陵的墓地自然不会只有反山一处。

---

① 南京博物院、江阴博物馆：《高城墩》，文物出版社，2009年，第22页。

凤山，位于良渚古城西南角，那里曾出土有刻纹大玉璜和玉龟。璜到了良渚文化中晚期就消失了，凤山采集的玉龟同反山M17所出甚为一致。故良渚古城内与反山王陵相当的墓地还有不少。

那么，到了良渚文化晚期，这些王的后继者又会是如何的情形呢？武进寺墩M3、青浦福泉山吴家场M207都是良渚文化晚期当地的最高权贵。良渚古城内的王陵呢？前面说过，反山王陵堆筑4.5米埋葬以M12为核心的九座大墓后，又加高了1.5米继续作为墓地，这时已是良渚文化晚期了，它们仅保留下了M19、M21两座残墓。

从残存和采集的随葬品看，王的后继者依然拥有高品质的玉器。反山M21：8是一件外径约4厘米的喇叭形大耳珰，玉质、玉色俱佳。但是同墓的M21：4琮，形态短小，材质斑驳呈青绿色，完全没有了早先"鸡骨白""象牙黄"的那种品质。M21：13玉管，灰紫色，叶腊石，这类叶腊石制品早先仅见于低等级墓葬或者高品质玉料比较缺乏的其他良渚文化分布区。M21现存各类残石钺26件，质地庞杂，色彩不一，完全没有之前花斑钺形制规整、如镜面般光泽的风采。M19随葬的两侧和刃部打磨有棱线的细砂岩材质石钺，在一些低等级墓地里本来是玉钺的替代品。

良渚文化晚期，良渚古城外的安溪后杨村M4，虽然独木棺盖上继续等距放置方柱形器，头端还出土成组锥形器、三叉形器、冠状器，但是这些玉器因为品质低劣，都朽烂得难以提取了（图14）。

高端手工业精神产品的资源终于到了枯竭的这一刻。但是，主宰良渚玉器的神像依旧，它们或许已经很难雕琢在那些滥竽充数的高品质玉的替代品上面了。它们出现在福泉山吴家场的象牙权杖上，只是线条已经呆板僵硬。它们还出现在良渚古城城壕废弃物的陶壶残片上，昔日神秘高端的图像似乎走下了神坛。

与此同时，周边地区早已经开启了风起云涌的大时代，黄河流域进入龙山时代，城堡、城址大规模出现，不同生业经济模式的集团之间开始发生大规模的冲突，在晋西南的陶寺和陕北石峁都发现了暴

图 14　安溪后杨村良渚文化晚期 M4

力和恐怖的征象。毗邻良渚文化的浙西山地丘陵地区,以好川文化为代表的土著,一方面局部继承了良渚文化的衣钵,另一方面新型的陶泥、印纹硬陶开始出现,这是原始瓷的先声。屋漏偏逢连夜雨,距今 4 000 年前后,伴随着良渚文化末期考古学文化的变迁,一场持续的突如其来的大洪水覆盖了良渚文化的广大区域,良渚古城的城垣彻底成了孤岛,临平茅山赖以生存的稻田被毁,远在上海奉贤的江海遗址也未能幸免①。

---

①　上海市文物管理委员会:《上海奉贤县江海遗址 1996 年发掘简报》,《考古》2002 年第 11 期,第 20—30 页。

良渚文化终于落下了帷幕,与东亚主流区域考古学文化的嬗变紧密相连。革命的龙山时代有经济、政治的积淀和基础,没有洪水,良渚也难逃衰亡的宿命。

后记:谨以此文献给良渚发现八十周年、反山考古三十周年、《反山》报告出版十周年,献给为保护良渚遗址付出辛勤劳动的各位同仁和朋友,献给我就职的浙江省文物考古研究所,也祝愿首都师范大学《公众考古学》越办越好。

2016年2月10日于杭州

唐代金银器錾文中的"李杆"与墓志铭中的"李扞"小考

冉万里

(西北大学文化遗产学院)

关于李杆这个人物,考古发现的唐代银器中有两件錾刻有其姓名。其中一件出土于陕西蓝田汤峪杨家沟窖藏,在该窖藏中出土的一件鸳鸯绶带纹银盘外底錾刻有铭文:"桂管臣李杆进"(图1)[①],学界根据与之一同出土的一件錾刻有"咸通七年"字样的银盒,将这件錾刻"桂管臣李杆进"字样的银盘的年代定在9世纪后半叶[②]。笔者认为,依据考古学断代原理,可以初步推断杨家沟窖藏(坑)的年代上限应该不早于咸通七年(866年),至于窖藏中其他金银器的具体年代是否与咸通七年银盒同时,则应该另当别论,因为金银器的性质决定了它有连续使用较长时间的可能性,直至埋藏之日。另一件则为陕西扶风法门寺塔基地宫出土的鎏金镂空鸿雁毬路纹银笼子(图2),在该器的底部边缘錾刻有"桂管臣李杆进"字样[③]。这件鎏金镂空鸿雁毬路纹银笼子的造型和纹样与河南伊川鸦岭唐齐国太夫人墓所出

---

① 镇江市博物馆、陕西省博物馆:《唐代金银器》,文物出版社,1985年,图版184—185。
② 镇江市博物馆、陕西省博物馆:《唐代金银器》,文物出版社,1985年,第11—12页;卢兆荫:《从考古发现看唐代的金银"进奉"之风》,《考古》1983年第2期,第173—179页。
③ 陕西省考古研究院、法门寺博物馆、宝鸡市文物局等:《法门寺考古发掘报告》,文物出版社,2007年,第130—131页之间的插页。

图 1　陕西蓝田杨家沟窖藏出土银盘及錾刻文字

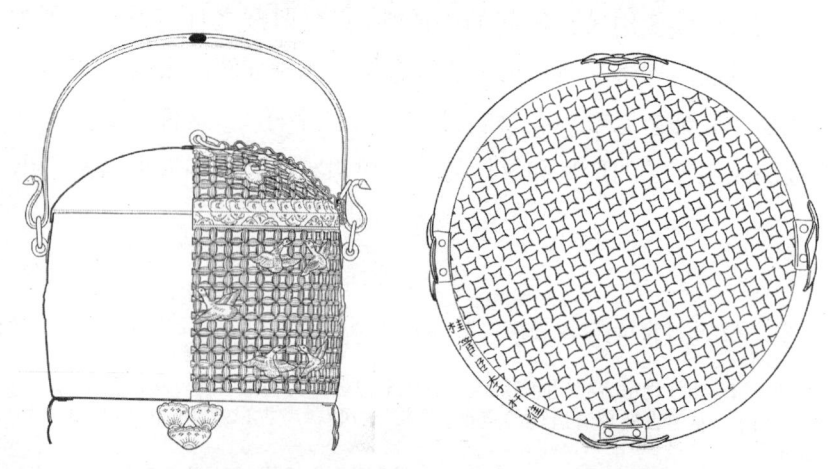

图 2　陕西扶风法门寺塔基地宫出土银笼子及錾刻文字

的笼子非常相似(图3、4)①,这都是判断鎏金镂空鸿雁毬路纹银笼子年代的重要参考,也为李杆的生存年代提供了重要旁证。根据唐齐国太夫人墓出土的墓志记载,墓主人唐齐国太夫人为濮阳吴氏,是唐成德军节度使王承宗之母、王士真之妻,生于763年,卒于824年,也即她是唐代宗、德宗、宪宗和穆宗时期人,而其主要活动时期当在唐德宗、宪宗和穆宗时期。依据唐齐国太夫人墓出土银笼子的特征,可以初步推断李杆所进奉的鎏金镂空鸿雁毬路纹银笼子的年代也当在8世纪后半叶至9世纪初,此可证李杆的主要活动年代当与唐齐国太夫人接近,应大体上属于同一时代。

关于李杆进奉金银器上錾刻的"桂管",据《新唐书·方镇六》记载,桂州,开耀(681—682年)后置管内经略使,领桂、梧、贺、连、柳、

图3 洛阳唐齐国太夫人墓出土银笼子描摹图

---

① 洛阳市第二文物工作队:《伊川鸦岭唐齐国太夫人墓》,《文物》1995年第11期,第28—29页。

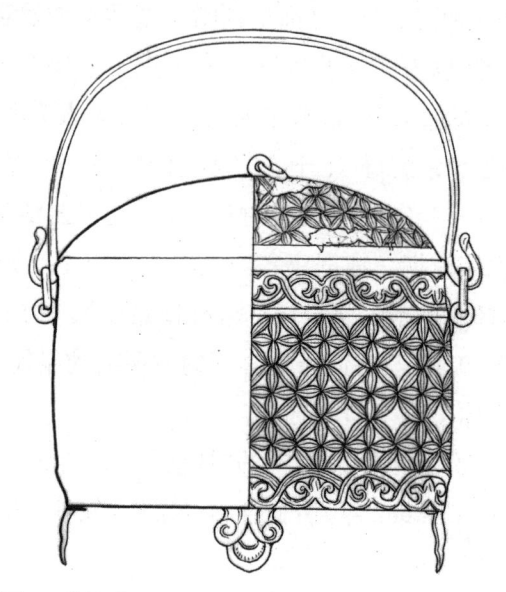

图 4　洛阳唐齐国太夫人墓出土银笼子复原示意图

富、昭、蒙、严、环、融、古、思唐、龚十四州,治桂州①。唐代宗大历八年(773 年),罢桂管观察使,以诸州隶邕管②。唐德宗贞元元年(785 年),复置桂管经略招讨使。贞元七年,桂管经略使罢领招讨使③。唐宪宗元和元年(806 年),桂管经略使增领严州④。唐昭宗光化三年(900 年),升桂管经略使为静江军节度使⑤。从文献资料来看,由于桂管观察使及经略使存在时间较长,依据其官职尚无法确定錾刻"桂管臣李杆进"的金银器及"李杆"本人的年代。但从代宗和德宗时期桂管观察使、桂管经略招讨使等的罢与复来看,这一时期不仅桂管经略使等的职掌变更频繁,而且德宗又大兴进奉之风⑥,来自桂管的金

---

①　(宋)欧阳修、宋祁:《新唐书》,中华书局,1975 年,第 1929 页。
②　(宋)欧阳修、宋祁:《新唐书》,中华书局,1975 年,第 1938 页。
③　(宋)欧阳修、宋祁:《新唐书》,中华书局,1975 年,第 1940—1941 页。
④　(宋)欧阳修、宋祁:《新唐书》,中华书局,1975 年,第 1942 页。
⑤　(宋)欧阳修、宋祁:《新唐书》,中华书局,1975 年,第 1953 页。
⑥　卢兆荫:《从考古发现看唐代的金银"进奉"之风》,《考古》1983 年第 2 期,第 173—179 页。

银器也不少。将文献与考古发现结合起来看，似乎大体可以认定錾刻"桂管臣李杆进"的金银器年代在唐代宗至唐德宗时期。

又据《元和郡县图志》卷三十七记载，桂管经略使治所在桂州，而桂州也是唐代重要的产银地之一，其土贡中有"银、铜器、麈皮鞾、簟"①。从李杆所进银盘、银笼子的錾刻铭文来看，它们应该是桂州一带的产品，而且可能是同一批进奉的，这也说明桂州不仅贡银，而且也贡金银器，是中晚唐时期金银器的重要产地之一。但遗憾的是关于李杆这个人物，史书却无传记，似乎有关李杆的研究至此戛然而止，再也无法深入了。无独有偶，出土于陕西西安长安区北塬唐代李氏墓、现藏陕西省考古研究院的一合墓志②，使这一问题的探讨出现转机。

李氏墓所出墓志的墓志盖上篆书《唐故李氏夫人墓志铭》，志铭首题"唐京兆府功曹参军庚承欢夫人李氏墓志铭并序"。李氏的墓志铭中涉及一个人物，即墓志的主人李氏之父李扞，其姓名中的"扞"字，与前述"桂管臣李杆进"的"杆"字在字形上非常相似，这一点引起了笔者的注意。从李氏墓志的记载来看，李扞身世显赫，是唐玄宗之兄李宪之孙，并曾"任桂管观察使、宗正卿，赠左仆射"。从前文所引唐代宗大历八年（773年）"罢桂管观察使"来看，李扞任职"桂管观察使"的年代不晚于唐代宗大历八年（773年），因为此后恢复者称为"桂管经略使""桂管经略招讨使"等。由于李扞与进奉金银器的李杆所任官职有重叠之处，且二人均姓李，同时名字中的"扞"与"杆"在字形上也相似，笔者怀疑这两人实为一人。之所以在不同的考古报告中会出现"杆"与"扞"这样的差异，可能是錾刻者錾刻潦草或发掘者辨认该字时人为的误差造成的。但从逻辑上而言，要想证明"李杆"与

---

① （唐）李吉甫撰，贺次君点校：《元和郡县图志》（下），中华书局，1983年，第917页。

② 岳连建、柯卓英：《唐京兆府功曹参军庚承欢夫人李氏墓志考释》，《考古与文物》2005年第4期，第93—95页。

"李扞"实为一人,至少得满足两个基本条件:一是两人的生存年代一致,二是两人所任官职吻合。

首先来看两人所任官职是否一致。金银器錾刻文字中的"李杆"所任官职虽然被简略为"桂管臣",但如果按照文献的记载可将其复原为"桂管观察使或经略使臣李杆"。而李氏之父的官职则很明确,曾"任桂管观察使、宗正卿,赠左仆射"。如此,则两人曾任的官职已经有了重叠部分,而且李杆所任官职完全包含于李扞曾任官职之内,多出的宗正卿一职,应该是"李扞"或"李杆"进奉金银器之后所任官职。李氏墓志志文是对李扞历任官职的概括和总结,因为李氏死时李扞早已死亡。基于这一点,笔者初步判断"李杆"与"李扞"为同一人的可能性已经存在。

前文已经参考洛阳出土唐齐国太夫人墓志,分析了李杆的主要活动时代,下面借助新发现的李氏夫人墓志分析一下李扞的生存年代。

从《唐故李氏夫人墓志铭》可知,李氏的生存年代为 776—855 年。从李氏生于 776 年并且是李扞第二女这两点来看,这时其父李扞当为青壮年,若以 20—30 岁来计算,即可推测出李扞约出生于玄宗开元末至天宝这一时期,具体而言,即李扞约出生在 8 世纪中叶前后;如果以 50—70 岁来计算李氏之父李扞的死亡年代,即其大约死亡于 9 世纪初或 20 年代前后,可以大体推测出李扞生于玄宗时期,主要活动于"安史之乱"后的唐代宗、德宗、宪宗和穆宗时期。这也与前文所推测的李杆任职"桂管观察使"的年代不晚于唐代宗大历八年(773 年)相吻合。综上可知,李扞的主要活动年代与李杆存在高度的一致性。

从以上的推断可以看出,进奉鸳鸯绶带纹银盘、鎏金镂空鸿雁毬路纹银笼子的"李杆"和《唐故李氏夫人墓志铭》中提到的"李扞"不仅在主要活动年代上存在高度一致性,而且均曾任桂管观察使一职,据此可以初步推断"李杆"与"李扞"应为同一人。

目前之所以尚没有将"李扞"和"李杆"视为同一人,主要是因为对金银器上錾刻文字的认识存在差异。笔者为了确认上述推论的正确性,又仔细观察了金银器的描摹文字,其实李杆的"杆"字之所谓的"木"旁右边之撇几乎未露出,录文者似乎将錾刻文字时略微长出的錾痕误认为一撇,从而出现了"李杆"这样一个人物。据笔者对錾刻文字的观察来看,实际上金银器錾文中的"杆"释为"扞"更为合适。至此,通过对两人的生存年代、任职经历以及金银器上錾刻文字的辨认结果,可证"桂管臣李杆"即"桂管臣李扞"。

"李杆"与"李扞"两人实为一人的确认,也揭开了以往所谓的"李杆(李扞)"能够屡屡进奉金银器的原因,一方面是其身居"桂管经略使或经略招讨使"的高位,其任职地"桂管"又盛产金银器,"李杆(李扞)"进奉金银器有其地利之便;另一方面也与"李扞(李杆)"为宁王李宪之孙即李唐皇室贵胄这一身份有着密切关系。同时还应该看到,在唐德宗及其以后的各个时期,唐王朝大兴进奉之风,而金银器的进奉又是其中重要的一项①,此亦可作为上述推论的一个佐证。笔者的这一推断结果,不仅对于深入了解唐玄宗之兄李宪的世系有一定意义,而且对于一些唐代金银器的断代有重要参考价值。文中所述多系推论,如有谬误,敬祈指正。

---

① 卢兆荫:《从考古发现看唐代的金银"进奉"之风》,《考古》1983年第2期,第173—179页。

甘肃清水县箭峡砖雕墓孝行图像的重新释读*

后晓荣、杨燚锋

(首都师范大学历史学院、宁波市文化旅游研究院)

宋金元之际的甘肃地区与中原地区一样,流行仿木结构砖雕墓,墓室中多有与二十四孝有关的砖雕或壁画形式的孝行图像。在已清理发掘的数十座宋金元时期墓葬中,有"二十四孝"人物故事的主要集中在陇西宋墓、兰州中山林、临夏金墓以及永登连城、会宁、清水白沙箭峡、贾川宋金墓中。它们不仅是珍贵的艺术品,而且是研究当时人们崇尚孝道的实物资料。但因为各种原因,有关甘肃地区这批孝行图像资料的解读和认识一直存在不少讹误,如《甘肃宋元画像砖》[①]一书中对不少孝行图像没有识别,或存在误读。其中清水县白沙乡箭峡墓是一座罕见的保存完整"二十四孝"图像的砖雕墓,对该墓中孝行图像的解释也存在许多问题[②]。本文在整体把握宋金元孝行图像的基础上,对该墓中"二十四孝"孝行图像重新进行解释和讨论,同时就有关问题提出新看法。

---

* 本文为2009年度国家社会科学基金一般项目"二十四孝文化流变史——以考古出土资料为中心"阶段成果,项目编号为:09BZS048。

① 陈履生、陆志宏:《甘肃宋元画像砖》,人民美术出版社,1996年。

② 魏文斌等《甘肃宋金墓"二十四孝"图与敦煌遗书〈孝子传〉》(《敦煌研究》1998年第3期)一文认为该墓中孝行图像有26个,对一些孝行图像的解释存在"乱套"现象。南宝生《绚丽的地下艺术宝库:清水宋(金)砖雕彩绘墓》(甘肃人民出版社,2005年)一书只是简单地介绍了清水箭峡宋墓孝行图像,主要观点基本上延续了魏文斌等的观点。此外,孙丹婕《甘肃清水箭峡墓孝子图像研究》(中央美术学院2014届硕士论文)也持此论点。

一、箭峡砖雕墓孝行图像解读

清水县白沙乡箭峡村砖雕彩绘墓发现于1996年，由清水县博物馆清理。该墓虽然被盗扰，但墓室壁画和砖雕保存较好，特别是孝行图像砖雕完好，并有题记，对判断孝行人物十分有利。该墓砖雕孝行图像主要分布在墓室四壁的第二、三层。

西壁第二层彩绘砖雕孝行图像①依次为：

1. 杨香扼虎救父（图1），分两砖。右侧少女杨香梳髻，着红地白花对襟衫，骑于虎背，双手紧抓虎双耳，旁墨书"杨香行孝，□□人也"。左侧一男子身着黑色圆领紧袖衣，双手抱衣襟，侧身作奔跑状，其侧墨书"杨香父"三字。

图1 杨香扼虎救父

2. 舜孝感动天（图2），分两砖。画面上一妇人举棍作打击状，一男子掩面而哭；舜穿袒右肩衣，左手扶犁，右手举鞭作驱打状，前有二象拉犁，右上角墨绘的二鸟飞翔已漫漶不清，下部刻波状地垅。

---

① 为叙述方便，本文采用南宝生《绚丽的地下艺术宝库：清水宋（金）砖雕彩绘墓》一书的图像及顺序。

图 2　舜孝感动天

3. 刘明达卖子行孝（图 3），分两砖。左面砖上一人骑马，怀中抱一小儿，马前站立一侍从，骑马者旁墨书"官人买刘明达子"。右面砖上前一妇人右手前伸紧抓一物，左手抱怀，后一男子左手用衣襟兜物，二人中间墨书"刘明达行孝，□□□□人也"。

图 3　刘明达卖子行孝

4. 闵子骞单衣顺母（图 4）。彩绘砖雕中一妇人右手抱一小儿，左手牵一小儿，旁题记"闵子骞行孝"。

5. 蔡顺拾椹供亲（图 5）。砖雕所刻为一男子挑二篮，左边一人手拿棍阻拦该男子，上有墨书题记"蔡顺行孝，汝南人也"。

图 4　闵子骞单衣顺母 　　　图 5　蔡顺拾椹供亲

西壁第三层彩绘砖雕孝行图像依次为：

6. 元觉拖舆谏父（图6），分两砖。左砖刻一男子挥手作训斥状，旁一小孩一手拭泪，一手拖舆，中上方墨书题记"元觉行孝"。右砖一树下一老者抱膝而坐，中有题记"元觉父在山"。

图 6　元觉拖舆谏父

7. 鲍山行孝（图7），分两砖。左砖上一男子肩背篓，篓中有一老妇，前一武士阻拦，二人之间墨书"鲍山□□"。右砖上一武将骑马，旁墨书"将官"二字。

8. 韩伯瑜泣杖（图8）。彩绘砖雕右刻一老妇人左手持杖，右手指向男子，男子左手掩面哭泣，二人之间墨书榜题漫漶不清。

图 7　鲍山行孝

图 8　韩伯瑜泣杖　　　图 9　丁兰刻木事亲

9. 丁兰刻木事亲（图 9）。砖雕画面左侧一男子双手笼于袖中，侧身恭敬站立，右一老妇坐于椅上，二人之间墨书"丁兰行孝"。

10. 鲁义姑姊舍子救侄（图 10）。彩绘砖雕画面左侧一妇人右臂抱一小儿，左手指着前面的一站立小儿，身后又一小儿左手牵妇人衣襟；右侧有一军人左手提棍，右手指向妇人，似在盘问。二人之间墨书"鲁义姑姊行孝，鲁国人也"。

图 10　鲁义姑姊舍子救侄

11. 刘殷哭泽生荁（图 11），分两砖。

彩绘砖雕左砖上一男子身着盔甲，左手持剑而坐，左一男子侧身站立，二人之间墨书"□□□孝"。右砖左上角一天神俯身向下，云朵衬托，右下一男子跪地，旁一篮盛满东西，上方墨书"刘……"难辨。

图 11　刘殷哭泽生芷

北壁第二层彩绘砖雕孝行图像依次为：

12. 孟宗哭竹（图 12）。砖雕左侧竹林中竹笋破土而出，右侧一男子扶竹，掩面而哭，前置一篮，身右侧墨书"孟宗行孝"。

图 12　孟宗哭竹 　　　　　　图 13　曹娥哭江

13. 曹娥哭江（图 13）。砖雕彩绘一女子身着孝服，双手扛杖立于江边哭泣，杖上横置一骷髅，题记"曹娥行孝，会□人也"。

北壁第三层彩绘砖雕孝行图像依次为：

14. 赵孝宗行孝(图14)。砖雕彩绘三人,中间一人跪地,目上视;左边一男子双手笼袖,作谦卑状;右边一男子手持杖,手指下跪男子,作训斥状,上有题记"赵孝□□,沛□□人也"。

图 14　赵孝宗行孝　　　图 15　田真行孝

15. 田真行孝(图15)。彩绘砖雕刻有一棵树,枝枯叶稀,树左侧二人,一人左手扶树泣,另一人左手掩面哭泣;树右侧一人,左手叉腰,右手扶树,墨书题记"田真行孝"。

东壁第二层彩绘砖雕孝行图像依次为:

16. 郯子鹿乳奉亲(图16),分两砖。左侧砖雕郯子身披鹿皮坐于地上,一箭已射穿鹿皮,身边站一军卒,郯子旁墨书"郯子行孝,嘉□人也"。右侧砖雕一人骑马,身背箭,手执弓,前有一人牵马,骑马者旁墨书"国王出游"。

图 16　郯子鹿乳奉亲

17. 王武子(妻)行孝(图17)。砖雕彩绘两人,右一老妇梳圆髻,着对襟衫,双手笼于袖中,坐于椅上;左一妇人跪于地上,左手持刀,正在割自己的股肉,其前置一碗,二人之间墨书"杨武子行孝,系河阳人也。"

18. 老莱子戏采娱亲(图18),分两砖。一砖上雕二老人坐于椅子上,中间置一方桌,桌后站一红衣小儿。另一砖上雕一小儿作游戏,一女孩打鼓助兴,墨书题记不清,大致为"□□□行孝,□人□"。

图 17 王武子(妻)行孝

图 18 老莱子戏采娱亲

19. 董永卖身葬父(图19),分两砖。一砖雕云朵中端坐一少妇,作飘飞状;一砖雕一男子作挥手状。

东壁第三层彩绘砖雕孝行图像依次为:

20. 曾参行孝(图20)。砖雕彩绘一男子右手扶棺,左手掩面而哭,棺内躺一老妇,男子右侧墨书题记为"曾参行孝,兴鲁人也"。按,"兴鲁人也"不可解,疑为《孝子传》中"曾参,字子舆,鲁人也"之类话语传抄之误。

图 19　董永卖身葬父

图 20　曾参行孝

图 21　陆绩怀桔

21. 陆绩怀桔(图 21)。砖雕左侧一老妇坐于椅子上,右侧一男子弯腰双手捧一桔献于老妇,二人中间上部墨书"陆绩行孝,吴郡人也"。

22. 姜诗孝母(图 22)。砖雕刻一妇人坐于椅子上,面前有一方桌,桌上碗中盛鱼,左边立一男子,桌后立一年轻妇人,并有墨书题记"姜诗行孝,□□人也"。

南壁第二层彩绘砖雕孝行图像依次为:

图 22　姜诗孝母

23. 王祥卧冰（图23）。砖雕中一男子赤裸卧于冰面，左上一提篮，上有衣衫，身下两鱼游动，题记"王祥行孝"。

图23　王祥卧冰　　　　图24　郭巨埋儿

24. 郭巨埋儿（图24）。砖雕中一男子手持锹拄地，右侧一妇人手拉一小男孩，题记"郭巨行孝"。

从该墓中的题记和典型孝行图像看，该墓孝行人物分别是"鲍山、蔡顺、曹娥、丁兰、董永、郭巨、韩伯瑜、姜诗、老莱子、刘明达、刘殷、鲁义姑、陆绩、孟宗、闵子骞、郯子、舜、田真、王武子妻、王祥、杨香、元觉、曾参、赵孝宗"，是一套完整的"二十四孝"图像。该墓中"二十四孝"人物与宋金时期河南、山西地区流行的"二十四孝"人物完全相同，如洛阳宋徽宗崇宁五年（1106年）张君墓画像棺、林州市文明街金皇统三年（1143年）墓、长治市安昌金明昌六年（1195年）壁画墓、永济金贞元元年（1153年）画像棺、新绛县南范庄壁画墓、芮城永乐宫蒙元时期宪宗六年（1256年）潘德冲墓等墓葬中的孝行人物皆是如此。事实上，在宋金元时期北方地区的墓葬考古中，"画像二十四孝"图像文物资料大量存在。我们曾经用大量的文字梳理了历代孝行图像的基本情况，并指出在多种因素的"合力"之下，宋金时期最终形成了以上二十四位孝子人物的固定组合，并出现了完整的、较为成熟的"画像二十四孝"，在黄河中下游地区长时间、广泛地流行和传播，一直延续至元代末①。位于边陲地区的箭峡砖雕墓是甘肃地区目前所见唯一有完整"二十四孝"图像的墓葬,反映了以"二十四孝"为基础的孝道文化早在宋金时期就在边远地区传播和成熟。

二、箭峡砖雕墓孝行图像题记补释

清水县箭峡砖雕墓孝行图像中都有墨书题记,除个别漫漶不清之外,大部分孝子人物题记基本上可以判别,其基本格式为"某某行孝,某某某人也"。其中涉及孝子籍贯的缺字,多可以依据文献和考古资料补充。

1. 杨香孝行图像旁墨书:"杨香行孝,□□人也。"

长治市魏村金代纪年彩绘砖雕墓中老莱子图左侧墨书"杨香者,鲁国人也。方□年,父入山被虎欲伤,其父□相救,香认父声,乃跃身跨其虎首,捻其耳哀□□□,虎□牙而不敢伤"(题文与砖雕内容不符)②。此外,保存在韩国的高丽本《孝行录》(时代为元代至正年间)中关于"杨香跨虎"一则也提到"杨香,鲁国人也,笄年,父入山中,被虎奋迅,欲伤其父,空手不执刀器,无以御之,大叫相救,香认父声,匍匐奔走,踊跨虎背,执耳叫号,虎不能伤其父,负香奔走,困而毙焉"③。可见箭峡砖雕墓中杨香孝行图像题记籍贯缺字为"鲁国"。

2. 刘明达孝行图像中墨书:"刘明达行孝,□□□□人也。"

孝子刘明达事迹不显,其故事流传范围也不广,在北魏以前的孝子故事图中都未见。唯敦煌文书《孝子传》有载,有诗曰:"明达

---

① 参看后晓荣《二十四孝文化流变史——以考古出土资料为中心》(2009年度国家社会科学基金成果)。有关宋金元时期墓葬中孝行图像的名称,笔者根据山西长治市魏村金代纪年彩绘砖雕墓中题记"画像二十四孝铭"而命名。在该墓的孝行资料中,不仅有孝行图像,还有较为完整的孝行文字题记,也是至今为止发现的唯一一例完整的孝行文字题记。

② 长治市博物馆:《山西长治市魏村金代纪年彩绘砖雕墓》,《考古》2009年第1期,第59—64页。

③ (高丽)权溥等:《孝行录》,景仁文化社,2004年,第123页。

载母遂(逐)农粮,每被孩儿夺剥将。阿□(耶)卖却孩儿去,贤妻割妳遂身亡。"①变文中明达失姓,其时代及籍贯亦不详。唐长寿推测曰:"该故事流传范围不广,北魏以前的孝子故事图中未见,可能发生在唐代。"②有关其事迹的记载目前见于《永乐大典》卷五二○四引《元一统志》:"隋刘明达墓,在太谷县水散村东。"又引《太原志》:"隋刘明达墓,在水散村东七里。按《孝子传》云:明达,县人也。养母至孝,死葬于此。"③故刘明达孝行图像中籍贯缺字或为"河东太谷"。

3. 曹娥孝行图像题记:"曹娥行孝,会□人也。"

《后汉书》卷八十四《列女传·曹娥》:"孝女曹娥者,会稽上虞人也。父盱,能弦歌,为巫祝。汉安二年五月五日,于县江泝涛婆娑(迎)神,溺死,不得尸骸。娥年十四,乃沿江号哭,昼夜不绝声,旬有七日,遂投江而死。至元嘉元年,县长度尚改葬娥于江南道傍,为立碑焉。"④文中"会稽"即今绍兴,可见曹娥孝行图像中籍贯缺字或为"稽"。

4. 赵孝宗孝行图像题记:"赵孝□□,沛□□人也。"

《后汉书》卷三十九《赵孝传》曰:"赵孝字长平,沛国蕲人也。……及天下乱,人相食。孝弟礼为饿贼所得,孝闻之,即自缚诣贼,曰:'礼久饿羸瘦,不如孝肥饱。'贼大惊,并放之,谓曰:'可且归,更持米糒来。'孝求不能得,复往报贼,愿就亨。众异之,遂不害。乡党服其义。"⑤唐代初年文献《初学记》卷第十七载:"赵孝,字长平,沛国蕲人。王莽时,天下乱,人相食。孝弟礼为饿贼所得,孝闻,即自缚

---

① 潘重规:《敦煌变文集新书》,文津出版社,1994年,第1265页。
② 唐长寿:《据敦煌变文考释画像"王武子妻"和"刘明达"》,《敦煌研究》1990年第1期,第91—92页。
③ 程毅中:《关于"二十四孝"的两点补充》,《中国典籍与文化》1998年第4期,第127页。
④ (宋)范晔:《后汉书》,中华书局,1965年,第2794页。
⑤ (宋)范晔:《后汉书》,中华书局,1965年,第1298—1299页。

诣贼，曰：'礼久饿羸瘦，不如孝肥。'饿贼大惊，并放之。"①又敦煌文书《孝子传》："（首缺）义将军，司马赵孝，字长平，沛国人也。"②可见赵孝宗孝行图像中籍贯缺字或为"沛国蕲"。

5. 郯子孝行图像墨书："郯子行孝，嘉□人也。"

敦煌文书《孝子传》记载："●（闪）字者，嘉夷国人也，父母年老，并皆●（丧）亡。闪子晨夕侍养无阙，常着鹿皮之衣，与鹿为伴，担瓶取水，在鹿群中，时遇国王出城游猎，乃见间下有鹿郡（群）行遂（逐），王张弓射之。悟（误）中闪子，失声号叫云：'一箭煞三人。'王闻之有人叫声，下马而问。闪子答言：'父母年老，又俱丧明，侍养●人，必应饿死。'语了身亡。"③

敦煌遗书 S.2269《佛说父母恩重经》载："郭巨至孝，天赐黄金。迦夷国王入山射猎，挽弓射鹿，误伤闪匈，二父母仰天悲叹。由是至孝，诸天下药涂疮，闪子还活。父母眼开，明睹日月。不慈不孝，天感应。闪子更生，父母开目。人之孝顺，百行为本。"④

故郯子孝行图像中籍贯缺字或为"嘉夷国"。此时的郯子孝行故事还没有完全实现中国化，当时的郯子还有印度嘉夷国人的身影。

6. 老莱子孝行图像墨书题记："□□□行孝，□人□。"

敦煌文书《孝子传》记载："老莱子，楚人也，至孝。年七十，不言称老，恐伤其母。衣五彩之服，示为童子，以悦母请（情）。至于母前为儿童之戏。或眠伏，或眠与母益养脚，跌化（仆）地作婴儿之啼。楚王闻名，与金帛征之，用为令尹，辞而不就。六国时人。出孝子传。"⑤可见老莱子孝行图像中籍贯缺字或为"楚人"。

---

① （唐）徐坚等：《初学记》，中华书局，1962年，第425页。
② 潘重规：《敦煌变文集新书》，文津出版社，1994年，第1264页。
③ 潘重规：《敦煌变文集新书》，文津出版社，1994年，第1266页。
④ 黄永武：《敦煌宝藏》（第17册），新文丰出版公司，1990年，第634页。
⑤ 潘重规：《敦煌变文集新书》，文津出版社，1994年，第1259页。

7. 曾参孝行图像墨书题记:"曾参行孝,兴鲁人也。"

有关该墨书题记,魏文斌等在文中提到"以上所记均与电(箭)峡金墓所刻不太一致,不知电(箭)峡金墓雕刻出于何典,待研究"[①]。现保存在日本的阳明本《孝子传》中提到"曾参,鲁人也"[②]。箭峡砖雕墓中所谓"兴鲁人也"实为传抄之误。《史记》卷六十七《仲尼弟子列传》载:"曾参,南武城人,字子舆。少孔子四十六岁。孔子以为能通孝道,故授之业。作《孝经》。死于鲁。"[③]其中"舆""兴(兴)"二字近似,故宋金人在传抄过程中,加之画工本身文化程度不高等原因,以致出现这种"鲁鱼"之误。

8. 姜诗孝行图像墨书题记:"姜诗行孝,□□人也。"

敦煌文书《孝子传》记载:"姜诗字士游,广汉人也。母好食江水,其妻取水不及时还。诗怒遂(逐)其妻。亦孝妇,□犹寄邻家,不归父母之弟(第)。诗母好食生鱼,□□□□还家,于是舍傍忽生涌泉,味如江水,水中并□□□□鱼,母得食之。此盖孝子至诚,天所酬也。出列女□(传)。"[④]可见姜诗孝行图像中籍贯缺字或为"广汉",而并非魏文斌等所释读的"琼府"。

三、箭峡砖雕墓孝行图像其他问题讨论

以往多将清水箭峡砖雕墓定为金墓,实际有误。该墓出土一块买地券,上残存有"大宋国修罗/王管界秦州清水县白沙社归义乡□过之□/王友于东南山下土公土母处用银钱九万九千/九百□□□□

---

① 魏文斌、师彦灵、唐晓军:《甘肃宋金墓"二十四孝"图与敦煌遗书〈孝子传〉》,《敦煌研究》1998年第3期,第75—90页。
② 阳明本现藏日本阳明文库,西野贞治认为成书于六朝至隋代之间。赵超先生认为,从文字上看,阳明本"可能保留了更多的六朝至唐初的原本面貌",见《中国汉画学会第九届年会论文集》,中国社会出版社,2004年,第190页。
③ (汉)司马迁:《史记》,中华书局,1962年,第2205页。
④ 潘重规:《敦煌变文集新书》,文津出版社,1994年,第1258页。

定买得墓地一段""三月十一日甲申男王永德朔"①等文字。查陈垣《二十史朔闰表》，两宋之际崇宁三年(1104年)、绍兴五年(1135年)、绍兴三十一年(1161年)三月十一日干支均为甲申。故有学者认为"甘肃宁夏地区宋金墓年代序列尚未建立，从已有纪年墓资料来看，北宋晚期至南宋初年砖雕尚有一桌二椅及武士内容，其余多为挑担、驼马、磨、碓、灶等。……金代中期砖雕则流行孝子、花卉、奔鹿，左右后三壁做出门楼样式。……由此，清水箭峡村墓的时代似应在绍兴时期"②。实际上，根据地券文可以清楚地知道墓主为王姓，该墓时代应为北宋晚期，相当于崇宁年间。《清水县志》记载："金太宗天会七年(1129年)，金将兀尤陷清水城，改属凤翔路西宁州。天会八年(1130年)，宋将吴玠破金，虽复秦陇，金仍据清水。同年，金升冶坊寨为县(治今黄门乡王店村)。"③如果该墓为金墓的话，此时清水属金国的凤翔路西宁州管辖已经多年了，地券应不会出现"大宋国""秦州清水县"等文字。

关于此墓的孝行图像还需要解释的是，魏文斌等认为墓中还有"淳于缇萦舍己救父"和"刘平舍子救侄"两幅孝行图。前者④分两块砖雕刻，右砖雕一女子左臂挎包裹前行，一男子身负行囊随其后，绝不是所谓的"身负刑具随其后"；左砖雕二军士手执旗杆站立。后者⑤雕一男子右手拄杖，另一男子手握杖，一女孩掩面哭泣。检传世典籍，我们可以大概知道淳于缇萦和刘平的孝行。

淳于缇萦，《太平御览》卷四百一十五载："《史记》曰：淳于缇萦

---

① 南宝生：《绚丽的地下艺术宝库：清水宋(金)砖雕彩绘墓》，甘肃人民出版社，2005年，第65页。
② 刘未：《尉氏元代壁画墓札记》，《故宫博物院院刊》2007年第3期，第40—52页。
③ 清水县志编纂委员会：《清水县志》，陕西人民出版社，2001年，第51页。
④ 南宝生：《绚丽的地下艺术宝库：清水宋(金)砖雕彩绘墓》，甘肃人民出版社，2005年，第120页。
⑤ 南宝生：《绚丽的地下艺术宝库：清水宋(金)砖雕彩绘墓》，甘肃人民出版社，2005年，第126页。

者,齐人也。父淳于意为太仓令,生女五人,萦最小。父犯罪当刑,乃骂其女曰:'生女不生男,缓急非有益也。'萦自伤涕泣。随父至长安,诣北阙上书曰:'父为吏,齐中皆称廉平。今坐法当刑,妾伤死者不可复生,刑者不可复续。虽欲改过自新,其道无由。妾愿没为官奴,以赎父之刑,使得自新。'汉文帝怜悲其意,原其父罪。"①另《艺文类聚》引《汉书》也有相似的记载。

刘平,"字公子,楚郡彭城人也。本名旷,显宗后改为平。王莽时为郡吏,守菑丘长","后举孝廉,拜济阴郡丞",还曾为九江郡全椒长。刘平的孝行记载在《后汉书》中:"更始时,天下乱,平弟仲为贼所杀……仲遗腹女始一岁,平抱仲女而弃其子。母欲还取之,平不听,曰:'力不能两活,仲不可以绝类。'遂去不顾。"②另《东观汉记》也有类似的孝行记载。

淳于缇萦和刘平两位孝行不显,在众多《孝子传》中几乎没有记载。在我们所接触到的从汉代到隋唐的孝行图像文物,以及一百多例宋金元时期"画像二十四孝"中,也都没有二者的身影。加之二者在墓中没有一点题记,因此更难确定。但值得指出的是,该墓中的图像与典籍记载的孝行故事不符。如淳于缇萦孝行图,该是一父一女,而箭峡砖雕墓的图像显然不是。左砖雕二军士手执旗杆站立的图像,或与墓中几幅仕女图③性质相似,并非孝行图像,只是起装饰的作用。再如刘平孝行图,小女孩应该是婴儿,似乎与典籍记载的孝行故事有很大差距。事实上,我们通过对宋金元墓葬中"画像二十四孝"的认真比对和释读,可以肯定墓中孝行人物一般至多二十四位、最少一两位不等,尚未见一例超过二十四位孝行人物的例子。其余"画像二十四孝"残缺不全的墓例中孝行人物或多或少,但所有孝行人物都

---

① (宋)李昉:《太平御览》,中华书局,1960年,第1914页。
② (宋)范晔:《后汉书》,中华书局,1965年,第1295—1296页。
③ 南宝生:《绚丽的地下艺术宝库:清水宋(金)砖雕彩绘墓》,甘肃人民出版社,2005年,第48页。

没有超出"画像二十四孝"组合范畴,并且每一座墓葬中孝行人物也不会重复或多次出现。考古报道中很多在此组合之外的孝行人物故事定名并不可靠,往往是根据较晚文献的记载作出的推测,既没有题记作为确凿的证据,也没有认真地释读孝行图像①。因此我们认为此处所谓的"淳于缇萦舍己救父"和"刘平舍子救侄"的孝行图是不成立的。

总之,相对于甘肃地区金元时期墓葬多为不完整的孝子题材的现象,清水箭峡宋墓不仅有成组完整的二十四孝内容,而且孝行图像人物与河南、山西等中原地区一模一样,具有时代较早、题记信息丰富的特点,对我们认识甘肃地区宋金元时期的二十四孝文化有积极意义和作用。

---

① 参见笔者《有关宋元墓葬中所谓汉文帝、黄庭坚、朱寿昌等孝行图像解读》,待刊。

第五部分

考 古 手 记

亚美陆桥新识

——记厄瓜多尔 Alabado 博物馆参观

袁广阔

（首都师范大学历史学院）

原始社会的蛮荒渐渐远去，历经千年的庙宇却屹立不倒——岁月是激流亦是柔波，它涤荡了数不尽的文明渣滓，同时也沉淀下了丰富的物质文明。2014 年 5 月，我搭乘飞机，辗转前往秘鲁、厄瓜多尔等国，要一探隔海而望的美洲大陆。我所走的并非最短路线，但在现代科技的支持下，我可以以较短的时间抵达目的地。一路上，我在脑海中勾画着古代亚洲、美洲间可能的通路。透过舱窗，云层之下多是茫茫大海，生命最初的摇篮此时却像阻隔交流的鸿沟。古代中国与美洲文明之间的关系究竟为何？怎样加深中国与美洲各国之间的文化联系？在未来 20 余天中，我将带着这些问题进行访问学习，争取再做个"筑桥人"。

看过了雄奇的安第斯山、热闹的市井街巷，美洲就这样鲜活地呈现在我眼前。而在厄瓜多尔首都基多还坐落着这样一座博物馆——它环境优美、藏品丰富，给我留下了深刻的印象——这就是 Alabado 博物馆。

5 月的基多正逢雨季，11 日凌晨，天空依然飘着小雨，但这丝毫阻挡不了我们前往 Alabado 博物馆的热情。穿过层层高楼大厦，进入旧街区，一切都增加了几许韵味。街道、房屋、教堂，满是斑驳古色，浓郁的西班牙和印第安风情扑面而来，无论在建筑技术还是美学史上，它们都具有很高的价值。也正是由于这些著名历史建筑的存在，人们形象地把基多旧城区称作"安第斯大博物馆"。隐于市中的Alabado博物馆也是这座大博物馆中的一块瑰宝。

　　Alabado博物馆由一栋双层楼和其围成的小院组成，院内摆满了各式鲜花，分外艳丽（图1）。基多阳光充足、气候温和，我们走在街上时，鲜花的馨香不时迎面扑来，使人神清气爽，倍感舒畅。博物馆的面积不大，属于私人经营，但文物藏品十分丰富。听导游介绍，这里的藏品数量甚至超过了市中心的国家博物馆。来此之前，大使馆的文化参赞也一再提醒我们，到了基多，一定要参观Alabado博物馆，因为这里收藏有众多的历史文物，可以发现很深的历史烙印。

　　耳听为虚，眼见为实。进入展厅，深厚浓郁的文化气息立刻就感染了我们。这里收藏的上万件文物缀合在一起构成了一部生动、完整的厄瓜多尔历史教科书。其中，有两个展览特别令我震撼，记忆犹新，也使我对美洲文明有了新的思考——一是"人类走进美洲雕像展"，一是"古代巫师塑像展"。

图1　在Alabado博物馆院内留影纪念（郭松年、袁广阔）

一、"人类走进美洲雕像展"

这一展览就布置在博物馆的大厅中。成组展出的古代人塑雕像全都戴着厚厚的帽子,将头部、颈部包裹得严严实实,这显然是严寒地区的装束打扮。但厄瓜多尔位于赤道附近,属于热带地区,一年四季都不用穿棉衣,更不用说戴保暖的帽子了。如此矛盾的现象是什么原因造成的呢?我的思绪也跟着穿越千年万年,人们经严寒地区长途跋涉迁徙至此的景象渐入脑海。我推想这些人塑雕像应当是对人类走进美洲时途经寒冷地区的一种回忆与纪念,说明这里的原住民并非本地起源。无独有偶,近年来考古学家也为我们提供了很多人类迁往美洲的证据。

美国著名的考古人类学者 R.M.昂德希尔在他的《红种人的美洲》一书中指出,南北美洲都没有发现从类人猿到上腭骨突出、眉弓大、头颅小的"半人类"的长期发展迹象,也没有发现人类在灵长目中的近亲巨猿的化石。这样看来,印第安人历史的第一幕并不是从新大陆开始的,他们的祖先一定是外来移民。另外,人种学和分子生物学的研究结果显示,印第安人属于蒙古人种(黄种人)。蒙古人种(黄种人)主要分布于亚洲,那么印第安人的祖先最早来自亚洲应该是没有疑问的,问题在于他们是以何种方式到达美洲的。很多学者认为,他们是通过陆桥从亚洲迁移到美洲的。研究表明,在第四纪冰盛期时,由于海平面急剧下降,白令海峡耸出海面形成大片陆地,连接起了东亚东北部和北美西北部,形成了东亚、北美大陆之间的天然大陆桥,亚洲的一些远古猎人可能在追逐猎物时从这一通道进入了美洲大陆。考古学家从石器形制与技术方面为我们提供了证实这一猜想的很多证据①。1925 年,美国考古学家纳尔逊在蒙古戈壁发现了一

---

① 胡远鹏:《最早移民至美洲的印第安人来自何处——印第安人来自中国的考古证据(一)》,《化石》2000 年第 3 期,第 20 页。

种楔状石核,后来又在阿拉斯加发现了相同的石器。他当时就指出,亚美两洲楔状石核不可能是两个大洲的人各自创造的,它或许可以证明人类曾经从蒙古戈壁经过西伯利亚迁往美洲。1939年,法国古生物学家德日进在中国新疆和哈尔滨也发现了这样的石核;1972—1974年,我国考古工作者在河北省阳原县虎头梁附近发现了多件楔状石核。这些石核与美洲所发现的石核不仅外形相似,而且加工方法和加工步骤也相同,甚至连加工的细节也完全一样。在此之前,在山西峙峪和内蒙古东南靠近陕西的萨拉乌苏也发现过类似的楔状石核,就其年代来说,都较虎头梁出土的早。1974年,我国考古工作者又在山西阳高县许家窑遗址的发掘中发现许家窑文化的细石器制造技术传统属于北京人文化和山西峙峪文化之间的过渡类型。将上述一系列考古发现的材料联系起来,有人便得出如下结论:在2万—3万年以前的冰河时代,一批古猎人从中国的华北地区出发,经过北京猿人遗址→许家窑遗址→萨拉乌苏遗址→峙峪遗址→虎头梁遗址,再经我国东北至西伯利亚,最后到达美洲阿拉斯加和其他地方。

最近中俄两国考古工作者密切合作,通过考古发掘寻找到了人类从东北亚向北美洲迁徙的一些足迹,证实了陆桥迁移说的正确性,从而使对这个世界之谜的解释走出了假说时代。关于对这些考古新发现的解读,吉林大学冯恩学撰文指出"我国是蒙古人种的起源地,东北亚高纬度地区的蒙古人种应该是从我国中纬度地区向北迁移扩散后发展形成的。从中国向楚科奇地区迁徙的主要路线有2条,第一条是内陆大河路线,第二条是海岸路线。第四纪最后冰期时期生活在楚科奇地区的人们凭借陆桥与群岛向北美洲的阿拉斯加迁徙。……当人们凭借冰期的陆桥和群岛到达北美洲时,不仅携带了用火、建房、缝制衣和细石器加工等技术,还带来了东北亚的原始宗教意识。正是由于具有共同的原始宗教基因,使得后来亚洲的萨满教与美洲印第安人的原始宗教有相似的成分"①。

二、"古代巫师塑像展"

人类踏上美洲大陆后,开始逐步发展出特征鲜明的地域文化。印加帝国辉煌一时,在大山中孕育,影响范围可辐射整个南美地区。在 Alabado 博物馆收藏的文物中,印加陶器就给我留下了深刻的印象,它们虽年代久远,却依然向人们诉说着古印加人神秘的传奇故事。与中国古代的陶器相比,这些陶器有两处特别的地方深深吸引了我:首先它们都是用模具制成,造型十分规范;其次它们多为雕塑艺术品,展示和记录了当时人们的社会生活状况。

巫术是古代人生活的重要内容,展厅内的印加陶器就有很多是表现这一主题的。大量的巫师塑像定格了作法时的仪礼程序,他们一般头戴神帽,上附长短不一、颜色各异的飘带。帽身的式样也风格迥异,可能代表着不同的级别,就像我国北方的萨满帽一样,可以分为初级、高级和女萨满神帽三种级别。巫师的神衣也刻画得相当细致,同样能分辨出很多不同的式样。布带、皮带、铃铛、蛇、鸟等缀满衣裙,其中各种虫兽扮演着巫师下界助手的角色,并增强巫师施法的神力。

移步在这些古朴生动的塑像间,远古的轰鸣响彻耳际,或繁或简的虔诚仪式浮现眼前。通过梳理,我还原了巫师作法的几个步骤:

第一步,服用致幻药物。基多当地生长一种叫可可叶的植物,一般作为致幻剂使用。巫师们静坐举食可可叶,右手持药,左手摊于膝上,掌心放有圆饼状物体(图 2)。

第二步,发生呕吐等致幻反应。作为进入神界的前奏,陶塑表现

---

① 冯恩学:《人类向北美洲迁徙的考古观察》,《社会科学战线》2005 年第 3 期,第 129—133 页。

图 2　巫师在吃致幻的药物

的这一阶段也相当庄重。可见巫师双目圆瞪，口嘴大张，垂直站立，身前放有专门盛接呕吐物的巨型容器。

第三步，神灵开始"附体"，进入颠狂状态。一个个半卧的陶塑向我们展示了这一情景，他们仰面张口，目光迷离，双手置于腹前，肘部支撑着身体，半蜷着双腿，宛若新生的状态。此时，乐声大作，铃、鼓等节奏骤紧，巫师借此创造出一种神秘、空幻的氛围和非人间的情境。

第四步，借助鸟、蛇等动物开始作法。神灵"附体"后，巫师便达到了人神合一的境界，灵物配饰与图案更突显了其区别于众生的地位。他们镇坐于人前，表情严厉，宣启神谕，昭示着其真实性与不可违抗性。神谕经由辅祭者再解释给民众，最终实现由个人体验向群体体验的转化（图3）。

由制作传神的陶塑带领，我们又重读了古代巫师作法的过程，由人转换到神，再由神还原为人的程式脉络清晰，主题明确。这不禁使我想到了我国北方地区广为流行的萨满跳神礼，二者十分类似。这也充分说明了巫术在古代美洲的盛行，在巫师的旋舞翩飞中人们接受指导，开启更多智慧，完成各种事务。

此外，Alabado 博物馆中也展出有一些纺织品和黄金器。纺织品多为棉毛织品，有的夹有金线或羽毛，图案花纹精巧细致，显示了古代印加人高超的纺织工艺水平。黄金器数量不多，有牌饰

图 3　巫师开始作法

和冠饰等，运用的工艺有镶嵌、铆接、焊接等，样式都颇具印加风格。

印加文明巡礼就在这件件珍贵文物的品读中暂时落下帷幕，让我产生了许多新的认识，同时也更激发了我对研究亚美两地文化关系的热情。从博物馆出来，门口有多个工艺品商店，简单的布置更映衬出纪念品的绚烂。从中我们可以欣赏那些造型奇特的厄瓜多尔工艺品，其中尤以反映古印加人生活的器物仿制品为多，我挑选了一件，以便永久地记住这个博物馆，记住此次参观学习。

梦萦南交口

魏兴涛

(河南省文物考古研究院)

河南省三门峡市南交口遗址是一处以仰韶文化遗存为主体的重要古文化遗址，同时也是本人较早主持较大规模发掘的遗址之一。随着"仰韶百年"的临近，20多年前发掘工作的点点滴滴恍如昨日，常常浮现于脑海，令我魂牵梦萦。其中既有诸多有趣的片段，也包含一些有益的启迪，值得回忆、值得追记。

一、发掘缘起——中国东西大动脉建设项目的重要发掘

南交口遗址的发掘工作是为配合"连(云港)霍(尔果斯)高速公路"项目建设而开展的。"连霍高速公路"作为从中国中部横穿整个国家东西的高速公路大动脉，属于20世纪90年代我国最早规划和建设的高速公路之一，也是河南省最早修建的高速公路(与南北向大动脉"京珠高速公路"基本同时修建)。河南境内"连霍高速公路"中开封—洛阳段率先建成，紧接着就开始了洛阳—三门峡段的规划营建。随着改革开放，国家建设逐步大规模开展，大约自20世纪80年代开始，在基建开始以前，凡涉及古遗址、古墓葬就需要进行考古调查、勘探和发掘。经过文物管理和考古业务部门的努力，这已渐然成风，配合基建考古遂成为田野考古的主要工作内容。"连霍高速公路"洛阳—三门峡段考古工作便是河南省配合基建开展田野考古工

作的较早项目之一。

1997年7月,"连霍高速公路"洛阳—三门峡段文物保护经费谈妥到位,由于是跨洛阳、三门峡两个地市和当时河南的一个主要配合基建项目,河南省文物考古研究所(今河南省文物考古研究院)高度重视,派出了强大的考古工作阵容,包括多名考古领队,在时任第一研究室主任的张居中研究员的带领下,从东到西,先洛阳后三门峡,由两地市、相关县区文物管理部门人员陪同,逐一再次踏查先前调查掌握的工程沿线经过的文物点,并认领发掘任务。三门峡市全程陪同的是时任市文物局文物科科长的许海星,他热情认真,协调有方,保证了这次工作的顺利开展。我院同行的其他几位业务人员参加工作时间长,"资格老"就先挑,我因学习新石器考古而被安排发掘遗存似乎并不甚丰富的南交口遗址。后经国家文物局批准,颁发给南交口遗址的发掘执照为"中华人民共和国考古发掘证照——考执字(1998)第138号",发掘单位是河南省文物考古研究所,发掘领队为魏兴涛,发掘代号97SN或98SN。

后来证明,南交口遗址的发掘,是"连霍高速公路"洛阳—三门峡全段历时最长、遗存最丰富、发掘规模和收获最大的一项工作,是配合该工程的一项重要抢救性考古发掘。其发掘资料经系统整理、深入研究后,编写为考古报告——《三门峡南交口》,于2009年由科学出版社出版发行。

二、"洛三路"与"三洛路"

南交口遗址位于河南省三门峡市湖滨区交口乡南交口村西,处于黄河一级支流青龙涧河与其支流东青龙涧河(又称山口河)交汇处东南的二级阶地及黄土台塬上。南交口为自然村,或谓村民组,这里除了有交口乡、南交口自然村外,还有交口行政村、大交口自然村、小交口自然村等地名。其"交口"称谓的渊源,或与河流交汇处有关;或与此地处于横贯中原及关中的"崤函古道"上,系该大道与其他(如通往洛宁县)道路的交接之地有关。

"连霍高速公路"洛阳—三门峡段,在规划修建之时被称为"洛三高速公路",简称"洛三路",东西向。同时修建的还有省道二四九(S249)三门峡—洛宁段,简称"三洛路",该段经交口,约自西北向东南延伸而去。修建公路,会牵涉征地、拆迁、赔青、用工等诸多事情,这两条路都经过南交口村,在公路修建之初,各种协调事务着实让南交口村组长(队长)忙得不轻,他总说,一会儿是"洛三路"的事儿,一会儿是"三洛路"的事儿。至今想起,依然可谓是一件趣事。

三、"楼梯形"发掘区

南交口遗址北为青龙涧河支流河谷,南为黄土塬,在河谷与台塬之间的坡地上有众多梯田,遗址东部的梯田尤多,达 30 余层,塬顶与河谷的垂向高差约 130 米。遗址大致呈东西向,东部南北较宽,西部南北较窄。根据现今地貌景观及古文化遗存情况可将遗址分为三区。Ⅰ区位于遗址西部,其西紧邻三洛公路,东西长约 210 米,南北宽约 165 米,面积约 35 000 平方米,分布于自北而南依次递增的七层梯田上。Ⅱ区位于遗址中部,与Ⅰ区相隔宽 30—50 米的冲沟,东西长 70—110 米,南北宽约 80 米,面积约 7 000 平方米,分布于四层阶梯地上。Ⅲ区位于遗址东部,与Ⅱ区相隔北部宽约 60 米近三角形的冲沟,向东约到南交口村东南部房舍,东西长约 280 米,南北宽约 320 米,面积约 80 000 平方米,分布于山口河南岸第一至二十余层梯田上,高差甚大,达近 70 米。三区现存总面积约 120 000 平方米。

本遗址的发掘是为了配合高速公路建设项目,故重点发掘区在公路占用区域之内。由于高速公路线路的局限,设定发掘区时,遗址第Ⅰ、Ⅱ区的探方尚可成片"块状"布置。而在遗址东部的Ⅲ区中北部,公路占用区平行地跨过山口河南岸第四、五层梯田,两层梯田高差近3米。由第五层梯田朝北断面暴露的灰坑等堆积可知,第五层梯田遗存颇为丰富,而第四层梯田或至少其南部内侧文化遗存已被彻底破坏。为了充分利用第五层梯田北部边缘有限的公路占用区,避免遗址区因修路被挖毁,我们在第五层梯田北部边缘紧邻公路线路的南边线东西布设5米×5米探方13个,即T1—T13,既要保证探方的正南北方向,又限于公路的线路走向,每一个东部探方都比其西邻者南移0.6米。这样,作为南交口遗址发掘区主体的Ⅲ区中北部的南边就呈"楼梯形"或"锯齿形"。果然,在这一发掘区域发现了以圆形地面式房址、双层"子母"灰坑、多人二次合葬墓、炭化水稻等为代表的仰韶中期重要遗存,取得了丰硕成果。

四、高高在上的"半山腰"稀有文化遗存

出于对遗址的整体了解和把握,南交口遗址发掘时除高速公路占用区之外,我们对遗址也做了全面调查和重点勘探。我们发现,在遗址东部Ⅲ区,山口河南岸第一至六层梯田地势较平坦,文化堆积最为深厚。2007年,北京大学城市与环境学院夏正楷教授及张小虎博士进行了环境考古调查,确认这一区域属于山口河二级阶地。

然而在以南直至二十余层的梯田上,每层梯田断面也均暴露有文化遗存。观察地势,则向南骤然陡峻,高差达数十米,可谓标准的"山坡",与以往我们所见的遗址大都分布于较平缓地带迥然有别。为进一步认识遗址的分布范围、不同区域的文化堆积情况,我们有选择地在这些现代仍耕作使用的梯田上进行了试掘验证,切挖断崖布设探沟3条,即山口河南岸第22层梯田上的T01、第19层梯田上的T02和第16层梯田上的T03。经过发掘,这些探沟无一"挖空",在较厚的冲积层("山坡"上部黄土冲淤而成)下均有早期文化堆积,收获颇丰。如T01在耕土层下有6层冲积层(因无年代特征明确的包

含物,各层形成的时代难以确定),以下为早期堆积,有一层仰韶层(第8层)及其下的两座早期房址F3、F4,再下为生土。又如T03在耕土层下为9层冲积层,以下为早期文化堆积,有两层仰韶层(第11、12层),第12层下叠压着房址F5、灰坑H60等遗迹,再下为生土。以F5为例,其位于T03的东南部,向东、向南分别延伸至探沟外,开口于第12层下,口部距地表3米,向下打破H60和生土;平面形状为东西向长方形,发掘部分东西残长3.9米,南北残宽1.36米;墙基以内有垫土一层,浅灰色,较坚硬,似经拍打,厚约5厘米;地面上的墙体已遭破坏,仅存墙基槽部分,弧壁,平底,宽20—30、残深10厘米;北墙内发现柱洞4个,均呈圆形,直壁,圜底,口径17—20、深13—16厘米,间距72—88厘米;房内中部发现3个圆形柱洞,其中D1和D2较大,东西并列,间距10厘米,内有柱心,周边有柱基硬面;房内西北角有一灶,底部尚存,椭圆形,弧壁,圜底,系用草拌泥筑建,火烧成坚硬的红褐色烧结面,长径110、短径90、深30厘米;居住面平整光滑,经火烧烤成红褐色,厚约2—4厘米,房址垫土内出土有仰韶中期陶器残片。

这些"半山腰"的文化遗存,有不少在该遗址为其下相对平坦的二级阶地所不见,例如F4、F5是南交口发掘中仅见的两座仰韶文化中期长方形地面式建筑,为认识这一时期的房屋建筑形式和营修技术提供了重要资料,弥足珍贵。经夏先生确认,这里的"山坡"属于黄土台塬边坡地貌。

五、建设方省高管局的正、负能量

南交口遗址考古发掘除了得到国家文物局、河南省文物局、三门峡市文物局等文物部门的"自家"领导、同志们的大力支持帮助外,还得到"连霍高速公路"洛阳—三门峡段项目建设方河南省高速公路管理局(简称"省高管局")、三门峡市交通局、湖滨区交通局有关领导、人员的支持。在20世纪90年代河南省高速公路建设之初,由河南省高管局直接承担各项目的修建和清障、协调等事宜。

南交口遗址发掘期间,省高管局协调处处长、洛阳至三门峡高速公路项目综合处处长袁宝申数次到发掘工地调研指导。袁处长恰与时任河南省文物考古研究所副所长的秦文生为荥阳市(当时为荥阳县)同乡,颇好交流。建设单位不但为文物保护、考古发掘提供了发掘经费,领导的到来还为文物工作的开展起到十分积极的推动作用。例如,在考古人员进驻南交口工地之初,当时的湖滨区交通局局长尚不太支持考古发掘,甚至不屑地说:"仰韶文化遗址多得很哩,非得挖南交口,耽误我修路,推掉一个遗址有啥?!"后来,袁处长到工地查看,这位局长终于有所收敛,建设方、当地村组及群众方开始支持我们,发掘工作才得以正常开展。

然而,建设方及当地群众对考古队的态度后来却出现了反复。

南交口遗址的发掘工作自1997年9月17日始,于1998年12月7日完成,前后历时约16个月,大体可分为三个阶段。

第一阶段:1997年9月17日—1998年3月30日,主要对高速公路工程线路以内的遗址进行部分发掘。发掘时我们将整个遗址划分为三区,这一阶段在三区内均有发掘。

第二阶段:1998年3月31日—1998年10月16日,对遗址东部即Ⅲ区公路占地之外尤其是南部黄土台塬边坡做零星发掘,以了解整个遗址的文化内涵和遗存分布,并运用平板仪对遗址及其周围地貌进行了测绘。同时,对遗址西部Ⅰ区公路施工中推出的早期灰坑、墓葬等遗迹及时施以清理,对遗址西南部南交口村砖厂取土发现的汉代墓葬进行发掘。

第三阶段:1998年10月17日—1998年12月7日,在高速公路建设单位提供了Ⅱ区新发现大型汉墓的发掘经费以后,对大型汉墓及附近的古墓葬进行发掘。

可以说,在第一阶段,整体上发掘工作开展得较为顺利,这其中一部分可归功于建设方的支持,而在该阶段的后段,情况却发生了陡然变化。1998年春节刚过,年假后上班的第二天,袁宝申处长就叫上秦文生所长,由笔者陪同,到南交口工地查看工作进度,当时因尚在农历正月十五以前,一上班领导们就直奔工地还真使我有些感动。我们一起到南交口查看了因过节暂停发掘的工地现场后,我便急急地去驻地检查放假期间交由房东看管的工地物品等。这时,袁处长与当地群众攀谈起来,他问起在考古工地干一天的工资,群众如实地告诉了他,他随口说:"我可是给了考古所很多钱的,他们只给开这么点儿?"其实,20世纪90年代人工费都尚不高,考古工地因并非不停地出土,民工往往以年龄偏大者和妇女为主,加之与当地村组用人干活所开天工工资一致,因此当时工地开给民工的工资基本还算公道价。况且各发掘工地的民工工资标准几乎相同,并由单位统一掌握。尽管省高管局提供了较多的发掘经费,但整个洛三高速公路东西沿线有多个遗址或墓地需要发掘;考古工作需要开展的方面多,除现场发掘外,还要进行标本鉴定测试、多学科合作等;尤其是工作周期甚长,发掘之后需进行资料整理,仅出土的文化遗物的整理就需要清洗、拼对、粘合、修复、统计、排队、分期、分型定式、挑选标本、绘图、照相、器物描述,以及报告编写、印刷出版等大量工作,往往是发掘较短暂,整理时间长。南交口遗址在1998年发掘完毕之后,整理和报告编写工作几乎不间断进行,可谓"十年磨一剑",直到2009年发掘报告由科学出版社正式出版,该遗址的考古工作才算真正完成。标本测试、资料整理、报告出版都需经费,有不少发掘项目因整理经费不足而被迫暂停甚至放弃整理。

处长的话因当时仍处于春节期间人们闲聚而听到的人甚多,并很快传开,使村里人尽皆知。村干部和群众都感觉考古队欺骗了他们,他们本该得到更高的工资。袁处长等领导走后,考古队便拟继续发掘,而这时几乎全村人对考古队的态度都发生了180度大转弯,非但无人愿意再去工地上班,而且由原来的友好变得对考古人员产生敌视，甚至个别地痞故意挑衅，直到我们通过三门峡市文物局找来三门峡市文物派出所民警方才平息滋事行为。可是，时间不等人，施工队一再催促，考古工地只能由考古人员自己干，既当技术员又当民工。这样，发掘工作第一阶段的后段和第二阶段都是由考古人员自己发掘，未使用民工，这在一定程度上耽搁了发掘工作，至少是发掘进度。此后，经考古队找当地乡村反复协调，在发掘的第三阶段民工才又到工地正常上班。可见，省高管局相关领导的不当言论，对南交口遗址发掘又造成了颇大的负面影响。

六、阴雨天气调查忙

在南交口遗址发掘期间，我们得知三门峡市湖滨区交口乡一带沿青龙涧河及其支流山口河两岸他处也分布着古代遗存，便知应有多处古文化遗址。为了进一步了解这一带的古文化面貌和聚落分布，遂计划对这些遗址逐一进行考古调查。然而南交口的发掘时间紧迫，总是很繁忙，无暇顾及其他，恰巧阴雨天工地湿黏无法进行发掘，成为我们调查的"绝佳"时机。

2018年夏秋，暴雨初歇之后或细雨绵绵之时，发掘工作被迫暂停，笔者便和技工头戴草帽或撑上雨伞，穿上胶鞋，装上手铲、编织袋、标签、记录本，每人手中总还掂着一根木棍（既可用作拐杖防滑，还能作驱狗棍防身），带上些许馒头干粮，身挎仿制的军用水壶，或三五人或二三人就这样出发做考古调查了。我们翻山越岭，蹚水过河，迎着风雨，踏着泥泞，踩着湿漉漉的草丛，一有发现就无比高兴地相互告知，一出去便是一天，陆续对南交口附近的多处遗址进行了考古调查，有些遗址甚至多次前往反复调查。我们查找了遗址范围，判别了遗址地貌、文化属性和年代、堆积类型、各文化或各时期聚落规模及其中心与边缘区域，观察记录重点文化遗迹，采集代表性陶片、石器标本，总是收获满满，尽管辛苦疲劳却其乐无穷。就这样，历时数月,我们调查了北梁遗址、朱家沟遗址、卢家店遗址、大交口遗址、小交口遗址、卢家店南遗址等。后来在第三次全国文物普查工作中,我们以灵宝市为重点参加了三门峡市的早期遗址调查。2008年4月,我们又复查了以上遗址,重新拍摄遗址照片,并用GPS手持机(机型为Garmin Legend)测定了诸遗址确切的地理坐标,便于以后查找定位。

调查的遗址如北梁遗址(遗址代号98SB),位于三门峡市交口乡北梁村北,东至北梁村通往杨家沟村的道路上,西至北梁村通向村北农田的生产路一带,北达北梁砖厂,南到北梁村村舍。遗址处于青龙涧河西岸的二级阶地上,拔河高度15—20米,遗址西北部用GPS手持机测得的地理坐标为东经111°15.788′,北纬30°41.744′,海拔498±6米。遗址南北长约250米,东西宽约200米,现存总面积约5万平方米,文化堆积厚1—1.5米。遗迹比较集中地分布在杨家沟至北梁道路西侧的二层断崖上,发现9个开口于同一层位、南北排列似乎有序的直壁平底灰坑,坑内堆积大多为质地疏松的深灰色土,内含物甚少。采集的遗物仅陶容器残片一类,器型有盆、夹砂罐、钵、小口瓶等,是一处以仰韶文化中期遗存为主体的遗址。

再如小交口遗址(遗址代号98SX),位于三门峡市交口乡小交口村,南邻310国道,北达陇海铁路北线(此处因处于半坡,陇海铁路有南北两股铁道线)以北,西至陇海铁路南线交口火车站东部,东到柏营村东。西与大交口遗址基本相连,东近卢家店遗址,向南隔山口河与南交口遗址相望。遗址处于山口河北岸的黄土台塬边坡上,随地势北高南低明显,拔河高度25—60米,遗址中部用GPS手持机测得的地理坐标为东经111°17.295′,北纬34°43.251′,海拔490±9米。沟壑、铁路以及居民修窑洞等对遗址造成了很大破坏,地表支离破碎。遗址呈东西狭长形,东西长约2 800米,南北宽约300米,总面积70万平方米,是三门峡市区附近面积最大的一处遗址。遗迹、遗物十分丰富,文化层厚0.5—2.5米。遗迹有灰坑、房址和墓葬三类,半地穴式白灰面房址、三人合葬墓等引人注目，集中分布在地势较平坦开阔的台地上，似有一定的聚落功能分区，例如墓葬区很可能在发现有多处墓葬的遗址西北部。文化遗物主要有陶器、石器、骨器等，采集和清理出的陶器以侈口罐、深腹罐、小口高领瓮、鼎、鬲、斝、圈足盘、豆等为基本器物组合。属于龙山时代的一处中心性聚落遗址。

以上调查的遗址既有原来已知的遗址，也有新发现的遗址。由于调查较为细致，我们对这些遗址的规模与面积进行了重新认定，对遗址内遗存的分布有了一定的了解，对各遗址的文化性质与年代有了较确切的认识，甚至对有些遗址的功能分区有了基本判断。本次调查收获以《三门峡市交口一带考古调查报告》为题附录于《三门峡南交口》一书之后，成为三门峡考古工作主要成果的组成部分，供学术界查阅和进一步研究。

七、与制砖厂的争夺

南交口遗址发掘工作第二阶段中的工作之一，是对遗址西南部南交口村制砖厂取土发现的汉代墓葬进行发掘。这也是在与砖厂厂主的斗智斗勇中进行的。

20世纪90年代因经济发展已步入快速轨道，城市农村建楼修屋可谓如火如荼，已经普及机器制砖的烧砖厂遍布乡村。而彼时尚未对用土制砖采取任何限制管控措施，砖厂取土区往往选择在地势高亢且土层堆积丰厚之处；加之机器造砖速度惊人，村村通、户户通的电力为机械化昼夜施工提供了条件，因此大量优质农田被砖厂吞噬，不少古文化遗址、古墓地被取土破坏成为那个年代的普遍现象。

在遗址发掘期间，南交口村西机砖厂就因临近三门峡市，市场广阔，生意十分红火，日夜不停地取土烧砖。这里是二级阶地的后缘及黄土台塬边坡，黄土深厚，乃造砖的上好原料。我们在砖厂周围看到有零散的古砖、文物残片，确定取土中有古代墓葬和文物被破坏，欲让砖厂暂先停工，等钻探、发掘古墓葬后再行施工。我们遂来到砖厂，砖厂工头却不承认挖到过古墓葬，我们又找到砖厂厂主家里，厂主则躲猫猫避而不见，数天后见到他时还蛮不讲理地反问："谁见到你的文物了？！"一副不以为然，极其轻蔑的样子。我们只得再次请三门峡市文物派出所出面解决，市文物派出所黄所长亲自前来，他与南交口住户有远门亲戚关系，他来时砖厂佯装停工，等他一走，一切又恢复了原样。那段时间是南交口遗址发掘期间吵嚷最多的时段。经过再三争吵交涉，砖厂终于做出一些让步：取土中一旦发现墓砖，掘土要暂且换个地方，等考古人员清理后再过来取用。

这样，在属于Ⅰ区南部的砖厂取土区，我们发掘了多座汉代墓葬，获得一批重要的文物和考古材料。

八、东汉大墓的发掘及其若干启示

本来赴南交口是为了发掘仰韶文化遗址，这是单位安排给我们的工作任务。但在遗址发掘中的一天，本人突然发现，在"连霍高速公路"线路上、遗址区中部突兀地矗立着一个似由"活土"堆成的大土堆，已有经验立马告诉我，这显非自然形成而应是一座带封土的大型古墓。我们遂进行了调查和初步钻探，据调查钻探结果，通过本单位向建设方提交了增加南交口大型古墓发掘工作及追加经费预算的报告。后省高管局提供了追加的该古墓葬专项发掘经费，我们对新发现的大型古墓及附近的小型墓葬进行了发掘，这便是南交口遗址发掘工作的第三阶段。

这座大型古墓是被我们编号为M17的东汉墓葬。发掘中，除通常的发掘方法外，我们还采用了以下方法，获得了不少重要发现，这些发现为今后发掘同类墓葬带来一些启示，值得借鉴。包括：

南交口M17是一座带有封土、四周环绕以围墓沟的较大型洞室砖券墓，地面以下部分由长条形斜坡墓道、砖券甬道、前室、后室、侧室五部分组成,墓葬的年代为东汉晚期。发掘前我们在墓冢周边较大范围内进行了钻探,发现一平面呈长方形的围墓沟环绕在墓葬周围。环壕式围墓沟是秦人墓常见的形制,在东汉时期墓葬中发现确属罕见,当是秦文化习俗的一种延续,揭示了该墓主人可能是秦人的后裔,为研究围墓沟葬制沿袭提供了宝贵资料。但如果发掘前不对墓冢周边进行大面积探查,就很可能遗漏掉这一重要设施。

在M17发掘前我们通过钻探已初步确定了墓道的位置、形状和规模。但经过发掘才知晓,墓道平面并非简单的长方形,西部和东部宽度稍有不同,并非墓道不规则,而是其呈长条状凸字形,墓道壁自上而下还两度内收,形成双层阶梯状,底为斜坡。实际上,墓道的形状、结构是认识墓葬的年代与文化特征不可或缺的一个方面。在以往的墓葬发掘报告中,"墓道因故未发掘"者屡见不鲜,推测其原因可能是墓道占地广,出土量大,又没有随葬器物,故而被忽视。由M17的发掘情况来看,那种做法很可能会遗失宝贵的考古信息。

在发掘中我们揭取了所有墓砖,对于墓室的建筑材料有了较全面的了解。该墓所用均为长条形青砖,模制,底部有以利于制作时起取砖块的细砂。细分之,完整者又可分为颜色和大小不尽相同的两种。经过对墓砖逐一清理观察,其表面或底面有刻文、刻划鱼纹、树枝印痕、指窝痕、指甲痕、刻印痕等现象。如在5块刻文砖中,有一块于砖表中部刻写隶体"卅"字样;另一块则刻写竖款"八十"二字。在2块刻划鱼纹砖中,有一块砖底面中部一侧横刻一小鱼纹,以菱形网格象征鱼鳞,上部、下部各刻三条斜线表示鱼鳍,鱼尾以斜线刻成喇叭状,鱼眼则以一长横点表示;另一块于砖表近中部横刻一大鱼纹。这些图画以及各种印痕,究竟是具有某种特定含义,还是纯粹属于制砖工人制作时的随意刻划尚不得而知。建议在以后同时期墓葬的发掘中,均起取清理墓砖,观察是否有类似情况。但上述两例刻文砖中所刻写内容很可能是计数之用,其刻文字体工整,表明有的制砖工人有一定的文化基础。这些信息的获得显然全依赖于对M17墓砖的起取和观察。

尤为重要的是,在揭取全部墓砖后,墓底铺砖以下经铲刮平面,分别在 M17 后室东北角墓壁下、前室东南角墓壁下、后室门中间甬道立柱下、甬道东南角墓壁下、前室东北角墓壁下发现 5 个口大底小、斜壁平底的圆形小坑(即古代所谓的坎),小坑内各埋置一大小相当、形制相同的泥质灰陶瓶。瓶腹上有朱书陶文,文字前都绘有北斗七星图案,文字与图案十分清晰,瓶内置有矿物质(即"五石"),以上 5 瓶均依其自铭方向按东、西、南、北、中分别埋置。该墓有高大的土冢凸显于地表,所以多次被盗,墓室内扰乱严重,随葬品几乎被洗劫一空,仅剩余一些残陶器和小件的残铜器、铁器等物。相比之下,这 5 件保存甚为完好的陶瓶未曾被扰动过,而且有朱绘图案与文字,故显得尤其珍贵,是该墓中最重要的随葬品。类似陶瓶在河南、陕西、山西、山东等地区的东汉墓葬中也曾有不少发现,但出土位置基本全在墓室中[1],无一例见于墓室底部铺砖以下。M17 的这些陶瓶应属奠基遗存,被称作镇墓瓶或解注瓶,其中朱书内容和北斗星图案所体现的阴阳五行思想是道教的基本思想,从而为研究早期道教的形成与发展提供了重要资料。同时,M17 的发掘使人们对这种陶器的出土位置又增添了全新的认识,表明在墓室底部也有这类器物的随葬。此前未曾见在墓底铺砖下发现文物的报道,究其原因,很可能是发掘工作大都在清理完墓室之时即告完工,与根本就没有揭取墓底铺砖并再向下发掘有关。实际上,带有奠基类设施的遗迹底部往往是值得给予特别关注的部位。承三门峡市文物管理办公室主任史智民研究员惠告,受这启发,此后三门峡市文物考古研究所在三门峡一带发掘砖室汉墓时均揭取了墓室砌砖,在有的墓底铺砖下也发现有类似陶瓶,有的瓶上还有朱书文字。

由上可知,在发掘与南交口 M17 类似的墓葬时,既要大面积勘

---

[1] 张勋燎、白彬:《中国道教考古》,线装书局,2006 年。

察是否有围墓沟类设施,还要把包括墓道在内的部分进行全部清理,以便全面了解其结构与特征,还要揭取墓砖以提取有用信息,更要特别注意查找墓底铺砖以下是否有奠基类遗存。实际上即是说,在考古发掘中我们不但要注重遗迹本身,也要注意相关遗存,这对于更注重研究人类社会和行为方式的当今考古学来说尤为重要,只有这样才能完整地揭露遗存,复原古代人类行为;同时更提醒我们,对于发掘的每处遗迹的任何部位都应穷其原貌发掘彻底,否则就有可能遗漏重要的考古信息甚至珍贵文物。

南交口大型汉墓的发掘是该遗址额外的工作内容,却也为南交口遗址发掘画上十分完美的句号。

九、重回南交口——为了究清仰韶人的食谱

在1997年南交口遗址发掘期间,我们就很重视古代遗存和信息的多样化、全面化采集。除了陶片,还收集了石块、骨骼等。发掘中还采集了大量土样,用自制的小水桶进行浮选,以发现古代的植物遗存,是国内较早运用水选法收集植物遗存的考古工地之一。后来,我们请中国科学院植物研究所孔昭宸、刘长江先生对水选物进行鉴定,孔先生等在我们所送的仰韶中期样品中除拣选出粟粒外,还发现了炭化的水稻籽实。这是黄河中游地区仰韶文化中最早确切发现的水稻遗存,笔者与两位先生一起撰文公布了这一重要成果[①],引起了学术界的重视。但当时水稻遗存仅在2个灰坑中发现,未免显得出土过少。

三门峡一带属于黄土高原地区,黄土直立性好,断崖剖面往往数

---

① 魏兴涛、孔昭宸、刘长江:《三门峡南交口遗址仰韶文化稻作遗存的发现及其意义》,《农业考古》2000年第3期,第77—79页。

十年、上百年乃至更长时间存留不塌，以往流行挖窑洞居住即是一例证。"连霍高速公路"洛阳—三门峡段修好通车后，因为本人发掘灵宝西坡等遗址的机缘，时常乘车经过南交口遗址，每每看到曾经发掘的遗址剖面存留还较完好，就萌生了再去多采集些浮选土样的想法。2007年，在配合郑(州)西(安)高速铁路发掘灵宝底董遗址的间隙，本人便带领技工再次来到南交口。果不其然，以往发掘的探方剖面尽管历经十年风雨仍几乎完好如初，不惟能够辨别原来发掘的探方号，甚至当时所画的地层和遗迹线依然清晰可见。我们铲刮掉表皮土，以保证采集样品的纯净，在能确切辨认编号的仰韶中期8个灰坑(窖穴)中采集土样，另在遗址西部找到2个仰韶早期灰坑进行采样。功夫不负有心人，我们将这10个单位的浮选物交给北京大学考古文博学院秦岭老师，经秦老师的全面拣选鉴定，除发现了仰韶中期的稻、粟外，在仰韶早期遗迹中也发现有稻、黍、粟等籽粒，将黄河中游开始栽培水稻的历史提前到了仰韶早期。此外还发现有野生果实、杂草等的种子。通过各种遗存所占的百分比，仰韶人的植物食谱一目了然[1]。

十、南交口遗址发掘的价值及意义

南交口遗址尽管是豫晋陕交界地带诸多仰韶文化遗址中一处中小规模的普通遗址，然而由于发掘、整理工作细致，较早发表发掘成果，已经成为一处著名的新石器时代遗址。这里发现有丰富的仰韶早、中期遗存，通过我们的整理研究，对进一步深入认识乃至解决庙底沟期遗存的来源、内涵、分期、仰韶早中期遗存间的关系等相关问题都具有十分重要的价值。而南交口东汉大墓等使该遗址的发掘锦

---

[1] 秦岭：《南交口遗址2007年出土仰韶文化早、中期植物遗存及相关问题探讨》，《三门峡南交口》附录三，科学出版社，2009年。

上添花。承载南交口发掘研究成果的考古报告——《三门峡南交口》，是迄今为止几十年来河南省配合数十条高速公路建设而开展的数以百计的考古发掘项目中唯一出版的考古报告。该报告得到了考古界泰斗、著名考古学家、北京大学资深教授严文明先生的肯定，严先生于百忙中专门为本书撰写序言并题签书名。该著作还被河南省委宣传部评定为2009年度河南省社会科学优秀成果二等奖。三门峡南交口遗址的发掘作为配合国家基本建设的一项重要考古成果，不但为繁荣历史考古学术作出了贡献，还正在对文化遗产回馈社会、服务公众发挥着积极作用。

地无远近,同传盛名

——记两件马王堆汉墓宣传品

刘 瑞

(中国社会科学院考古研究所)

2015年秋,历经五年考古发掘的江西南昌新建区海昏侯墓的消息一经披露,便很快以其保存基本完好、陵园清晰、遗物珍贵而引起各界关注。2016年3月,该墓更因"刘贺"玉印的发现,最终确定其墓主是先为昌邑王、后为汉皇帝、再为海昏侯的汉武帝之孙刘贺[1],其重要性也就自不待言。凭借近年来发达的网络、报纸、电视等等新旧传媒,人们在很短的时间内"围观海昏侯"——足不出户而现场跟踪——大家都在不断赞叹着现代科技的强大。

在有关海昏侯的宣传中,媒体记者、专家、普通百姓总是不断地将海昏侯墓的发现与1972年发掘的长沙马王堆汉墓进行比较,比较二墓的时代、二墓的规格、二墓的出土遗物、二墓的价值,等等。但是迄今为止,将海昏侯墓发掘后的宣传与"文革"中马王堆汉墓发掘后的宣传进行对比的研究却一直没有开展。

虽然相关的比较自应在大量资料的收集后方能开展(马王堆发掘已有四十余年,当时的宣传品保存下来的自然不多),因此与正在开展的海昏侯墓的宣传进行比较,自不能在短时间内一蹴而就。但

---

[1] 徐长青、杨军:《西汉王侯的地下奢华——江西南昌西汉海昏侯墓考古取得重大收获》,《中国文物报》2016年3月11日第5版。

若从马王堆汉墓发掘后的宣传品出发,或可使我们对"文革"中马王堆汉墓发掘的宣传有一些"片面"的了解。

而巧的是,正好我的手头就有两件马王堆汉墓发掘后的宣传之物,可以使我们据之对当时的情况有一些初步的认识。不过,毕竟相关资料甚少,管中窥豹、盲人摸象,个别自不代表全部,不对处,自当请大家多多批评。

一、上海市新光影院"马王堆汉墓"海报

这是一张已经泛黄的海报。它为白纸,长27.2、宽19.5厘米,正、反两面均用红色文字印刷宣传内容(图1、2)。

从该海报有中缝文字的情况看,它原应是一个折叠后长19.5、宽13.6厘米的四页海报。它的具体内容可简述如下:

图1 新光影院马王堆汉墓宣传海报1、4页

图 2　新光影院马王堆汉墓宣传海报 2、3 页

第一页，分四部分，最上为"新光剧院"四字，下为长 10、宽 8.9 厘米的剧院内景照片，占据本页最突出的位置，下为竖排每列 3 字共 6 列由右向左读的 18 个字"选映健康有益的电影|举办优美剧艺的演出"，之下为由左向右读的 8 个字"座位舒适·观感一新"。

第二页，位于前页的背面，是宣传品的内容所在。其上部为"新光剧院"四字，下为以"彩色珍贵纪录片　考古新发现"为题的马王堆汉墓简介，该简介的内容在本页共 29 行，其余 11 行转至下页。

第三页，位于前页的右侧，其上部是马王堆汉墓简介的最后 11 行，在分割后，其下为以"出土文物"为题的对"文化大革命"期间各地出土文物的简介，最后以"北京中央新闻纪录电影制片厂摄制　南方影业公司发行"署名而结束。

第四页,位于第三页的背面,第一页的左侧。是"下期献映"现代京剧彩色故事片《龙江颂》的整幅宣传。

二、陕西省甘泉县马王堆汉墓宣传新闻照

这是一套盛装在牛皮纸信封中的马王堆汉墓宣传新闻照(图3)。

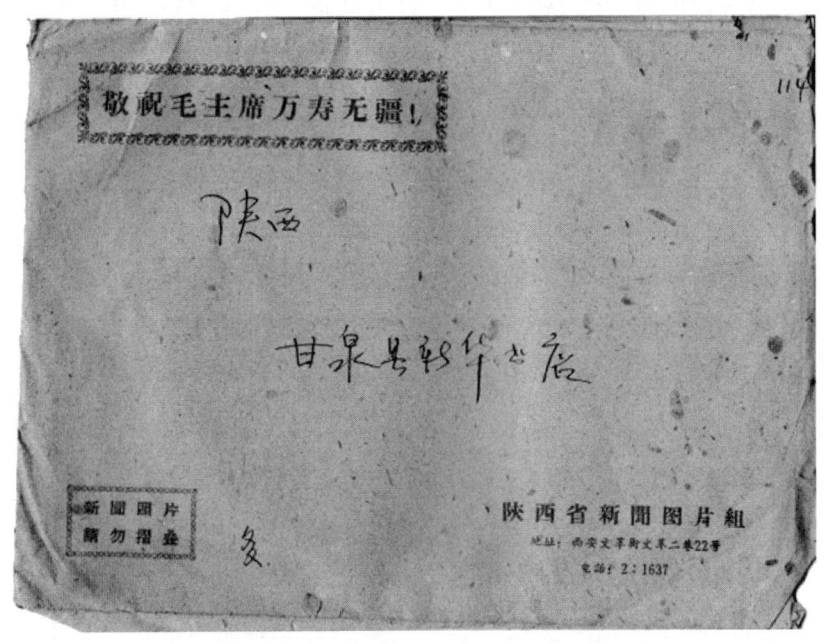

图3 甘泉县新华书店马王堆汉墓宣传照信封

从盛放图片的信封看,其是由西安文革街文革二巷22号"陕西省新闻图片组"发出至"陕西甘泉县新华书店"的新闻宣传照片。该信封为陕西省新闻图片组专门印制的牛皮纸信封,长28.3、宽20.4厘米,左上角在红色花边内用大字印"敬祝毛主席万寿无疆!"1行9字,左下角在红色花边内印2行每行4字共"新闻照片请勿折叠"8个小字。

在该信封内装有长26.6、宽18.7厘米的防止信封折叠破坏内置

照片的硬纸板两张。在纸板之间夹有 3 种 14 个文件,包括海报 1 张、白纸红字的照片介绍 2 张、黑白照片 11 张。

海报:长 38.4、宽 26.7 厘米。白纸,用褐色大字印刷"我国考古发掘中的重大发现"12 字,之下为"——最近出土的长沙马王堆汉墓文物介绍"标题。下以褐色为底色,用黑色字体在其间印制马王堆汉墓的发掘简介。之下为马王堆汉墓出土漆器的花纹。最下为署名,标明该宣传品为"编号 2425"的"新华社稿",是在"1972 年 8 月"由"陕西省新闻图片社制"的"序号 15 号"(图 4)。

图 4　马王堆汉墓新闻宣传照海报

照片介绍:共 2 张。第 1 张为白纸,规格为长 39、宽 26.9 厘米,分左右两栏印刷照片说明。其中左页的部分介绍照片(1)"外棺"、(2)"棺椁及随葬品出土情况"、(3)"女尸"、(4)"帛画"与"内棺盖";右页的部分介绍照片(5)"素纱禅衣"与"丝织品"、(6)"耳杯盒"与"双层漆奁盒"、(7)"彩绘木俑出土情况"与"奏乐木俑"、(9)"漆钫"。第 2 张同样为白纸,规格为长 27、宽 19.5 厘米,介绍照片(8)"木瑟"

"竽""十二律管"等乐器、(10)"封泥"与"竹简"、(11)"竹简"与"半两泥钱、郢称泥金板"(图5)。

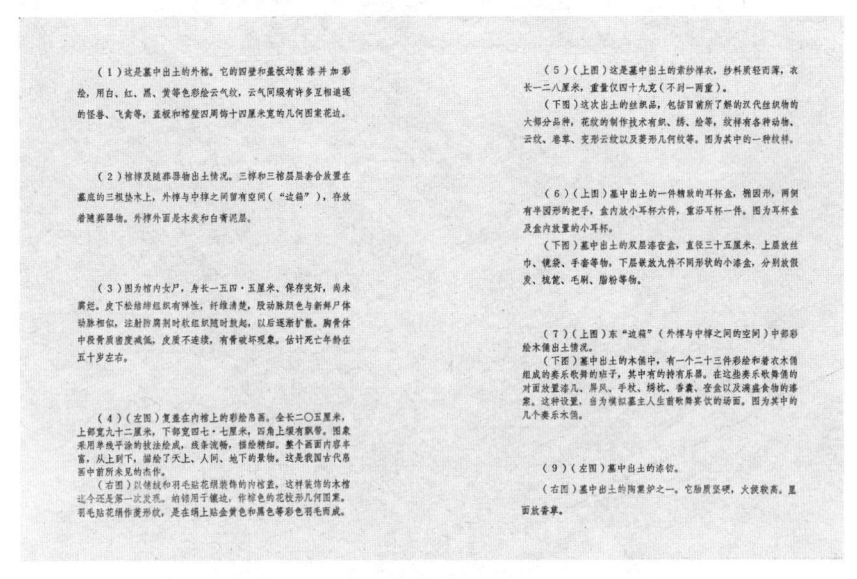

图5 马王堆汉墓新闻宣传照文字介绍

黑白照片：共11张，每张规格均为长20.7、宽15.3厘米。在每幅照片的左下角有阿拉伯数字1—11，标记照片的顺序，其具体内容在另纸上进行介绍(图6、7)。

三、形式多样、及时准确

据介绍，马王堆汉墓的发掘虽然始于1972年1月14日，但在半年后的7月30日，新华社即向全世界公布了该墓的重要考古发现[①]。而在马王堆汉墓发掘中，北京科学教育电影制片厂、八一电影制片厂、中央新闻纪录电影制片厂、人民画报社等均共同参与了考古发

---

① 长沙市文物局：《长沙重大考古发现》，岳麓书社，2013年，第196页。

图6　马王堆汉墓新闻宣传照中的"外棺"

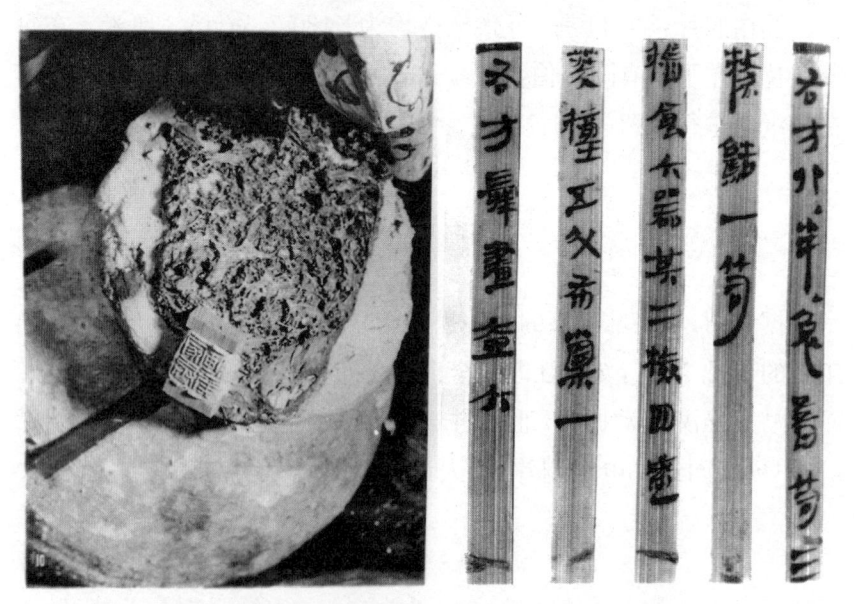

图7　马王堆汉墓新闻宣传照中的"封泥"与"竹简"

掘①。在马王堆汉墓的发掘消息公布后,国内主要新闻媒体更打破常规,非常罕见地对一项考古发掘的成果进行集中报道。不仅新华社两次向国外发布消息,《人民日报》《解放军报》《光明日报》更以头版头条和一个专版的形式报道马王堆汉墓的惊人发现,使马王堆汉墓很快就在国内几乎家喻户晓。据统计,先后有160多个国家和地区的媒体进行马王堆汉墓报道,马王堆汉墓的发掘成为当年世界十大新闻之一②。

因此,从现有资料看,马王堆汉墓发掘后的宣传规模和程度,起码不低于现在的海昏侯刘贺墓发掘后的宣传,甚至可能还有过之。不过,在马王堆汉墓的巨量研究成果中,有关马王堆汉墓发掘后宣传的分析却非常罕见。借助于前述的2件宣传品,我们可约略地对马王堆汉墓发掘后的宣传有以下了解:

1. 形式多样

如前所述,在马王堆汉墓发掘中,北京科学教育电影制片厂、八一电影制片厂、中央新闻纪录电影制片厂、人民画报社等单位均共同参与了考古发掘。而这也就意味着,在马王堆汉墓发掘中,有声或无声、彩色或黑白、活动或静止的资料记录和采集一直在进行。即,当时已有的电影、电视、图片等各种记录形式,均用在了马王堆汉墓的发掘之中。这些记录下来的资料,自然会迅速地使用于发掘之后的宣传。

新光剧院海报中"北京中央新闻纪录电影制片厂摄制"的字样,表明其制作者应是参与马王堆发掘的中央新闻纪录电影制片厂。而甘泉县新华书店收到的马王堆汉墓宣传照片虽未署具体的拍摄单位,但从这些照片非常清晰的情况看,它们均应是参与发掘单位的专业人员所摄。

---

① 长沙市文物局:《长沙重大考古发现》,岳麓书社,2013年,第197页。
② 长沙市文物局:《长沙重大考古发现》,岳麓书社,2013年,第249页。

我们还无缘获见在马王堆汉墓发掘中拍摄的电视片。不过前述2件宣传品的存在却已清晰地表明，在马王堆汉墓发掘后，起码采用了电影宣传、图片宣传等在当时资讯条件下除广播、报纸、口头宣传外的最容易的宣传和信息获取形式。

多种多样的资料采集、丰富多彩的记录形式，给马王堆汉墓的后续宣传提供了难得的条件。

2. 内容丰富

与海昏侯刘贺墓发掘后一些媒体频以不断出土的大量黄金为噱头的报道不同，从前述2件宣传品的内容可以看出，在马王堆汉墓发掘后的宣传中，报道的重点更为广泛。

如甘泉县新华书店的马王堆汉墓图片，就既有棺椁、棺椁及随葬品的出土情况、女尸、帛画与内棺盖，还有在棺椁之内出土的素纱襌衣等丝织品、耳杯盒、双层漆奁盒、奏乐木俑、漆钫、木瑟、竽、十二律管等各类漆木器，竹简、竹笥及半两泥钱、郢称泥金板。这些内容既包括了对墓葬棺椁及遗物出土状态的介绍，也细化到了具体的出土遗物，由外到内，有大有小。

而在《考古新发现——长沙马王堆一号汉墓》的文字介绍中，它还对棺椁的形制、规格、出土器物的种类等进行了更为详细的解说。可以相信，在动态的影片和有声的影片解说中，马王堆汉墓、马王堆汉墓发掘过程及马王堆汉墓出土的各类文物，一定有着比平面图片更加丰富多彩的内容介绍。

3. 及时迅速

马王堆汉墓发掘于1972年1月14日，到7月30日新华社即发布消息。而随后在得到"编号2425"的"新华社稿"后，1972年8月即由陕西省新闻图片社迅速印制"序号15号"的马王堆汉墓发掘宣传照，并送到偏远的陕西省甘泉县。从宣传照发到新华书店的情况看，可能部分宣传品是经新华书店系统进行销售、发行和宣传。而与此同时，在大上海的电影院中，基本同步放映着专题的马王堆汉墓纪录片。

据介绍,新光大戏院开幕于1930年11月21日,位于上海市宁波路586号,最早是由英籍华人陈伯藻出资建造,建筑为西班牙及意大利中世纪歌德式。该影院初期专映电影,后改演戏剧。1952年改为地方国营,更名为新光剧场;1973年8月划归市电影局领导,改名新光影剧场;1987年起,由上海电影资料馆管理,改名新光观摩厅,专映资料影片[①]。据介绍,1972年5月23日,全国各地隆重纪念毛泽东主席《在延安文艺座谈会上的讲话》发表三十周年,之后中影公司通知全国上映"革命样板戏"电影《海港》《龙江颂》,纪录片《大有作为》,科教片《针麻为什么不痛》等21部影片[②]。

在新光剧院的海报上,虽未出现马王堆汉墓纪录片的具体放映时间,但海报有"下期献映"现代京剧彩色故事片《龙江颂》的内容。因此从当时应未开始放映《龙江颂》的情况看,马王堆汉墓纪录片的放映上限肯定不早于5月23日(从有关资料看,该纪录片在1972年8月时尚在制作,其放映时间应在此后)。不过从《人民日报》在1972年10月28日已对《考古新发现——长沙马王堆一号汉墓》进行介绍看,该纪录片制作完成的时间定早于此时[③]。

而据报道,《考古新发现——长沙马王堆一号汉墓》除在国内大量放映外,还在国外进行了多次成功的放映。如1973年2月27日,中国驻荷兰大使在海牙电影招待会上将其与《白毛女》一起放映[④];10月5日,它与《毛泽东主席会见埃切维里亚总统》《今日中国》《文化大

[①] 国家广播电影电视总局电影事业管理局、党史资料征集工作领导小组编,陈播主编:《中国电影编年纪事(发行放映卷·中)》之《上海市电影发行放映编年纪事》,中央文献出版社,2005年,第684页。

[②] 国家广播电影电视总局电影事业管理局、党史资料征集工作领导小组编,陈播主编:《中国电影编年纪事(发行放映卷·中)》之《上海市电影发行放映编年纪事》,中央文献出版社,2005年,第709页。

[③] 谷群:《我国考古工作的新收获——介绍彩色纪录影片〈考古新发现——长沙马王堆一号汉墓〉》,《人民日报》1972年10月28日第4版。

[④] 新华社:《我驻荷兰大使举行电影招待会》,《人民日报》1973年2月28日第5版。

革命期间出土文物》等一起在墨西哥外交部进行放映①；10月8日它更与《红色娘子军》一起，作为第一次在希腊上映的中国影片，在第2届希腊萨洛尼卡国际电影节上放映②。如学者已指出的，在"文化大革命"期间各大制片厂拍摄的绝大多数纪录片，均是围绕突出歌颂伟大领袖毛主席、突出支持"文化大革命"、突出"工农兵"形象的内容③，而如马王堆汉墓发掘这样的专题性非常强的以宣传考古成果为内容的纪录片，无疑是一枝独秀的新事物，自然也更容易引起人们的普遍关注和记忆。

从前述对2件马王堆汉墓发掘后宣传品的粗略解读看，1972年7月30日在马王堆汉墓发掘的消息经新华社向全世界公布后不久，不仅在国内繁华的上海地区，就是在偏远的陕西省甘泉县等地，处于"文革"中的人们已可通过各种形式的宣传，对马王堆汉墓的发掘情况和收获进行基本的了解。虽然这个速度与网络高度发达的今天无法相比，但若考虑到当时具体的资讯情况，在如此短时间内对一项考古发现进行多形式的集中宣传，已十分难能可贵。

马王堆的发掘已经过去了四十多年，虽有关马王堆汉墓研究的高潮一直不断，但从现在可以看到的关于马王堆汉墓发掘后开展的考古宣传或今天所说的公众考古的分析方面，所开展的研究却基本上是一片空白。如在新近统计的厚达26页的包括了40本著作和525篇论述的《马王堆汉墓研究专题文献目录》④中，也仅有1972年《人民日报》对《考古新发现——长沙马王堆一号汉墓》的介绍一篇，可勉强算与此有关。

---

① 新华社：《墨西哥外交部举行中国电影招待会》，《人民日报》1973年10月7日第4版。
② 新华社：《我影片在希腊萨洛尼卡国际电影节放映受到欢迎》，《人民日报》1973年10月26日第5版。
③ 陈清洋：《中国电影海报史》，中国广播影视出版社，2015年，第78页。
④ 史一甜：《马王堆汉墓研究专题文献目录》，《长沙考古文存（第1辑）》，岳麓书社，2013年，第523—548页。

而如学者早已指出的,正是因为马王堆汉墓的成功发掘,才扭转了"文革"后期我国文物保护工作的被动局面,成为考古事业的重大转折。它不仅是"文革"后期国务院图博口批准的第一个大型考古项目,而且得到了周恩来总理的高度关注。周总理不仅亲自审定了马王堆二、三号汉墓的发掘和文物保护方案,还作出重要批示。马王堆汉墓的发掘"向社会公开展示了科学考古发掘的魅力,极大地提高了社会各界对考古工作的认识",在发掘结束后,1972年7月就由文物出版社出版了该墓的发掘简报,而后在1973年更是迅速整理出版了《长沙马王堆一号汉墓》考古发掘报告。而受马王堆汉墓发掘的影响,全国各地的田野考古发掘工作相继展开,不久即获得了秦始皇陵兵马俑和湖北随县曾侯乙墓等一系列重大考古发现[1]。

因此,究竟在一项考古项目发掘到什么程度的时候让公众获得该项考古工作的准确信息、让公众在多大程度上了解一项考古发现的有关内容、让公众通过什么形式的资讯获得考古发现的信息,马王堆汉墓的发掘和发掘后的宣传,无疑可以视为一个突出的案例,供今天和今后的人们进行一次次地分析。而笔者对所藏这两件马王堆汉墓宣传品所作的介绍,充其量也就只是用来引玉的烂砖罢了。

---

[1] 王立华:《马王堆汉墓》,《长沙重大考古发现》,岳麓书社,2013年,第248—249页。

一件陶器的前世今生*

徐小亚、范佳翎

（首都师范大学历史学院）

说明：这出历史情景剧的表演形式主要参考日本综艺节目《超级变变变》，整场演出中演员没有台词，以"旁白＋无声表演"的形式呈现于舞台，通过提前录制剪辑的音乐和旁白推动剧情。在黑色背景幕布下，四位黑衣人演员通过肢体表演和辅助道具配合剧情发展，另一位演员则依次扮演剧中史前人、史前小孩、考古学家和博物馆游客等角色。各部分配合在一起，将一件史前陶器前世今生的故事在舞台上呈现给观众。

第一幕：世事无常

那是一个春意盎然的早晨，阳光洒向大地，照亮了人们的生活。在一个史前村落的房屋里，一个彩陶瓶从睡梦中醒来。

暗场，陶瓶纸板模型悬挂在黑色幕布中央。追光亮，照在陶瓶纸板上。

陶瓶旁白：你好，我是一个陶瓶。我曾是普通的一抔土，主人的

---

* 编者按：本剧由首都师范大学历史学院考古学与博物馆学系师生创作，2019年6月5日在"第十一届全国青少年文化遗产知识大赛"历史情景剧表演环节中荣获第一名，随后受邀前往2019年国家文物局文化和自然遗产日活动主会场延安市，参加全国青少年文化遗产教育活动，并作为活动的压轴节目进行演出，荣获"文物情景剧最佳创意奖"。

大手将我捧起,一切都变得不同。在这双手的作用下,土和水糅为一体,揉捏、摔打,变得富有弹性和韧劲儿;然后被搓成长条,一圈圈高高盘起,拍打、抹光、画上美丽的花纹;再经受熊熊火焰的燃烧、高温的洗礼,我成了今天这个样子,涅槃重生不过如此。

全场灯光亮,史前人上场,配合旁白内容用夸张的动作表演制陶的完整过程。黑衣人在陶瓶下方摇动火苗道具,呈现出烧制陶瓶的效果。史前人从舞台右侧下场。(图1)

图1

我是主人生活的必需,我在他们的生活中占有重要地位。你看看周围这些歪瓜裂枣,哪个不是用泥巴随便捏出来的,我身上的花纹都是主人一笔一画描绘出来的!

我喜欢一直一直生活在这里,做一个幸福的陶瓶,看人们日出劳作、日落歇息，喂猪、劈柴，关心粮食和蔬菜，建起一所所房子，面朝大屋，春暖花开。我喜欢待在主人身边。

在鸡鸣狗叫的背景音乐下，黑衣人借助谷穗、家禽模型等道具，呈现史前村落的生活场景。（图2）

图 2

嗯……但我不喜欢主人的儿子，这娃娃整天冒冒失失，极大地威胁了我的安全，我总担心他哪一天把我撞倒在地，我就会跟以前那些碎掉的陶器一样，被主人捡拾出去，再没有回来。

你看，他又来了！！离我越来越近，好像根本没有看到我，我怎么心中如此忐忑不安！诶诶诶……嘿，我说你小子不要……啊啊啊！！！

史前小孩从舞台左侧上场，他拿着弹弓蹦蹦跳跳到舞台中央，在一个转身中不小心撞到陶瓶，两者分别向左右倒去。在快接触地面的

时候两者同时定住（黑衣人辅助）。（图3）

图 3

陶瓶内心独白：当时，我距离地面只有零点零一公分，但是四分之一炷香之后，我的命运将会彻底改变，如果上天能够给我一个再来一次的机会，我会对那个熊孩子说五个字："离我远一点！！！"

史前小孩与陶瓶同时坠地，陶瓶瞬间裂成碎块，史前小孩哭着鼻子从舞台右侧下场。

暗场。

第二幕：沧海桑田

陶瓶旁白：他凭什么哭得那么凶，受伤的明明是我！！！我被摔碎了……我知道,我完了!我不再有用,主人不再需要我。现在我知道以前那些摔碎的瓶瓶罐罐都到哪里去了,就是这个大坑!垃圾都扔在这里。

灯光起,舞台中央放置着一个袋状灰坑,里面扔着各种陶质的瓶瓶罐罐以及彩陶瓶的碎片。(图4)

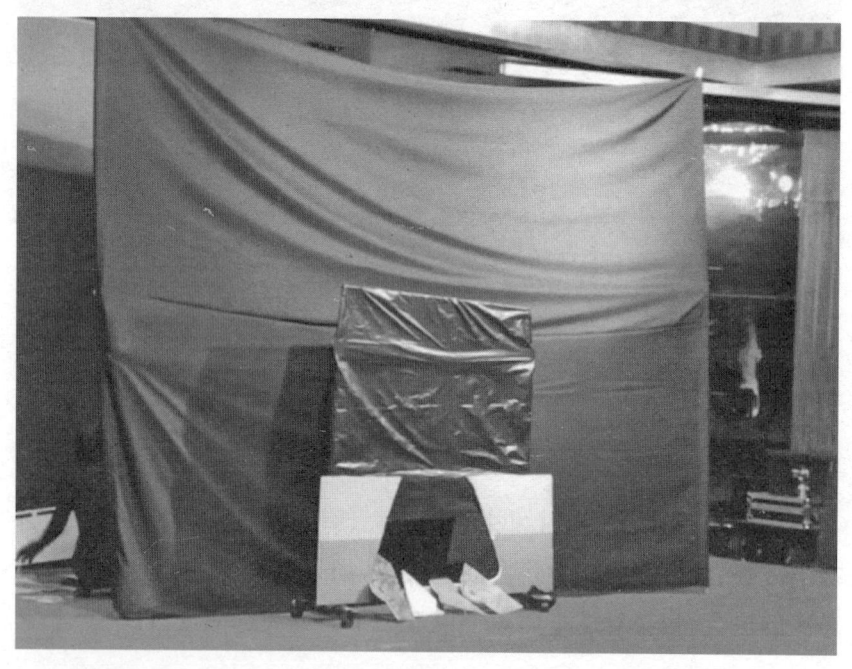

图4

出生如光明照耀,死亡如黑暗降临,人们的生活渐行渐远,我不再处于喧闹的中心,生命仿佛失去了意义。

在这片土地上,不同的人群来了又走,曾有过繁华的城市,也曾被洪水淹没……我渐渐记不得自己以前的样子,想不起以前在村子里的生活。

灰坑上方,地层纸板模型在黑衣人的辅助下一层层叠起。(图5)

图 5

日月变幻、斗转星移,沧海桑田、物是人非。时间仿佛飞转的轮子,越来越快越来越快,越来越快越来越快……

黑衣人手举太阳和月亮纸板模型从舞台左侧奔跑向舞台右侧,动作重复三次,速度越来越快。

我以为这将是我生命的终结。

钟声响起,全场暗。

第三幕:重见天日

全场亮。

陶瓶旁白：不知这样沉睡了多久，我被一阵沙沙声吵醒，那是泥土与硬物碰撞的声音，而且离我越来越近。经历过太多希望与失望，我已经不敢轻易激动，直到我看到那刺眼的光芒，冷了几千年的心才开始激动，苍天有眼，我又被人捡起来了！

地层纸板模型被黑衣人一层层揭下。

又是一双大手，我终于离开了这个糟糕的坑。后来我才知道，这些人是考古学家，他们把我这碎成一堆的陶片叫作出土文物，还说我是标型器，说我携带了大量的历史信息。感谢他们！原来我还是有用的！我是有用的！

黑衣人将灰坑中的陶瓶碎片一一捡出，手持碎片立于舞台中央。

他们的工作一环扣一环，我看着他们在这里丈量、测绘、记录、取样，忙得不亦乐乎。我和其他堆在坑里的碎片们一起被带到一个陌生的地方，享受了贵宾级待遇，他们帮我洗去糊在身上五千年的老泥，啊，太美好了！在坑里的时候，我旁边是一堆烂菜帮子，那叫一个臭啊！幸亏他们没我能抗，早就尘归尘、土归土了……

黑衣人分别举着尺子、刷子等纸板道具配合旁白做相应的动作表演。（图6）

我是幸运的，感谢当年的主人把我的每一块碎片都扔在垃圾坑里，后来也没有人翻动过我，我身体的各个部位都在。现在，考古学家又把我完美地拼合在一起。一双手创造了我，另一双手重塑了我，这就是所谓的重生吧！我找回了完整的身躯，找回了失去的自信，找回了曾经的骄傲。

图 6

黑衣人将陶瓶碎片重新拼合在一起,并将陶瓶置于黑色幕布中央。

考古学家们给我拍照片、对着我画图,把我身上美丽的花纹都记录下来。他们还把在我之前和之后出现的瓶子都找出来,根据我们在土里被埋的相对位置,以及我们相似但略有变化的样子,把我们谁老谁小都搞得清清楚楚。真是一群聪明人啊!

考古学家上场,坐在桌前伏案写作,黑衣人分别持《考古》《文物》《西部考古》等考古期刊的封面模型依次上场,进行展示。

人们对我当年的生活特别感兴趣,他们想知道我是如何被制作出来的，想知道我当年是干什么用的。也就是说，我的功能是什么，我在当年主人的生活中扮演着什么样的角色。

看我美丽的花纹，有些人推测我是主人放在房子里的装饰品，没准还插着花。有人觉得我的花纹气质独特、富有深意，推测我是主人在祭祀活动上用的，可能装着献给神灵和祖先的贡品，摆在活动现场，接受他们的叩拜。还有人说我是主人半夜起床上厕所用的小便壶！你见过我这么精致的小夜壶吗？这都太不专业了，还是考古学家厉害，他们用一种叫"残留物分析"的神秘手段，弄清了我是主人拿来喝水或者喝酒的，说我是水器或酒器。

史前人从舞台左侧上场，配合旁白先后对陶瓶进行插花、跪拜、如厕、喝酒等动作，展现人们对陶瓶功能的丰富想象，最后史前人以虚浮的步伐（醉酒的状态）从舞台左侧下场。（图7、8、9、10）

图7

一件陶器的前世今生 299

图 8

图 9

图 10

如果可以的话，我真想把我所有的故事都讲给考古学家听，他们就不用这么辛苦，花费那么多的时间和精力，一点一点从碎片中试图复原过去的历史和往昔的生活。

暗场。

第四幕：古为今用

陶瓶旁白：后来的后来，我被考古学家移交给了另外一群人，他们给我拍照、编号，把我和其他各种各样的东西一起放在一个玻璃柜子里，还给我配上了说明书。

灯光起，黑衣人将展柜及说明书的纸板道具贴在陶瓶周围，呈现

出陶瓶在博物馆展陈的状态。（图11）

图 11

博物馆讲解员旁白：各位观众您好，欢迎来到博物馆！您现在看到的是一件新石器时代的彩陶瓶，它属于马家窑文化，出土于甘肃陇西，距今五千年左右。其器形大口微敛，卷唇鼓腹，施黑彩，瓶子表面的花纹主要为圆形花纹，这件器物的主要用途为……

博物馆游客从舞台左侧上场，手持博物馆的宣传册和相机，并不时拍照，从舞台右侧下场。

陶瓶旁白：灯光下，我就像明星一样，每天都有很多很多人来看我，人们在我面前驻足、端详，有不解、有顿悟、有唏嘘、有惊叹。
孩子们围着我听老师讲祖先的历史，艺术家对着我描绘美丽的图画。

我这样一个碎了的陶瓶,穿过时间的隧道,成为考古出土文物,成为博物馆藏品,成为悠久历史和灿烂文化的见证,还有比这更棒的事情吗?

全场灯光暗,追光打到陶瓶上。

旁白:让收藏在博物馆里的文物、陈列在广阔大地上的遗产、书写在古籍里的文字都活起来!

所有参演者手持各种陶器纸板模型走向舞台中央,在旁白结束时定住,表演结束,所有人鞠躬谢幕。(图12)

暗场。

图12

主 创 人 员

总策划：王涛、范佳翎（首都师范大学历史学院教师）

导演：范佳翎

编剧：徐小亚、范佳翎

演员：

史前人、史前小孩、考古学家、博物馆游客：刘云飞（首都师范大学考古学专业硕士生）

黑衣人：王涵、徐小亚、师俏、汪静怡（首都师范大学考古学专业本科生）

道具服装：王涵

背景音乐：汪静怡

陶瓶旁白：王涛，李佩恒（首都师范大学音乐学院本科生）

博物馆讲解员旁白：范佳翎

第六部分

他山之石

何谓公众考古学？*

Tim Schadla-Hall（伦敦大学学院）著

侯　洁、范佳翎（首都师范大学历史学院）译

范佳翎（首都师范大学历史学院）校

这一期《欧洲考古学杂志》旨在审视有关公众考古学的议题，因此不得不提出这样一个问题——"什么是公众考古学，如何定义公众考古学"？我希望这一辑刊载的文章至少能勾勒出定义的些许范围，但毫无疑问会有一些人质疑"公众考古学"这个词是否应被使用。最近，我受邀给公众考古学下定义（鉴于我开设了一门关于这个议题的研究生课[①]），我的回答是：公众考古学有关一切与公众发生互动或有可能发生互动的考古活动，而大多数公众由于各种原因对作为一个学术领域的考古学知之甚少。这个定义未被接受，原因是它太过于宽泛，更因为"考古学本身就是一种公众活动"。虽然宽泛的定义可能确实过于包罗万象，但我认为考虑到如何以及为什么公众开始参与或了解考古的议题，我给出的定义是有道理的。

举个简单的例子，20世纪70年代末到80年代初有关维京时期都柏林的运动见证了有关考古学的大量的公众参与。在运动的高峰期，成千上万的都柏林人走上街头，表面上但并非彻底地保护这个城市的考古遗产，这其中有其他潜在原因，至少有一些政治影响，也涉

---

* 原文出处：Schadla-Hall, T., 1999. "Editorial: Public Archaeology." *European Journal of Archaeology* Vol.2(2), pp.147-158. 原文获作者和出版机构授权翻译。

① 在伦敦大学学院考古研究院1999年出版的研究生课程介绍中有关这个词的定义确实更正式一些。

及不少诉讼①。这一事件涉及一系列能够作为很好的研究领域的议题,它们可以从公众考古学的角度去考量,但却与更传统的有关公众考古学是什么的看法相去甚远。

"公众考古学"一词第一次得到广泛关注是 1972 年 Charles R. McGimsey Ⅲ 的《公众考古学》出版。当时这本书在英国和欧洲得到了一定认可,在写作这本书时(作者)"头脑中有两批受众:……考古领域的同行们……以及越来越多的立法者和其他感兴趣的市民,他们都越来越关注保护自己国家的'考古遗产'"②。

McGimsey 说他担心美国大部分的考古遗存遭到破坏,并指出迫切需要记录和保存需要留给未来的东西。该书涉及了一个国家支持的考古项目、一个"理想"的国家文物法、阿肯色州的案例研究,(当时)美国各州和联邦支持考古的现状以及(当时)现存的法律措施。

McGimsey 一开始就声明"根本没有所谓的'私人考古'",而且"没有人可以以某种方式行事导致公众的知识权利遭到不正当的威胁或毁灭"③。虽然他留下了一些未定义的领域,特别是对"公众权利"的定义,但他对于要有更多的公众参与和接触考古研究的态度是明确的。在专家、学者和"剩下的其他人"之间总是存在明显的张力,但正如我后来指出的,在我们生活的这个变化的社会,对接触、参与和开放性的需求越来越高,不断发展的信息自由趋势会对经常无法接触的考古资料产生影响,而这本来就是应该的。

McGimsey 首先关注的是考古资源的管理,以及立法结合考虑周到的调查能为将来保存考古资源的可能性。从 20 世纪 60 年代末,文化资源管理(CRM)这个词越来越多地出现,随后考古资源管

---

① Bradley, J. (ed.), 1984. *Viking Dublin Exposed*. Dublin: O'Brien Press; Heffernan, T. F., 1988. *Wood Quay: The Clash over Dublin's Viking Past*. Austin: University of Texas Press.
② McGimsey, C. R., 1972. *Public Archaeology*. London: Seminar Press, p.13.
③ McGimsey, C. R., 1972. *Public Archaeology*. London: Seminar Press, p.5.

理(ARM)和考古遗产管理(AHM)得到了越来越广泛的应用。我并不想长时间讨论这些术语的发展和彼此之间的差异①。可见的是各国旨在从公共利益的角度来保护考古资源的法律越来越多并得到发展,如国家法律一样,有关文化和考古资源保护的国际及区域性公约和建议也不断出现②。对制定可理解的、综合性法律的需求符合当前对考古思想和过程的要求,这种需要在 Domanico 对当前意大利立法情况的考察中得到了讨论。在这个案例研究中,她明确了现行立法的不足之处,认为考古学家需要介入并给立法者解释复杂概念,而不是迎合目前的立法。反过来,她认识到,在意大利至少有一部分考古社会团体不愿扩大对文化遗产性质的辩论。

关于考古遗产管理的方法已有大量国际文献③,一个显见的问题是各个国家立法和哲学方法的性质不同,虽然多数作者宣称公众对考古学的支持,及其所暗示的对考古学家工作的支持。对被认为是有限的资源管理的持续关注④也形成了旨在更好地了解和在某些情况下提高对考古资源保护的水平的方案。

英国遗产委员会在 20 世纪 90 年代实施的古迹保护计划(MPP)是试图改善考古资源管理的一个很好的例子⑤,该方案引入了各种各样的建议,其中之一是用于识别遗址相对重要性的水平评分系统。

---

① 参见 Carman, R. J., 1996. *Valuing Ancient Things: Archaeology and the Law*. London: Leicester University Press.特别是 3—20 页,他深度思考了这些对象的起源及其定义。

② 例如: UNESCO, 1983. *Conventions and Recommendations of Unesco Concerning the Protection of the Cultural Heritage*. Paris: UNESCO;或《保护考古遗产的瓦莱塔公约》,见 Council of Europe, 1992. *The European Convention on the Protection of The Archeological Heritage (Revised)*. Valletta, Malta, 16 January.

③ Cleere, H. (ed.), 1984. *Approaches to Archaeological Heritage*. Cambridge: Cambridge University Press.其中包括一些从立法和哲学角度讨论欧洲和世界其他地区考古遗产复杂性的文章。

④ McGimsey, C. R., 1972. *Public Archaeology*. London: Seminar Press.

⑤ Startin, B., 1991. "The Monuments Protection. Programme: Archaeological Records." In C. U. Larsen (ed.), *Sites and Monuments: National Archaeological Records*. Copenhagen: The National Museum of Denmark.

值得一提的是,在做与方案有关的决策时,公众似乎没有直接参与,虽然不言而喻的假设是考古学家为了子孙后代来制定决策。虽然目的是为了服务公众,但公众似乎在过程中并没有指定的角色——考古学家的观点显然是最主要的①。

在关于这一问题的文章中,Deeben、Groenewoudt、Hallewas 和 Willems 提出一个通过价值评估系统拓展考古遗迹的管理方法,他们认为这一系统对于非考古学家来说将更加透明和易懂。正如在古迹保护计划(MPP)下,评估将由考古学家进行,但着眼点在可理解性。他们认识到需要鼓励辩论并开发一个系统,这样不仅有广泛的适用性,还能够同时满足学术和管理的需求。这个建议的采用也可使多国之间的比较和进一步的研究成为可能。

评估国家考古资源的需求是明确的,并通过"古迹风险调查"(MRS)的结果得到说明②。这个调查有两个目的:提供英格兰考古资源的总体情况及其面临的风险,以及设置针对这些考古资源未来变化的可监测的标准。调查不仅提供了大量的与考古资源管理有关的信息,也将形成有关未来考古活动计划的优先事项的决定。"古迹风险调查"(MRS)的结果代表了英国考古资源的审计情况,展示了数据管理的重要性以及使用这些不断积累的能够用于未来分析的考古遗址和古迹的空间数据的潜力。英国大部分数据缺乏统一性,欧洲作为一个整体情况也好不到哪儿去。正如 García Sanjuán 和 Wheatley 指出的,如果考古学家要利用 GIS 的最新进展优势,就不仅要考虑提高国家系统的一致性,也需要多国考古清单标准化。越来越多的元素在许多欧洲国家融合,但是如果把它看作跨国数据

---

① Startin, B., 1995. "The Monuments Protection Programme: Protecting What, How and For Whom?" In M. A. Cooper, A. Firth, J. Carman and D. Wheatley (eds), *Managing Archaeology*. London: Routledge, pp. 138-144.

② Darvill, T. and K. Fulton, 1998. *MARS: The Monuments at Risk Survey of England*. Bournemouth and London: School of Conservation Sciences, Bournemouth University and English Heritage.

(特别是使用日益复杂的 GIS 技术),还是应该向允许更大范围分析的一致的国际标准迈进。

McGimsey 提出的考古资源领域的立法和管理的许多问题,在近几年已经有了相当大的进展。但公众利益会不会被官僚机构所代表和通过监管来表示? 令人惊讶的是,他对于公众参与的需求及水平很是不屑一顾。显然,绝大多数公众除了理解考古恢复和保存的正当需求以及可能对其结果感兴趣外,一般不会参与进来①。不过,他随后在下面一段话中强调了教育的根本意义:

> 虽然考古学家们需要相互沟通是事实,但现在很清楚,除非他们也能有效地与公众沟通……否则其他一切都是浪费精力。②

对教育公众和与公众交流有关的考古问题的关注已经在美国得到迅速发展③,这一运动也带来对个别族群的关注④,如会出现针对土著人的不同的公众考古学,服务于不同的利益和利益相关者的不同目的。对教育的关注在欧洲好像并不明显,大部分工作与基于博物馆的考古更相关,可能是因为博物馆考古学家关注向公众连贯地、

---

① McGimsey, C. R., 1972. *Public Archaeology*. London: Seminar Press.
② Jameson, J. H., 1997. *Presenting Archaeology to the Public: Digging for Truths*. London: Altamira Press, p.9.
③ MacManamon, F. P., 1994. "Presenting Archaeology to the Public in the USA." In P. G. Stone and B. Molyneaux (eds), *The Presented Past: Heritage, Museums and Education*. London: Routledge; White, N. M. and J. R. Wiluams, 1994. "Public Education and Archaeology in Florida, USA: an Overview and Case Study." In P. G. Stone and B. L. Molyneaux (eds), *The Presented Past: Heritage, Museums and Education*. London: Routledge, pp. 219 – 232; Jameson, J. H., 1997. *Presenting Archaeology to the Public: Digging for Truths*. London: Altamira Press.
④ Whiitlesey, S. M., 1997. "Putting People Back into the Landscape: Sabino Canyon." In J. H. Jameson (ed.), *Presenting Archaeology to the Public: Digging for the Truths*. London: Altamira Press, pp.166 – 176.

易于理解地展现考古资料的能力①。

《被呈现的过去》②的出版表明博物馆考古学家和学术考古学家都关注扩大（公众）对自己学科的理解，以及可能的可以实施的方法。几乎没有证据显示田野考古学家对吸引更多公众有同样的关注，尽管有 Liddle③ 的工作，他的社区考古项目已经发展了 15 年，在公众参与田野调查和其他活动方面已经取得了成果，但基于社区的考古项目的数量相对仍较少。

然而，更多的证据表明有更多扩大公众在地方和社区层面参与考古的尝试④，大部分这一类工作是基于英格兰地方政府，并往往与博物馆紧密联系在一起。很显然自从最近的地方政府改革以来，基于社区的考古学家数量有所下降⑤。

尽管我们假设公众支持考古学家在保护他们的遗产方面所做的努力⑥，但仍然缺少过硬的数据统计证明公众对考古学的支持和兴趣。在英国，大多数现有信息来自博物馆的调查，且并没有显示出公众对考古的参与。例如：

> 尽管在抽象层面上考古学的价值得到大部分公众的肯

---

① Merriman, N. J., 1989. "Museums and Archaeology: The Public View." In E. Southworth (ed.), *Public Service or Private Indulgence*? Liverpool: Society of Museum Archaeologists.

② Stone, P.G. and B. L. Molyneaux(eds), 1994. *The Presented Past: Heritage, Museums and Education*. London: Routledge; The Times, 1999. "A Pale Petition (3rd Leader)." *The Times*, 3 February.

③ Liddle, P., 1989. "Community Archaeology in Leicestershire Museums." In E. Southworth (ed.), *Public Service or Private Indulgence*? Liverpool: Society of Museum Archaeologists.

④ Kershaw, M. J. (ed.), 1998. *Harrogate Community Archaeology Project: Ellenstring Parish, Pilot Project*. Harrogate: Harrogate Museums and Arts; Duncan Brown 的私人通讯。

⑤ T. O'Connor 的私人通讯。

⑥ Cleere, H. (ed.), 1984. *Approaches to Archaeological Heritage*. Cambridge: Cambridge University Press.

定,但对于大多数人来说考古与他们的生活并没有多大关系,正是这种感知相关性的缺乏导致了(对这个学科)兴趣和理解的缺乏。①

Merriman 进行了一项全国性调查,虽然主要是看博物馆在考古学中的作用,但也传递了一些重要的信息给想要获得公众支持的考古学家。Merriman 认为:"……只有通过教育,考古学家才可能有希望刺激学科兴趣和对考古遗产的保护,而且只有通过走出去,做自己,才可能实现。"②其他调查显示出公众对考古和博物馆的比较高的支持③,但这种支持是被动或主动还不清楚。

确实需要认真和持续研究的一个领域是公众对考古学的态度。一项迄今为止未发表的调查与巨石阵④的未来相关,该调查获得了一些有趣的结果。为了未来子孙后代而支持保护巨石阵的人数是非常多的,并与类似的博物馆调查的结果相匹配,这说明较多数量的人承诺维护遗产。这份调查还估计可能有足够多的人愿意通过税收每人支付超过 37 英镑,从而筹集 1.83 亿英镑,在巨石阵世界遗产的地下建造一个隧道。更重要的是,从调查中发现,调查样本的 9% 表示保存遗产是最重要的文化问题并需要采取行动,与之相对的是少于 1% 的样本首先考虑视觉因素⑤。这个调查主要与巨石阵相关,可能并不

---

① Merriman, N. J., 1989. "Museums and Archaeology: The Public View." In E. Southworth (ed.), *Public Service or Private Indulgence?* Liverpool: Society of Museum Archaeologists, p.23.

② Merriman, N. J., 1989. "Museums and Archaeology: The Public View." In E. Southworth (ed.), *Public Service or Private Indulgence?* Liverpool: Society of Museum Archaeologists, p.23.

③ Prince, D. and B. Higgins, 1992. *Leirestershire's Museums: the Findings of the 1991-2 Study of the Perception and Use of the Leicestershire Museums*. Leicester: Arts and Records Service.

④ Kennedy, M., 1999. "Heritage Value is Put On a 'pile of Old Stones'." *The Guardian*, 20 January.

⑤ Kennedy, M., 1999. "Heritage Value is Put On a 'pile of Old Stones'." *The Guardian*, 20 January.

代表所有关于考古学的观点。伦敦成千上万的公众强烈抗议回填17世纪的玫瑰剧院遗址①，一定程度上是因为它与考古遗址相关，但更主要地是因为它与莎士比亚有关，尽管这是英国为数不多的公众直接参与考古活动的案件之一。完成对于公众对考古学的态度的非常小的实证研究工作是重要的，不仅能建立"被动"的关注，也能建立积极的关注。

20世纪60年代末，考古部门在世界各地的扩张意味着在欧洲，有越来越多的考古毕业生，或者从理论上来说有更多毕业的考古学家（其中许多人不会直接在考古领域工作）。这一扩张应该对公众了解考古学产生了影响，出现了公众对各种业余考古学课程的稳定需求②，英国每年有超过1万业余学习的学生参加成人教育课程。

然而，很少有证据表明公众对考古的理解或承诺有明显的扩大，没有更多的研究数据就很难衡量承诺或兴趣的水平。最近笔者了解到英国考古委员会（CBA）仍只有大约5 000名会员，而同时其他处理环境压力的团体，如皇家鸟类保护协会（RSPB）的会员编号达到数百万③。当然，英国考古委员会只在过去的五年才开始有个人会员，并且有近500个机构会员，可以声称代表比个人会员更多的个体。然而，作为英国最大的考古学代表机构，与其他环保问题组织相比，英国考古委员会还是比较小。

我们也许不必担心英国考古委员会会员比其他环境组织的会员水平低，英国考古委员会是否曾打算成为一个大规模的会员组织也值得商榷，但有一些证据表明，许多考古组织的会员都没有显著增加。英国唯一一个有大量会员的考古机构是英国遗产委员会，在1998年它就有超过100 000名会员，然而，大部分会员入会可能是为了参观考古遗址这种被动参与，而不是直接参与考古活动。

---

① Eccles, C., 1990. *The Rose*. London: Nick Hern Books.
② A. E. Brown 的私人通讯。
③ G. Wainwright 的私人通讯。

考古学一般依赖大量国家经费，例如英国1999年的考古活动资金可能会超过3.18亿英镑[①]。因为资金来自地方政府、中央政府和各种非机关的公共机构以及代理机构，很难获得关于考古经费的总数，这使得在英国很难进行定量研究，但是这个数字可能是保守的估计，并且不包括来自开发商的资金。在英国，没有公共资金支持的话很多考古工作将无法进行，在用于提高公众责任感的支出越来越占公共支出主导地位的大环境下，考古学家似乎也认识到公众对他们活动的理解和支持的重要性。虽然这一最广泛意义上的参与需求近几年在英国可能过于强调了，但它在整体的当代西方社会代表了一种趋势。

说明支出的合理及访问的需求是 Merriman 和 Swain 关于考古档案及其用途和功能的论文背后隐藏的重点之一。自20世纪70年代以来，考古活动的增长给英国的许多博物馆都带来了巨大的压力。出土考古档案的存储（或保持储备收藏）的成本成为影响许多博物馆预算的一个重要因素，但这些藏品的总使用量是极其有限的。资源的有效利用确实需要重新评估这些档案和藏品的作用和用途，这些档案和藏品的使用、修复花费公共资金，而且在大多数情况下其维护也花费公共资金。

考古资源的使用，还有其他与公众利益和经济有关的考古活动和关注的领域有明显的经济和政治层面的问题，其中之一就是非法文物市场的问题，在某种程度上联合国教科文组织1970年颁布的《关于禁止和防止非法进出口文化财产和非法转让其所有权的方法的公约》和国际统一私法协会1995年颁布的《关于被盗或者非法出口文物的公约》[②]涉及这一问题。尽管英国仍然没有批准，但大多数

[①] CIPFA, 1998. *Leisure and Recreation Statistics*（*Estimates*）1998/9. London: Chartered Institute of Public Finance Accounts; DCMS, 1998. *Press release. DCMS 167/98*. London: Department for Culture, Media and Sport.

[②] UNESCO, 1983. *Conventions and Recommendations of Unesco Concerning the Protection of the Cultural Heritage*. Paris: UNESCO; Lmars. Proit, L. V., 1998. *Commentary on the UNIDROIT Convention on Stolen and Illegally Exported Objects 1995*. Leicester: Institute of Art and Law.

欧洲国家已经批准或已是这些公约的签署国。支持、宣传和推广这些公约是所有考古学家都应该积极参与的事情[1]。文学和新闻领域对考古资料的返还问题的兴趣越来越大，关于帕特农神庙大理石已经有很长期的辩论，这可能被视为是比其他目前正大规模发生的种种事件有更小即时性的历史问题。在英国，如索尔兹伯里窖藏[2]和伊克灵汉姆青铜器[3]等案例仍然反映出盗掘滥用考古资源的普遍性。经过多年的辩论和讨论，英国在1996年修改了关于无主珍宝的法律[4]，并同时实施一项目前由文化、媒体和体育部协调的有关自愿登录文物信息的法规。该项目旨在扩大包括金属探测者在内的公众参与考古资料的登录，并起到有力的教育作用，这个项目包括一个网站，来展示通过项目工作人员的努力所得到的遗存的信息价值[5]。该项目是公众参与的一个重大进步，使信息更容易获得，并且因为它旨在提高对学科的认识，应能获得政治上和经费上的支持。

考古学与政治问题相关已经得到了广泛的认识和研究。Meskell最近出版的《战火下的考古学》[6]把考古学放在社会政治维度考量，这显然属于公众考古学的范畴。一些个人的研究也显示了复杂关系和相反倾向，它们本质上是公众考古学的构成部分，在个人和国家层面的国家主义、民族主义、当代政治、社会学和经济学中都

---

[1] Schadla-Hall, R. T., 1999a. "Antiquities, Archaeologists and Illicit Trade: the Need for Awareness and Action." In *IFA Yearbook and Directory for Members 1999*. Wiltshire: Cathedral Communications, pp.36–37.

[2] Stead, I. M., 1998. *The Salisbury Hoard*. London: Tempus.

[3] Palmer, N., 1998. "Statutory, Forensic and Ethical Initiatives in the Recovery of Stolen Art and Antiquities." In N. Palmer (ed.), *The Recovery of Stolen Art: a Collection of Essays*. London: Kluwer Law International, p.28.

[4] Bland, R., 1996. "Treasure Trove and the Case for Reform." *Art Antiquity and Law* 1(1), pp.11–26; DNH, 1997. *The Treasure Act 1996: Code of Practice (England and Wales)*. London: Department of National Heritage.

[5] DCMS, 1999. *Portable Antiquities Annual Report 1997–8*. London: Department for Culture, Media and Sport.

[6] Meskell, L. (ed.), 1998. *Archaeology Under Fire: Nationalism, Politics and Heritage in the Eastern Mediterranean and Middle East*. London: Routledge.

扮演着不同但相关的角色。

我们应该寻求关于"公众考古学"的一个更广泛的定义，而不是接受一个狭隘的定义，我们应该把公众作为一个整体让他们参与相关议题，这些议题本来就与他们相关，而且应该比现在在考古学研究中的相关度要更高。考古学的至少一个领域经常被考古学家们忽略——那就是"另类考古学"。Morris 指出：

> ……公众对神话感觉更好，部分因为神话的一个功能就是被人传诵。除非我们想出更好的故事，否则关于德鲁伊人、舞人、山下埋藏的黄金，或者地画的神话将继续被反复传诵。当然，我们自己的框架可以代替它们，只要我们有勇气和想象力将它们嵌入公众意识中，或者是嵌入公众的无意识中。实际上，我们必须提供比目前占主导的幻想们更可行的新的神话。神话？如果你觉得难以接受，那你就证明了我的观点：我们忽略了公众的需求。幻想的蓬勃发展是因为对许多人来说过去是一个想象力自由发挥的开放的领域，他们不知道他们发现的迷人的石圈究竟是什么。[1]

在我们所说的主流考古学之外，那些幻想在开放的领域活跃而繁荣，而考古学家忽视这些幻想的行为是危险的。已故的 Glyn Daniel[2] 因为他所提出的"非理性的舒适"受到了许多抨击，但正如 Crawshay Williams[3] 指出的，人们坚持明显是幻想的观念是有理由的。可以看出，被一些考古专家认为愚蠢的事情在不断增加，而忽视

---

[1] Morris, R., 1993. "A Public Past?" In Hedley Swain (ed.), *Rescuing the Historic Environment: Archaeology: The Green Movement And Conservation Strategies For The British Landscape*. Hertford: Rescue, p.12.

[2] Daniel, G. E., 1992. *Writing for Antiquity*. London: Thames and Hudson.

[3] Crawshay-Williams, R., 1947. *The Comforts of Unreason*. London: Routledge, Kegan, Paul, Trench Trubner.

或嘲笑这样的事情并不会让它们消失。

虽然有更多的可用的例子，但两个英国的例子就足以说明这一点。第一个可以很好地概括为：英国最大的一家连锁书店将G. Hancock 和 S. Faiia① 写的书放在他们 1998 年圣诞商品册的历史类图书目录②里作为畅销书推销，尽管这书里的很多内容并没有超越 Perry 1923 年写的《太阳之子》③——这是战前非常经典的一本超传播论的出版物。给这样不正确的作品显著的地位，会给那些经过合理研究写出的作品带来很大影响，但越来越明显的趋势是通过脚注和参考文献赋予它们学术口吻从而戴上学术严谨的假面。考古学家可能认为这样的作品是反智的，并不理会它是可以被接受的。

1998—1999 年，英国最成功的书籍之一是由泪滴爆炸乐队的前歌星 Julian Cope 所撰写的，据报道这本书三个月就销售了 2 万多本。《现代古物研究者》④在许多方面都是一本奇怪的书，它声称是关于英国巨石文化的作品，它的畅销也得益于 *Time Out* 杂志和《卫报》的广泛评论。作者 Cope 现在正在去英国各地，在成千上万的观众面前谈论他的书⑤。他遵循最近的"另类考古学"趋势，在书中使用大量的参考文献，并且在书里插入大量的图片。和我交谈过的大多数考古学生都说这本书很奇怪或者说很不准确，但许多人承认曾读过它，并且有些人认为它代表了对过去的另一种解释。有许多人会认为最好忽视这种书的流行以及相伴的一系列不可靠的电视节目，事实上，例如《时间小队》这个非常流行且制作精良的"主流"电视节目有多达

---

① Hancock, G. and S. Faiia, 1998. *Heavens Mirror: The Quest for Civilisation*. London: Michael Joseph.

② Dillons, 1998. *Christmas Catalogue*. London: Dillons.

③ Perry, W. J., 1923. *The Children of the Sun: a Study in the Early History of Civilisation*. London: Methuen.

④ Cope, J., 1998. *The Modern Antiquarian: A Pre-Millennia I Guide through Megalithic Britain*. London: Thorsons.

⑤ Scanlon, A., 1999. "Neolithic Glam: Julian Cope. Dingwalls." *The Times*, 27 January.

600万的观众支持，考古学家并不能忽视其他也达到了较高收视率并且非常具有误导性的考古作品，就像最近由 Graham Hancock 拍摄制作的迷你系列片《探索文明》。我们不知道公众是否能区分媒体中"好"的和"坏"的考古学，这是另一个深入研究能提供大量信息，并能够真正洞察考古学中公共利益的本质的领域。

关于考古阐释的完整性及模糊性识别的问题在于存在可替代的假说，这些假说同样具有可信性并可能被接受。真正的挑战是要确保辩论和讨论的假说是基于证据而不是想象力，是基于事实而非虚构。Holtorf 和 Schadla-Hall 关于真实性的文章与这一点特别相关，它提出了公众经验和旅游业相互连接的议题。他们质疑考古学家在评估和了解过去的潜在影响方面的作用。对于真实复制和重建公众关于过去认知的影响则需要进一步的实证研究。考古学家长时间争论特定重建的相对优点和目的，但他们可能需要考虑公众是否关心这些问题。围绕伦敦萨瑟克区重建的莎士比亚环球剧场的"真实性"问题有相当多的争论，剧场开放后争论仍然在继续，人们对完成的建筑外墙的过度装饰以及体验的真实性问题提出质疑[1]。然而，该项目已取得巨大的成功，参观游客的数量已经远远超过了最初的预期，公众似乎接受了提供给他们的东西并对相关批评不太关心。

我试图提供一个更宽泛的公众考古学定义，而非普遍接受的，因为我怀疑欧洲的许多考古学家选择忽略公众意见或对公众意见大打折扣，并没有把考古作为一种公众活动。我认识到对考古研究和教学进行的许多人为划分，使得我们无法跟进并分析影响考古活动的多重因素。我们不仅要考虑保护和记录过去的公共利益，还应考公众参与，让他们能够参与许多我们经常辩论而没有向他们提及的

---

[1] Schadla-Hall, R. T., 1999b. "Shakespeare's Globe." (as faithful a copy as scholarship could get ... a bit of a bastard) In P. G. Stone and P. G. Planel (eds), *The Constructed Past: Experimental Archaeology, Education and the Public*. London: Routledge.

问题。

公众考古学问题的复杂性通过目前巨石阵的辩论就可以很好地说明了,最近有关如何改进该遗址及该世界遗产的各个方面的长时间讨论,由 Malone、Stoddart 和其他一些参与者进行了总结。在这一世界遗产的中心"挖了再盖"弄一条隧道[1]是目前的解决方案,这一方案在几个月前还是不被接受的[2],而现在在英国遗产委员会看来这是一个不错的解决方案,他们此前长期呼吁要建钻孔式隧道。毫无疑问,有关这一决定的政治因素很难写入正常的学术出版物中——特别是为什么政府在考古问题上的顾问要改变他们的建议。相反的,这一问题现在仍在报纸上进行讨论。巨石阵及其周围地区是多年争论的主题[3],现在可能有相当多关于提出的保护遗址的方案的争论,问题不只涉及考古遗址的保存,也涉及国际公约、国家政策以及地方利益,很少有证据表明公众被告知这些问题。公众对遗产的普遍关注需要转换成公共辩论。

致谢:感谢 Nick Merriman 和 Neal Ascherson 深思熟虑的评论以及 Nicholas Stanley-Price 的建议和耐心。

---

[1] Malone, C. and S. Stoddart, 1998. "Editorial." *Antiquity* 72, pp.731–737.

[2] Wainwright, G. J., 1996a. "Stonehenge Saved?" *Antiquity* 70, pp. 9–12; Wainwright, G. J., 1996b. "Angleterre: un Avenir Pour Stonehenge?" *Archaeologia* (Paris)325, pp. 16–23.

[3] Chippindale, C., 1997. "Editorial." *Antiquity* 71, pp.794–796.

共享过去的可能？

——21 世纪公众考古学的理论和实践*

伊恩·霍德（斯坦福大学考古学中心）著
朱静宜、王　涛（首都师范大学历史学院）译
王　涛（首都师范大学历史学院）校

我认为公众考古工作是基于参与团队之间的对话与沟通。如今，一些合作和协商尽最大努力试图解决长期存在的管理过程中的问题，无论是顾问所参与的巨石阵管理计划，还是世界各地的考古学家、政府和土著民之间的交谈[①]，都是公众考古发展过程中存在的问题。我同样认为，大量处理工作中广泛存在的管理与协商的指导方针和规程已经被讨论，其中包括确定所有潜在的利益相关者，提供协商的时间，评估不同的传统文化的价值，以及评估经济影响[②]。

这里我所关心的是公众考古工作团队中各方面参与者团结起来解决管理问题时的道德基础，对什么是公众考古讨论中的广泛规则提出疑问。因为我自己对这些问题的体验很大程度上是以一位在中东工作的考古学家的身份去感受的，我尤其关心，当参与者来自存在战争、冲突和怀疑占统治地位的时空里，那么什么样的准则才是可行

---

* 原文出处：Hodder I., 2011. "Is a Shared Past Possible? The Ethics and Practice of Archaeology in the Twenty-First Century." In Okamura K., Matsuda A. (eds), *New Perspectives in Global Public Archaeology*. New York：Springer.获作者授权翻译。

① Swidler, N., Dongoske, K., Anyon, R. and Downer, A. (eds) 1997. *Native Americans and Archaeologists: Stepping Stones to Common Ground*. Walnut Creek：AltaMira Press.

② De La Torre, M. (ed.), 1997. *The Conservation of Archaeological Sites in the Mediterranean Region*. Los Angeles：The Getty Conservation Institute.

的。出发点应该是什么？我们是否必须采取那些广泛的文化遗产权利？是否只有回归到这些普遍的观点、广泛的道德准则，才能让我们进步？还是说出发点仅仅是期待对话那么简单？如果是后者，那什么才是产生最好结果的指南？对话如何被参与者运用？

一、作为广泛原则的道德规范

我希望以检查关于文化遗产的普遍道德原则的概念为开始。乔安妮镜头下最近几年伊拉克大规模的遗产破坏让我深受触动，她已经正确并有效地宣传了这些在伊拉克南部的尼姆罗德、尼尼微和 Ur 寺院等地，因为战争而遭到严重破坏的文化遗产。

我通常认为我相对来说对于失去的事物所产生的悲伤感情是有免疫力的，许多类似的人类浩劫，在我被这惨痛的文化遗产破坏所产生的悲痛感情触动之前，很少有记得的，比如像亚历山德里亚的图书馆被破坏，或者巴米扬大佛被毁这样的危机都没有使我掉泪。我意识到大规模的洗劫所带来的严重后果——世界范围内大规模的盗墓；圣劳伦斯岛上，人们以"生存抢劫"的名义获取象牙并销售；或者在秘鲁，人们为了得到那些令人难以置信的陶艺品从而在市场上卖出高价，对莫切遗址进行了大量的挖掘。

一些伊拉克的文化遗产被破坏的直接原因就是战争，炮击、抢劫，以及军事基地的驻扎都会对文化遗产造成大规模的破坏。但是人们已经习惯了战火对文物的破坏，比如说二战时期对欧洲文化中心的轰炸以及波斯尼亚战争对莫斯塔尔桥的摧毁。

但在伊拉克，抢劫和破坏的规模之所以如此大还是有一定的原因的，或许只是因为我对这些文化遗产的了解相对较多，并把它视为西方文明的起源，所以对伊拉克大规模的遗产破坏深感悲痛。但是我想要探索的是，我对这些损失和破坏的回应是否表明了一个普世学说。对于破坏文化遗产这种道德败坏的行为，我们是否都有相似的反应？我们可不可以说一些普世性的道理在某种意义上是"错误的"？对于所有其他的案例，我们能说都是一样的感受吗？

在《威尼斯宪章》以及联合国教科文组织（UNESCO）和国际纪念碑及遗址委员会（ICOMOS）的许多声明中提到的"普世道德厌恶"的假说，是建立在国际间尝试对文化遗产进行保护的基础之上，尤其是建立在战争期间对于文化遗产的相关待遇之上。无论是身处战争中还是身在和平里，许多人都认为为了人类的整体性，世界文物遗址应该被保护起来。我们接受遗址对于广泛文化的重要意义，我们同样认为如果国家没有采用适当的方法来记录和保护他们的文化遗产，那么他们应当受到责备。

至此，关于文化遗产的普遍权利似乎有一些概念了，我们更希望国家和国际团体可以保护这些权利。在这样的背景下，我们可以轻易地说对遗产的摧毁是错误的，是对全人类的罪行，我们可以建立起一个普世的道德规范和行为评判来指导对文化遗产的保护。当一组责任人围坐一圈讨论特别的遗产项目时，他们可以有一些特别的道德禁令作为一套完整的普世声明中的一部分，从而可以付诸实践并且用来判定特定的实例。

我对在伊拉克发生的文化洗劫深感悲痛，同时我也被对发生这次洗劫的原因的解释所震撼，或许对于全世界的发达国家来说，文物需求最重要的因素是作为中间人的商人对利益的追求。研究者同时也指出饥饿、贫穷以及工作机会缺乏等现象存在于伊拉克南部，而这里也是大量重要遗址的所在地，萨达姆对港口的封锁以及禁飞政策的出台，使得这里的经济陷入萧条。由于这些年来的疏忽，许多人寻找碑以及其他一些文物，通过中间人进入世界文物市场，从而作为自己的一部分经济收入。在这样的情况下，由于缺乏法律和安保措施，很难认定当地居民的这些收入是非法的。毫无疑问，他们是为了抚养他们的孩子而选择去遗址进行洗劫，如果换作是我，在这样的情况下，我是否也会做出同样的事？我清楚地记得圣劳伦斯岛上那些为了维持生活而劫掠的人的感受，本就没有更多的生存之道可供选择，我们又怎能否定他们的生存之道？

在伊拉克的例子中，有人辩称那些通过劫掠文物而换得的少量收入是无法维持那些抢劫的人的生活的，因此，造成这种情况的罪魁祸首是中间商和买家，以及文物交易缺乏有效的监护和保障。我不知道伊拉克所存在的"正义洗劫"（subsistence looting）行为是否正确，但是对于像圣劳伦斯岛上所存在的类似的事情是可以被接受的。如此看来，人们为了维持基本的生存而进行的对文物的挖掘和销售是可以被道德所允许的，如果他们想要这么做的话。

这里，我们似乎有一个可供选择的公共权利——人们应该被允许决定他们的过去。对于我们所接受的全部，包括许多联合国教科文组织声明，每个国家有权处理和解释各自的过去。但是最近，这个权利被一些非正式团体扩大。世界范围内的本土团体利用当地过去的历史文化作为"身份政治"的一部分[1]，如美国土著群体在《美国本土居民墓葬保护与赔偿法案》（NAGPRA）中有对他们过去发生过什么的决定权；在《巴拉宪章》奉行的概念中，我们应该聆听当地的声音，从而决定如何去管理过去（澳大利亚 ICOMOS 1981）。

从这两个方面来解释人类文化遗产权利（普世的和当地的）看似是相互矛盾的。我要提出的问题是："有普世的文化遗产权利吗？"我个人认为，对这种权利的讨论，是探明世界历史进程的重要部分。任何创造绝对的普世权利的尝试都不得不处理那些明确的个性化案例，并且很容易受到那些占统治地位的国际联盟的利益影响；任何普世的需求都要受到当地需要的影响，任何忽视国家、地区或土著群体利益的共识，都忽视了既得利益者的权利被滥用的可能，也忽视了我

---

[1] Kane, S. (ed.), 2003. *The Politics of Archaeology and Identity in a Global Context*. Boston: Archaeological Institute of America.

们这个相互关联的世界。

所以说,即使我们都同意有明确的普世遗产权利作为出发点,如今一些主要的权利看起来还是矛盾的,公共遗产的普世权利与那些能够控制文化入口并且决定他们过去的组织的普世利益是相互冲突的。即使有一些普世的权利,我们依旧不得不明确且务实地解决这些矛盾和冲突。所以,无论普世的权利是否存在,我们都不得不思考处于特殊背景下的遗产权利应该是什么,一个普世的道德常识在这里是难以生效的。事实上,这种感觉可以作为合作讨论的起点。可能会有一种怀疑的危险,即一方或另一方利用其中一项权利为自己的目的服务①。那么,广泛声称文化遗产的价值是为全人类服务,事实上可能是那些占统治地位的国际联盟为了获得利益而使用的策略,或者可能是当地组织利用创造自己历史的权利来获得自身利益的身份政治。这样子看来,我们需要一个不同的模式来为管理文化遗产的对话开场。

二、对　　话

道德权威的权重在哪里——在共同的过去还是各自分散的权利?普世权利是否应该被尊重? 如果应该,那么普世权利是否应该占据统治地位? 这些问题是否应该用务实的和集体的方法来解决? 在我看来,任何试图采用道德高地的立场都是不可持续的,因为道德中的"政治正确性"很快会出现在特定群体的利益上,这是由于普世原则的运用中有太多矛盾的存在。所以事情必须通过对话的方式公开解决。

所以说,比起在人权的基础上讨论如何管理文化遗产,我更喜欢一个协商民主的版本。我所运用的这个版本是塞拉·本哈比(Seyla

---

① Byrne, D., 1991. "Western Hegemony in Archaeological Heritage Management." *History and Anthropology* 5, pp.269–276.

Benhabib)①的,但是并没有包括她所强调的普世原则。当然,任何对话都是发生在可接受的标准框架之内,但是综合上述原因,我认为这些构架通常是暂时的,并且对批评持开放的态度。对话和磋商的权威不是建立在普世主义的绝对意义上,而是依照全球不同的经历选择"最佳做法"(best practice)。

我把民主协商解释为一个不基于广泛的人权(right of man),而是经过深思熟虑,考虑了地方性和全球性不同角度的讨论过程。全球性的权利需要被考虑到,因为我们生活在一个全球化,各自分散但又相互联系的世界里,无论你喜欢与否,我们都是相互联系并且相互依赖的,所以我们对遥远地方所发生的事情也具有一些责任。世界性的权利可能是无望的群众聚集在一起产生的用来抗衡那些当地狭隘顽固思想的智慧,但是当地也需要防备占主导地位的团体所作的普遍声明和既定的利益。

任何国家对民主协商的假设至少都暂时采取的是平等对话,这个概念让人回想起哈贝马斯(Habermas)所说的"理想对话社区"(ideal speech communities)。我们回头来看看到底什么才是普世的道德原则——围绕着圆桌的参与者都拥有平等的话语权。创造一个良好的谈话环境是十分必要的,这样才可以将历史遗留下的伤痛和怀疑置于一旁,至少暂时保证了谈话的顺利进行。那么我们应该说所有的提议和声音都是平等的,还是应该说一部分的声音有更大的分量?可能会有这么几个理由来反驳后者,比如说,一个遗址,其所属的土地的合法拥有者在管理上拥有很大的权重,而该土地的合法拥有者则是受委托的政府机构;而另一些人可能会持不同观点,认为有些参与谈判的团体,具有历史遗留下的特权从而决定着最终的结果(比如当地组织长期遭受外来殖民的镇压)。因此,又一个矛盾的

---

① Benhabib, S., 2002. *The Claims of Culture: Equality and Diversity in the Global Era*. Princeton: Princeton University Press.

普世道德原则出现了——在谈话过程中我们应该给予较弱势的伙伴更多的分量和声音,从而偿还长期以来的不公。

那些试图将普世原则作为对话基础的尝试如果没有与那些特殊的历史经历和特殊团体相关联,那么看起来还是难以实现的。本哈比认为,很多的一般道德准则依旧可以成为参与会谈者的出发点,比如参与者应该倾听对方的意见并且尊重他们的观点。如果人们聚在一起对话,那么这些期望应该是合理的。或许我们可以将倾听和尊重这两个简单的基本原则作为我们文物协商对话的导向,从而指导我们形成"最佳做法"。然而,在极端的冲突情况下,比如野蛮和死亡,当除了伤害和愤怒之外没有任何其他的感情时,这些希望看起来也过高。

似乎所有人都会说道德原则是任何关于遗产管理的工作都应该讨论的部分,因为道德往往被看作是人们权利的保护,特别是对于那些弱势群体来说;或者说道德原则可以保护人们免受特别的利益或者个人活动的侵蚀,保护人们最广泛的利益。如果要形成一个充分考虑过的道德保护,那么道德必须与历史和谐一致,并且考虑到特殊的社会局势以及各自的分歧。道德理论同样要结合序列混乱、边缘化和忽视等历史错误,它们必须理解那些仅仅依靠阻碍别人的利益而形成的文化。伦理道德应该是所有为解决文化遗产问题而进行的协商讨论中的一部分,它使人们注意到人们所带来的更大的社会和历史问题。通过将一般原则与具体情况联系起来来制定道德准则,这个过程本身将会导致对权利和正义的讨论。道德作为会谈中的重要部分,并不像那些大众化的灵丹妙药可以消除自私并且可以运用于所有的环境下,但是道德伦理作为一个潜在的问题,常常贯穿于对话和协商的每一个部分。

三、远离谈判桌的环境

在世界上的许多地方,在谈判桌上构建"理想对话社区"看起来似乎是不切实际的,在本哈比所解释的民主协商中也只扮演着十分微小的角色。在现实世界中,权利差异是普遍存在的,这影响着一个开放的讨论和对话的开展。我们可以创造一个明确的会议规则,让参与会议的人们可以秉持同样的道德准则,但这看起来是很难实现的,除非这些问题不是在桌前的会议上解决。我们也许可以尝试创造出一个"理想对话"模式(ideal speech-type),这与哈贝马斯的学说[1]有几分相似,但是这就需要忽视参与者之间真正的差异,这样的差异必须在协商之前被处理清楚。

首先,有必要让参与者有一个股份,这通常意味着他们在项目中有一个所属位置,从而可以从中获得经济利益。解决的方式是很重要的,对于那些边缘化组织来讲,可以从文化遗址中获得经济利益,以防国家掌控入口、参观费用和旅游场所的建设等。人们如果能够从文化遗址中获得经济收益,那么就会有更多有效的参与者。

在恰塔尔胡尤克(Çatalhöyük),当地社区通常对遗址不感兴趣,在过去,他们没有从中获得经济利益。于是我们尝试通过鼓励位于遗址旁的商店投资来解决当时所存在的问题,重修道路,建造新的水利系统,并且鼓励当地政府加强对山村教育的投资建设。我们雇佣当地村民和镇子上的人,计划在当地修建一个大型博物馆。我们也尝试发展恰塔尔胡尤克的专属品牌,于是与地毯商(kilims)建立了伙伴关系。尽管这样的倡议目前为止取得了一定的成绩,但是世界上还存在许多遗址和地区,其工艺生产史与文化遗产的破坏相关,并依靠此获取经济利益。

地方官员常常依据经济效益来考虑发展的路线,他们希望经济不断发展,所以愿意在西班牙的毕尔巴鄂建造一个具有影响力的古根海姆博物馆(Guggenheim Museum),但是我们需要知道,重要的

---

[1] Habermas, J., 2000. *The Inclusion of the Other: Studies in Political Theory.* Cambridge, MA.: The MIT Press.

是不要在不切实际的情况下对他们有过高的期望。这里需要指出的是，大部分的文化遗产项目并没有能吸引来大量的游客，也没有带来经济的迅猛提升，但是对于参与计划的人来说，追求现实的经济利益是参与者的基本目标。潜在的和实际中的经济收益为参与对话的管理者创造出一个可靠的环境，也是作出决定的重要依据。

另一个圆桌谈话之外的重要背景是教育。参与对话的人有着不同的教育背景和文化程度，对于考古学专家来说，他们可以讨论关于文物的最权威的知识和对它们的管理方法；但是一些当地的组织也许只知道一点，并且很少能够表述他们的要求。所有参与对话的人都可以理解问题并且解释为什么特定文物的保护方案是可被接受的，这对于所有的参与者来说都十分重要。

在恰塔尔胡尤克，最初对参与文物保护兴趣的缺乏至少部分是由于当地社区的人们很少接受教育，许多人甚至不会写字，很少有人知道非伊斯兰教的历史。我们尝试用以下方法来解决这个问题。如许多中东项目一样，我们为学生提供奖学金（在我们的案例中，一些钱源自当地）来学习语言、考古，或者在土耳其主要大学中更普遍的、国外的保护训练。在欧洲资助的临时计划之下，给土耳其当地居民准备了大量的小学和初中教材，每年都会有600个孩子花费一天的时间来接受第一手的考古和文物知识[1]；在当地的村庄，我们提供幻灯片，在文化遗产区召集整个村庄的居民来解释我们的计划并且期望得到反馈。社区逐渐成为游客中心。

参与者通过鼓励实践、教育和知识的普及，加快了文化遗产的管理和对所有方面的调查进程。说考古学应该继续像往常那样只做研究是不能满足如今文化遗产的要求的，考古学家需要加深与参与者的交流，提供调查研究的结果并解释其原因。然而，与参与者保持距

---

[1] Doughty, L. and Hodder, I. (eds), 2007. *Mediterranean Prehistoric Heritage: Training, Education and Management*. Cambridge: McDonald Institute for Archaeological Research.

离,刻意将他们排除在专业讨论之外,并且剥夺他们的选择权和行动权,拒绝让这些组织参与所有的讨论平台,这种现象如今仍广泛存在于许多项目中。在恰塔尔胡尤克,我们已经运用了一些灵活的方法,许多当地组织都参与了实验室中的后期整理过程,不同的发掘小队从不同的方面吸收当地社区居民。一个长期指导遗址工作的居民通过左岸出版社(Left Coast Press)[1]出版了一本关于项目的书,其中记录了当地社区中的主要公众考古项目。中东地区当地工人的声音在太长的时间里一直保持沉默。

另一个重要的发展是信任。与会者必须相信其他与会者所说的话,信任的建立包括在会议前后的时间里,可以跟踪会议上的发言。在某些区域,比如中东,主要阻挡民主协商的是如何在怀疑和冲突的背景下建立信任和合作关系,当分离和诋毁占据日常生活中的主要方面,这个问题就是如何做到相互尊重。在冲突之后,有一些极端的和解情况,和解进程在卢旺达和南非建立的真相在于和解法庭(the Truth and Reconciliation Courts)明显试图着眼于当下各自的统治,之后立即尊重和宽容种族灭绝、战争和死亡。相似的项目也发生在以色列(比如 TEMPER 计划)[2]。我与怀依河(Wye River)项目的成员关于信任问题的很多重要讨论使我印象深刻,这些巴基斯坦和以色列的考古学家和文物专家会在同一个项目中合作[3],参与者常常会说这个项目取得了巨大的成功,因为参与者都感受到了彼此的信任,而这样的信任是在日日夜夜如家庭般的相处之中逐渐形成的。

怀依河案例的结果是使人难忘的,参与者并不是以净化伊斯兰

---

[1] Dural, S., 2007. *Protecting Çatalhöyük: Memoir of an Archaeological Site Guard*. Walnut Creek: Left Coast Press.

[2] Doughty, L. and Hodder, I. (eds), 2007. *Mediterranean Prehistoric Heritage: Training, Education and Management*. Cambridge: McDonald Institute for Archaeological Research.

[3] Scham, S. and Yahya, A., 2003. "Heritage and Reconciliation." *Journal of Social Archaeology* 3(3), pp.399-416.

和奥斯曼过去的景观为出发点,而是聚焦于那些常常被忽视的物质——奥斯曼和基督教建筑上。他们与以色列古物管理局合作,使古阿卡建筑在这些有十字军的基础和奥斯曼的上层的建筑中脱颖而出。他们参与当地社区的项目,创建并且支持社区中心。巴勒斯坦的圣经遗址项目旨在包容而不是排斥过去。

共享遗产的概念不是来自人类的公共权利或普遍权利,而是来自识别特殊的历史所缠绕成的复杂的情况,认为历史是重叠的、分层的、复杂的、不固定的、混合的、相互依赖的、短暂的且瞬息万变的,而不是具有固定的身份和僵死的边界。我们拥有不同的对话进程和代表团构成,这是过去在认识整个复杂过程时所采用的最有效的形式。

更长远地来看,我们需要把地质分层作为关注的重点。霸权主义对遗产的要求往往会抹去不符合其利益的阶段、事件或历史,现在所建立的复杂层面被遗忘或否认。但是分层和地层学是考古学的重要组成部分,在发掘的过程中,我们发现了那些被遗忘的层面,并能够重新构建当代世界和当代权力的各个层面。这样,当下的自我意识及其本质就有了问题,出现了裂痕,导致了更公开的对话,更强烈的运动感、变革感和协商后的权利。

分层记忆的潜在意义清楚地体现在类似于奥玛清真寺(Dahar al-Omar Mosque)的怀依河案例中,也叫作 Al-Mu'aleq,被 Hanan Halabi Abu Yusef 研究。这里,十字军的建筑后来被用作犹太教堂,随后又在上面建造了一座清真寺。清真寺在战争后重新开放,如果该建筑的多层次性能够得到重视和强调,对于研究将具有重要意义。

四、结论:立场

我在文章中提出,我们需要讨论对待文化遗产管理工作所应该持有的道德原则,对此讨论的价值是普遍的绝对原则的确立,绝对不是按照惯例来考虑正确与否,从而建立起特有的全局与局部的历史联接。合作讨论发生时,它似乎需要一个双重方法来解决道德和社会问题。第一个问题是在讨论中产生的,但是第二个问题,一个充足的道德回应,需要在远离谈判桌的广泛环境中解决,从而使参与文遗项目的人得到授权。

我想重点强调一下考古学家在这个进程中所要持有的立场。只把考古学家视为一个具有少数权利的中间人是不够的,他们是不可能成为一个中间人的。考古学家是有影响力的专家,他们必须认识到自己的行为,因为专家在对世界产生影响的同时也需要承担部分责任,要求道德的和科学的中立是放弃公共文化事业中个人所具有的影响力和所承担的责任。在考古学中,道德之路涉及专业程度和个人的选择。

我想以我在土耳其恰塔尔胡尤克的经历作为最后的实例。当地传统的伊斯兰文化和民主主义政治家试着寻找 9 000 年前恰塔尔胡尤克的居民与当今居民之间的道德联系。在考虑这一实例中的道德规范时,我发现我已经采取了固定的立场,认为考古证据不支持的观点接近于种族主义。所以在我们的合作讨论中,我用我的科学和专业知识来为我特定的观点辩论,因为这是我所认为正确的科学和道德。另一个例子,在一个当地传统的伊斯兰社会背景中,我被一个长老告知在这个社区不可以雇佣女性劳力。在对这个难题进行思考之后,我认为我想雇佣女性劳动者,毫无疑问,这么做会授予这些女人权利,可能会改变在这个村庄居住的一些女性的生活。我强烈认为,作为相互联系的世界中的一员,我应该运用我的职能为这里居住的女性创造一个生存的机会。同样的,土耳其政府让我阻止女神组(Goddess groups)公开参观遗址,认为他们可能对这些遗址有害并对当地的社区具有消极的影响。我认为无论在世界哪个地方,尝试阻止类似的参观都是错误的,只要这里没有对遗址的破坏,并且保持着与当地社区的持续交流。最后,我想谈谈在赞助者所引起的道德问题中所要持有的立场。有一次,我发现我自己与成员交谈后,决定接受赞助者的道德标准。关于此的讨论通常是困难的,人们必须具有立场——反对某些赞助者,从而让别人清楚意识到赞助关系不能过度地与考古学的内容和考古学的社会进程联系在一起。

所有的干涉都是危险的,因为我们不能确定其所产生影响的大小,但是我强烈感受到我们已经准备好全球范围内的联接。对于种种干涉的危险,我们已经准备介入其中,并且来自特别的道德和社会情况下的讨论、对话和实践比起一个声称客观的科学或者一个忽视人们生活的普世道德更具有价值和意义。

作为一场相遇的考古学*

鲁本·格里玛(伦敦大学学院)著
范潇漫、范佳翎(首都师范大学历史学院)译
范佳翎(首都师范大学历史学院)校

一、对古代人类的感知和经验的研究

经过二十多年来的观察,我们不难看出,考古学最革命性的转变之一是如何研究古代人类,理解和体验他们的世界。这个方向曾经被认为超出了考古学研究的范畴,而现在已经成为考古学研究最高产和热议的领域。

这种改变在这一时期已经出现的方法和讨论中崭露头角。认知考古学、现象学、有关人类的身体经验、性别、信仰、宇宙学以及符号存储的研究已成为大多数西方考古学本科生所熟知的议题。虽然有时注意力还是集中在这些方法的差异上,但被广泛认可的是,他们分享了关于可以运用重要文物来研究探寻过去这一类问题的关键假设。所有方法都有一个共同出发点:相信可以从适当的材料证据中寻找过去人类的经验以及他们对生活和世界的看法。在二十年前大多数考古学家认为这个问题是超"科学"的调查,现在已成为严肃而深入的研究焦点。这种变化产出的出版物数量呈增长趋势,可以毫不夸张地说,这一领域已成为考古经营的一个核心问题。

---

* 原文出处:Reuben Grima, 2002. "Archaeology as Encounter." *Archaeological Dialogues* 9, pp. 83 - 89. 获作者和出版机构授权翻译。

理论转变的根源是多方面的,并且深受其他学科的影响。例如,哲学家梅洛·庞蒂(Merleau-Ponty)的现象学研究,已经对很多考古学家产生了巨大影响,人类学家和认知心理学家的影响亦如此。从更广泛的角度来看,考古学方法的这些转变反映了20世纪下半叶席卷社会科学的变化。这些思想在考古学领域被接受往往是勉强的,且有所延迟,常常是根据已经转变了的社会、政治和知识环境而做出适应调整。

二、让考古更有意义并能让更广泛的民众接触到

第二大趋势就是更多地关注如何让考古学更有意义并能让更广泛的民众接触到,这一运动也喊出了许多口号。遗产管理和阐释、线上文化、社会包容性、社区考古、土著考古、世界考古学、公众考古学和文化旅游已经成为学术会议和期刊的内容,成为国家、国际政策和立法的内容。在过去的二十年里,这个运动已经成为一个重要的产业,受到了很多人的欢迎,也遭受了部分人的嘲讽,有时还成为人们激烈争吵的原因。然而,在方法和议题多样性之下,基本达成了一个广泛的共识,那就是人们有权了解富有意义的过去。这种共识得到越来越多的认可,并成为考古学社会角色的核心,同时也成为考古学获得公共资金支持的核心理由。

如今,可接触、包容和赋权问题已经出现在政治议题中。考古资源管理领域在过去二十多年有一个重大的变化在大量重要的宪章和文件政策中被认可,即在制定考古遗址和景观规划时需要咨询当地的利益相关群体,修订后的《巴拉宪章》和《欧洲景观公约》就是两个例子。在同一时期,土著群体的地位及掌控他们自己文化资源的权利得到了显著加强。美国的《美国原住民墓葬保护和归还法令》(NAGPRA)以及其他地区类似的立法中都认可了在西方模式的科

学调查之上优先考虑和尊重土著社区的信仰和习惯。

与此同时,越来越多的国家正在立法以保障残疾人能公平享用公共资源和文化,网络传播文化信息的公共资金也在不断增加。在考古博物馆游客中心,让游客通过实质性体验来参与成为一个关键目标。鼓励人们通过与熟悉的事实和物品之间建立新的联系来进行学习的建构主义学习模式正在帮助创造让过去与我们今天的生活更有联系的博物馆展览。

所有这些领域的活动都是当今人们参与考古和过去的方式正在变化的例子。这些活动的一个共同因素就是把公众带回到中心舞台。通观这些变化,我们认识到人们需要对过去的叙述,这对他们的现代生活经验具有意义。对个体或群体有意义的过去在很大程度上是由这些个体和群体所处环境决定的。当然,它必须是身体上和精神上都可接触的过去,它也必须是对该个体或群体的经验和信仰的认知,对理解该个体和群体所生活的世界有所帮助。简言之,我们已经从传播权威的、积累的和官方的过去转向针对不同受众的、只有从这些受众的主观角度才能够充分理解的过去。

需要澄清的是,我并不是说已经存在或者应该存在一种转变,就可以为不同群体的需要而伪造历史,或者说允许以任何方式构建历史叙述、歪曲考古证据。不同的政权常犯下这种歪曲历史的行为,并且还在继续。我这里所指的是,处于不同位置的不同的人对过去哪些方面有意义会有不同的观点。人们对能够丰富他们理解自己所生活的世界的历史叙述感兴趣。

这种影响深远的价值重新定位也深深植根于第二次世界大战之后西方世界的社会政治转型。在这一时期,我们对个人与社会的关系、民族和国家的意义以及知识在社会中的角色的认识都发生了变化。考古学公共方面的变化是这个转变的必然结果。

三、"阐释"和"阐释"

过去二十多年以来,这两种主要趋势被认为已经以不同的方式重构了考古学的性质。在学术界,日益增长的对过去的认知和态度的探究兴趣在发展考古学理论方面扮演了核心角色。对如何让考古更有意义并让公众接触到的关注已经改变了考古学知识呈现给公众的方式。这两个领域是相互区别的,让任何一个说英语的考古学家来解释"阐释"的含义,你可能会得到两种答案,一种是作为专家的考古学家对过去物质遗存的专业阐释,另一种是向公众解释过去,这种通常被理解为是选择和简化专家的知识以便让大众理解。这两种对"阐释"的理解与上文讨论的两个领域相契合。向任何一个说英语的考古学家询问它们是否是两个不同的领域,答案极为可能是肯定的。对过去人类的叙述和向公众传播这些叙述被认为是两件分开的事情,它们通常是由不同的人在不同的环境中开展,这些人在相关会议的不同分会场讨论问题。最令人担忧的是,很少有整体性思维统观这两个领域。

学术研究产生的新见解在向公众传播时被过滤为零碎知识,最新的考古研究课题在向公众介绍时往往受到曲解,两个平行的领域使用两种不同的话语。非专业人员被差别对待,向他们展示的话题与考古学家关注的议题也往往存在差异,这种分割对二者双向适用。当界定考古研究的问题和议程时,很少考虑公众的关注和兴趣,而他们将消费这些研究所产出的叙述。下文将试图质疑这种分割。

四、一种更具综合性的方式

对考古思想和实践这两大趋势的综述较为粗略和肤浅。然而,它使我们看到了这两个领域具有深意的平行之处。在考古学理论中,客位模型的使用呈下降趋势,这种模型在试图模拟古代社会行为的时候并不涉及他们的信仰系统或他们对世界的认知。主位研究思路的价值和潜力得到了越来越多的认可,主位研究中人的态度、观念和体验成为研究的核心对象。现在被广泛接受的是,只有当研究涉及以上议题时,才算完成了对过去具有意义的叙述,只有当研究能够成功地重建人如何体验和理解他们的世界,才有最丰富和最有意义的成果。

有趣的是,让非专业的受众参与考古学见证了一些平行的改变。事实上,人们日益认识到,只有将过去编织进人们理解和看重的价值体系中,过去才对人们有用,才有意义。人们需要能够让他们理解自己现在生活的过去。

这些平行发展的含义是什么?在重建和传播过去的时候,存在相似的对人们如何认知和理解他们的世界的关注。

虽然这种关注在生产和消费层面都在改变考古实践,中间机制却很奇怪地保持不变。这种中间机制,也就是考古学作为一种社会实践,需要进一步观察。

对科学规则和知识系统是如何被创造、保持和操控的批判性分析主要归功于福柯的研究。他对精神病院①、学术界②和刑罚系统③等制度的研究改变了我们对社会和职业是如何创造类别和实践的认识,这种类别和实践建立并维护了秩序模式和知识模式。更晚近一些的,有布迪厄④关于社会实践是如何建立并保持的研究,有吉

---

① Foucault, M., 1965. *Madness and Civilization: A History of Insanity in the Age of Reason*. New York: Random House.
② Foucault, M., 1971. *The Order of Things: An Archaeology of the Human Sciences*. New York: Random House.
③ Foucault, M., 1977. *Discipline and Punish: The Birth of the Person*. London: Allen Lane.
④ Bourdieu, P., 1977. *Outline of a Theory of Practice*. Cambridge: Cambridge University Press.

登斯①关于社会行动和结构化理论的研究,它们都有助于我们更进一步了解这个过程。在过去十余年中,这些研究成果很多已经在构建过去社会的考古学模型中被广泛引用。一个新兴的自反分析学派也将这些理论应用到考古学自身的规范方面②。大多数考古学家都认可考古学作为一门学科是特殊历史和文化背景的产物,与特定的技术、信仰和态度是不可分割的,他们也不否认考古实践在许多场合都带有政治利益的色彩。如果进一步追问,大多数考古学家会承认,他们研究的对象非常相似,考古社群是利益相关群体的集合,各自有其不可言说的行为准则。与其他社会行动者一样,考古学家运用这些策略维持自身的身份、角色和社会地位。就像他们与之互动的其他社会行动者一样,考古学家受制于且同时作用于他们参与其中的社会结构。

尽管认识到这些理论,考古学却不愿改变自己。这种不情愿导致了一种悖论:考古学常常在试图构建过去社会模型(甚至乐于在当下让公共消费其叙述)的时候借用这些新观点,但这个学科却不能利用这种理论认知改变作为一种制度的自身。作为一个学科,考古学在重建自身及其社会角色方面进展缓慢。

因此,本文在最后会探讨一种中间机制,即考古学仍然需要调整其实践,并重新定义其社会角色,从而与这场变革相契合。

---

① Giddens, A., 1984. *The Constitution of Society: Outline of the Theory of Structuration*. Cambridge: Polity Press.

② Mizoguchi, K., 2000a. "The Protection of the Site: Discursive Formation and Self-identification in Contemporary Society." *International Journal of Heritage Studies* 6, pp.323-330; Mizoguchi, K., 2000b. "Anthony Giddens and Niklas Luhmann, with a Comment by Andris Sne, Reply by Koji Mizoguchi." In Holtorf, C. and Karlsson, H. (eds), *Philosophy and Archaeological Practice: Perspectives for the 21st Century*. Lindome: Bricoleur, pp. 13-24; Barrett, J.C. and Fewster, K. J., 2000. "Intimacy and Structural Transformation: Giddens and Archaeology, with a Comment by Lesley McFadyen." In Holtorf, C. and Karlsson, H. (eds), *Philosophy and Archaeological Practice: Perspectives for the 21st Century*. Lindome: Bricoleur, pp. 25-38.

五、作为一场相遇的考古学

已讨论的所有变化中最重要的特征之一是对特定文化和特定历史条件下生存方式的理解不断深化。

之前非常流行的直线的、宏大的叙述,正在让位给多样化的主观叙述,这一点在考古学叙述的生产和消费过程中都可以观察到。在这样的背景下考古学应该扮演怎样的角色呢?

考古过程的核心是理解我们的物质环境。通过研究今天我们身边的物质证据,我们创造了关于过去的模型和叙述。我们通过社会记忆和信息储存机制所继承和传递的思想和模型不断受到周围环境的质疑和考验。在这个意义上,考古学家是关于每个人都必须参与其中的活动的专家。在最基本的层面上,每个团体和个人都有自身对人们认知世界的记忆,这使他们能够理解自己在这个世界的生活。不断变化的环境使得他们很有必要不断修正自己的理解,以适应新的情况。从这个角度看,考古学家的研究与非专业人士试图整合一个有意义的过去之间的差异,更多的是定量的,而非定性的。

换言之,对过去的考古学研究和公众参与过去之间的区别是组织形式上的,而非本质的。专业人员可用的资源、技能和技术往往比非专业人士可用的多很多倍,这使专业人员能更深入地研究过去,鉴别和检索更细微的证据,并作出更准确的推断和更复杂的论证。然而,考古学专业人员社群是受全社会的委托,并代表全社会去开展这一任务的。指向这一目的的资源给这个社群以特权,可以获取有关过去的物质证据。享有获取大多数人不可以接触的知识和物品的特权,会被用来获得威望和权力。考古学家们仅从他们研究的文献中就应该知道这一情况[①]。因

[①] Helms, M. W., 1988. *Ulysses' Sail: An Ethnographic Odyssey of Power, Knowledge, and Geographical Distance*. Princeton: Princeton University Press.

此,考古学利用这一特权仅为自身服务就特别不可原谅。考古研究不应该回避自己的责任去提出问题并生成叙述,这些对本学科应该服务的社群具有意义并与他们相关。这一点只能通过让当代需求在决定研究议程时具有更核心的地位来实现。

对很多人来说,这一点听上去可能是对学术自由的威胁,但这只威胁了想要变得外围甚至不相关的自由。在很多学科中,研究议程的需求由当代关注所驱动被认为是理所当然的。环境变化研究就是考古学研究在当代跨学科研究中非常成功的一个领域[1]。

这仍是一个例外,而非考古学科的一般规则,考古学科对那些被认为是学科潜在干扰的东西仍保持质疑态度,这可能与这个学科的历史有一定关系。考古学是作为一项精英的活动出现和发展起来的,与这些社会精英对拥有土地、收购藏品、统治海外领土以及休闲旅游的兴趣不可分割。考古学科只是在近来很短的时间才被广泛认为是一项为了公共利益而开展的活动。尽管公共利益是获取资金的由头,但公众在大多数研究议程中却很少被考虑。

将当代相关性作为研究议程关键组成部分的认知具有非常有趣的理论含义。考古实践就像罗马两面神雅努斯一样,处于作为自己研究对象的人们和自己为之服务的人们之间,可以作为这些人和他们的世界之间穿越时间的一场相遇。通过让人们瞥见过去的人如何理解和构建他们的世界,考古学可以在丰富人们构建的关于他们的生活以及他们为自己创造的世界的叙述中发挥核心作用。当它让人们瞥见他们知道和居住的地方是如何被过去的人所理解和管理的,这种相遇会特别有趣。

那些在今天我们认为不同和独立的场所之间在过去的互动也可能产生理解我们自己世界的有趣的、不同的方式。

---

[1] Head, L., 2000. *Cultural Landscapes and Environmental Change*. London: Taylor & Francis Group.

从这个意义上说,考古实践在帮助人们塑造其未来世界方面具有切实的、有效的作用。

然而,为了实现这一目标,考古学这个学科必须将传播考古学的理解作为其核心目标之一,而不是将其作为考古研究的次要副产品。只有这样,考古实践才可能真正认识到自己塑造未来的全部潜力。

这篇短文并不想勉强具有预言性,更非要要具有指导性。今天塑造考古学特点的多种理论方法已经成为并将继续作为该学科的优势之一。本文只是想指出一些我们鼓吹的理论和我们履行的社会功能之间的不一致性,如果这能激发一些对考古学社会角色的反思和讨论,那也就达到了目的。

致谢:这篇文章是我离开任职的位于瓦莱塔的国家考古博物馆去学习期间写就的,当时我获得了英国的联邦奖学金基金会授予的奖学金,对此我表示非常感激。同时,我也感谢 Tim Schadla-Hall 与我讨论这些问题,以及他对本文初稿的评论。

中国的"公众考古学"：
一个初步调研*

汪　涛（美国芝加哥艺术博物馆）著
范潇漫（首都师范大学历史学院）译
王　涛（首都师范大学历史学院）校

一、序　　言

　　2006年，我和皮特·阿寇（Peter Ucko）一起访问了中国十余所开设有考古学课程的大学。我们与各院校考古系的师生会面，通过采访来了解他们的经历和期望，以及他们对考古学本质和实践的认识。为了广开言路，老师和学生的采访分开进行。除此之外，我们还对多个省（区）级考古机构的负责人和考古学家进行访问。这篇文章原计划是阿寇和我在他去世前预备共同编著的书中的一个章节。

　　录音采访由一系列设计好的问题组成，鼓励自由讨论，其中涉及如今在英国常被称为"公众考古"的一系列问题备受关注。关于什么

---

* 原文出处：Wang Tao, 2011. "'Public Archaeology' in China: A Preliminary Investigation." In *New Perspectives in Global Public Archaeology*. New York: Springer, pp.43-56. 作者按：我开始写此论文时为2007年，皮特·阿寇（1938—2007）刚去世。皮特是一个有着非凡视野和个性的考古学家，他对当前世界考古学思想和实践有着巨大的影响。我很荣幸自己的知识发展能受到他的影响。虽然我和皮特已经计划好将我们2006年对中国的访问成果以专书的形式发表，但现在看来更有可能会以单篇文章的形式发表，由我自己或皮特的夫人简·休伯（她也是一位人类学家，曾跟我们一起旅行，参加录音）完成。我希望皮特的思想和精神能通过这篇文章折射出来。当然，我本人将对文中的任何缺点和错误负责。最后要说的是，近五六年来，"公众考古学"在中国的发展速度惊人，得到越来越多的认同。这篇多年前写成的论文得以翻译成中文发表，就是一个标志。这里谨对译者表示感谢。

是"公众考古"的阐释,它涵盖了公众和"过去"之间接触的方方面面,比如考古遗址、博物馆展览、特别立法以及正式和非正式教育。这些集体讨论揭示了中国的考古学家当时普遍没有意识到"公众考古"在当前西方考古学理论实践中的存在,或还没有认识到"公众考古"这一研究领域。然而,在一些专业课程中还是包含了我们对所谓"公众考古"学阐释的某些方面,尤其是法律法规、文物保护和(或)博物馆学。

大部分院校的师生对考古学是应该承载大众群体的利益,还是应该着重于向非专业人员传达研究方法和研究成果这两个倾向产生了很大程度的质疑。的确,他们对考古知识应该由非专业人员"掌握"持怀疑态度,对于中国大多数科班出身的考古学家来说,考古实践被看作是专家们独享的专业活动。然而,实践中却并不总是如此,那些负责招募毕业生下田野的省(区)非院校考古单位便是个例子。

为什么"公众考古"这一术语会引起中国的学生和考古学家如此的反应呢?真正令人迷惑不解的是,"公众考古"是否真正值得作为一个学科去研究,而这些研究又如何对考古学发展作出贡献?或许这揭示出他们对"公众考古"学科有很大程度的误解,但也迫使我们在中国独特的环境下去重新思考"公众考古"的概念和实践。然而,如果我们想放眼全球去探索这个问题,或许应该先从西方"公众考古"发展概况的介绍开始。

英国和美国在"公众考古"方面已经有相当丰富的文献体系,这里不再赘述。然而,为了下文的比较,进行一些观察还是很有必要的。首先,在美国只要一提到这些专业术语,"公众考古"的兴起肯定与20世纪七八十年代的文化资源管理(CRM)密不可分[1]。这句话包含了两层含义:① 它的范围大多局限在"当地"或"土著"的考古资

---

[1] Jameson, J. H., 2004. "Public Archaeology in the United States." In N. Merriman (ed.), *Public Archaeology*. London: Routledge, pp. 21-58.

料内,比如遗址的保护;② 需要培养专业人员来管理考古资源。最近几年,"公众考古"领域的争论已转向教育和职业道德,这些都是有利于学科发展的事情。但是长久以来,即使是在专业考古学家那里,"公众考古"也没有被作为一门学科,而多被视为影响政府制定决策的工具,仅有少数院校将其作为学位课程或研究主题。事实上,很多院校的考古学家们都在试图疏远对"公众考古"的研究。

在英国,这种情况在一个确切的时间点发生了显著的改变,那就是1986年在南安普顿由皮特·阿寇组织的第一届世界考古学大会的召开①。在皮特·阿寇作为考古学家和人类学家杰出而漫长的生涯中②,他认识到考古学无法与政治分离,并且这门学科在20、21世纪的生存和发展,很大程度上要依靠当代社会和公众之间的联系。关于这一学科的大量出版物开始出现,这些可以看作是第一届世界考古学大会和随后会议的硕果。由尼尔·阿舍森(Neal Ascherson)主编的学术期刊《公众考古》在2000年出版发行。伦敦大学学院(1996—2005年皮特·阿寇担任院长)则成为英国第一个向学生讲授"公众考古"学位课程的机构,课程的目标是:"提供一个在国际化背景下解读考古学和法律的基础;证明政治和社会经济进程对考古活动和考古思想的影响;调查考古学、民族主义和种族之间的关系,使学生构建一个在更广阔背景下欣赏和发展考古学的框架。"

尽管学者们对"公众考古"的确切定义还存在分歧,但是它的焦

---

① Ascherson, N., 2006. "Archaeological Overthrows: the 1980s Seen through the Rear Window." In R. Layton, S. Shennan and P. Stone (ed.), *A Future for Archaeology: The Past in the Present*. London: UCL Press, pp. 47 – 52; Stone, P. 2006. "'All Smoke and Mirrors': the World Archaeological Congress, 1986 – 2004." In R. Layton, S. Shennan and P. Stone (ed.), *A Future for Archaeology: The Past in the Present*. London: UCL Press, pp. 53 – 64.

② Ascherson, N., 2007. "Professor Peter Ucko: Maverick Archaeologist Who Oversaw a Revolution in the Structure and Outlook of His Profession." *The Independent*, June 21; Shennan, S., 2007b. "Peter Ucko: A Respected Archaeologist, He Championed the Involvement of Indigenous Communities." *The Guardian*, July 9.

点已明确集中在考古学和公众的相互作用和影响上。"公众考古"学已经成为一门确定的研究学科,并从马克思主义和后过程考古学理论中汲取营养来壮大自己①。当前这一领域的研究已转向考古学在不同社会和文化背景下如何操作的细节研究方面,这也是本文所要探索的关键。

二、1949年以前:历史回顾和一些有意义的事件

从很多方面来说,中国考古学的发展历程迥异于西方。尽管没有必要在这里作一个"中国考古学史"的概述,但是牢记中国考古学发展过程中考古学与公众关系研究的几个关键时刻还是很重要的,这些可以帮助我们从历史的视角去看待问题。

在中国,考古学源于传统古玩收集者们的"金石学"(以研究青铜器和石碑为主)②。收集古玩作为传统社会实践的重要部分已有很长时间,同时也是一种个人修养和提升自身社会地位的方式③。在这种背景下,发掘和研究主要作为个人的事业。这些证据很难满足我们去重构近代真正的考古学,并且大多数情况都是对宝藏的追求。历史文献资料显示,虽然当局试图执行法规,以严惩那些掠夺者和盗墓贼,并且社会风气对控制违法掠夺也起到了一定作用④;但是对明朝物质文化的研究表明,当社会财富达到一个史无前例的水平,且收藏

---

① Merriman, N., 2002. "Archaeology, Heritage and Interpretation." In B. Cunliffe, W. Davies and C. Renfrew (ed.), *Archaeology: The Widening Debate*. London and Oxford: Oxford University Press/British Academy, pp. 541 – 566.

② Chang, K. C., 1981. "Archaeology and Chinese Historiography." *World Archaeology* 23, pp. 67 – 77.

③ Clunas, C., 1991. "The Art of Social Climbing in the Ming Dynasty." *The Burlington Magazine* 133/1059, pp. 368 – 377.

④ 王子今:《中国盗墓史——一种社会现象的文化考察》,中国广播电视出版社,2000年,第291—320页。

开始流行时,文物贸易便开始繁荣①。基于这个原因,为了追求财富而进行的私人盗墓从未真正停止过,古代艺术品也被包括皇亲贵胄在内的社会精英们买卖和收藏。

直到 20 世纪初,当中国推翻君主专制走向共和之时,现代考古学才真正作为一种历史和科学的研究方法从欧洲介绍到中国来②。然而,它却无法完全取代与新兴考古科学肩并肩发展且继续繁荣的金石学传统领域。1928 年,第一个西方模式的国立学术机构——中央研究院正式成立,在其下设的历史语言研究所(IHP)中包含了考古学。这一中国首个考古组织的第一任领导人选拔在已享有盛名的金石学家马衡(1881—1955)与刚刚从哈佛大学人类学专业毕业归国的李济(1896—1979)之间进行,最后李济当选。

早期中国田野考古学的带头人大多是西方培养的中国学者,很少有本土成才的,在他们中间盛行倡导学术独立的西方观点。尽管最近一百年的中国有大规模的动荡,但中国的知识分子仍在他们的象牙塔中备受宠爱。像同时期的西方同仁一样,中国的考古学家们很少思考公众参与考古的问题和考古学是否应对政府或民众直接负责的问题。然而,当考古学家只能在书斋之外的偏远山区从事考古学时,迟早要不可避免地去面对这个现实问题。他们必须了解社会内部的权力机构,并与当地社区进行互动。安阳殷墟(晚商的都城)考古的故事是中国现代考古历史中的重要章节③。如今,安阳出土的工艺品已被全世界各地的博物馆收藏和展示,包括西方很多主要的博物馆。在殷墟遗址中发现的令人着迷和震惊的文物背后,有两个

---

① Clunas, C., 1991. *Superfluous Things: Social Status and Material Culture in Early Modern China.* Cambridge: Polity Press.

② Wang, T. and Ucko, P., 2007. "Early Archaeological Fieldwork Practice and Syllabuses in China and England." In P. Ucko, L. Qin and J. Hubert (ed.), *From Concept of the Past to Practical Strategies: the Teaching of Archaeological Field Techniques.* London: Saffron, pp. 45–76.

③ Li, C., 1977. *Anyang.* Seattle: University of Washington Press.

值得回忆的事件,它们关系到殷墟考古发掘在公众关系方面的影响以及这个影响对中国考古学发展的贡献。

第一个值得关注的事件是1928年来自中研院史语所(IHP)的考古学家们在安阳开始的考古发掘。尽管发掘产生了很多重大成果,但是在1929年秋,考古队陷入了困境。很多当地的个人和机构,包括以河南省图书馆为代表的当地最重要的文化机构,坚持认为考古遗址坐落于河南省,发掘工作就应该由河南省内的工作人员进行,同时发掘出土的遗物也应该留在河南省图书馆。由此,殷墟发掘工作产生争执并进入停滞期。这次停滞期持续了一年时间,直到最后,经过史语所所长傅斯年(1896—1950)的多方斡旋和据理力争,史语所在殷墟的发掘工作才得以恢复①。史语所也与当地机构达成了一个妥协性协议,河南省教育局可以派遣当地博物馆的工作人员参加现场发掘,同时史语所还要录取河南大学的学生进行培养,最初的紧张局面逐渐克服。通过这次事件建立了一个在复杂社会背景下如何组织考古工作的范本和案例协议。顺便提到,安阳发掘工作的停滞,迫使史语所另择他域进行发掘,结果塞翁失马,意外发现了山东省重要的新石器时代龙山文化。

第二个事件鲜为人知,在最近发表的《石璋如先生访问记录》上才得以曝光②——石璋如(1902—2004)即是河南大学推荐到安阳发掘现场工作的学生之一。后来他成为史语所商代考古的核心人物。在石璋如的回忆录中,记载了安阳小屯村洹水学校的建立——这个小学是史语所的工作人员为安阳小屯被雇佣到发掘现场工作的当地村民的子女建立的。除了教育孩子,学校还为当地参与发掘的村民提供培训课程。或许这个学校可以看作是近代中国"公众考古"的第

---

① 傅斯年:《本所发掘殷虚之经过》,《安阳发掘报告》,中研院史语所,1930年,第387—404页。

② 陈存恭、陈仲玉、任育德访问,任育德记录:《石璋如先生访问记录》,中研院近代史研究所,2002年。

一个成功案例,它实现了当地居民对考古的参与,并为当地村庄带来了利益。商代甲骨文和贵族墓地的发现使小屯村一夜成名,遗址吸引了众多的参观者。当时村民和考古学家以及观众的关系极其和谐,石璋如先生说:"小屯也因此成为一个文化圈子,所以设立学校是有正面意义的。"[①]不幸的是,在1937年日本侵华战争全面爆发后,考古学家们的发掘工作和洹水小学的运转便都戛然而止了。

三、1949年以后:新考古学

1949年,中华人民共和国成立,中国共产党领导人最初容许了知识分子们对自由的追求以及他们所享有的特权,但是政府逐渐开始加强对负责教育和科研的机构及专家们的控制。马克思主义思想占据了支配地位,考古学家以及他们的历史学同仁们,被要求按照正确的政治路线开展研究,以此来"消灭资产阶级思想,培养无产阶级思想"[②]。对知识分子及考古学家进行批斗,指责他们是接受资本主义教育的知识分子,缺乏与公众沟通的欲望。当时的主导思想是人民大众[主要是由工人、农民、人民解放军(即众所周知的"工农兵"组合)组成的]应该领导所有的国家事务,包括科学研究。这种过分的改革对中国知识分子的生活和高等教育产生了恶劣的影响——从温和的自我批评到更为严重的脱岗、接受劳动改造甚至监禁。在"文革"期间,所有的科研中断,大学关闭,学者们被送到农村接受"再教育"。正如童恩正所说:

---

① 傅斯年:《本所发掘殷虚之经过》,《安阳发掘报告》,中研院史语所,1930年,第145页。
② Cheng, T.K., 1965. "Archaeology in Communist China." *The China Quarterly* 23, pp. 67-77; Chang, K.C., 1977. "Chinese Archaeology since 1949." *Journal of Asian Studies* 36, pp. 623-646; Tong, E., 1995. "Thirty Years of Chinese Archaeology (1949-1979)." In P. Kohl and C. Fawcett (ed.), *Nationalism, Politics, and the Practice of Archaeology*. Cambridge: Cambridge University Press, pp. 177-197.

在这十年中,由于自上而下的有组织的"破四旧",其彻底的程度已经到了挨家搜查的地步,所以不但地面文物遭受严重损失,私人收藏的文物(这在中国的文物收藏中占了很大的比重)几乎靡有孑遗。①

然而,在国家处于混乱、许多学科被政治的荒野湮埋的"文化大革命"期间,考古学可能是受到影响最小的学科。在童恩正的文章中也提到了夏鼐,这位后来成为中国考古学领袖的大人物,当时并没有受到太多个人的冲击。他这样写道:

> 即使在"文化大革命"中,夏鼐本人也并没有受到多少冲击。从1970年开始,在大学仍然被封闭,科学研究机关停止工作,绝大多数老知识分子仍然被打下牛棚或下乡劳动改造时,他却在周恩来总理的直接指挥下,接待外宾,出访阿尔巴尼亚、秘鲁、墨西哥等国,执行毛主席的革命外交路线。②

确实,即使在"文化大革命"的高潮时期,很多重要的考古发掘工作仍在继续,包括1968年河北满城汉墓的发掘,1970年四川明朝皇家陵园的发掘,安阳殷墟的发掘也在继续。许多考古发掘成果也是在这时期公布的,例如,1971年"'文革'期间出土文物展"在北京故宫举行。1971年7月24日,发表在《人民日报》上的政治性文章,宣布了考古学的革命路线,罗列了"工农兵"对考古学的所有重要贡献。

---

① Tong, E., 1995. "Thirty Years of Chinese Archaeology (1949 - 1979)." In P. Kohl and C. Fawcett (ed.), *Nationalism, Politics, and the Practice of Archaeology*. Cambridge: Cambridge University Press, p.193.

② Tong, E., 1995. "Thirty Years of Chinese Archaeology (1949 - 1979)." In P. Kohl and C. Fawcett (ed.), *Nationalism, Politics, and the Practice of Archaeology*. Cambridge: Cambridge University Press, pp. 177 - 197.

结束语写道：

> 在文物保护和发掘工作中，各地革委会和广大文物、考古工作者，坚持活学活用毛泽东思想，突出无产阶级政治，坚决贯彻执行……党中央关于文物保护、发掘工作的方针、政策，认真落实毛主席关于"古为今用"的伟大方针。他们不仅通过文物发掘工作研究历史，学习历史，还把文物发掘工作同思想政治教育结合起来，利用文物深刻揭露和批判历代统治阶级奢侈腐朽的生活和对劳动人民的残酷压榨、剥削，热情歌颂创造历史和文明的劳动人民。这些珍贵的历史文物，是向广大群众进行辩证唯物主义、历史唯物主义教育和阶级斗争教育的生动的实物史料。①

毛泽东"古为今用"的口号，成为中国考古学的最高指示。1972年，当所有其他学术期刊被停刊时，三大领头考古学期刊——《考古》《考古学报》《文物》，在国务院总理周恩来的直接批示下恢复发行。这标志着中国考古学即使在"文革"期间依旧保持着令人惊讶的高水平，甚至被誉为"黄金时代"。湖南省长沙马王堆汉墓的发掘是其达到顶点的一个标志，这是一个多学科合作的发掘项目，包括医学和植物学的直接介入，出版了大部头的高质量发掘报告②。1973年，一个关于中国考古学新发现的展览在伦敦皇家学院举办，引起轰动③，这是中华人民共和国自1949年成立以来在西方举办的第一个国际性展览。

---

① 出土文物展览工作组：《文化大革命期间出土文物（第一辑）》，文物出版社，1972年。

② 湖南省博物馆、中国科学院考古研究所：《长沙马王堆一号汉墓》，文物出版社，1973年。

③ Watson, W., 1973. *The Genius of China — An Exhibition of Archaeological Finds of the People's Republic of China*. London: Royal Academy.

回顾"文化大革命"期间的现象,我们不得不追问,"为什么考古学能幸免呢"?为什么,当所有其他科研被破坏终止时,唯独允许考古学蓬勃发展?或许毛泽东和其他党中央领导人认识到考古学是一门高度"大众"的学科,可以作为外交事务的一个有用的工具,同时也是控制社会和发展新意识形态的实用工具。分析"工农考古学"的出现与我们的调查有着特别的关联。在"文化大革命"后期,很多学校重新开放,被录取的学生都是"工农兵学员"。考古学被看作是"开门办学"政策的一个典型:鼓励大学生走出教室,走进工厂和农村去学习,帮助他们通过实际的考古发掘工作获取基本的知识和技能。如同为赤脚医生准备自学资料一样,为工农学员准备的《工农考古学基础知识》[1]手册被编辑并广泛发放。

1976年,"工农考古学"理论实践被作为例证发表在重点期刊《文物》上,题为《文物考古战线的新生事物——记纪南城亦工亦农文物考古训练班》。它告诉我们,在1975年4月,一个专业领域的培训课程如何在古代楚国的纪南城遗址上设立,用以培训当地的青年工人、农民,以及当地博物馆和文物部门招聘的工作人员。这个培训课程的主讲人是来自北京大学的师生和湖北省博物馆的工作人员,历时三个月。他们:

> 认真学习了无产阶级专政的理论,学习了文物政策法令,学习了田野考古发掘方法和考古学基础知识,先后发掘了遗址一千五百平方米,清理墓葬六个,为从事文物考古工作,打下了一定的基础。他们还组织宣讲小组,到附近生产队、中小学、部队去和广大工农兵群众共同学习马列和毛主席著作,宣传党的文物政策,宣讲楚国和纪南城的历史,讲

---

[1] 吉林大学历史系考古专业、河北省文物管理处:《工农考古基础知识》,文物出版社,1978年。

述文物考古工作如何为三大革命运动服务,受到工农兵群众的欢迎,收到了比较好的效果。现在,这批学员回到了各自的工作和生产岗位,积极宣传党的文物政策,配合农田水利等基建工程,积极开展文物考古工作。有的回去后,又在当地结合一些比较大的考古发掘,举办灵活多样的短期文物考古训练班。特别是亦工亦农学员,他们既是生产的突击手,又是分布在各条战线上的文物考古工作的哨兵。他们是文物战线的一支新生力量。①

这里所用的语言是独特的"文革体"。在当时的政治正确性下,核心信息是清晰的:一种新的考古学正在形成(取之于民,用之于民的考古学)。考古学家们遵循中国共产党和毛泽东思想的正确路线,这个原则被应用于考古发掘和解释。此外,在特殊政治环境下的工人和农民的"新考古学",被阶级斗争利用,去批判修正主义②。

1976 年"文化大革命"的结束标志着中国的政治格局发生了戏剧性的变化。"文化大革命"被总结为由中国共产党内"极左派"或"四人帮"造成的一场灾难,这场群众的"文化大革命"运动常被描述

---

① 闻武:《文物考古战线的新生事物——记纪南城亦工亦农文物考古训练班》,《文物》1976 年第 1 期,第 16—17 页。
② 刘清文、张万高:《坚持亦工亦农方向培养一支新型的文物考古队伍》,《文物》1976 年第 2 期,第 3 页;纪南城考古发掘领导小组、北京大学历史系考古专业:《举办亦工亦农考古短训班用革命成果回击右倾翻案风》,《文物》1976 年第 2 期,第 1—2 页;洪宣:《文化大革命以来工农兵给文物考古战线带来了新气象》,《文物》1976 年第 6 期,第 66—68 页;吉林大学考古专业 73 级:《无产阶级教育革命的必由途径——用开门办学的丰硕成果回击右倾翻案风》,《文物》1976 年第 3 期,第 20—23 页;本刊通讯员:《新生事物的强大生命力——记湖北孝感地区亦工亦农考古短期训练班》,《文物》1976 年第 5 期,第 9—10 页;黄凤春:《亦工亦农考古短训班就是好》,《文物》1976 年第 2 期,第 4 页;北京大学历史系考古专业七三级工农兵学员:《开门办学就是好》,《考古》1976 年第 2 期,第 76—77 页;北京大学历史系考古专业:《文化大革命使考古专业获得了新生》,《考古》1976 年第 2 期,第 72—75 页;宜昌地区文物工作办公室:《无产阶级文化大革命的胜利成果不容否定——湖北省宜昌地区亦工亦农文物考古训练班学员回击右倾翻案风座谈记要》,《考古》1976 年第 3 期,第 147—148 页。

为"十年浩劫"。事实上,"文化大革命"以来,主流的考古学家们反感这种强加于考古学和公众之间的联系,以及那些"自上而下"的政策指示,所谓的"开门办学"和"工农考古学"皆被丢弃,而且很少听到有关于这个曾经占支配地位的"革命性"考古学的讨论。然而,当我们现在去重新调查中国的"公众考古"学实践时,从目前的趋势来看,也许是时候去追问一下"在倒洗澡水时是否连同小孩一起倒掉了"?

四、目前的趋势

自20世纪80年代中国政府实行"改革开放"政策以来,在过去的二十年,尤其是最近的十年,中国对西方的考古学表现出日益浓厚的兴趣。大量来自西方考古学的新术语、新概念被翻译和介绍到中国,中国新一代的考古学家们正在张开双臂拥抱西方考古学。然而,考古学家们对西方考古学的兴趣大多集中在科技考古方面,对"公众考古学"还欠缺足够的关注。造成这种情况的原因可能是因为欧洲和美国的"公众考古学"仍然步履艰难,但同时也与中国的政治环境和当前中国考古学的现状紧密相关。

在中国,政府、考古学家和普通民众之间存在矛盾。对很多考古学家而言,尤其是在"文革"期间亲身感受或见证他人遭遇的考古学家,考古学职业生涯的吸引力在于提供了避免政治雷区的保护伞[1]。这些考古学家认为他们的第一责任是进入考古学研究领域,他们对考古学作为一门科学有强烈的信念,并不太在意政府是否对考古学思想感兴趣。对他们而言,学术自由才是真正的意义所在。在对中国院校学生采访的过程中,对于考古学是否是一门不应受政治影响的科学学科问题,我们遇到了强烈的争论。当他们学习西方日益普

---

[1] Evasdottir, E. E. S., 2004. *Obedient Autonomy: Chinese Intellectuals and the Achievement of Orderly Life*. Honolulu: University of Hawai'i Press.

及的考古学知识时,他们会对"公众考古学"在西方的流行感到困惑和不解,而且视其为在一个迥异的社会政治背景下兴起的学科(实质上,是在资本主义社会中兴起的),但是在他们自己的社会政治背景下(共产主义思想或有中国特色的社会主义)"公众考古学"是被抵制的。难怪他们怀着复杂的情感走进这门学科。

然而,变化正在发生。最近几年,有少量中文版的"公众考古学"出版物发行。科林·伦福儒、保罗·巴恩的《考古学:理论、方法与实践》①和尼克·麦瑞曼的《公众考古学》导读部分②,被两位年轻的中国学者(郭立新和魏敏)翻译成中文,并且作为介绍"公众考古学"基础理论概念的文章发表,同时评论了"公众考古学"在中国的实用性和未来的发展③。享有盛誉的北京大学最近成立了一个"公众考古与艺术中心",这是在"公众考古学"领域里非常重要的进步,毫无疑问,其他许多大学也会很快效仿。北京大学公众考古与艺术中心(CPAA)的目标是:① 研究考古学和社会之间的关系;② 提升和改善中国考古学的学科建设水平;③ 向普通大众传播考古学和文化遗产的科学知识,推动积极的传统文化因素的发展,提升国民素养;④ 提高文化保护和考古学的发展水平。

虽然这些概念并不完全可以实现,但其目的是推广考古学,为专业考古学家和那些对考古与文物感兴趣的大众构建一个良好的沟通平台。同时,也希望这个平台能够促进社会交流,为大学的未来带来更多的利益。

2008年5月,来自山东省文物考古研究所和中国文化遗产研究院的考古工作者们在南旺遗址首次共同组织了一个"公众考古"项目。在这个项目中,超过1 000名学生和当地居民在考古学家的讲解

---

① [英]科林·伦福儒、保罗·巴恩著,中国社会科学院考古研究所译:《考古学:理论、方法与实践》,文物出版社,2004年。
② [美]尼克·麦瑞曼著,周晖译,方辉校:《公共考古学的多样性与非调和性》,《南方文物》2007年第2期,第113—119页。
③ 郭立新、魏敏:《初论公众考古学》,《东南文化》2006年第4期,第54—60页。

下参观了遗址。同月,国家级报刊《中国文物报》开辟专栏发起对"公众考古学"的讨论,讨论主题具体如下:

① 国际、国内对公众考古学的一般看法及其发展历史。
② 考古的当代意义,考古工作者的责任及义务。
③ 考古学的社会角色;考古学家与媒体、公众的关系。
④ 对考古普及图书、项目、活动的评论;对电视直播考古活动的评论。
⑤ 怎样看待考古普及的"娱乐化"倾向?
⑥ 公众考古学是否应该成为考古学的合法分支?中国公众考古学应该如何建设?
⑦ 探索考古知识转化和普及的形式与方法,寻找考古学与公众知识的契合点。
⑧ 新出流散文物(盗掘出土为主)研究与现代学术伦理或职业道德的关系。

在当今全球化的语境下,来自不同国家的考古学家可能会问相似的问题,但我们不能期望答案是相同的。第一个困境可能出现在术语的翻译上。在最初的英文术语中,"公众考古"意味着政府,或是一般大众或人民[①]。同样存在歧义的术语也出现在中国的汉语中:"公众考古学"(即大众的考古学)和"公共考古学"(即共享考古学,"公共"的作用就像英文前缀),这两个词有不同的概念,因此允许不同人在不同的语境里有不同的解释。对政府而言,是通过立法和财政来控制考古学;对考古学家而言,是关于沟通和网络化;对于公众

---

① Merriman, N., 2004. "Introduction: Diversity and Dissonance in Public Archaeology." In N. Merriman (ed.), *Public Archaeology*. London: Routledge, pp. 1-17;[美]尼克·麦瑞曼著,周晖译,方辉校:《公共考古学的多样性与非调和性》,《南方文物》2007年第2期,第113—119页。

来说,是分享的权利。对此,有来自各方面激烈的争论。

在后殖民主义的背景下,考古学被用来进行现代身份的建构和解构。"过去"的观念也一直是中国文化强有力的象征。就像福勒指出的:

> 中国过去的传统,一直是提供行为和思想规范的道德故事的一部分。但在中国,也像在其他地方一样,被提供的规则也反映了意识形态的阐释和国家当前的需求。①

在目前的社会环境中,"过去"的概念和考古学实践难舍难分,这还引发了一些有趣的对比。比如,当民族主义占据了政治核心舞台,考古学(对"过去"的研究)就会在政府文化战略中扮演十分重要的角色。在中国最受争议的例子是夏商周断代工程,引起了不少西方学者的批评,但是,中国学术界一直为此辩护②。在这里提及或许是很有趣的,正如我们前面提到的,公众考古学在中国和西方有各自不同的内涵,在实践中或许也存在差异。例如,像英国这样的民主社会,国家机关在考古学中的影响是递减的③;但在中国,就目前情况而言恰恰相反。

中国考古学的现状是一种充满悖论的境地。当民族主义盛行、考古学作为中央政府进行管理的一项国家事业时,对区域文化的颂扬也开创了地方主义的泛滥④。中国的考古学一直依靠国家政治和

---

① Fowler, D.D., 1987. "Uses of the Past: Archaeology in the Service of the State." *American Antiquity* 52/2, pp.229 – 248.

② Lee, Y.K., 2002. "Building the Chronology of Early Chinese History." *Asian Perspectives: the Journal of Archaeology for Asia and the Pacific* 41/1, pp.15 – 42; Li, X., 2002. "The Xia-Shang-Zhou Chronology Project." *Journal of East Asian Archaeology* 4, pp.321 – 333.

③ Thomas, R., 2004. "Archaeology and Authority in England." In N. Merriman (ed.), *Public Archaeology*. London: Routledge, pp. 191 – 201.

④ Falkenhausen, L. Von, 1995. "The Regionalist Paradigm in Chinese Archaeology." In P. Kohl and C. Fawcett (ed.), *Nationalism, Politics, and the Practice of Archaeology*. Cambridge: Cambridge University Press, pp. 198 – 217.

政府财政的支持,但是随着中国逐步转向市场经济和政治改革的推行,考古学家面临着新的挑战,如需要寻找更多额外的资源,并决定靠谁来建立新的权力基地。在今天的中国,考古学最大的挑战是从政治化到商业化的转变。经济的快速发展,使抢救性考古占据了首要位置。如今,或许除中国社会科学院考古研究所外的其他大部分省(区)的考古学机构都从事商业性的考古工作,他们超过一半的收入都来自基建工程项目。与此同时,考古学毕业生的市场需求逐渐变小,大学也在尝试一种全新的课程,比如,结合考古学和文物研究,以满足日益增长的文化产业的需求。在当代的消费社会中,考古学看上去和其他事物一样,能够重新包装贴牌销售。

最近的社会经济改革也影响了考古学家们的社会地位和声望,考古工作越来越被看作是令人羡慕的职业。在我们的调查中,我们发现中国大学的考古系在十年前还很难招到学生,但到了2006年,这个学科已经吸引了大量的申请者。电视和其他大众媒体引发了公众对考古学的兴趣,考古发掘的现场报道吸引了数百万的观众。考古学使收藏古董成为时尚,收藏家们愿意与考古学家相往来,以更多地了解他们自己收集的藏品,或许还能检验他们所拥有的古物的价值。问题是考古学家是否应该研究那些频繁出现的非法盗掘的古代器物。目前很多西方考古学家认为这是一个禁区,收藏出土文物一般是不被接受的[①],但是这个道德争议很大程度上立足于西方的道德哲学。中国也有自己的传统道德哲学,从古迄今,考古学也包含对私人收藏品的研究,中国考古学家们亟待建立一个能付诸实践的、条理清晰而又合乎情理的道德规范。此外,作为长久而深远的收藏传统,在许多中国人看来,收藏行为背后的个人驱动力十分复杂且根深蒂固。对于很多收藏家来说,拥有一件过去的物品,给了他们展现自己

---

① Public Archaeology, 2000. Forum. "'The Good Collector': Fabulous Beast or Endangered Species?" (Debates between Susan Keech McIntosh and Colin Renfrew, and a Response from Steven Vincent). *Public Archaeology* 1/1, pp. 73 - 81.

身份的机会,并在由国家和专业考古学家把持的对过去的解释中发出自己的声音。考古学家能回应吗?

当然,这些问题不仅仅针对中国。就像英国考古学家申南指出的,目前的社会考古学,在操作术语和解释术语上,都开始越来越多地涉及社会、政治和知识的发展趋势[①]。客观地说,在21世纪,"公众考古学"将成为世界考古学的重要组成部分。

五、结 束 语

归纳言之,中国的"公众考古学"已经开始发展。没人能够预见这一新旅程的未来前景,但是如果"公众考古学"想成为当代中国考古实践框架中的积极因素,存在哪些需要克服的障碍呢?根据2006年我们的初步调研,我将对这一新兴领域的一些积极特点作如下概述:

1. 考古学在传统文化价值观的复兴中扮演着重要角色。我们不能预知政府放宽制定文化政策的意愿,但是,或许会允许有利于民间社会发展的多重模式的存在。

2. 考古学家们觉得他们应该对学科的完整性负责,保持考古科学原理的真实,但同时也应该考虑到他们的研究对道德问题和社会内涵的影响。他们将继续从事教育和知识传播事业,但是也将更多地与公众互动以拓宽他们的研究范围,探索不同的理解。

3. 公众参与和政府立法有助于文物保护和考古学的发展;当地的社区也应该参与到考古遗址和古迹的发掘与保护中,并对他们自己的过去表达他们的观点和理解。

4. 媒体对考古学的兴趣应该超越娱乐价值,并且制作出全面展现考古学的高质量节目。各种媒体,包括报纸、电视和新媒体(如虚

---

① Shennan, S., 2007a. "From Concept to Practice in Field Archaeology." In P. Ucko, L. Qin and J. Hubert, *From Concept of the Past to Practical Strategies: the Teaching of Archaeological Field Techniques*. London: Saffron Books, pp. 35-43.

拟媒体),都应该服务于这个目的。

显然,无论在国内还是国外,中国考古学未来的发展还有很多涉及考古学家和公众之间关系的工作要做。我们期待这一领域的参与者是国际化的,并且相互之间的合作发生在世界的不同地方。最近,在大英博物馆进行的"秦始皇:中国兵马俑"展览受到海内外参观者的热烈欢迎,这也成为中国身为世界文明古国的一种自我展示方式①。未来还有许多领域和主题需要去探索,这个初步的调研也是开启讨论的适度尝试。

---

① Portal, J., 2007. *The First Emperor: China's Terracotta Army*. London: British Museum Press.

发掘过去、发觉现在

——以英国为例谈社区考古的理论与实践

秦 岭、庞 睿

(北京大学考古文博学院/北京大学中国考古学研究中心、伦敦大学学院考古学院)

本文以英国的社区考古(community archaeology)为例,介绍公众考古学在西方产生的背景、旨趣与具体实践,通过不同类型的社区考古项目,比较分析社区考古的对象、内涵和发展方向。希望能以他山之石,对我国社区考古的发展有所裨益。

一、背 景 介 绍

(一) 关键词

如果说"地层学""类型学"是现代考古学的关键词,那"考古学文化""区系类型"就是中国考古学的关键词。理解某个学术语境中的一些主要概念,对于正确认识其学科性质和学术问题是非常重要的。对于公众考古学而言,有这样三组"关键词"需要逐一讨论,它们分别是"public 和 public interest""stewardship 和 stakeholder""participation 和 engagement"。

1. Public 和 Public interest

我国在引入公众考古学时,对 public 是翻译成"公众"还是"公共"曾经有过相关的讨论[①]。理解"公共"和"公众"这两层含义的互补

---

① 郭立新、魏敏:《初论公众考古学》,《东南文化》2006 年第 4 期,第 55 页。

甚至互斥关系,是正确理解西方公众考古学实质精神的一个关键,也是理解社区考古(community archaeology)的基础。

翻译成"公共"的 public,是相对于 private 来讲的①,不管是政府、社区还是其他特定的公共团体,这里谈到的 public 核心是"非私有"的,通常体现在利用 public funding(公共资金)来实现 public interest(公共利益)。我们通常讲公众考古学兴起的标志,会追溯到 McGimsey 在 1972 年出版的 *Public Archaeology* 这本书上(图1),他所说的本质上就是这个意义的"公共考古学"②——由政府出资并建立相应保护措施的考古实践。西方在此基础上进一步发展的所谓"契约考古(contract archaeology)",从抢救性发掘到逐步参与城市发展和国家基建的规划,已成为西方公共考古中的一个主要内容。由于西方社会中社区(community)是公民社会发展最基本的组织形态,public interest 在此亦可以理解为公共(社区)利益,因此"社区考古"通常被视为实现公共利益的一种实践手段。

图1 McGimsey 的 *Public Archaeology* 封面

---

① 魏峭巍:《国外公共考古学研究现状综述》,《南方文物》2010 年第 3 期,第 110—114 页。
② 他将本书献给"阿肯萨斯州所有的民众和他们选出来的政府部门的民选代表,因为他们有远见、有决断力,才提出公共考古学的一种新的立法规范或这样一种行为"。这个行为是什么?就是政府部门在州的级别上设立了资助项目,为文化遗址的保护提供了准则和施行的依据。

Public的另外一种翻译是"公众",听上去似乎也是一个集体,但实际上强调的是它的开放性和分享性。简单讲这个"public"的反义词是"restricted",就是受到一定限制,不能被分享的。在考古学中,需要分享的内容是考古工作的对象①和由考古研究建构起来的知识体系,而需要分享的对象则是专业人员之外的所有人。随之而来的问题就很有意思,既然我们讨论的对象是公众,那公众是谁? 你可以按年龄、按教育程度、按信仰、按职业、按个人兴趣无限地划分出不同的公众群体来。也因此,不存在这个语境下唯一的"公众考古学"。社区考古——可以理解为是按"社区"分类的面对特定社群的公众考古学。Public interest在此语境下可以翻译为"公众兴趣",对应的"社区考古"的实践也要有针对性地满足"社区"这一群体的需求和兴趣。

2. Stewardship 和 Stakeholder

西方语境下,文化遗产的看守者(stewardship)和文化遗产的所有者(stakeholder)也是非常重要的一组对应关系。Stakeholder通常被我们翻译成利益相关者;而stewardship则主要指负责遗产管理保护的群体,通常包括研究遗产价值的考古学家和实施管理保护的职能部门。需要指出的是,地方政府职能部门既是看守者,往往也是分享相关利益的stakeholder②。

社区在这个对应关系中,首先是在地文化遗产的利益相关者stakeholder。不管社区中的不同人群有没有参与到考古相关活动中来,他们都是考古遗址的利益相关团体。因此,"社区考古"可以视为是stakeholder实现利益的一种途径。同时,也有越来越多"社区考古"的目标之一,是将参与者从stakeholder的身份逐步转换到"stewardship"的角色中来,也就是说通过社区考古使社区群体切实参与到考古遗产的管理和保护当中。

---

① 比如各类文物、遗址、发掘现场等等。
② 如果学术成果和因此得到的声望与收获也可视为相关利益的话,考古学家则同样既是stakeholder又是stewardship。

3. Participation 和 Engagement

提到参与,需要说明这包括了英语语境下公众考古中的两个不同内容。上述两个关键词在中文中均为"参与"之义,但是在公众考古学的语境中,这两者的主体是不同的。Participation 是站在公众的角度,公众作为主体有权利或者意愿"参与"到相关的研究、保护和规划中来。而 engagement 反过来是站在管理者/研究者的角度,通过公众考古的各种实践在考古的相关过程中努力使公众"参与"进来。如果配合上面那组关键词来理解,那么 stakeholder(利益相关团体)有 participation 的权利;而 stewardship(看守者)则有 engagement 的义务。

在社区考古中,这组社区成员与考古学家之间的参与关系也更为明确。在英国的评价体系中,考古项目 engagement 的程度和效果就常常作为社区考古成功与否的衡量标准之一。

(二) 产生背景

西方语境下为什么会有公众考古学,比较重要的背景大概不外乎这三个:第一是利益的驱动;第二是社会的推动;第三是学科发展的结果。

利益驱动最主要的背景就是经济萧条。战后复苏经过了很长时间,到了七八十年代,又开始进入一个萧条期。这时候牵涉社会问题的所有人文社会学科都面临同样的问题,都希望去做一些应用的研究,而不仅仅是做基础研究。因为只有推进应用研究,才能够获得更多经费,创造更多的就业机会。所以在这样的背景下,在 20 世纪 70 年代不是只有 public archaeology,也产生了 public history(公众/公共史学)、applied anthropology(应用人类学)。曹兵武曾经主张过中国是不是要进入应用考古学的时代①,实际上他说的那个"applied

---

① 曹兵武,《文化遗产时代的考古学——兼谈公共考古学或应用考古学相关问题》,《南方文物》2014 年第 2 期,第 10—14 页。

archaeology"就是公众考古学。在这个背景下,我们可以把公众考古学理解为是对考古学的应用研究与实践。

第二个对公众考古学影响很大的就是社会思潮的变化和赋权运动(empowerment)的产生。简单讲,赋权运动就是伴随着公民意识的上升,借由学习、参与、合作等形式使个人、社区或群体组织重新掌握和分配资源与话语权。所以赋权(也在一些场合更适宜翻译成"赋能")运动的特质,一个是自下而上(bottom-up),一个是往往针对弱势或小众群体而言;它切实出现在我们当今社会经济文化活动的各个层面。在考古学中,这一社会思潮非常容易被理解和体现,一方面是考古学家们对专业知识的话语权,一方面是职能部门对文化遗产实体的管理使用权——不管在知识层面还是实践层面,公众都是典型"赋权"运动的主体。因为社区本身就是西方赋权运动一个最为主要和活跃的实践舞台,所以"社区考古"很大程度上就是赋权的过程与结果。

第三个就是考古学科本身的发展,这一学科发展在更宽泛的背景下是"后过程主义"的影响。用一幅漫画可以很好地理解后现代主义思潮对考古学家的影响(图 2)①,漫画的右边,是一个"公众家庭"代表大部分非专业的人群;漫画的最左边,是坐在象牙塔里孜孜不倦进行专业研究的"考古学家",他不知道外面都在吵些什么;然后中间打作一团的,就是举着各种理论招牌的对考古学研究的解释:新马克思主义的、新进化论的、女权问题的等等。"后过程主义"的学术思潮,一方面警示研究者要反观和自觉个体所处社会文化背景对研究方法及论点的影响;另一方面则提醒研究者正视和重视学术的"多义(multivocal)"性质。因此,考古学家本身对"公众考古"的关注和参与,也可以理解为是学术研究群体不希望被边缘化的一种实践性的表达。

---

① 摘自 Figure 12.1 Archaeological Theory in 1988(cartoon by Simon James), from Matthew Johnson, 1999. *Archaeological Theory: An Introduction*. Oxford, UK: Blackwell.

图 2　1988 年的考古学理论

（三）研究与实践内容

公众考古学涉及的内容多样，学术研究和实践并重，形式、参与群体的多样性及内容的宽泛程度使得它与我们一般概念的考古学研究及其分支都有很大不同。一般考古学按照研究对象、研究方法路径和研究目标进行的分类，如果要用来定义和全面描述公众考古学所涵盖的内容显然是不合适的。更何况，公众考古学是无法脱离社会现实存在的，不同的社会政治经济状况甚至具体到相关历史遗产的法规都使得不同国家和地区的"公众考古学"可以有不同的定义和内涵。事实上，多样多义的"公众考古学"本身，就是现实社会的直接反映。

具体谈到英国的"公众考古学"及社区考古在其中的位置，我想引用英国相关学者的定义最为恰当："公众考古学是'考古学与现实世界之间产生的所有实践与学术研究'。"[①]——这是 Gabriel Moshenska

---

① Moshenska, G., 2017. "Introduction: public archaeology as practice and scholarship where archaeology meets the world." In *Key Concepts in Public Archaeology*. London: UCL Press, pp. 1-13.

在 2017 年出版的《公众考古学的关键概念》中给出的答案。这个"包罗万象"的定义,并不便于我们理解在英国考古学界和社会中公众考古学的具体内涵。所幸,作者也在前言中列举了他认为目前公众考古学具体包括的七项内容(图 3)。

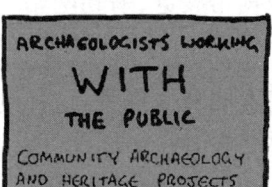

图 3　公众考古学的一些常见类型(Gabriel Moshenska 制)

我们依序翻译上述七项内容:① 考古学家同公众一起开展工作:社区考古和由博物馆、高校或考古单位组织的遗产项目;② 由公众开展的考古工作:地方考古协会、"金属探测者"协会、各类业余爱好者组织和独立研究者;③ 考古学相关的公共管理:比如全国及各级地方政府下的遗产资源管理部门；④ 考古学教育：在学校、博物馆、线上等不同渠道开展的有关历史和遗产的正式或非正式学习项目；⑤ 开放(共享)考古学：专指通过各种手段比如在线直播、发掘现场参观、介绍资料等使公众直接获得有关考古项目信息的活动；⑥ 大众(流行)考古学：包括各类电视节目、博物馆展览、书刊网站等等形式；⑦ 有关公众考古的学术研究：在当代经济、政治、社会、文化、法制和伦理等背景下对考古学的研究。作者同时也提到，这样的分类是基于目前实际正在进行的相关学术与实践内容的描述，而并非要对公众考古学设定具体的范围。本质上，公众考古学的内涵肯定是随着社会发展会有相应变化，上述七类的划分可以说很大程度上反映了英国目前的现状。

就中国当下的状况而言，除了第二类由公众自发开展的考古工作，不适用于我们的文物和遗产法规，因此没有可比性之外，余下的六类内容，基本上在中国都开展了类似的工作和研究。

相对而言，"社区考古"在上图中位列第一，确实也是英国公众考古的一种十分普遍的实践形式。而在中国，目前可能是大众教育、流行文化和开放考古工地等方面的工作开展得比较多。因此，通过实例了解英国社区考古的具体内容，对于评估和研究我国"社区考古"的发展前景就显得尤为必要。

二、社区考古案例分析

谈"社区考古"首先会涉及对社区的分类，由于众所周知的历史原因，英国及大部分西方考古学家在全世界不同区域开展田野考古工作，面对的社区状况相对复杂，其中经常讨论的"土著社区(原住民社区，indigenous community)"和"后裔社区(descendant community)"概念，并不适用于中国由政府职能部门管理、由考古学家开展的考古项目。因此，本文根据可比性和启发性，选取了由英国考古学家主导的四个社区考古实例，既包括在海外和本土以具体田野考古项目为依托的社区考古，也包括以虚拟社区为依托的社区考古项目，希望能够尽量多面地体现"社区考古"的丰富内涵。

（一）土耳其 Catal Hoyuk 遗址的"社区参与研究计划"

Catal Hoyuk 遗址位于土耳其安纳托利亚平原的中部。这个遗址 20 世纪 60 年代由著名的英国考古学家 James Mellaart 发现并发掘，当时出土了重要的"女神"雕像，也发现了层层叠压的土坯房址。1993 年，另一位著名的英国考古学家 Ian Hodder 同土耳其政府签了一个协议，工作计划延续到 2019 年。这个项目去年已经正式结束，遗址也移交土耳其政府的相关部门正式接管。这最近二十几年的工作，一方面在考古学研究上的贡献很大，另一方面，对土耳其来讲最大的贡献是推动这个遗址 2012 年申遗成功。

我们要介绍的"社区考古"项目基于上述背景展开。一方面，Ian Hodder 主持的 Catal Hoyuk 遗址发掘是一个包罗了不同研究团队，有不同方法和研究目标的国际合作项目；另一方面这个项目并不由专项经费支持，除了获得波音、壳牌等大公司的赞助以外，也鼓励各研究团队自带经费来进行专项研究，并通过承担高校田野学校培训的方式解决一部分发掘的人力和经费问题。同样，遗址在公众考古方面的实践也由不同团队负责，有不同的经费来源和具体内容。比如，2003 年开始的"考古工作坊（archaeology workshop）"针对从学生到各行业的不同人群；南开普敦大学主要负责的游客中心和视觉改造项目则更像是带有实验和实践性质的大众教育研究；另外，还有同 BBC 合作的特别节目、基于手机开发的 APP 等等。

本文重点介绍的是 2006—2012 年的"社区参与研究计划（community-based participatory research）"。这个项目由当时在工地做博士后研究项目的 Sonya Atalay 主持，涉及了遗址周围的四个自然村落和最近的一个镇（图 4）。从受众和内容来看，这是该遗址各类公众考古实践中，真正以"社区"为对象的一个项目。每年发掘季都不断完善和扩充具体工作，到 2011—2012 年，这些实践活动的形式已经相对固定，主要包括社区集会、设计印制新闻简报、组织 Catal Hoyuk 节（开放日活动）等内容。

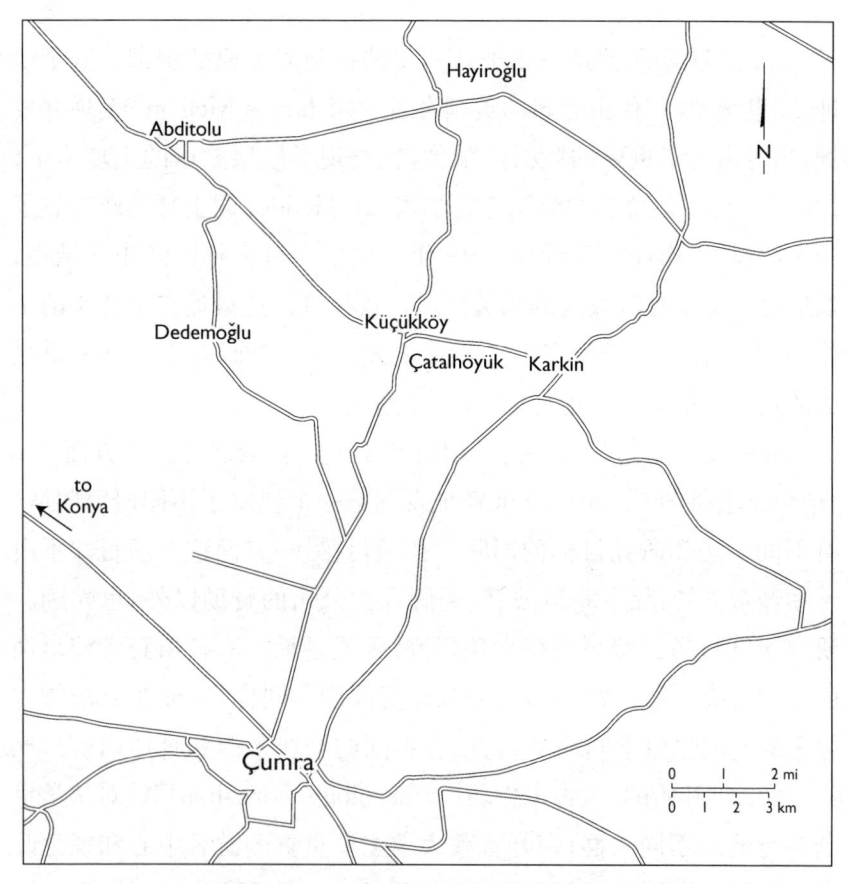

图 4　Catal Hoyuk 及所在村落位置图[1]

1. 社区集会

社区集会是每一年田野发掘开始阶段就进行的社区考古活动，

---

[1] Atalay, S., 2012. *Community-Based Archaeology: Research with, by, and for Indigenous and Local Communities*. London: University of California Press, p.14(map2)

由于当地的宗教原因，集会是需要男女分隔进行的。作为一支国际化程度很高的考古专业团队，与本地村民之间存在从语言、文化到知识结构的显著差异，在面对这些在地社区时，最主要的问题就是本地居民普遍没有什么信心，觉得自己没有专业知识和技能，不知道如何能参与所谓的"研究（research）"计划。发掘项目中的一些土耳其本地考古学家，大多来自大城市，会有同样的担忧，觉得本地居民无法真正参与到研究计划当中。项目采取雇佣当地高中毕业生为"实习生"的方式，来协助开展入户访问和组织集会等工作，效果非常显著。首先，他们每年在当地村庄雇佣并培训若干学生，特别是女学生，便于进行后续的交流。然后由这些实习生带领开展前期的入户访谈工作，通过问卷形式明确了解本地人想要什么、担心什么和关心什么。在此基础上，由实习生帮助组织村民的集会，通常女性就在附近的小学校；而男性则在更为公共的场所，比如茶馆、餐厅。很重要的是，这样的会议在发掘季内是定期举行的，每次都会有一定的议题、分工，同时也会请实习生帮助收集反馈意见。主要的议题，一个是由村民自行讨论编辑和印制卡通宣传册页，一个是如何组织当年的"遗址节"。

2. 宣传册页

宣传用印刷品的主要工作都由村民自行分工完成，比如谁拍照、谁当模特（女性一般不会出现，所以多为儿童）、谁负责设计等等，考古学家并不领导也不指导具体的宣传册页制作，仅仅是提供一些相关图片和信息，并且出资帮忙印制。

图 5 就是 2010 年的卡通宣传页，这一年 Catal Hoyuk 遗址开始准备申遗，因此宣传页的一面是关于遗址变成世界遗产后我们会怎样的讨论（图 5 左），比如说"以后我们的名字会比 Konya 更大[①]""会

[①] Konya 是距当地最近的一个城市。

图 5　2010 年的卡通宣传页(英语版)①

有很多商店""钱变多了""垃圾也会变多""会堵车"等等,通过这个其实可以很好地了解当地村民的想法和意见。另外一面,则是以当地两个小朋友对话的形式,帮助大家了解世界文化遗产是什么(图5右)。他们(两个小孩)说:"听说这个地方要申遗,我们去网上找一下什么是世界文化遗产吧!""全世界有 890 个②,土耳其有 9 个,这是土耳其最有名的几个旅游景点,都是世界文化遗产!""1945 年 11 月 16 日开始有世界文化遗产申遗这件事的……"——通过这样的方式介绍了很多知识点。这样的宣传页都是村民自己做的,有土耳其语版本在村里和周围地区散发,同时也有请实习生帮忙翻译的英文版,以便满足遗址参观的各种需求。

同这类社区宣传页形成鲜明对比的,是同一年考古学家的新闻

---

① Çatalhöyük Research Project: *Çatalhöyük 2010 Archive Report*.
② 2010 年的数据。

简报(newsletter)，同样是正反面的一张纸（图6）。这一期就是由项目中的不同研究团队来讲述他们的最新发现以及他们认为申遗成功的话会对研究工作有什么样的作用。不管语言还是内容，这种形式的新闻简报，受众显然并不是在地社区。事实上，这也放在游客中心，针对的是同行和海外游客。

图 6　2010 年的遗址 Newsletter（英文版）

3. 开放日活动

最有意思的是所谓的 Catal Hoyuk 节，这有点类似我们所说的"开放日"活动。因为当地气候条件，这个一天的活动通常从下午三点开始，到晚饭后七点结束。2010 年开始，遗址所在村的村长就提出来每年都邀请一个邻村来参加。2012 年，他们专门做了一面旗子，然后两个村的村长在旗帜前面拍照、致辞——这点在我看来还颇为亲切，跟我们的基层活动有相似的形式主义内容。然后工作站会租一个大巴，来回接送邻村没有交通工具的村民。通常参与这一天活动的人数能达到六七百,大家都是按照男女性别各聚一堆。

那这一天到了工地和工作站,主要都干点什么呢?首先是会有一个简单的演讲,给大家介绍遗址的基本情况和考古学家们怎么工作。通常,这个报告由负责人 Ian Hodder 教授亲自负责,他本身也是非常喜欢对公众演讲的一位学者。这样的演讲这一天要重复很多次,男女听众也始终是分场次的。

我个人认为最有启发性的一项内容是"训练生导览(Tour Guides in Training)"。发掘季通常正值当地的暑假,所以村里面 8—15 岁的学生在之前说的社区集会时就自愿或由家人报名参加这一年的导览培训。他们会被分到比如陶器、文保、人骨、动植物等等不同实验室内,了解这个实验室是干什么的,各种设备叫什么、有什么用,同时也在专业人员(通常是来参加项目的研究生)指导下,尝试参与一些实验室的简单工作。经过大约几天的培训和互动,他们对遗址和工作站的陌生感消失了,然后到活动日那天,小朋友们在自己身上挂一个牌子,上面写着"我叫＿＿＿＿＿","你可以问我关于＿＿＿＿＿的问题",每个孩子分别负责回答关于"骨头""石器""动物"等等不同研究对象的问题,会带着参观者去不同的实验室参与活动(图7)。这样做为什么使我深受启发?因为这是针对上述社区考古的困境切实设计出来的解决方案。从几个层面上,这项由村里孩子主导的讲解活动达到了很好的效果:首先,村民更愿意问孩子而不是专业人员,不管是语言障碍还是知识障碍,如果没有这些村里的孩子作为"中介",大部分人恐怕就是凑到窗前、门边,乐呵乐呵就走了(这样的情形在国内工地并不陌生),但现在通过这些孩子,更多的信息会被传递到更大范围的社区群体当中;其次,这些小朋友在之前参与培训的过程中,每天也会反馈各种信息回家,所以并不是仅仅孩子在听,他们的体验和感受是所在家庭共同分享的内容;最后,受益最直接的群体当然是参与导览的这些孩子,不仅仅是学到了很多"无用"但有趣的东西,也通过这种身份的转变建立起与传统不同的家庭

图 7　Catal Hoyuk 节上作为向导的孩子们

和邻里关系；甚至，考古队每年都能发现有这么几个颇有天份的孩子，会因为这样的机会喜欢相关的考古内容，会成为潜在的志愿者，能参与更多技术层面的科研工作。

另一项也同孩子有关的活动，是每年活动日都会有一个"创意剧社(Creative Drama)"的项目。2011年当地孩子表演了一个剧，内容大概是"Catal Hoyuk 之灵"这样的意思。孩子演的场景是这个新石器聚落中发现的特殊的埋葬形式，就是在居住的房址地面下层层叠叠进行埋葬。这个项目也是基于一开始所说的社区集会来进行，通常先确定几位感兴趣的小学老师负责，然后通过这些定期的村民集会自发决定每年演出的主题、分工和人选。考古队扮演的是顾问的角色，同时也出资解决演出服装和道具等等问题。

如果说最初的演讲报告是一种给予，由孩子作为向导的工地参观是一种互动，那么到了最后这个演出的环节，某种程度上实现了反哺和双向的受益。很多考古学家在孩子们演出时会表现得非常感性和激动,这种体验可以被理解为是研究团体的收获。

同时,每年组织者会邀请当地城市(Konya)的手工艺人在这一天来遗址上展示和表演他们的手工技艺。比如 2012 年请来的专门制作毛毡的艺术家。毡布技术是土耳其当地的传统工艺,但有意味的是,现代村民实际上已经不会也不了解这种传统了。所以本地手工艺者的参与,不仅仅对于外来的考古队是一种学习体验,同时也为当地村民提供了重新学习传统的机会。考古队有的成员鼓励当地妇女学习并制作小型毛毡工艺品,并表示愿意帮助找寻在英美国家售卖此类作品的渠道。

4. 资金来源

项目负责人在谈到这个社区考古项目的资金来源和金额时,给了一个非常让人惊讶的数字。每年从她所在的大学一共申请到 5 000 美金的科研经费,这其中还包括这位负责人自己的国际旅费和各种花销[1]。同时,在活动日这天,工地上提供的各种吃喝和额外费用由考古队和社区考古项目共同承担。

这个社区考古项目有两个重点值得我们借鉴:首先是从一开始就让当地村落通过集会的方式参与并反馈,所谓的 participation from start,而不是由考古学家群体设计好一个方案应用到所谓的社区这个对象上;其次是因为发掘季的延续性,这个项目得以把"可持续性"放在计划里,不管是组织者、考古队成员还是当地村民都把它当作是每年进行的有常规(routine)又有变化的一件事情来做,这种"可预期感"无疑是逐年提升参与程度和深度的重要基础。非常遗憾的是,这个项目的可持续性因为负责人的工作变动而终止。Sonya Atalay 作为她所在部落的第一位考古学家,回归北美之后一直从事

---

[1] Sonya Atalay, 2010. "We Don't Talk About Çatalhöyük, We Live It': Sustainable Archaeological Practice through Community-based Participatory Research." *World Archaeology* 42, pp. 418-429.

针对印第安原住民社群的公共人类学和考古学工作。

在上述案例中，社区考古面对的受众从地缘角度讲界定是非常明确的，主要是生活在遗址周围的社会群体。从某种程度上讲，这样的社区（村落），同遗址一样，是不可移动的。它们同遗址的过去和现在，存在与生俱来的共生关系，这种关系是外来的专业研究者不具备的。但同时，由于教育背景差异、社会利益和制度安排等客观原因，在世界很多地区甚至还存在后殖民的现实问题，这些在地社区对他们共生的过去而言是弱势群体，没有任何权力可言。

正如上文所说，社区考古的展开以激发自主意识和行动力为目标，实质上是重新分配参与权、解释权进而实现经济社会利益共享的一种社会活动。但必须承认，这样的理念是在发达国家内部产生的，理论和实践并不容易结合。在土耳其在地村落这样的语境下，尽管社区考古的组织设计者来自英美国家，但社区考古的主体永远不是考古学家本身，因此实际案例中，社区考古的目标也往往走不到那么远。

（二）社区引导下的英国白鹰营（Whitehawk Camp）遗址考古项目[①]

白鹰营是英国年代最早的新石器时代遗址之一。这是一个距今 5 500 年左右的大型环壕遗址，直径 280 多米，比著名的巨石阵遗址还早大约五六百年（图 8）。尽管对于考古学界来说，这个 20 世纪二三十年代发掘的遗址出土了典型的英国新石器时代陶器和驯化牛的标本，学术重要性毋庸置疑；但因为这个遗址位于英国著名的旅游城市布莱顿 Brighton（图 9），二三十年代的发掘后再也没有后续研究，它的公众认知度显然被旅游城市的其他热点所掩盖了。

---

① Orange, H., Sygrave, J. and Maxted, A., 2015. "An Evaluation Report to the Heritage Lottery Fund on the Outcomes of the Whitehawk Camp Community Archaeology Project." UCL: CAA Report, No. 2015202.

A reconstruction by Ian Dennis of the Whitehawk causewayed enclosure c. 3,600 cal BC (reproduced from Whittle, Healy and Bayliss 2011; fig. 1.3)

图 8　白鹰营遗址复原图

2014 年，白鹰营遗址开启了将近百年之后的又一次考古工作，这次工作的特殊性在于，从一开始，这个项目就定位为"社区考古"。这项"社区考古计划"的主体单位包括伦敦大学学院的应用考古中心（Centre for Applied Archaeology，UCL）、布莱顿及霍伍市博物馆（BHCC/RPM）和当地的考古学会（BHAS）[①]，项目经费来自英国遗产彩票基金（HLF）。整个项目的运行历时一年，从 2014 年 4 月到 2015 年 3 月。

白鹰营社区考古项目的重点是对遗址的重新规划发掘和对以往发掘文物的整理。遗址本身除了考古价值之外，也是当地的重要地标，是典型白垩纪形成的草原环境，栖息着很多珍稀甚至濒危的植物

[①]　英国的考古学会不同于我们的行业协会，称为考古爱好者联盟似乎更为合适。Brighton and Hove Archaeology Society(BHAS)就是这样一个民间公益组织，历史非常悠久，当地爱好者从 20 世纪 30 年代就成立了这一团体并持续开展活动，目前有 300 多名注册会员。

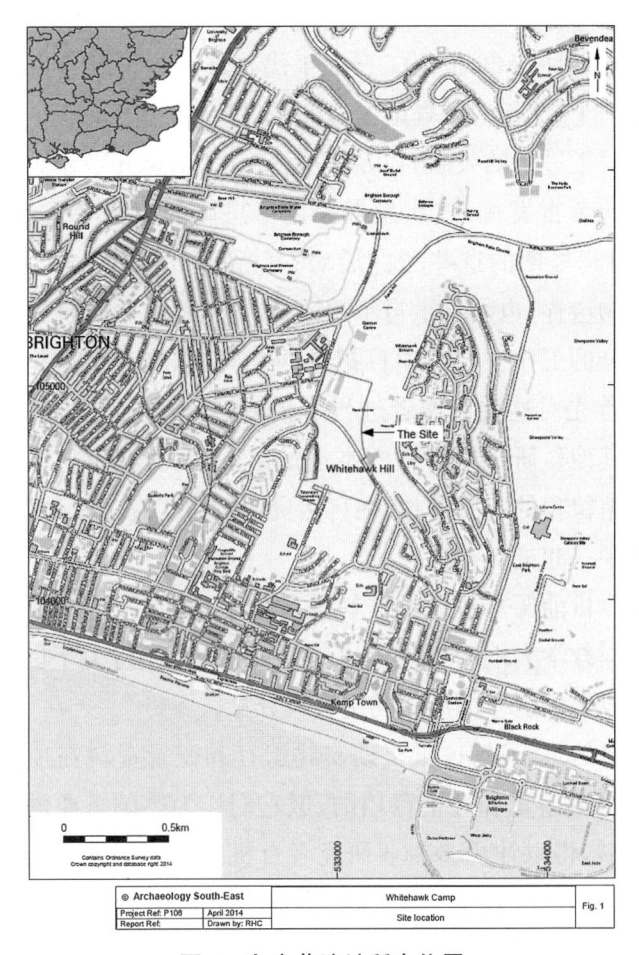

图 9　白鹰营遗址所在位置

和昆虫。另一方面，二三十年代发掘的文物没有进行后续分类存档和整理，全部收存在上述的布莱顿博物馆内，无法满足当代博物馆的展示需求。在这样的背景下，这一项目以当地居民、各类社团以及坐落于遗址上的其他机构为主要合作对象，开展了对遗址、对旧有文物以及对社区的各项工作，主要包括考古调查、遗址环境改善、由社区参与的考古发掘、文物档案整理、各类开放日以及遍及当地学校和住宅区的外延（outreach）活动。

1. 文物档案整理

白鹰营遗址在 20 世纪二三十年代有过三次田野考古工作[①]，分别为 1928—1929 年的调查试掘，1932—1934 年由 Curwen 带领本地爱好者和民工进行的发掘，以及 1935 年由 Curwen 带领惠勒的学生一起开展的考古发掘，这次发掘采用了惠勒的田野考古记录方法。因此，20 世纪早期的这些考古活动不仅留下了大量未经系统整理、存档的实物遗存，也留下了当年的记录、图纸等重要资料。

这部分的工作主要由项目招募的 24 位志愿者来进行。博物馆专业人员首先对这些志愿者进行了相关培训，之后也把除了当地博物馆以外其他科研机构留存的本遗址出土的实物资料（比如在曼彻斯特博物馆留存的一些陶片、在自然史博物馆保存的动物骨骼等）借调到项目中一起进行整理。

在按照目前要求对这批资料进行数字化的基础上，项目还开发了符合英国教学大纲的相关游戏[②]和 APP[③]，以便将关于白鹰营的新的数字化成果用这样的形式同更多人分享。

更重要的是，虽然这批早期实物遗存和记录资料在项目中是由志愿者进行数字化和登记存档的，但它们作为英国重要的新石器早期遗址材料，得以让更多专业研究者有机会进行更为深入的相关研究。2015 年进行项目成果评估时，就已经有其他大学、科研机构的博士论文和科研项目以此为题。

2. 遗址环境改善

除了档案以外，这个项目的主要成果是在当地不同社团和群体

[①] Orange, H., Maxted, A., Sygrave, J. and Richardson, D., 2015. "Whitehawk Camp Community Archaeology Project: A Report from the Archives." *Archaeology International* 18, pp. 51-55.

[②] Stone Age Quest. 参见 https://brightonmuseums.org.uk/discover/stories/interactive-stories/stone-age-quest/

[③] 白鹰营的相关资料加入了布莱顿博物馆开发的关于该地区文化旅游的 APP Story Drop，参见 https://play.google.com/store/apps/details?id=com.surfaceimpression.storydrop&hl=en_GB

共同参与的基础上,对遗址环境整治做了大量工作(图10)。这其中主要合作的机构是当地政府下属的公园绿地管理部门和租用了遗址北部的赛马场。遗址所在地本身是英国南部白垩岩草原,但由于城市发展各方面的影响,对遗址地下以及表面植被的破坏都相当严重。尽管这是一个记录在案的考古遗址,但如果缺乏与本地社区合作开展的考古项目,当地相关机构和居民都对"新石器时代遗址"没有直观和切实的认知和理解,因此也不会主动来参与和改善整个遗址的环境。

图 10　白鹰营遗址志愿者环境整治(重新设置遗址边界的围栏)

通过这次项目的推动,当地赛马场捐助了 1 000 英镑进行遗址上多处垃圾的清理;布莱顿公园管理处也同本项目一起出资维修围栏、种植植物带作为遗址界标。通过这样的环境整治,遗址范围内又重新开始放牧羊群。通过放牧羊群来维系自然植被环境是英国大量露天遗址保护的常用手段,这同人工种植和维护的草皮效果截然不同,自然植被和放牧的共生性使之可以可持续地对遗址进行保护。

同时，恢复到更加贴近英国传统景观的遗址现状也得到当地居民的首肯，项目后期开始在遗址上放牧后，就有本地居民主动向管理部门提出可以帮助看管羊群，参与这样的工作。

3. "农圃"采集物的整理

英国有一种非常有意思的"农圃（allotment）"，就是居住在城市里有共同社区但没有土地的居民，会在政府划定的区域内租种一小块菜地。通常这种农耕活动规模很小，没有盈利，土地属于政府管理和分配，在北美被称为"社区农耕（community gardening）"。而白鹰营遗址所在区域内，就有一部分属于这样的"农圃"。这次社区考古项目同当地农圃协会［Brighton and Hove Allotment Federation (BHAF)］合作，组织了对"农圃"采集物的征集整理活动，大家纷纷把自己平时种地时挖到的各种东西拿来给项目中的专业人员鉴定。当然，这样小规模的种植活动并不会有很重要的考古发现，据项目组介绍，大部分拿来的都是燧石一类的东西，并没有新石器时代的遗物；不过倒是有不少稀有品种的海绵化石，最后由当地的自然博物馆征集收藏，也算是成果之一。

4. 地球物理勘探和考古发掘

项目中跟我们一般理解的考古直接有关的内容是物探和发掘。这两项也均是由本地区非专业的社区成员来参与完成的。

地球物理勘探得到了当地马场的支持，因此工作人员对整个遗址全部进行了勘探。这项工作主要由当地考古学会（就是考古爱好者协会）的成员参与进行，他们在项目组织下事先由伦敦大学学院（UCL）的专业团队进行了课堂和现场的培训，最终也获得了 UCL 应用考古中心颁发的结业证书。通过这次物探，对 20 世纪以来因为垃圾倾倒和人为干扰等原因对遗址造成的破坏有了明确的调查数据和记录；同时，也发现了几处新的异常现象，可能同遗址的布局功能有关。

而接下来的社区发掘就选择了物探中出现异常值的区域进行。2014年8月,为期22天的发掘中,一共有40位"新手"第一次参加了真正的考古发掘。他们以"结对子"(buddy system)的形式在考古学家和当地博物馆专业人员的指导下进行发掘工作,平均每天有22位志愿者在发掘现场工作(图11)。尽管大量的遗物是属于中世纪以后的,发掘区域的堆积很可能是20世纪开展"农圃"活动后人为造成的,但这样的科学发掘活动本身就是当地社区参与考古工作的一项成果。

图11 社区志愿者参与的白鹰营考古发掘(背后是布莱顿城市和海岸)

社区发掘期间,还吸引了本地其他团体组织参观遗址发掘,由社区发掘团队为这些参观者提供讲解和说明。发掘结束后,社区参与者同专业考古学家一起在当地博物馆组织了联合学术演讲,来介绍这次发掘的情况和主要成果。

可以看出,在这样的项目设计中,从直接纳入考古发掘的"社区参与",到以这些社区发掘者为主体通过现场讲解纳入到访者的"参与",再到通过公开演讲这样广泛性更强的形式主动推广,所谓"社区参与"本身就有了逐步递进的不同层次。

5. 基于考古发掘开展的开放日和次年的公众日活动

更加广泛的社区参与活动,通常是以开放日的形式展开。这个项目在8月份发掘时做了一个遗址现场开放日;另外在第二年初借布莱顿博物馆的场所组织了"家庭考古日";在项目结束时又在布莱顿专门做了临时展览和公众日活动。

同我们理解的全部由项目方组织的开放日活动不同,白鹰营社区项目的遗址开放日很大程度上也是"开放"的。从这个海报上就可以看到(图12),除了发掘队进行现场介绍以外,当地不同社团都会在这个开放日中为大家提供不同方面的资讯和知识,比如环境考古专家介绍软体动物、土壤和燧石知识;一些个人(有的是独立考古学家)也会摆摊讲解怎么做新石器罐子,怎么打制石器;还有当地公园绿地管理部门和林地社团来介绍当地的蝴蝶和羊,介绍当地生态,推广健走活动等等。这样的开放日,本身就是由社区考古项目组织的更大范围的社区参与,体现出上文所述的社区参与的层次性和多面性。

而项目组织的"家庭考古日"和结束时的公众日,则同上述这样"开放"的开放日不同,是以全面介绍这个社区考古项目为目标的主题明确的公众活动和临时展览。比如项目结束时的公众日借用布莱顿老法庭旧址的公共空间举办,包括了相关的演讲、对这一年社区考古工作各项成果的展示、由当地孩子基于这一考古项目进行的艺术创作。

上述几类公众开放活动,是很多社区考古项目中的必选内容。不同于深度参与但人数有限的具体工作,这样的开放日活动可以吸引更多的人,在短时间内有比较广泛的宣传效果和影响力。白鹰营项目中的遗址现场日,并没有完全围绕"考古"的社区参与来组织,反而是借由这一平台,使当地不同的社区团体之间有了更多交流和相

> **DIG WHITEHAWK OPEN DAY**
>
> Whitehawk Hill, August 23, 11-5
>
> ❖ Brighton Museum & Art Gallery – Whitehawk objects & model
> ❖ Craven Vale Community Association & Friends of Craven Wood – local ecology & wood walks
> ❖ Brighton and Hove Archaeological Society – local finds & history
> ❖ Brighton & Lewes Downs Biosphere – discover the Biosphere
> ❖ Archaeology South-East – sand-box digging for young explorers
> ❖ Allen Environmental Archaeology – snails, soil and flints
> ❖ David Freud – Stone Art in the centre of the monument
> ❖ Dig Whitehawk Team – tours of the site & dig
> ❖ Brighton Park Rangers – butterflies & lambs
> ❖ Rachel Collins – Neolithic pot-making for children
> ❖ Matt Pope – flint technology & butchery
> ❖ Sussex School of Archaeology – flint knapping displays
>
> Free car parking. 21, 21A & 21B bus (alight Manor Hill Road)
> Please note that the site is inaccessible to wheelchair users
>
> Twitter @DigWhitehawk Contact 07824137496
> Webpage http://www.ucl.ac.uk/caa/whitehawk-hlf
>
> Supported by The National Lottery® through the Heritage Lottery Fund | heritage lottery fund

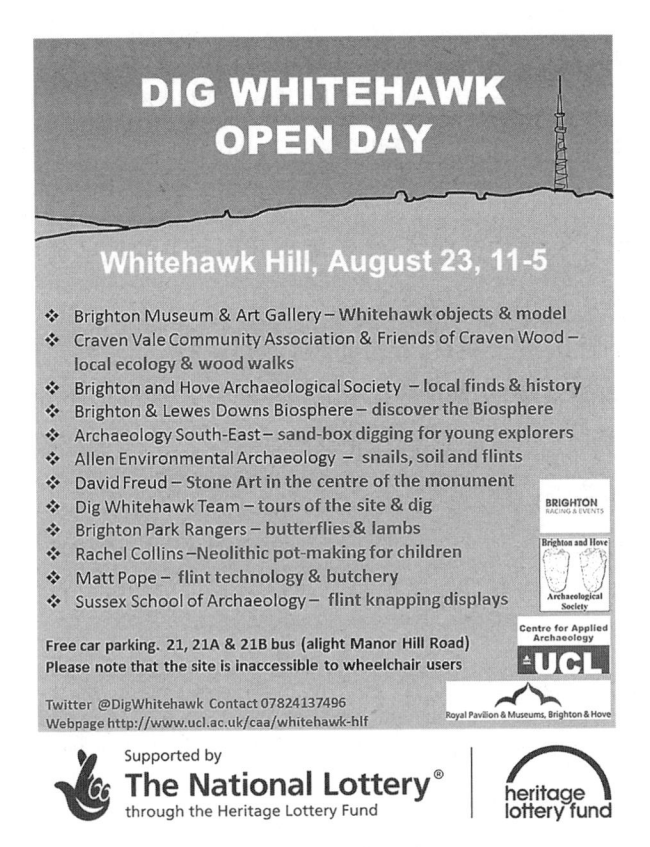

图 12　遗址开放日海报

互参与的机会,这种方式,比单一宣传考古的发散式"推广"来得更有意义,能形成基于不同内容(比如考古、环保、公益)的网状的社区参与生态,本身也更契合遗址遗产在当下社会环境中的"多义性"。据统计,一共有 700 余人专门到遗址现场参与了这项开放日活动,其中大部分都是当地居民(88%的参与者居住在遗址周围 32 公里内)。

6. 推广到学校和社区的延伸服务

英国的公众考古中,有一项必不可少的以服务社区为目标的"延伸服务(outreach)"。在白鹰营项目中,他们一共去了 8 所学校和 8 个社会团体做宣传,除了 8 所学校 16 个班的中小学生以外,还包括图书馆、老年人俱乐部等等。

最难能可贵的是，通过这些社区延伸服务，项目设计了专门的"活动材料包(package)"。这样志愿者们可以用准备好的材料包，准确全面地对遗址和考古进行相关介绍，同时进行实物观摩、互动游戏、有奖问答等活动。这个"材料包"在这项社区考古项目结束后，被当地考古社团和博物馆保留，继续用来开展相关的社区延伸服务。

7. 志愿者和参与者的反馈

英国的社区考古项目，非常重视评价体系的完善性。因此，除了上述看得到的各项所谓的工作和成果，参与者的反馈也是最终评价一项社区考古工作完成情况的重要指标。

比如在关于白鹰营项目的评估报告中，志愿者构成、志愿者的各项情况统计就是评估中的主要内容；而志愿者调查问卷的最终统计结果作为附录更是占了评估报告一半的篇幅[1]。从评估中可知，这一社区考古项目一共有 136 个注册志愿者，一共在此项目中投入了 3 500 多个小时的工作。其中 88% 的人很喜欢这一项目；93% 的人认为学到了一些东西，其中一半以上的人觉得通过这一项目学到了新技能。此外，我觉得难能可贵的一个统计数字是其中有 72% 以上的志愿者是第一次参与遗产类的志愿者参与项目。

当然，从统计数据中，我们也能看到志愿者在年龄、性别、种族等方面存在很大的不平衡性。比如，有 40% 的志愿者是年龄在 60 岁以上的老人，同时没有一个 25 岁以下的志愿者；三分之二的志愿者为女性；93% 以上的志愿者为白人——这几个比例都与英国社会的人口构成存在显著差异。这些数字也很直观地反映出英国社区考古参与者构成的普遍特点。

8. 资金来源和评价体系

最后关于这一项目的资金来源，有必要专门进行介绍。出钱的

---

[1] Orange, H., Sygrave, J. and Maxted, A., 2015. "An Evaluation Report to the Heritage Lottery Fund on the Outcomes of the Whitehawk Camp Community Archaeology Project." UCL: CAA Report, No. 2015202.

单位简称 HLF(Heritage Lottery Fund),直译过来就是遗产彩票基金。英国国家彩票基金一共有 12 家公益金分配机构,包括艺术、体育、社区等等内容。遗产基金是 1994 年设立的,迄今一共资助了 43 000 多个项目,资助金额高达近 80 亿英镑,目前已经成为英国遗产项目的最大资金来源①。

像白鹰营这样的社区考古项目,就可以直接申请这一彩票基金的资助。同时,公众考古在英国也可以作为教育活动申请教育彩票基金的资助。本项目是由遗产基金全额资助的,一年的资助金额是 99 300 英镑。

英国对遗产项目的评估,通常从"遗产""人""社区"这三方面展开。以本案例为例,上述关于档案、遗址环境、物探发掘等等方面的成果,通常被列于"遗产受益"类;而社区延伸服务、各种开放日活动,通常被列入"社区受益"类。Benefit for people(个人在项目中的获益)只能通过对志愿者和其他参与者的调查问卷来评估,主要体现在参与中的满意度、有否收获、会否再次参与等问题上。受众在年龄、种族构成上的不平衡性,并没有作为 benefit for people 的考量标准,这是我个人认为评价体系所存在的缺陷。

三、何为社区考古:比较与讨论

(一) 社区考古的对象

同样都是地缘性社区,但是社区是谁?这个问题的答案在上述两个案例中是不尽相同的。

在英国本土的案例中,尽管地缘很容易控制,白鹰营遗址属于布莱顿市,但这一地缘范围内的群体在兴趣和预期上有很大差异,年龄、教育背景、民族信仰等等的差别也是对社区考古产生不同观感和

---

① https://www.heritagefund.org.uk/

参与意愿的重要原因。最终,我们看到在社区参与构成上,老龄化比较严重,人群也相对固定化。而且其他类型的传统社区群体(比如园艺、赛马等等)本身也会挤占社区考古实践的空间。

而在土耳其 Catal Hoyuk 遗址所在村落中,性别差异在当地信仰习俗中成为实践活动的重要分类方式。当地村民虽然也有年龄、教育背景等方面的差别,但相对"外来"的"专业"的考古群体而言,他们的兴趣和预期是相对一致和稳定的,所以很容易针对性地设计一些社区考古的实践活动,参与的广泛性在非流动的社区中是易于实现的,同时从零出发的成效也很可观。

上述两类社区对象的特征和差别,举一个可能不太恰当的例子,似乎可以对应我们国家城市和农村的现实差异。在中国大城市开展社区层次的公众考古和在遗址发掘所在村落开展社区考古,方法、目标、评价体系等等均会有所不同,这方面上述两个案例可能提供了不同的启发。

(二) 实践形式与内容

英国白鹰营的案例利用了固定的国家遗产彩票基金,有固定的资金来源本身对于社区考古的实践就是非常关键的。另外值得一提的是,英国还有很多信托基金,还有政府和社会团体对"社区考古"实践进行各类嘉奖,比如 Marsh Award for Community Archaeology 就是为社区考古设立的专门奖项[①],白鹰营项目就获得该年此奖项的重点推荐。无论是经费来源还是社会评价,英国都为本地的"社区考古"实践提供了非常好的发展平台。因此在英国,公众考古特别是基于社区由当地社群主导(community-led)的社区考古是主要的实践形式。

土耳其新石器遗址开展的社区考古则像是一个学术研究项目的

---

① https://www.marshchristiantrust.org/award/marsh-award-for-community-archaeology/

伴生品。这类社区考古通常基于考古发掘研究课题在遗址所在地由研究者"业余"地开展实践活动,通常没有固定或者专项的经费和组织管理团队,甚至没有开展社区考古的基础和共识。但另一方面,这类所谓基于在地社区(community-based)的社区考古项目相对而言目标和受众都更为明确,社区通常主动性较弱,需要以考古学家为主导开展实践活动。

如果不考虑上述两类实践形式中社区群体的主动性和参与程度,那么结合而言,社区考古的实践内容还是有一定的相似性的。Moser曾经总结过七项社区考古的主要内容[1],基本上全面涉及了各类实践形式:① 充分的交流与合作;② 雇佣和培训;③ 公众展示;④ 访谈和口述史;⑤ 创造或提供教育资源;⑥ 影像档案;⑦ 由社区主导的文创产品。

由前述两类实例来看,上述实践内容基本上都有所涉及,差别主要在于社区参与的形式、广泛性和主动性。从公众考古分类的角度看,主动性强的社区考古项目更偏于实践,被动性强的社区考古项目则更偏重对此类项目本身的反思和研究。

(三) 发展方向和影响

以社区为主体而言,西方社区考古的发展方向无疑是要从基于社区(community-based)逐步走向社区主导(community-led)。这同西方公民社会的建立以及赋权运动的社会思想是密不可分的。

另一方面,社区考古实践对于传统考古的影响也在知识共享的语境下成为西方学术界反思知识生产过程,提倡"多义性"的重要渠道。比如土耳其的项目直接就叫"基于社区参与的研究"

---

[1] Moser, S., Glazier, D. and Phillips, J. E. etc., 2002. "Transforming Archaeology through Practice: Strategies for Collaborative Archaeology and the Community Archaeology Project at Quseir, Egypt." *World Archaeology* 34, pp. 220—248.

项目。

　　从我国现状看,可能先由考古学家或遗产研究管理者主导,开展基于社区的社区考古,从中逐步积累经验,产生一套行之有效的实践方法和内容,才是目前需要开展的具体工作。要发展成为由社区引导的实践活动,不光社区群体没有准备好,恐怕我们考古学家自身都还缺乏这样的意识和参与感。

　　同时,对知识多义性的理解,在中国学术研究日趋专业化,以及考古学就是历史学这样的学术传统下,也并未形成共识。我个人觉得开展社区考古对考古学家而言,当下能产生的最根本的变化是促进评价体系的扩展。在英国社区考古评价体系中,遗产、人和社区——这三类均是衡量是否获益、如何获益的重要组成部分。非常重要的是,社区作为同遗址具有共生地缘关系的现代社会群落,它不仅有权利参与到考古的实践和评价体系当中,甚至有特权(privilege)提供不同的视角和声音。

四、社区考古的延伸:非地缘型社区

　　上述讨论的一个基本设定,是社区以地缘为基础来定义,也可以理解为社区和遗址一样是"不可移动"的。但在我们当下的实际生活中,因为各种传播方式和生活方式的转变,community这个概念已经远远超出了地缘的限制;同时,人本身的流动性也动摇了地缘性社区的"不可移动"性。因此,社区考古所涉及的内容也不可避免地有所扩展。

　　这其中,由主动型受众构成的"学习者/爱好者"社区,可能是今后社会中更为常见的一种"社区"类型。这一群体,本质上同"志愿者"还是有所区别的。不可否认,在主动性和参与性上,"学习者/爱好者"同"志愿者"很相似,但我个人觉得,两者的目的性差异很大,需要加以区别。简单讲,对"志愿者"群体而言,"服务"社会是产生主动性的内在驱动,学习和参与都是以最终服务社区为目标的,也因此,在地缘性的社区考古中,往往可以看到很多志愿者的身影,特别是在发达地区,志愿者甚至构成了社区考古的主体①。相反,"学习者/爱好者"群体,本身是由内在的主动学习和个人兴趣为驱动的,当然在学习、参与过程中可以使他人获益是大家都喜闻乐见之事,也因此,很多情况下这两类群体并不能截然区隔。

主动的"学习者/爱好者"形成一个群体,通常会表现出这样一些共同点:首先是利益和兴趣上的趋同,有类似的学习目标和预期;其次是参与、实践的意愿比较强烈,会主动接近考古学或者公众考古学的实践活动;第三是教育程度相似,善于选择适合自己需求和知识背景的实践活动;最后一点是有比较强烈的评判能力和意见,注重反馈和互动,甚至有时会拒绝"被教育"。举一个简单的例子,豆瓣小组可能就是这类群体的一种聚集方式。

随着网络技术的发展和数字化时代的来临,社群的组成和参与方式都发生了根本变化。网络为上述群体提供了新的交流平台,而在这些平台上,群体自发或有组织地形成了新的"社区",这反过来也要求我们对社区本身的性质有进一步扩展的理解。"虚拟社区"时代的考古,一方面需要找到同实体社区和传统考古实践的结合点;一方面又在知识共享和共创上对传统的学习和参与方式提出了新的挑战。如何利用好互联网的特点和优势,建立新的社区考古实践模式?如何结合虚拟社区传统和社区的共同参与?英国在这点上也提供了很多值得参考的实践经验。

(一) 众筹考古和人人可参与的田野学校——DigVentures

网站:https://digventures.com/

---

① 囿于篇幅和目前积累的资料,本文不涉及"志愿者"群体及相关的社区考古,留待以后专文展开。

这是英国的一对考古学家夫妇于2012年创办的网站和公司。按创始人Bredon Wilkins最新的介绍,他是在共享经济的引导下,试图通过DigVentures这一网络平台,来评估P2P网络应用下的田野考古对考古学和考古学家将会产生的影响[①]。DigVentures是一家社会企业,尝试用一种可替代的新型商业模式来扩大公众对考古学的参与。这种商业模式就是通过众筹(crowdfunding)获得发掘经费,通过众包(crowdsourcing)使公众得以参与到考古项目当中。从设立至今,这个网站(公司)已经运营了英国、欧洲和美国的40个考古发掘项目,众筹了大约120万英镑(含配套基金)用于考古发掘,并帮助1000余名参与者加入了考古发掘。

这个网站目前运营的主要内容包括网上众筹资金支持特定的考古发掘项目;通过平台为考古学家、遗址所有者、学习者等群体建立联系;通过MOOC慕课形式进行数字教学;以及通过线上平台和数字化的形式开展从众筹到发掘的一体化的社区考古项目。

本文简单介绍该网站成立之后第一个通过众筹成功开展的考古项目"Barrowed Time"。通过这个项目的介绍,我们能理解创始人所谓P2P参与考古的大概模式。

这是一个位于英国西北部兰开夏郡的青铜时期的墓地遗址,最早在20世纪80年代就发现并开始发掘研究。这项考古计划主要的合作方是杜伦大学、土地所有者和兰卡斯特市政府。而DigVentures希望通过数字化众筹和参与的网络平台(图13),在考古中引入peer costumer和producer(消费者和生产者)。这里的消费者包括在网上观看考古发掘直播、到现场参观以及付费参与考

---

① Wilkins, D. J., Chitchyan, R. and Levine, M., 2020. "Peer-to-Peer Energy Markets: Understanding the Values of Collective and Community Trading." In *CHI'20: Proceedings of the 2020 CHI Conference on Human Factors in Computing Systems*, pp. 1–14.

发掘过去、发觉现在　　393

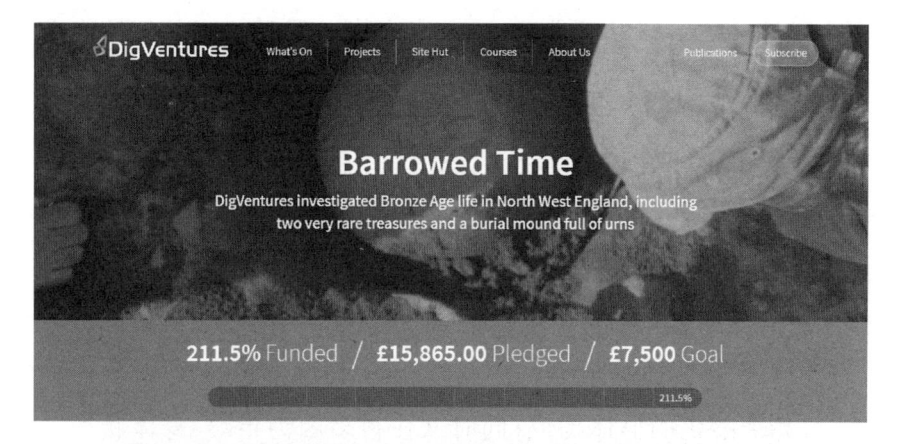

图 13　DigVentures 网站 Barrowed Time 项目截屏
（显示目标众筹 7 500 英镑，实际筹得 15 865 英镑，是预期的 211.5%）

古项目的人；这里的生产者则是付费后也实际参与考古发掘和社区考古的人，当然考古发掘会由 DigVentures 公司配套十名专业考古人员指导进行。

项目一共筹到 149 043 英镑，其中 28% 是来自 8 个国家的 208 名个人集资（人均 200 英镑），72% 是来自英国遗产彩票基金的配套经费。而这 208 名出资人，其中有一半（48%）是线上参与，通过平台继续关注了解发掘进程,这一半大概可以理解为是创始人所说的"消费者";另外还有一半是参与了考古发掘的,其中13%参加了一周发掘、17%参加了一个周末、22%参加了一天。这些参与发掘者在为期不长的工作中也发掘记录了遗迹和遗物,并且通过平台提供的记录系统将这些信息发布在网上(图14),因此他们既是"消费者",也是(知识/材料)"生产者"。尽管我个人并不认同将考古发掘和出资参与理解为供需关系,但不可否认,这样的模式是奏效的。并且通过这种付费参与形式,一定程度上改变了英国"志愿者"日趋老龄化的群体构成;同时又让很多因为年龄、身体状况及地缘等原因无法参与具体考古工作的"学习者/爱好者"有了新的参与渠道。比如评估报告中就有70多岁高龄的出资者表示自己无法发掘,但这种方式让他感觉自己也参与了这项考古工作。在DigVentures网站上,所有发掘项目的图文资料都是共享的,相关后续研究分析报告也可以按需下载。

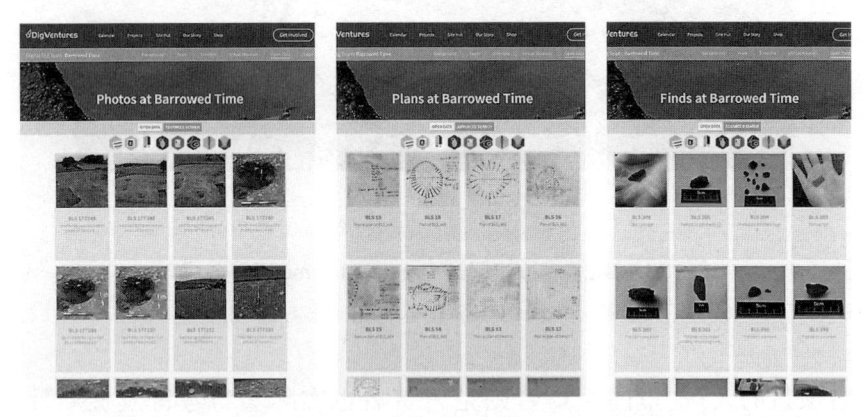

图14 Barrowed Time 在线开放发掘数据系统(均由参与发掘的社区成员上传)
(左:遗迹照片;中:田野测绘;右:每日发现)

另一方面,这种众筹形式解决了现实情况下,无论田野考古还是社区考古都存在资金短缺的问题。这个遗址所在社区是英国处于末尾四分之一的低于平均收入水平的贫困地区,当地学生能够获得的各类学习资源也相对匮乏。因此通过筹资解决项目运转的经费，也使当地社区群体获得了免费的知识共享的机会。比如，有1737人在一共20天的发掘季中（分两年）前来参观了临时展览，其中71%居住在方圆32公里以内；另外，有517名学生通过skype方式连线提问考古学家并视频参观了正在发掘的考古现场；1768人在2017年发掘的10天中连线访问了虚拟博物馆；而脸书上面该平台实时更新的小视频也有很高的点击量，比如一段发掘瓮棺的小视频就有超过五千的观看量。

同之前介绍的白鹰营这样的实体社区考古项目相比，DigVentures的众筹考古项目在满足所谓P2P的网民需求外，也同样能利用数字化考古和共享平台在社区考古实践中体现它的优势。

就遗址本身研究而言，充足的资金和劳动力同样可以推动考古工作的开展。2016和2017两年为期仅20天的发掘，发现了从新石器中期到青铜时代早期不同阶段的遗迹、墓葬和重要遗物，通过碳十四测年，这里成为目前英国西北部年代序列建立最完整的遗址，同时也是第一个对人骨进行锶同位素示踪分析的地点[①]。相比其他契约考古项目，共享成果是此类虚拟社区考古的主要诉求之一，因此网站上可以直接搜索下载所有项目的计划书和成果报告，比如此项目的考古发掘报告详实完整，多达一百余页，可供自由下载使用。

网站也提供了大量学习资源，除了各类慕课（疫情期间免费），特别是关于考古发掘的各类记录表单和标准、采样规范和发掘方法等，完全符合专业考古学的需求和标准，对专业人员来说也是很好的在线资源（图15）。

该平台创始人目前在运营这个企业的同时，正在莱斯特大学以

---

① Brendon Wilkins, Stuart Noon and Benjamin Roberts etc., "Barrowed Time Archaeological Evaluation Interim Assessment Report." https://digventures.com/wp-content/uploads/2019/11/BLS_assessment-report_LowRes_V2.0.pdf)

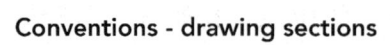

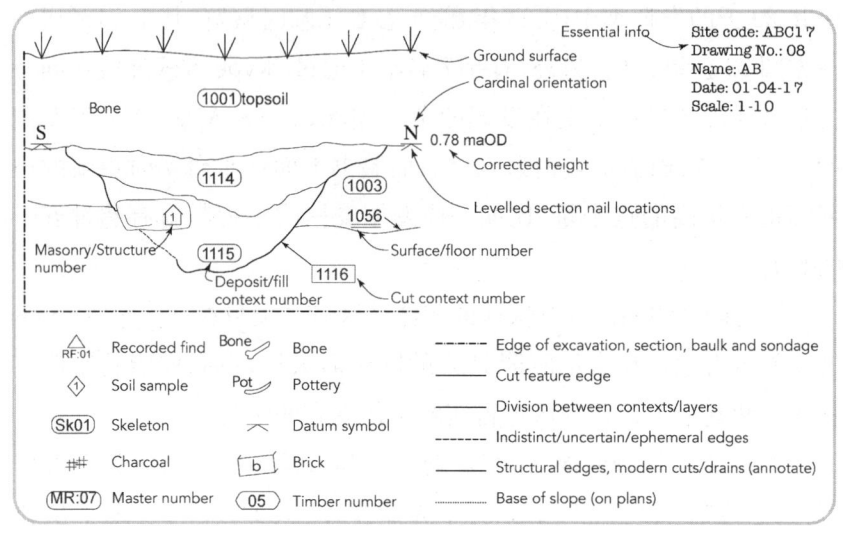

图 15　DigVentures 线上资源举例（剖面图的画法和图例）

此为题攻读博士学位。正如他在论文中所说，不太明显但更为重要的目标是"开发一个考古平台，促进资源共享，协同知识生产，实现劳动力众包"①。

DigVentures 网站首页的口号是"考古在你手中（Archaeology/In Your Hands）"。无论是众筹资金还是众包发掘者，当钱和人最终落地到遗址上，都会促进"社区考古"的实践和发展——这可能是英国公众考古历史悠久的一个体现，并且也代表了英国"虚拟社区"考古的一个新趋势（图 16）。

---

① Wilkins, D. J., Chitchyan, R and Levine, M., 2020. "Peer-to-Peer Energy Markets: Understanding the Values of Collective and Community Trading." In *CHI' 20: Proceedings of the 2020 CHI Conference on Human Factors in Computing Systems*, pp. 1-14.

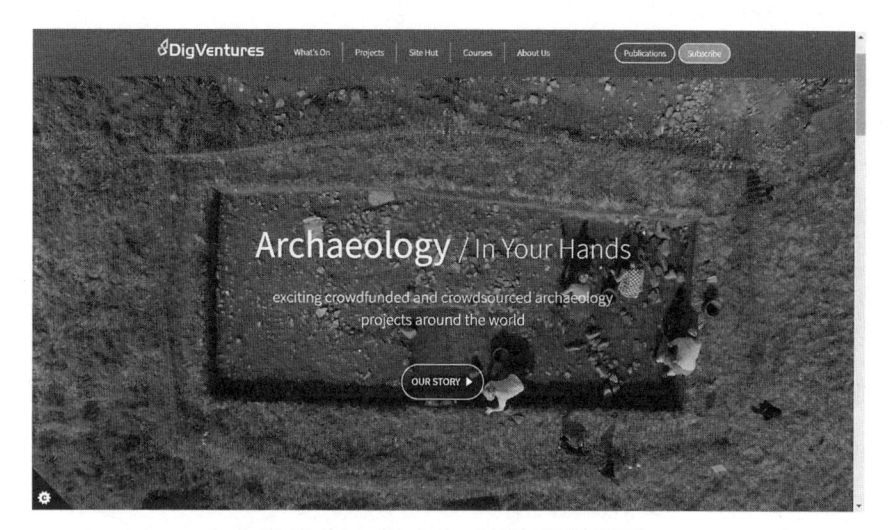

图 16　DigVentures 主页视频的截图

(二) 众包考古——MicroPasts 项目[①]

网站：https://crowdsourced.micropasts.org/

2013 年,伦敦大学学院和大英博物馆合作,在国家人文科学基金的资助下创办了这个网站,并于 2014 年 4 月开始上线,维护使用至今。项目主要希望利用网络新模式和技术的支持,通过众包(crowdsourcing)的方式,实现高质量的数据收集和共享,由此实现虚拟社区中的"大众(crowds)"与考古学、历史和遗产的链接[②]。

相对于既定的社区考古中的"社区",这一项目的负责人清晰地抓住"大众(crowds)"这一不同的群体概念来设计发展这一众包项目。"社区",通常有可识别的身份,会反复参与,有较为清晰的群体

[①]　Bonacchi, C., Bevan, A. and Pett, D. etc., 2015. "Crowd-and Community-fuelled Archaeological Research: Early Results from the MicroPasts Project." In *Conference on Computer Applications and Quantitative Methods in Archaeology*. Oxford: Archaeopress, pp. 279 - 288.

[②]　Bonacchi, C., Bevan, A. and Pett, D. etc., 2014. "Crowd-sourced Archaeological Research: The MicroPasts Project." *Archaeology International 17*, pp. 61 - 68.

意识；而"大众",通常会以匿名、短暂/即时的方式参与到项目当中①。

同时,为了跟英国已有的各类众筹众包项目有所区别,MicroPasts项目也明确以"室内整理(post-excavation)"为主要内容,不涉及考古发掘的部分。在2014年项目上线初期,设计了众包(crowdsourcing)、众筹(crowdfunding)和共同设计研究(co-design and co-research)三项主要内容(图17上)。不过随着项目的运营,众筹部分并没有成功发展起来,共同设计研究更多体现在论坛的讨论中,因此整个项目实质上逐步发展成为目标和内容都非常明确的"考古数据众包采集"的"虚拟社区"(图17下)。

目前,网站主页就直接以"众包"为名,以"Crowdfuelled and Crowdsourced archaeological data"为题。吸引大众参与的目标是:① 可以对考古学、历史和遗产研究有直接作用和影响;② 帮助完成计算机无法进行的工作;③ 发展个人有兴趣的相关技能;④ 产生可以共享和自由使用的科学数据。根据最新的统计结果,这个网站有两千多注册用户,其中一千多人贡献了自己处理的考古数据。

1. 文字处理

MicroPasts项目中的具体内容可以按照其工作性质分为文字类和图像类两种。用户注册后可以根据自己的喜好和特长选择不同的课题参与,也可以同时参与很多课题,每成功完成一条数据就会被记录下来,网站也会根据具体完成的工作量给用户等级和其他奖励称号。

文字处理目前主要的内容是进行档案卡片的数字化录入。比如2014年上线至今一直在进行的英国"国家青铜器索引(NBII)"的数字化课题。志愿者通过在线阅读原来手写的档案卡片(类似我们的

---

① Haythornthwaite, C., 2009. "Crowds and Communities: Light and Heavyweight Models of Peer Production." In *Proceedings of the 42nd Hawaii International Conference on System Sciences*. Los Alamitos, CA: IEEE Computer Society. Available from: https://www.ideals.uiuc.edu/handle/2142/9457 (Accessed: 24th July 2014).

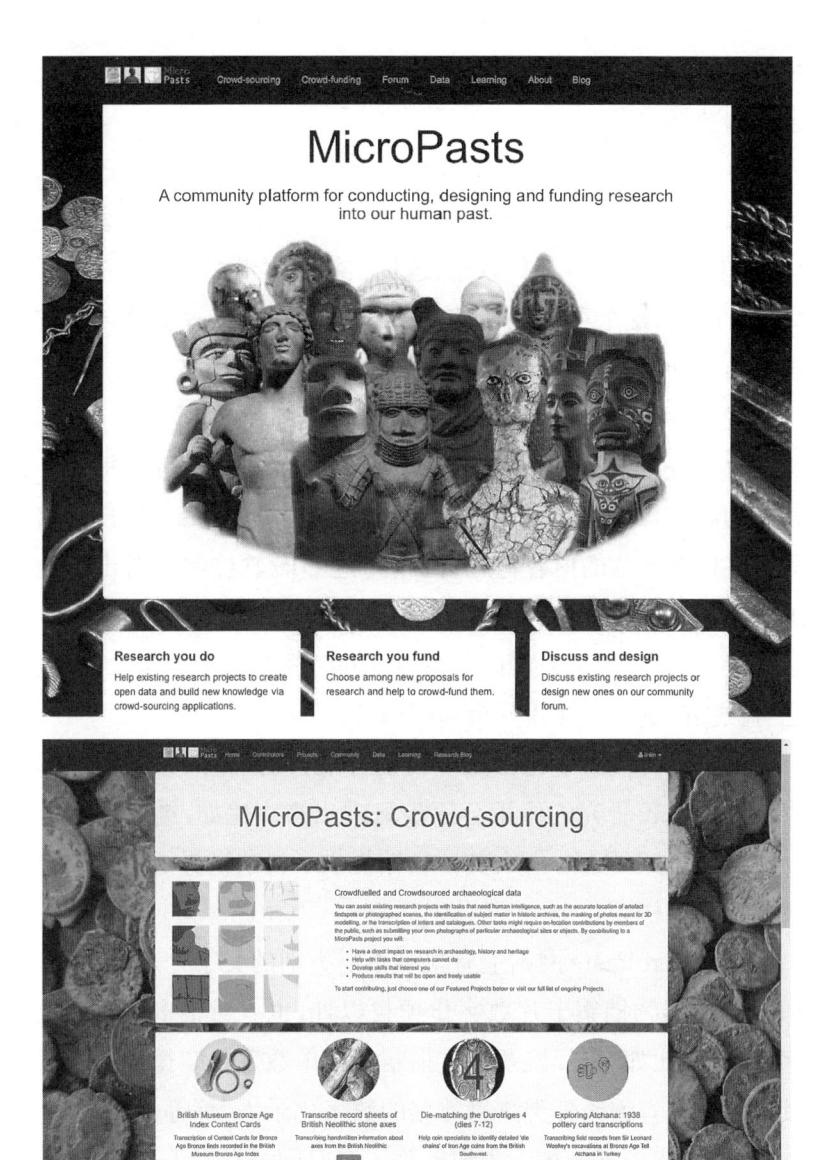

图 17　MicroPasts 主页的变化

上：2014 年[①]，包括三大类：众包（Research you do）、众筹（Research you fund）、共创（Discuss and Design）；下：2020 年，以"众包"为主体。

[①] Bonacchi, C., Bevan, A. and Pett, D. etc., 2014. "Crowd-sourced Archaeological Research: The MicroPasts Project." *Archaeology International 17*, pp. 61-68.

器物卡片)图像,输入相关词条,要完成超过3万件器物的数字化档案录入和数据共享。

这3万件器物卡片是国家青铜器索引的一部分内容,记录了19世纪以来在英国发现的各类金属制品,其中最早登记的档案出现在1914年,自20世纪60年代以来,这批实物档案卡片一直保存在大英博物馆。因此,这个项目最初的众包项目就从大英博物馆自己收藏的这批档案开始展开。

这些卡片按器物类型(比如斧、矛、剑等等)和发现地点(英国的郡、县、村镇或博物馆/私人收藏)编号排列在抽屉内,所以每个小课题就以抽屉编号为名,一目了然。通过众包,MicroPasts用户数字化抄写这些档案卡片的内容,然后网站通过GIS软件实现对出土地点的地理信息化管理,这样志愿者不仅完成了一批已有档案数据的高质量采集,而且实现了完整信息在地理和时间范围上的集合,推进了对已有数据的进一步深入分析和利用(图18)。

随着其他类似数字化档案项目的开展,这些新的数字化资源对于青铜器物比较研究的作用会逐步显现出来。比如,结合已有的可移动文物数据库(PAS)①,大英博物馆提供了目前世界上最大的史前金属器物数字档案。

目前,MicroPasts网站上有很多不同类别的文字处理项目,除了类似这样的器物档案卡片数字化项目以外,也有对很多历史资料的数字化处理,比如"早年埃及考古捐赠者名单数字化""德语旧报纸翻译及数字化""青铜斧各类测量数据的数字化录入"等等,涉及具体研究数据、学术史等各领域。志愿者除了有时间进行录入,可能还需要有比较强的手写字体识读能力甚至语言技能才能完成这些众包的工作。

---

① PAS全称为Portable Antique Scheme,是大英博物馆和威尔士国家博物馆联合发起的一项数据库项目,记录了从2003年至今在英格兰和威尔士发现的所有金属器物的档案资料。参见网站 https://finds.org.uk/

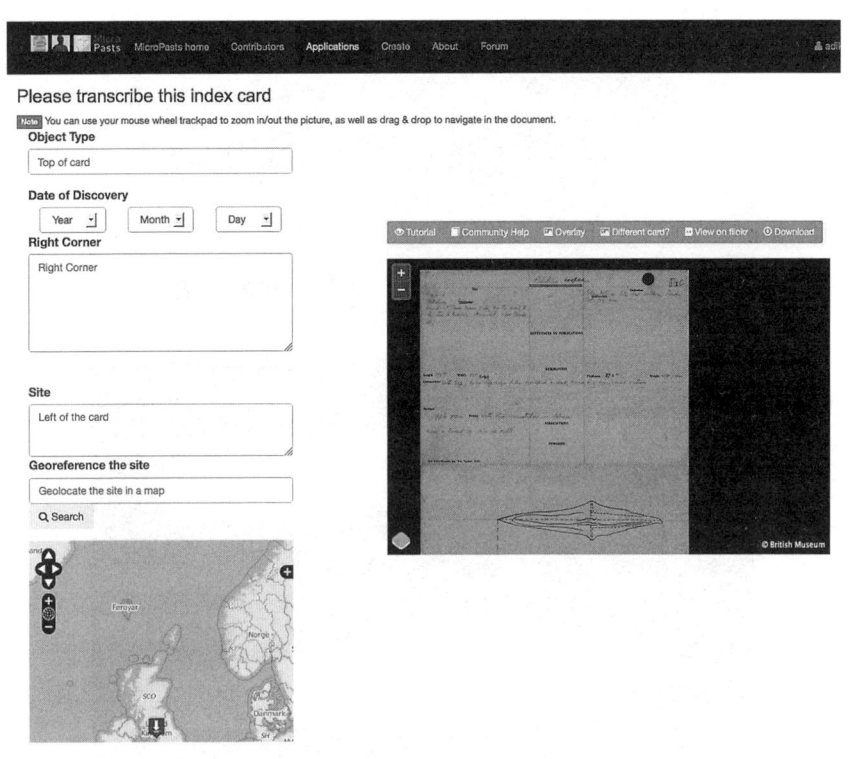

图 18　档案卡片数字化页面

2. 图像处理

第二种类型的众包应用程序涉及"照片蒙版/遮罩（photo-masking）"。志愿者们通过点击文物照片中器物的外轮廓，对每个人工遗物进行至少不同角度 50 张照片以上的外部轮廓捕获。在此基础上，项目利用图像处理软件识别同一物体重叠照片中的共同特征，建立该器物高质量的三维模型。

这类众包项目实际上就是三维建模的前期图像处理工作，简单却十分重要。以往都是由图像公司投入大量的人工和时间来完成。通过这种众包的形式，大大提高了器物三维模型的质量和生成效率（图 19a）。

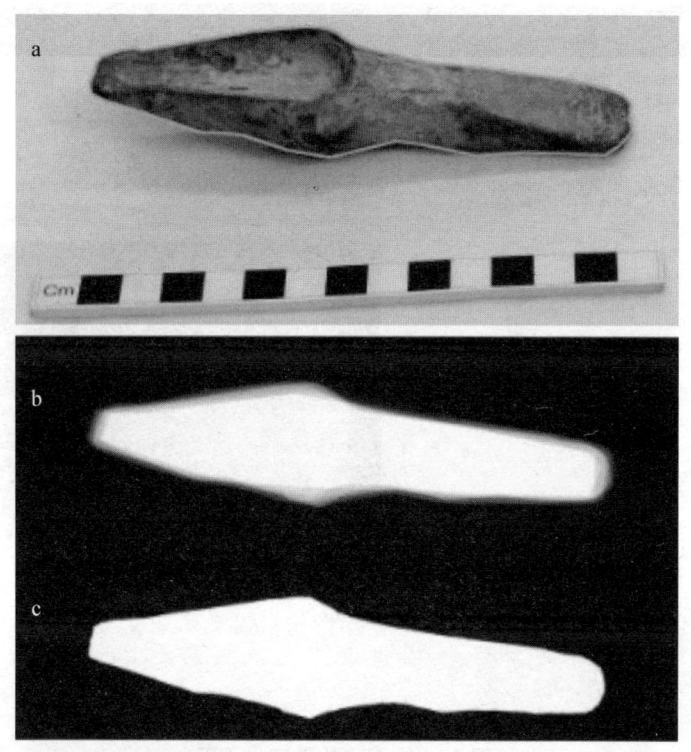

图19　文物照片外轮廓蒙版(photo-masking)及图像处理

大英博物馆在藏品可视化和 VR 技术应用的实例中,就直接利用了这个众包项目的成果。博物馆数字化部门需要结合藏品开发面对小学生、符合英国教学大纲第二阶段(Key Stage 2 三年级到六年级)要求的关于英国青铜时代虚拟仿真的课外学习内容。在设计青铜时代房子内的陈设和相关器物介绍时,负责大英博物馆青铜器藏品同时也参与 MicroPasts 项目的工作人员就想到可以直接从这个众包项目的数字化成果中选择可用的内容。最终有三件由众包完成的青铜器三维模型(图20)被这个面向全国小学生的 VR 项目选用,其中两件来自博物馆藏品、一件来自上述可移动文物库(PAS),虚拟仿真实例中用到的直接就是众包采集的数字化数据成果①。

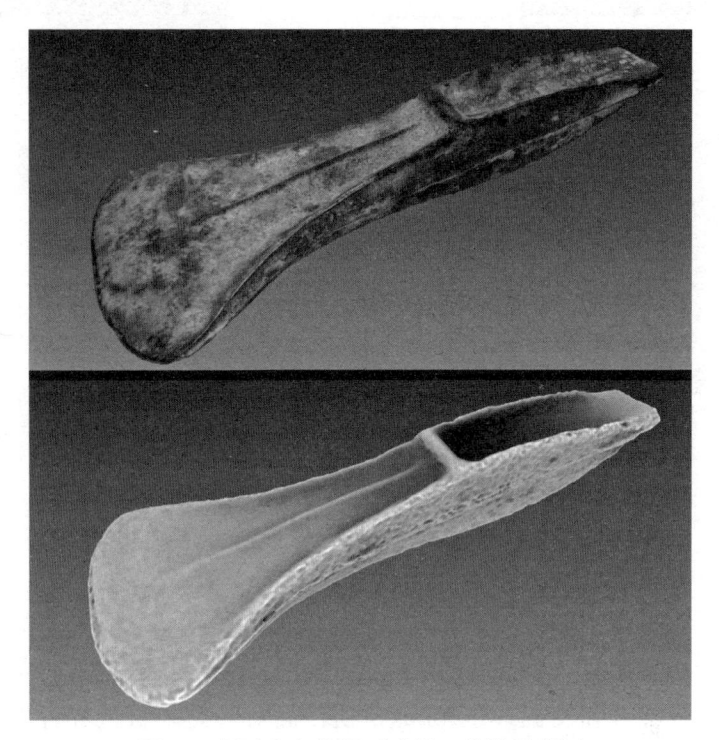

图 20　通过众包数据形成的三维模型举例

目前,该项目网站上除了继续开放器物外轮廓处理的数字化工作项目之外,也出现了类似的对器物线图进行数字化处理的众包项目(图 21)。不过相对文字处理项目的多样性而言,这类图像处理项目相对比较集中和单一,这应该也同图像版权以及图像处理质量要求更高有关系。

此外,本项目的负责人还乐观地预期,将来这些数字化的形态和尺寸数据,对于器物的定量分析研究也会发挥一定的作用。

---

① Home, M. W., 2016. "Virtual Reality at the British Museum: What is the Value of Virtual Reality Environments for Learning by Children and Young People, Schools, and Families." In *Proceedings of the Annual Conference of Museums and the Web*. Los Angeles, CA, USA, pp. 6-9.

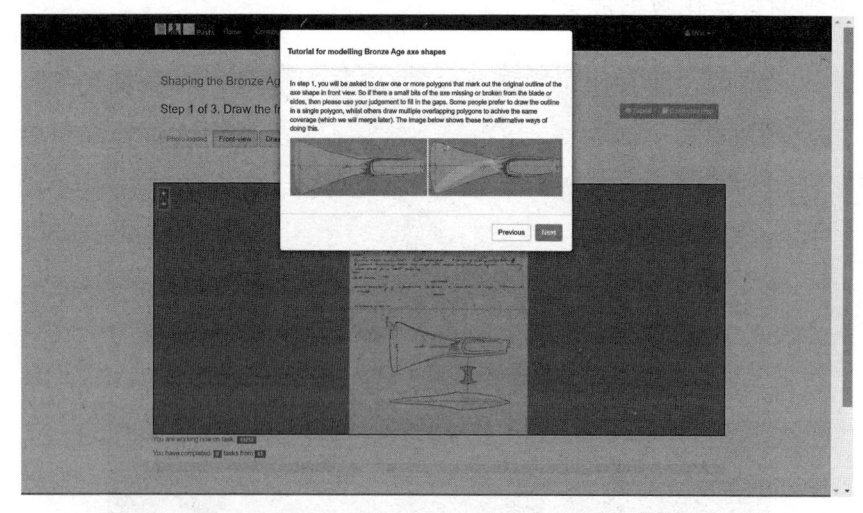

图 21　英国东部出土铜斧的线图数字化项目学习页面(进行中)

3. 质量管理

作为考古从业人员，相信很多人跟我一样对这样的"众包"形式的数据质量会有一定程度的疑问。不同于前述各类在专业人员帮助下进行的实践和发掘，MicroPasts 项目面对的是来自世界各地匿名的用户每时每刻在网站上即时生成的大量数据，因此，质量管理是这个项目非常重要的一个内容，也值得在这里简单介绍几句，以供参考。

文字处理部分，如果简单使用专业人员后期审核的方式，那么无疑给专业人员增加了非常大的工作量，本身也消减了"众包"的优势和意义。因此档案卡片数字化的工作，一开始采用多次录入自动比对的方式进行"自我检验"，比如对五个同一卡片的数字化数据进行对比，选择三个以上相同的内容作为某个字段的核定信息。这样的方法行之有效，但同样的内容需要不同用户重复录入才能比较检验，从用户角度来讲这种"重复劳动"可能在一定程度上抵消了大家的积极性。因此后来改进使用"投票（vote）"的方式，由其他用户参与审核，如果一个卡片的各项内容都有三个以上用户"投票"通过，这个卡片的数字化档案就核定完成。这样用户可以选择已有录入内容的数字化档案进行校对阅读，如果觉得有误可以开启一个新的录入，如果觉得没问题就"投票"通过。这样没有获得三次以上"投票"的那张卡片会继续流通由其他用户阅读审核，已经核定的卡片就存档不会产生继续重复的工作。

三维图像前期外轮廓数字化工作相对更依赖计算机程序进行质量管理。一般同一个图像开放给五个用户进行图层遮罩处理（photo-masking），然后分别提取这五个多边形和原始照片的光栅图，对每个点提取五个数据的均值产生一个"平均"的 mask 图（图19b），然后进一步选择每个点的重复值（比如5个贡献数据中有3个重叠），形成最终的遮罩数据，作为三维建模的输入值（图19c）。这一方法被事实证明是非常有效的，很少甚至不需要进一步处理就可以用来建模。后来项目使用统计筛选分级审核的方法，对生成数据质量很高的用户，只进行两个该等级用户的比对即完成质量审核；对最高质量等级的用户，则直接使用，同时选择一个同等级数据备用[①]。

4. 学习资源

为了让用户有机会学习更多及发展更实用的技能，MicroPasts 网站上也建立了一个"学习资源"栏目，提供相关的培训资源。

这些学习资源大概可以分成三类，一类是关于文物的背景信息及其涉及的文化历史和地理环境等相关信息；一类是对网站所用的数字化工具和软件的解释和相关教程；还有一类是关于社区考古和"众包""众筹"方法的相关内容。可见项目设计者考虑到了目标用户的不同需求，这同传统社区考古中的参与者获益评价体系也是相似的，除了对考古本身的爱好和学习欲望以外，学习新技能以及服务社会也是大部分主动参与者选择项目时的重要考量。

---

① Bevan, A., Daniel, P. and Chiara, B. etc., 2014. "Citizen Archaeologists: Online Collaborative Research about the Human Past." *Human Computation* 1(2).

项目执行后期,也的确有不少用户通过论坛直接加入了数字化软件工具的开发团队,实现了在数据和方法上不同层面的共享和众包。

5. 不理想的众筹

项目开发初期,众筹也是 MicroPasts 考虑开展的内容之一。项目作为管理者,接受各类考古研究项目筹集资金的申请,通过审核后利用这个项目作为平台发布及接受众筹,计划99%的众筹款直接拨付众筹项目,1%留作管理费。

在线提交的众筹项目,由 MicroPasts 网站的管理团队进行审核,确保它们符合下列规定:① 申请方至少需要有一所科研院校并确定一名社区协调员,以保证项目的成果对学术界和社区都有价值;② 研究项目不包括考古发掘(以便同其他众筹项目有所分流);③ 资助目标从最低 500 英镑到最高 5 000 英镑,需要提供具体预算。申请内容也非常简单实用,包括给众筹项目起一个名字、一句话介绍、300字的项目简介(包括研究目的、背景和预期成果)、一个图、一个短视频,以及众筹金额和时长。

然而,最初上线的四个众筹项目,最终都未达到众筹目标[1],甚至与最低众筹值相差很远,基本上仅获得不到 300 英镑的捐款,捐款人不超过 20 名。其中相对最好的"伦敦水管理体系调研项目",完成了最低目标的 65%,获得了 1 940 英镑捐款,来自 39 名用户。在此把众筹称为"捐款",是因为这个众筹设计中用户的回报并不明晰,更像是捐款而非众筹,也因此最终的效果非常不理想。同时,从用户访问网站的统计数据看,在众筹的一年间,访问网站的 13 000 多人次中打开众筹网页的只有 2 600 余人,可见众筹项目并不是用户访问网站预期参与的内容。

---

[1] Bonacchi, C., Pett, D. and Bevan, A. etc., 2015. "Experiments in Crowd-funding Community Archaeology." *Journal of Community Archaeology & Heritage* 2 (3), pp. 184–198.

最终,运营的项目中放弃了"众筹"这一部分,集中开展众包的考古学数据采集工作。

目前,网站一共孵化了大约 20 余个博物馆、档案中心、图书馆、遗产管理部门和高校的研究项目,集中来自英国、美国、意大利和德国。

到 2017 年 4 月底的统计数据显示[①],一共有 1 009 名活跃的注册用户在持续为网站进行不同项目的数据采集和贡献。其中只有 28% 的用户是从事跟历史、考古、遗产等相关的工作的,大部分均从事其他类别的工作。有 88% 的用户是在职或者退休人员,只有 21% 不到的比例是学生或者无业人员。参与 MicroPasts 项目的人绝大多数有高等教育学历,甚至很大比例有研究生学历。这些用户构成数据也为今后开展此类众包项目提供了重要的参考信息。

(三) 小结

随着互联网技术的进一步发展和将来 5G 时代的到来,以网站为依托的公众考古项目必然会成为将来公众考古/社区考古发展的重要平台。本来社区考古、志愿者组织均较有基础的英国,也提供了很多在虚拟社区方面具有前沿性的尝试和经验。

在"众筹"项目方面,新的虚拟社区平台为社区考古提供了新的资金来源,同时也通过数字化形式为资金提供者提供了各种不同的参与"体验"。一般而言,众筹根据不同特征可以分为四种模式[②]:通过资金贡献获得回报;纯粹赞助不预期回报;预先购买特定产品的融资;借贷形式的众筹股权模式。最后一种一般以社会企业为主体,同我们讨论的社区考古相关性不强。而从上文所举的案例来看,大部

---

① Chiara Bonacchi, Andrew Bevan and Adi Keinan-Schoonbaert etc., 2019. "Participation in Heritage Crowdsourcing." *Museum Management and Curatorship* 34(2), pp. 166 – 182.

② Mollick, Ethan, 2013. "The Dynamics of Crowdfunding: An Exploratory Study." *Journal of Business Venturing* 29 (1), pp. 1 – 16.

分的考古或遗产类项目,要通过纯粹"捐款"模式展开众筹,即使在慈善捐助传统甚强的英国效果似乎也并不理想。而在 DigVentures 案例中,通过众筹参与发掘项目的人可以通过网络实时了解发掘项目和出土物的进展(得到回报)或者通过众筹获得参与发掘的机会(购买特定产品),因此这一项目(企业)得以通过这个平台继续开展此类众筹活动。同样,英国很多类似的众筹考古项目,会为众筹参与者提供类似 VIP 的开放日或观摩体验活动,或者提供专属的纪念品(考古用具、定制衣物等等),很受欢迎。同时,这些成功的众筹发掘项目都跟某一特定地缘性社区的历史文化有很强的绑定关系,本质上是利用网络平台进行的社区考古的延伸,为并不生活在当下社区的各种爱好者或情感依附者提供一个参与社区考古的渠道,因此从形式上和受众上都扩展了社区考古的边界。

对比西方这种众筹发掘推进遗址所在地社区考古的形式,我国在遗产所有权、发掘资格以及考古经费来源等方面都有非常大的差异。目前可以说众筹考古的启发性大于可行性。

相比之下,通过"众包"的形式来进行专业数据的采集处理,并通过这种方式提供更多学习资源和学习机会,这种新兴的虚拟社区考古活动,对我们有挺好的借鉴作用。

"众包"考古项目的优势在于多样性和广泛性[①],目前的实践显示,这个领域还有开发更细分市场的潜力。比如 MicroPasts 项目在最初设计时,预期用户会像从事其他爱好,比如 DIY 或者手工艺制作这样的心态来接受和参与"众包"考古。几年运营下来的用户数据分析显示,大部分用户受教育程度高、学习能力强,最重要的是在实际参与中表现出非常单一的偏好。比如有 50.6% 的用户参与了图像处理类别的工作;有 63.6% 的用户参与了文字处理类别的工作;还有

---

① Bevan, A., Daniel, P. and Chiara, B. etc., 2014. "Citizen Archaeologists: Online Collaborative Research about the Human Past." *Human Computation* 1(2).

11.4％的用户参与了其他类别的工作。其中79％的人仅选择参与一种形式的网上数据处理；只有18％的人参与两种类型、0.03％的人参与三种类型以上的工作。因此,"众包"考古被分析和理解成是一种重视"过程(process-focus)"的参与,用户的体验更多来自参与过程,对处理对象本身的偏好并没有处理方式那么重要①。

"众包"本质上就是一种集合同类技能或同类流程劳动力资源的形式,考古项目本身存在大量重复单一技能性的资料整理工作,因此利用"众包"开展数据采集处理是很符合考古工作的实际需求和基本要求的。其实,在互联网平台建立之前,很多国家地区都有志愿者参与此类"众包"实践活动,比如伦敦博物馆非常著名的志愿者项目；比如在日本绝大部分文化财都开放有志愿者参与的遗物整理工作。目前我国考古项目中此类工作一般由"技工"群体来完成,在实现质量控制的前提下,这一部分工作的"众包"可能是有可操作性,值得尝试的。

另一方面,网络"众包"形式直接连接的是人和遗产这两端,并不存在位于其中的"社区"这个地缘性的媒介或者平台。因此"众包"考古值得推广,却不一定局限在"社区考古"的视野下。

如果想在"社区考古"的框架下开展此类活动,则应以特定地域或者时代的遗产作为"众包"的内容。不宜借鉴英国进一步"细分"、更重视过程的这种发展方向,而是植根地缘社区,以学习参与地域性知识的生产为目标来吸引以社区为依托的群体。

最后,先不考虑是众筹还是众包,考古学家和遗产研究管理者在当下中国的虚拟社区中是群体性缺席的。但是"考古"本身在自媒体、短视频和直播中却并没有缺席。对出土文物,特别是对所谓"挖墓"的热情是当下虚拟社区中的热点,也是公众考古的"盲点"。专业

---

① 反之,如果参与者更在乎对象,就更容易同时选择青铜器的文字卡片处理和图像处理,以便获得关于特定对象的更多体验。

群体在批评这些现象的同时，也有需要反思之处。今年因为疫情原因，网上直播的"考古十大发现"获得了超出预期的点击率和关注度，可见虚拟社区有这样的需求，也有鉴别选择的能力。如何正确引导公众的兴趣，开展"虚拟社区"考古，这需要更多公众考古的实践者走出微信公众号，从受众群体的需求和特点出发来考虑问题。毫无疑问，英国的"众筹""众包"都是基于他们的文化传统发展起来的，这些具体形式我们可能会"水土不服"，但考古学家在这些项目中的立场和实践值得学习和借鉴。

五、结　　语

社区是当代社会的一个重要概念，也是连接个人与世界的一个最基层的社会单元。从这个意义上讲，社区考古是通过社区这个群体组织连接个人与过去、个人与人类文化遗产的重要实践形式。区别于历史教科书的全体性和口耳相传的个体性，社区考古可以说是创造社区文化、构建共同历史的一个中间层次的重要平台。

Ian Hodder 在谈到共享遗产发挥的作用时指出："（共享遗产的意义）不是作为人的普遍权利或者我们对于过去的普遍权利——而是认识到特定的历史以复杂的方式交织在一起，历史总是重叠的、分层的、复杂的、流动的、混合的、相互依存的、稍纵即逝的和短暂的。"[1]——社区考古就是帮助我们建立对历史复杂性认识的一种实践。

不管是基于地域发展起来的传统社区考古，还是基于共同旨趣/目标建立起来的虚拟社区考古，它们的具体内容、目标、理论和方法都跟传统考古的实践与研究不完全一致，因此不能把社区考古当作

---

[1] Hodder, Ian, 2011. "Is a Shared Past Possible? The Ethics and Practice of Archaeology in the Twenty-First Century." In *New Perspectives in Global Public Archaeology*. New York: Springer, pp. 19-28.

是考古学的一个分支，或者简单粗暴地理解为是对社区进行的考古学科普。

在社区考古的评价体系中，人（也包括考古学家）、社区和遗产是同等重要的受益方，社区考古的实践不仅仅是以遗产保护和科学研究为目标，也需要考虑个体和群体、参与者和未参与的社区成员等多方面的获益与权利。

同时，社区考古的另一个重要特征是"可持续性"。它不是一场秀，一次公众活动。社区考古需要的永远不是观众，而是参与者，因此社区考古不是考古学家们唱主角的舞台。我们建议、引导、观察、调和，但决不能站在中间"表演"。我们既是参与者也是旁观者，旁观是为了更好地实践。

跟传统考古学相比，社区考古（公众考古）是很有创造力的。因为参与者的广泛性和多样性，它比传统科学研究范围内的考古更有创新的潜力；同时它也是非常具有前瞻性的，比如前文所说的虚拟社区、众筹众包，社区考古能通过实践跟上社会变化的节奏。

社区考古永远是实践大于研究的一项工作，考古学需要这样的创造力和前瞻性，所以多说无益，行动起来！

加泰土丘遗址的公众考古学观察[*]

王 涛

(首都师范大学历史学院)

加泰土丘遗址(Çatalhöyük)位于土耳其中部,主体堆积年代距今约9 400—8 200年,20世纪60年代即因其独特的房屋建筑方式、大量的雕塑(尤其是所谓的女神崇拜雕塑)和重要的早期农业遗存而载入世界史前史。20世纪90年代以来,后过程考古学大师伊恩·霍德制定了长达二十五年的宏伟研究计划,倡导并实践一系列新的研究理念和方法,重新发掘该遗址,再次引起学术界的广泛关注。该遗址在土耳其影响甚大,2010年上海世博会土耳其国家馆的外墙设计就取材于该遗址的房址分布图;2012年该遗址被列为世界文化遗产。

2011年,我有幸参加该遗址的发掘和整理工作,得以较为深入地了解其考古研究工作全过程。通过"参与观察",我认为,该遗址不仅以考古学为主的多学科综合研究工作值得借鉴,其开展的公众考古相关工作也颇有特色。因此,本文想从公众考古学的角度对该遗址进行观察,分析其发掘与研究工作模式、资料刊布方式、公众教育开展,以及运营模式、经费来源等方面,以期为我们开展以遗址为中心的公众考古工作提供一个可资借鉴的个案;同时也尝试借此案例讨论公众考古学学科的构建,并对公众考古学与公众史学的关系略陈己见。

---

[*] 本文原刊于文化遗产研究与保护技术教育部重点实验室、西北大学丝绸之路文化遗产保护与考古学研究中心等编:《西部考古(第12辑)》,科学出版社,2016年,第466—477页。

一、遗址简介

加泰土丘土耳其语为 Çatalhöyük，土耳其语中 Çatal 意为叉子，höyük 则为土丘，遗址所在地像是一座拥有两个不同高度山头的小山，矮些的山头附属于高些的山头，从而形成了一个叉形，故名。遗址名称后缀-höyük 类似于中国考古遗址名称中常见的某某"墩"或者某某"山"，即人工堆砌的土台子。在土耳其，以"höyük"为后缀的遗址还有不少，地貌大都如此。

1958 年，在土耳其工作的英国考古学家梅拉特（James Mellaart）发现了加泰土丘遗址，此后在 20 世纪 60 年代组织过多次发掘。随之，许多震惊世界的发现展示在世人面前：这是一处沿用了上千年的大型建筑群，先后有 8 000—10 000 人在此居住。发现的房子鳞次栉比，但是没有我们通常理解的街道，人们通过梯子进出房子，并且在屋顶上行走（图 1）。房子里面有令人惊叹的壁画，壁画讲述了人们狩猎野生动物等情形，包括狮子、已灭绝的欧洲野牛、牡鹿、秃鹰以及男性阳物和居民狩猎场景。在建筑内部的墙壁上发现有动物头部装饰，野牛尤其常见；也有很多泥塑，其中最著名的是一个双手按着豹子的女性坐像（Seated Woman of Çatalhöyük）。另外一个有意思的现象是，居民死后就埋葬在居室内，在灶台和地面下常发现人类遗骨，埋葬前遗体会被放入篮子或卷在草席中，因此骸骨多呈扭曲状[①]。

在遗址上层，可以明确看出当地居民已发展出了农业技术，并懂得驯养牛羊。遗址发现贮存小麦和大麦的箱子，其他食物包括豌豆、杏仁等；与此同时，狩猎仍然是食物的重要来源之一。在遗址中还发

[①] Mellaart, James, 1967. *Çatalhöyük: A Neolithic Town in Anatolia*. New York: McGraw-Hill.

图1 房址复原图(据遗址宣传手册)

现了陶器、黑曜石工具以及燧石。

以我参加发掘的F77为例,当时一个典型的房子是这样的:人们顺着梯子从房顶下去,梯子往往位于建筑物的一边(图2:A),旁边是灶(图2:B);还有用于储藏食物的空间(图2:C),另外一个小空间里有用来加工食物的小盆。房子里有埋葬死人的平台(图2:D),位于房子的北部。有很多证据表明当时人们在房子里用舂、磨的方法来加工食物,每个房子都有加工和储藏自己的食物的地方(图2:E)。有的还发现了制作石器和骨器的场所,也发现了人工制作的用于装饰的小珠子。据发掘者推断,尽管房子之间存在某种程度的合作,但是总的来讲他们各自都很独立①(图2)。

由于卷入一桩文物走私案,梅拉特被迫终止在土耳其的工作,加

---

① [美]伊恩·霍德:《恰塔胡由克(Çatalhöyük)的社会变化:一个9000年前的土耳其小镇》,《南方文物》2012年第3期,第16—20页。

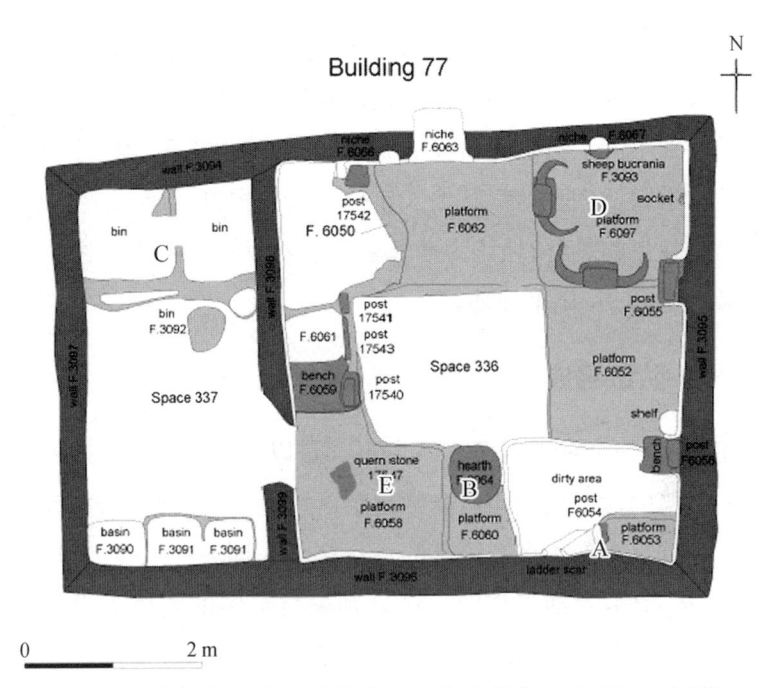

图 2　77 号房址平面图（据遗址 2011 年度报告 32 页图 43 改制）

泰土丘遗址的发掘也随之停止，留下很多未解之谜。后来他在剑桥大学任教，在上课时讲到了这个震惊世界的重要发现。听课的学生中包括伊恩·霍德(Ian Hodder)，他从此记下了这个遗址，并一直想着有朝一日能继续这项研究工作。20 世纪 90 年代初，他通过外交、文化等很多途径，多番努力，终于说服土耳其政府，争取到了继续发掘的机会。伊恩·霍德非常重视这个难得的机会，他制定了一个长达二十五年(1993—2018 年)，雄心勃勃的综合研究计划。这样，尘封三十年的加泰土丘遗址得以再次展现于世人面前。

二、发掘与研究模式

伊恩·霍德重新开始发掘，他希望在前人的基础上做出不同以往的一些工作，最主要的指导思想就是他所倡导的后过程考古学。

他主张用最新的田野考古技术来探究遗址的结构和建筑的功能,从而回答梅拉特未能解决的考古问题;倡导多学科深入合作的方式,希望真正做到不同学科之间研究的有机结合;他提倡多元的声音,认为不光考古学家、专业学者,其他人包括土著居民甚至感兴趣的游客都可以提出各自的见解;他认为遗址解释权不仅限于考古学家,大家都可以参与进来[①]。以下详述。

(一) 队伍组成

在中国,一个常见的考古队大多都是以一家单位为主来发掘,而伊恩·霍德的这个发掘团队非常复杂,可以称作"多国联合部队",最多的时候有来自二十多个国家的一百多个人同时在工作。以我参加的2011年为例,参加工作的人员分别来自英国的剑桥大学、利物浦大学,美国的斯坦福大学、加州大学伯克利分校和默塞德分校、纽约大学布法罗分校,还有波兰、土耳其等多个国家不同单位的工作人员以及志愿者。

除了人员来源广泛,这个考古队的专业分工也非常细致。作为主体的考古发掘人员很多,其他门类的研究人员也不少,包括陶器分析、石器分析、泥塑分析、体质人类学、动物考古、植物考古、文物保护与修复、数字三维分析等等。难能可贵的是,这些多学科工作人员不是临时过来取完样就走,而是同考古工作人员一道,长期驻扎在这里,一面进行前期资料的分析处理,一面关注正在进行的发掘的进展。每周都有半天互访时间,各个探方之间互相交流,多学科工作人员则到发掘现场了解情况,发现新情况、新资料,也会结合自己专业的特点为发掘工作提出可行的建议,充实和完善自己的研究。

---

① Hodder, I., 1997. "'Always Momentary, Fluid and Flexible': Towards a Reflexive Excavation Methodology." *Antiquity* 71, pp.691-700.

(二) 资料收集

来自不同国家的多个发掘队伍,被分到不同的发掘区域开展自己的工作。面对不同的发掘对象,他们的工作方法也许有所不同,但最终收集资料都要按照遗址统一的规划和要求进行。在工作记录、遗物采集方面,整个团队有一套比较完备的程序,包括表格、日记、绘图、视频等;收集资料、档案管理、遗物归档有专人负责验收管理。这就保证了整个遗址虽然工作延续时间很长、参加的单位和人员众多,但是资料收集有条不紊。

为了保证上述工作的实施,每次新人到来之际,都会有专人带着参观遗址,介绍情况,讲解工作规程,诸如发掘程序、记录方法、采集方法等等。除了正常发掘时间,每天还有专门的室内整理时间。在此期间,大家整理发掘收获,在内部局域网上传发掘日记、照片、各种记录,因为都是内部联网的,一旦发现错漏,大家会相互订正,不足之处在后面的工作中及时纠正。

在整个遗址,同一个发掘单位里面,不同国家、不同身份、不同研究领域的人员经常会现场共同工作。以下图为例来具体说明,在这个工作现场,三拨人分别来自不同的专业,自下而上来看,最边上站着的小姑娘(一个英国高中毕业生,考上南安普顿大学的考古专业,来当发掘志愿者)和斯坦福大学的学生在进行发掘记录;中间区域,因为隔墙处发现了一些木头和炭屑,文物保护专家在分析如何进行现场保护;最上面平台处刚刚发现了墓葬迹象,伯克利大学从事体质人类学工作的专家正在清理人骨(图3)。这是加泰土丘遗址一个典型的工作场景,大家共同工作,一起解决遇到的考古问题。

(三) 资料刊布方式

每年的6月到9月,来自世界各地的研究者就聚集到这里,边发掘边进行资料整理和研究。因为有了前面室内整理打下的良好基础,年度报告一般发掘完半年内就会完成。年度报告偏档案性,此后

图 3　77 号房址工作现场（笔者拍摄）

每两三年则完成更大部头的系列专题研究报告①。

资料的开放也是这个遗址的一大特点。该研究项目有专门的网站：http://www.catalhoyuk.com/，任何人皆可访问。其中有很多栏目，包括最新发现、研究进展、各类数据库等。年度发掘报告、照片、探方记录均可在线阅览或下载，以便更多感兴趣的专家或普通大众了解并参与其中，发表见解，共同研究。

除了专业的著作之外，各种媒体的报道也很多。报纸、期刊、电

---

① Hodder, I. (ed.), 1996. *On the Surface: Çatalhöyük 1993 - 95*. McDonald Institute for Archaeological Research / British Institute of Archaeology at Ankara; Hodder, I. (ed.), 2000. *Towards Reflexive Method in Archaeology: The Example at Çatalhöyük*. McDonald Institute for Archaeological Research / British Institute of Archaeology at Ankara.

视都能见到这个史前遗址的踪影。参加发掘的研究者除了写专业文章，也会写面向大众的著作。比如，项目总负责人伊恩·霍德教授写的科普性著作《豹的传说：揭示加泰土丘的秘密》(*The Leopard's Tale: Revealing the Mysteries of Çatalhöyük*)①，看亚马逊网站上的读者评价，这本书颇受大家欢迎。还有一本《科学》杂志专栏记者 Michael Balter 所写的报告文学体著作《女神与公牛》(*The Goddess and the Bull: Çatalhöyük: An Archaeological Journey to the Dawn of Civilization*)②，这名记者到该遗址蹲点一两年，下了不少功夫，采访了很多考古学家，内容包括考古发现、发掘者的故事等等。难能可贵的是，他以故事般的语言将考古学理论发展写得浅显易懂，使得该书甚至成为一些大学考古学专业的考古学理论参考书。还有一本该遗址保安所著的《保卫加泰土丘》(*Protecting Çatalhöyük: Memoir of an Archaeological Site Guard*)③，介绍自己如何从一名只想谋生的工地值班人逐渐成为加泰土丘遗址一份子的成长故事，讲述自己和遗址、和考古学家之间的有趣故事，也很值得一读。三本书，三个不同身份的作者，围绕加泰土丘遗址，讲述各自精彩的故事。

(四) 项目运营模式

由于这个项目研究队伍的超大体量，以及国际合作这一特性，经费筹措是个大问题。前期工作经费主要以申请科研项目为主。比如，伊恩·霍德本人申请自己所在单位的经费（英国剑桥大学和美国斯坦福大学）和欧盟的项目资助，其他国家团队也自筹经费开展工作。后来随着队伍扩张，资金紧张，便有人建议伊恩·霍德去找赞

---

① Hodder, Ian, 2006. *The Leopard's Tale: Revealing the Mysteries of Çatalhöyük*. New York: Thames & Hudson.
② Michael Balter, 2005. *The Goddess and the Bull: Çatalhöyük: An Archaeological Journey to the Dawn of Civilization*. New York: Free Press.
③ Dural, Sadrettin, 2007. *Protecting Çatalhöyük: Memoir of an Archaeological Site Guard*. Walnut Creek, CA: Left Coast Press.

助。但是考古不像别的行业，没有产出，要想获得赞助简直难以想象。在这方面，领队伊恩·霍德花了不少功夫，想了很多办法，尤其在初期阶段十分不易，不过终于找到了一些愿意赞助的单位。具体经费来源如图4所示，可以看出这些赞助商的背景五花八门，例如波音公司、壳牌石油、泰晤士水务公司，以及土耳其的一些银行和保险公司等。筹集来的经费分别用于研究、发掘、后期整理、行政人员费用、房屋维护等，还有一部分专门用于公共教育的开展（图5）。经费来源的多元化，值得我们今后工作中借鉴。

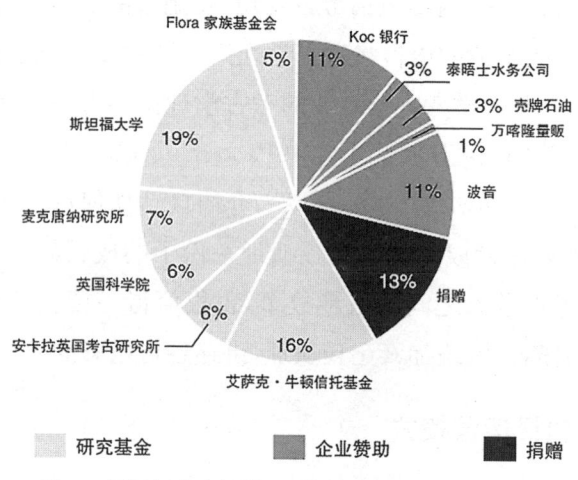

图4 项目经费来源情况（据项目宣传册翻译改制）

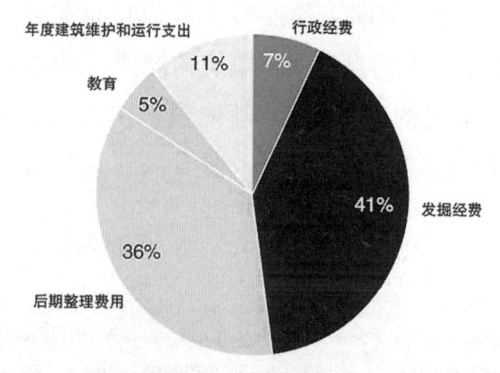

图5 项目经费支出情况（据项目宣传册翻译改制）

三、公众考古工作的开展

必须指出的是,卓有成效的公众考古活动是建立在科学、扎实的田野考古工作基础之上的,加泰土丘遗址的工作就是这方面很好的例证。

该项目团队中有专门人员负责公众考古活动的开展,年度公众考古活动包括考古队与社区互动、儿童教育等多个方面。从遗址年度报告能够看到,工作人员每年都会结合参观人数、人员构成、活动设计等方面,认真分析,总结不足,改进来年的公众考古内容。

(一) 社区互动

公众考古工作人员在公众项目方面很花心思,不仅与学校联系,跟社区、村子也会定期互动。他们会面向不同群众,组织不同类型的活动。此外,每年都有类似"狂欢节"这样的考古开放日。在这一天,考古队驻地院子里会招待来自附近村子的男女老少聚餐,各研究小组会向公众开放各自的实验室,研究人员会指导感兴趣的来访者用显微镜观察遗址出土的农作物种子(图6),让他们观摩发掘出的陶器、石器等。当地群众则会献上传统文艺表演,小孩们还演出精彩的小话剧。到了最后,考古队员、当地群众一起唱歌跳舞,其乐融融。

(二) 考古教育

每年暑假,都会有来自土耳其国内外的中小学生来遗址参观。考古研究基地有个小陈列馆,陈列着不少东西,部分发掘现场也对大家开放。工作人员会站在探方边上现场讲解,让大家身临其境,触摸历史(图7)。还有为孩子们设计的互动项目,例如把遗址里发现的动物形象做成浅浮雕让孩子们来涂色;布设模拟发掘探方让孩子们进行实地发掘等等。活动最后会发给孩子们一个学习证书,证书上还

图 6 小朋友用显微镜观察农作物颗粒(笔者拍摄)

图 7 中小学生到遗址现场参观(笔者拍摄)

有当地文化部门官员和考古领队的亲笔签名，孩子们都很喜欢（图 8）。我想，这样短短几个小时身处现场、生动有趣的乡土教育，要远胜过课堂上枯燥的讲解，会给孩子们留下难忘而深刻的记忆，让他们深切感知自己祖先的光辉。

图 8　小朋友展示自己获得的证书（笔者拍摄）

四、公众考古学视角的观察

自 20 世纪 60 年代以来，考古学与社会、与公众的关系逐渐成为西方考古学研究的一个重要方面，由此出现了公众考古学（Public Archaeology）。美国考古学家查尔斯·麦克金斯（Charles R. McGimsey）在 1972 年出版的 *Public Archaeology* 一书中首次提出了"公共(众)考古学"(Public Archaeology)的理念,探讨了考古学与包括经济、政治、文化等在内的不同社会元素之间通过协作方式保护历史资源的构想。他认为:"这里并没有所谓的'个人考古学'(Private Archaeology),而且任何人都不能够威胁(endanger)或破坏(destroy)民众了解人类过去的公共权利(public rights to knowledge)。"[①]英国学者 Tim Schadla-Hall 指出,公众考古学是"考古活动中任何与公众有互动或者有可能存在与公众互动的领域"[②]。在 Public Archaeology 期刊的创刊号中,英国学者 Neal Ascherson 进一步指出公众考古学关注的是"当考古学不再只是存在于单纯的学术领域,而是与真实世界中的经济、政治和伦理等领域不断发生的冲突中产生的问题"[③]。尽管国内外尚缺乏对公众考古学的统一定义,但正如有学者指出的,所谓"公众考古学",就是考古学由过去转入现实并延伸至未来的一个通道,而非别的什么[④]。

根据上述公众考古学的理念,我们对加泰土丘遗址的情况稍作梳理。若以考古发掘过程为序,可分为三个阶段:

1. 发掘前:

插曲——文物走私(涉及考古与法律)

前期准备——政府公关(涉及考古与政治)

经费筹措——基金会、企业(涉及考古与机构)

2. 发掘中:

考古学发掘与研究(涉及考古学与其他学科)

考古队员与当地居民(涉及考古与社区、大众)

3. 发掘后:

资料刊布(涉及考古学家与知识界)

---

① Charles R. McGimsey, 1972. *Public Archaeology*. London: Seminar Press, p.5.
② Tim Schadla-Hall, 1999. "Public Archaeology." *European Journal of Archaeology* Vol.2, pp. 147 - 158.
③ Neal Ascherson, 2000. "Editorial." *Public Archaeology* 1, pp.1 - 4.
④ 郭立新、魏敏:《初论公众考古学》,《东南文化》2006 年第 4 期,第 54—60 页。

展示陈列（涉及考古与博物馆）

媒体宣传（涉及考古与媒体）

考古教育（涉及考古与教育）

文化遗产（涉及考古与遗产）

从上述过程梳理我们可以看到，考古学研究的开展已经不是一项单纯的学术工作，而是一个非常复杂的巨系统，涉及考古学和考古学家与其之外方方面面的关系，而这林林总总关系的总和即可归结为公众考古学。可以说，公众考古学已经贯穿考古学工作的每一个环节。以加泰土丘项目为例，从一开始项目的启动、经费筹措、多国联合发掘队伍的组成、资料的刊布与宣传、社区及青少年教育等等，考古学家都要面对不同的对象，处理不同的关系。即使研究本身，考古学家也要和来自历史学、民族学、宗教学、生态学、环境学、政治学、经济学等等各方面的专家共同研究，一起形成对历史的最终解释。在此基础上，我所理解的公众考古学，宽泛地讲，就是研究考古学与考古学之外、考古学家与考古学家以外种种关系的一个考古学分支学科。其建诸于丰富的实践活动之上，当然也离不开理念层次的深入讨论。

从学科构建的层面来讲，公众考古学其实有许多方面需要向姊妹学科——公众史学借鉴和学习。诚如公众史学的创始人之一罗伯特·凯利（Robert Kelley）教授所指出的，公众史学是一种多维度的新兴史学领域（a many faced new field of history），其最基本的特征就在于它是一种使公众受惠（for public benefits）的历史学科[①]。"在过去四十年，将社区引入历史研究和诠释这一趋势重新定义了公众史学和公众考古学的实践。"[②]

[①] 王希：《谁拥有历史——美国公共史学的起源、发展与挑战》，《历史研究》2010年第3期，第34—47页。

[②] Andrew Hurley, 2010. *Beyond Preservation: Using Public History to Revitalize Inner Cities*. philadelphia: Temple University Press, p.52.

仍以加泰土丘遗址为例,我们可以看到公众考古学和公众史学拥有诸多共同或关联之处。① 共同的研究对象:公众(共)是两者共同关注的焦点,前述考古工作开展中涉及的政府机构、博物馆展陈、文化遗产、媒体、社区等等,同样也是公众史学要涉及的主要对象。② 共同的使命:开展面向公众的教育,书写让大众看得懂的地区历史学或考古学,是两者共同的责任和义务。③ 工作方法的互鉴:公众史学在开展针对古代建筑、文物、博物馆以及文化遗产的研究中,无疑要结合考古学的方法;而公众史学的方法也完全可以借鉴到公众考古学中来,前面提到的遗址保安所著的《保卫加泰土丘》一书就完全可以视作一部考古口述史著作。同样作为研究人类历史与过去的学问,在解释谁拥有历史方面,后过程考古学倡导的多元的声音也与公众史学不谋而合。

回到我们中国的实际,公众考古学近些年来成为考古学界关注的重要领域。多数考古学家认识到,考古学研究成果不应由考古学家独有,而应与大众分享;另一方面,随着社会的发展,人民大众也越来越关注考古学和文化遗产事业,渴望走近考古,了解考古。在此基础上,近年来全国各地考古文博机构都开始大张旗鼓开展公众考古实践活动,这也显示出公众考古学的日益兴盛。不过必须指出的是,目前开展的各类活动还只限于考古科普或者考古大众化,更多的是考古知识的单向度输出,而这仅仅是作为学科层面的公众考古学其中的一部分,尚缺乏与公众更多的深入交流与互动,更缺乏对公众考古学学科建设的思考。这是需要向公众史学等学科学习的。

考古学不光输出考古新发现、新知识,也应该不断地吸纳外来的知识与见解,以完善自身的建构。只有如此,考古学家的考古学才能最终成为大众的考古学,成为人类共享知识宝库的有机组成部分。作为考古学一个重要的分支学科,公众考古学的建设也是如此,既要开展丰富多样的实践活动吸引公众的参与和互动;又要博采众长,立足中国实际,向国外学习,向其他学科借鉴,从理论层面思考和总结,努力构建具有中国特色的公众考古学。从这个角度来讲,尽管公众考古学要走的路还很长,但是未来充满希望,让我们共同努力,阔步前行。

致谢:衷心感谢加泰土丘遗址项目总负责人、斯坦福大学考古中心伊恩·霍德(Ian Hodder)教授提供前往学习的机会。本文写作过程中,重庆大学人文社会科学高等研究院李娜教授给予很多有益的意见和建议,一并致谢!

第七部分

资料汇集

年鉴：公众考古 2015

范潇漫、王涛

（首都师范大学历史学院）

20世纪20年代公众考古学实践伴随考古的科学性发掘一同在中国大地萌生，从最初殷墟发掘时兴起的出土文物普及讲解和公益性学校——洹水小学的建立，到中华人民共和国成立初期在文物保护方面的大规模实践和强力宣传以及半坡等考古遗址博物馆的建立，再到"文化大革命"期间与大众分享考古的报刊不断推新，一路发展而来，考古学在惠及大众、回馈社会方面从未间断。近年来，随着大众对多元文化的接纳，尤其盗墓题材流行文化对公众好奇心的激发，"考古热潮"接踵而至。为向大众展现一个真正的考古学，考古学界也在尝试中不断努力：2002年，在杭州召开的"全国十大考古新发现颁证与学术研讨会"将"考古学与公众——考古知识的普及问题"作为会议主题，这是首次明确将"考古与公众"的字眼作为专题，公众在考古学研究中的地位及公众考古学的建立开始得到重视；2003年在北京召开的"新世纪中国考古学传播学术研讨会"，首次将考古专业及非考古专业两大领域的考古学传播作为研讨重点，专家们开始接纳并呼吁建立"公众考古学"；2006年，国务院设立中国文化遗产日，自此每年六月的第二个星期六便成为考古及文化遗产专业向大众普及性分享的节日；2008年，由中国文化遗产研究院和山东省文物考古研究所联合开展的山东汶上南旺分水龙王庙考古遗址的考古分享活动，首次成规模、成系统地让公众亲身体验参与考古实践，使公众考古学迈入了发展的新时代；2014年，中国考古学会公共考古专业指导委员会在北京正式成立，成员涵盖了考古界、媒体界、出版界等领域的专家学者，这标志着中国的公众考古学体系建设正式启动，公众考古学的发展迎来了又一个春天。新纪元，公众考古学正在以其独特的方式不断成长，而它的成长，永远离不开考古人、媒体人等的共同努力。

到 2015 年底，全国各大中型考古博物馆均设有宣教部门，用以组织系统化、有针对性、可动手参与的公众观览体验，以及别具一格的考古发掘模拟体验，让公众在实践中感悟考古，有声有色；各省市考古科研机构均已开设拥有自身特色的网络传媒渠道，用以传播考古资讯和成果，其中中国社会科学院考古研究所的"中国考古网"和山西省考古研究院的"考古汇"成为业内标杆；高校依旧是公众考古发展的重镇，结合教学特点的研学、体现专业深度的论坛讲座、高校考古社团的活动、以高校为依托的考古夏令营等等，提升自我、回馈社会。值得一提的是，复旦大学、中山大学、首都师范大学开始尝试开设公众考古学课程，开始从校园考古知识普及发展到公众考古学专业人才的培养，为以后公众考古学的发展打下基础。媒体，尤其是新媒体对考古相关事宜的参与日益活跃，成为考古与大众沟通的重要途径。但是，在整个发展的过程中，我们不难看出，公众考古在我国的发展还存在很多的问题和困难，如何更好地解决这些争议和问题将是每位考古人努力的方向。

一、实践活动：体验为王，异彩纷呈

2015 年，公众考古实践如繁星遍布全国，以考古科研单位、博物馆、高校以及考古相关社会团体为主体举办的考古活动，涵盖讲座、参观、实践体验、书籍出版等，内容丰富、形式新颖，满足公众精神文化需求的同时，也调动起公众的考古热情，使文化传承、遗产保护等理念得到有效推广，将公众考古学再次推向高潮。

1. 校园里的公众考古开放日

在众多的公众考古实践中,考古模拟体验类活动是发展较早、参与范围较广、最能为大众接受的形式之一。一方面这类活动举办的地点一般选择公众聚集的场所,能很快吸引公众关注,便于参与;另一方面,这种形式能够充分满足公众对新事物动手实践的冲动心理,喜闻乐见;再者,参与者都是对考古好奇或感兴趣的人,容易产生共鸣。将考古模拟体验带进校园,与校内资源互补,成为全民参与考古的新亮点。5月2日,北京大学"趣味考古"活动在百年讲堂广场启动。此次活动将考古中的专业知识转化成体验的方式,带领孩子们回归古代的生活,在形式、内容等细节设计上都有很大的突破。共设有石器打磨、建筑构件拼接、拓片体验、壁画制作、陶器制作、古代游戏、冶金考古、造纸体验等9个子项目,让孩子们在亲手参与的过程中了解考古、了解古代文化。为了提高参与者的热情,每人可领取一张体验卡,既作为通关体验的领奖凭证,也可作书签。这可以说是国内首次将国外的考古日体验活动大规模、成体系地引入,成为国内实践活动走向系统化的开始。6月13日,在第十个中国文化遗产日之际,以首都师范大学、北京联合大学为代表的高校开展"保护成果,全民共享"主题考古体验活动,为非专业的大学生搭建了了解考古、传承历史文化的平台。他们参观考古工具、出土器物、出土动物骨骼、文创产品,体验考古发掘、制陶、拓印,通过亲手体验,一层层揭开考古的神秘面纱。

这些活动的举办,不仅是"弘扬历史文化,宣传文物保护",还是对考古专业学生专业技能的检验和锻炼,同时也引发了关于高校开展公众考古活动的若干思考。体验的趣味性和展示真实的考古之间不可偏废,如何更好地协调两者之间的关系成为新的议题。

2. 考古类博物馆:它就在那里,等你去

考古类博物馆多基于考古遗址建成,具有独特的考古学文化魅力。如何充分利用考古遗址,向社会宣传历史文化、普及和展现考古工作成为衡量其社会价值的标准之一。西安半坡博物馆和金沙遗址博物馆在全民共享考古方面进行了大刀阔斧的尝试，取得了很大的成功。

西安半坡博物馆除了宣教部之外，还特设了一个专门体验趣味考古的史前工厂。史前工厂现已拥有十个深度体验项目，人员配备、技术指导相当成熟。他们不但在博物馆内定期举办活动，也会带着设备走进校园。仅2015年，史前工厂协助完成中小学考古研学170余场，多次走进大中小学校①。史前工厂的所有活动都与半坡文化紧密结合，体现考古元素，是趣味性和学术性结合的优秀范例。

成都金沙遗址博物馆结合本地域文化特色开辟的青少年教育体验区正式对外开放。金沙遗址博物馆青少年教育体验区位于博物馆内下沉式广场，有五个功能区，包括阅览室、多媒体室、金沙部落区、模拟考古区和手工制作室，每一个都紧扣古蜀金沙文化主题，用充满童趣和想象力的设计，将远古场景与现代陈设相结合，营造出一个古朴、活泼、梦幻、多彩的空间，给青少年带来了不同的考古实践体验。此外，年初金沙遗址博物馆还举办"金沙考古探秘欢乐行"活动，共有40名小学生参加。此次活动分两期开展，每期都分设了四个极具金沙特色的主题活动——"小小考古学家"主题活动、"金沙太阳节"主题活动、"金沙文化"主题活动以及"非洲文化"主题活动。每期活动都涵盖了博物馆参观、知识讲座、观看4D电影、手工制作、互动体验等多项体验内容。丰富多彩的活动内容和灵活多样的活动形式让同学们开心地玩转了博物馆，在寓教于乐中体验了不一样的寒假生活②。

3. 考古科研单位：大众了解考古的专业级殿堂

代表中国考古学专业高度的考古科研院所，不再仅仅是学科研究的重要支撑，它们也纷纷走出象牙塔，开始关注大众的需求，开始向大众传播真正的考古。在2015年，值得关注的是山西省考古研究

---

① 数据来自西安半坡博物馆微信号。
② 内容摘自金沙遗址博物馆网站。

所的多学科田野综合调查工作，集合12位非考古专业工作者，通过不同的专业角度来实现遗址的综合调查和研究，是公众考古模式向应用型转化的新尝试。其次，浙江省文物考古研究所主办的"浙江考古重要发现公众分享会"年末在西子湖畔举行，这次分享会是浙江考古所首次尝试与公众共享考古成果，让考古从圈内走向圈外，从幕后走向台前，促进考古工作的相互交流的同时，也传承了区域文化、宣传了文物保护。

二、考古研学旅行：渐成趋势

研学旅行，是近年来出现的新名词，同学校组织的以专业学习为主题的夏令营相似，具体是指由学校根据区域特色、学生年龄特点和各学科教学内容需要，组织学生通过集体旅行、集中食宿的方式走出校园，在与平常不同的生活中拓展视野、丰富知识，加深与自然和文化的亲近感，增加对集体生活方式和社会公共道德的体验。考古学的研习是基于田野考古的，所以其传播和普及也当以田野体验为最佳途径，这种走出课堂，在一段集中时间内置身考古空间教学相长的方式，也被看作是公众考古的重要组成部分。2015年，团中央关于全国大学生暑期社会实践的倡导，助推了考古研学旅行这种公众考古新形式的发展。

北京大学公众考古与艺术中心、鸣鹤书苑联合举办的"北大考古夏令营"可以被视为研学旅行的雏形，到2015年底已组织八届。从最初的一线一地发展到现在数点成线、多线并举，形式和内容都在不断丰富和完善。活动地点主要围绕陕西、山西、河南、浙江几个省区，在整个夏令营期间，学生可以零距离地接触考古，亲身体验真正的考古，听考古学专家讲座，并与他们一起踏查古代遗址，感受古代文明。优秀参与者还可以获得免试推荐信，成为北京大学考古专业招生的优秀人才储备。

借助团中央号召的契机,首都师范大学也开展了首次研学旅行,由校内考古学专业的老师和学生组成丝绸之路专题考察团,在12天的时间内历经豫、陕、甘、青四省,地跨数千公里,共举办专题学术讲座四场,组织遗址现场教学六次,参观各类型博物馆和国家考古遗址公园十六处,内容包括与考古学大家对话、遗址发掘现场实践、专业基础知识教育、文化遗产保护的理论与实践、实验设备操作体验、公众考古实践等,涉及了目前考古学教学的大部分内容。在专业学习方面,此次考察内容自史前至宋元时期均有涉猎,半坡、马家窑、柳湾、二里头、周原、秦始皇帝陵、汉阳陵、汉魏洛阳城、隋唐洛阳城、乾陵等考古圣地,为同学们串起了一个相对完整的考古学文化链,让考古学专业的学生切实感受到了真实的考古。众所周知,考古学与经济发展的矛盾一直存在,可当这一切纳入大家眼帘时,带来了更为深刻的思索和触动。在这样的研学体验中,大家建立了更为亲密的关系,更加坚固的团队意识,揭开考古神秘的面纱,将考古的梦想照进现实。活动结束后,大家共同制作出版一本文集,记录了12天学习成长的过程,也记录着每一次的感触。

研学考察的形式是开展研究性学习的创新之行,是专业研习的际遇也是同学们深入社会大课堂、考察文化遗产和国计民生关系的实践之旅,在提升学生考古专业知识的同时,培养其自身的学习能力、创新能力和实践能力。如今,国家大力支持这样具有特色的研学活动,这将成为考古教育的新形式和新趋势,未来会更系统、更全面。从西安半坡博物馆的数据来看,2015年史前工厂接待研学人数及开展活动次数都呈明显上升趋势,考古研学,作为公众考古极为重要的一个方面,将成为今后开展公众考古活动的新形式。

三、公共考古论坛:年度盛宴

公众考古学是一个兼容并蓄的学科,它不仅需要一些通俗易懂、贴近大众的实践尝试，更需要一个专业性的开放式交流平台。一些重要的论坛，成为公众考古发展的助推器。专家学者，从业者，考古相关的媒体人、出版人，考古专业学生以及对考古感兴趣的大众，都可以参与这个平台，进行信息共享，共同探讨公众考古发展的问题。

2013年始，考古学界开始集多学科众领域之力举办全国性的"中国公共考古论坛"，邀请考古专家学者、博物馆一线工作者、媒体出版人、文化评论人等加入考古公众传播的序列中，经过几年的发展，论坛规模不断壮大，现在已成为国内公众考古学界最重要的论坛之一，成功推动了国内公众考古事业的发展。2015年，第三届"中国公共考古·首师论坛"在首都师范大学拉开帷幕，这次论坛在前两届的基础上，有了很多创新。来自全国考古机构、博物馆宣教部、媒体、高校等的300余人参加，不管会议规模还是参会人数均史无前例。此次论坛不同以往的创新之处在于将论坛内容按小主题展开，进行深入的交流和分享，其中包括考古界权威专家的公众分享，以及考古在一线、考古在校园、考古与媒体三个专题分享会。新华网、中国社会科学网、中国考古网等国内一线媒体进行了相关跟踪报道。从2013年的三门峡，到2015年的首都师范大学，中国公共考古论坛仅用三年时间就完成了华丽的转身，成为国内公众考古学最重要的展示舞台。

2015年，考古界的饕餮盛宴当属在上海举办的世界考古论坛，大咖云集，规模空前。不但对过去的考古工作进行总结，还为考古学未来的发展指明了方向。尤其值得注意的是本次论坛将"公众考古"作为重要的议题开坛设讲，三场"公众考古"讲座的主讲人由世界知名考古学家担任：英国剑桥大学麦克唐纳考古研究所的科林·伦福儒教授、美国加州大学洛杉矶分校的罗泰教授、英国剑桥大学圣凯瑟琳学院的查尔斯·海曼教授。查尔斯·海曼教授在谈到公众在考古中的作用时说，"只有通过公众参与，才能使遗址得到真正的保护"。中国社会科学院考古研究所王巍在答记者问时谈到了公众考古学的一些具体问题：公众的参与局限、发掘的伦理问题、文物的归属及公开性、遗址的保护、相关的法律法规等，这些基本包含了国内公众考古面临的重要问题，已得到社会的广泛关注。

公众考古是一个世界性的话题，使考古学打开专业封闭的大门，将其与人类发展密切相关的部分传播给大众，与大众分享考古学的发现和研究成果，学会处理考古学研究过程中与社会、大众及其他相关事务的关系。他们从宏观的考古学科发展的角度出发，阐释了考古学是一门科学的学科，以此宣传日益增多的考古发现和研究成果，加深公众的了解和认识，倡导多元社会环境下的公众考古传播。

四、校园考古：生机勃勃

考古神秘的面纱来自公众对考古田野发掘远距离下的猎奇心理，渴望获知却苦于无门。高校考古专业学生便是考古学家和社会大众之间最好的媒介，主要体现在以下几个方面：

第一，知识的准确性。考古专业的学生有专业基础知识，熟悉考古研究工作的流程，有深入的考古学学习体验，拥有严谨认真的学术精神，能通过课堂和讲座等接收最新鲜的考古资讯和研究成果，这可以确保传播知识的准确性。向大众普及考古，首要一点就是要确保传播知识的准确性，不误导、不夸大。

第二，多样的传播形式。大学生本身思维活跃，敢于尝试新鲜事物，有极强的创造能力。考古专业学生可以将考古学知识通过其他大众感兴趣的形式传播，并有足够的时间和能力去实践。郑州大学李子一同学的考古系列漫画、北山小分队和上下探方五千年合作的考古广播剧《殷墟》等等，还有相关的考古文创产品，备受大众追捧。

第三，校园的优势。校园考古的独特优势，就是多地域的渗透和普及，在校内可以向非专业的师生普及考古常识，在校外可以延伸到基础教育、社区教育和田野发掘地周边的社会教育。2013年，首都师范大学考古学专业的学生在河南戚城公园遗址发掘时,就曾利用发掘实习的间隙,为当地社区的居民普及考古学知识。同时,还可以将田野发掘生活记录以图片、视频的形式在校内分享,让非考古专业的师生更多地了解考古发掘的科学性,认识到考古与盗墓的天壤之别。

第四,互惠互利。考古专业的学生在专业知识结构上介于专家学者和社会大众之间,是两者最好的连接桥梁。在向公众传播考古学知识的时候,也是对自身专业学习的考察和锻炼,促使他们不断完善自己的专业知识结构,遇到疑难的问题或者细节可以及时解决,还能从公众身上发掘出对社会有益的研究课题。

第五,校园深层次的考古故事。在进行考古学传播的时候还需要分层次、分对象,针对考古学专业和对考古学有一定了解的学生,基础的常识和体验已经无法满足他们的需求。全国各高校每天都在进行学术讲座和学术交流活动,这也是校园考古最大的特色之一。以2015年首都师范大学开展的"考古文博前沿系列讲座"为例,定期邀请国内资深的专家学者与同学们分享考古的故事和研究成果,使同学们远离喧嚣,沉静下来,感受考古的内核和魅力。例如3月份严文明先生的讲座,听众包括校内外考古专业学生、非考古专业学生、社会人员、媒体人、考古从业者等等,内容都是参与者可以理解的知识,同时接受大家不同深度的提问与交流。

五、新媒体:网上狂欢

科技引导人们生活方式的改变,新媒体应运而生,其广大的用户覆盖面为考古学的传播提供了捷径。目前国内的考古单位、博物馆、高校学生社团、社会团体甚至爱好考古的个人都拥有微信公众号,尤其众多考古学家、知名学者也纷纷加入其中。这里包含着琳琅满目的考古知识,不同需求的公众都可以在这里按需自取。

1. 全面型：社科院考古所中国考古网、考古汇

这两个微信公众号分别依托中国社会科学院考古研究所和山西省考古研究院，专业级别高，推送的内容相对全面，主要包括最新的考古资讯、研究和公众三部分。研究中既有最前沿的研究趋势，也有最新的研究成果，针对有一定考古学基础的受众。公众部分既有公众考古学理论的深度探讨，也有面向大众的一般性常识普及，针对考古爱好者。除此之外，还能看到针对考古学家的独家采访、遗址调查等等，网罗近乎全部的考古学内容。

2. 专业型：器晤、纸上考古等

"器晤"是考古学家王仁湘先生的个人微信公众号，以其个人的学术研究为基础，近期关于海昏侯墓出土文物的解读备受关注。在这里，你可以通过一个器物解读出古代人类的生活和社会，正是考古学研究的内核所在。"纸上考古"主要是为考古学生或爱好者推荐一些考古学的书目；"科技考古"，顾名思义就是专门讨论与科技考古相关的研究内容。业内积极的讨论，胜似专业级的线上会议。

3. 亲民型：挖啥呢、走近考古背后

"挖啥呢"微信公众号的作者是北京大学公众考古学硕士奚牧凉。如果你是门外汉，如果你是考古专业的小学生，或者你只是对考古感兴趣，那么你可以从这个公众号开始，一步步走近考古。主要内容包括：① 时下流行文化中的考古元素解读。为博取大众眼球，以考古历史为题材的影视作品不断被搬上荧屏，大众在观影的同时也受到其中价值观的影响，不乏对考古发掘及研究产生误读和曲解。"挖啥呢"公众号就抓住这一点，从流行文化切入，转而言考古。《我是芈月，这是我与秦人、戎人的故事》和《〈寻龙诀〉后，专业解密盗墓真相》的推送，阅读量分别接近 7 000 和 8 000[①]，这在考古类推送中属相当高的阅读量。② 考古研究的常见问题探讨。文物保护的危机

---

① 数据来自"挖啥呢"微信公众号，统计截至 2016 年 4 月 6 日。

及相关法律法规的制定等，在业内引起讨论热潮。在不断积累关注度的过程中，也发挥着越来越重要的作用，该微信号的运营获得了2015年"李济考古学奖学金"的殊荣，得到了业内外的普遍认可。

媒体的舆论导向力量不容小觑，从2008年的"曹操墓"到2015年的"海昏侯"，我们见证了媒体在考古发掘报道倾向上的变化。新媒体的迅速发展是考古学社会认知的一个挑战，更是一个机遇，我们可以像考古团队和考古学家个人一样，利用新媒体网络号召力，摆正偏离的舆论，向大众展示一个全面的、真实的考古学。

六、社会力量：乱花渐欲迷人眼

2014年4月1日，公共考古专业指导委员会成立，汇集了考古学家、出版人、媒体人和文化学者，致力于发展考古的社会价值，使专业化、学术化的考古成果成为大众可以共享的文化存在；同时拓宽了公众考古的专业准入，使一些有实力、有想法的社会力量加入其中。他们的出现为公众考古的发展带来了不同的色彩，这些社会团体根据自身的特色拥有不同的目标受众群体和明确的社会定位，发展迅速。

1. 针对成年人：北京行知探索文化传播有限公司

行知探索，隶属于行知探索文化发展集团，是一家以深度文化体验产品的研发、设计、规划、实施为核心能力的文化创意公司，旗下品牌项目中的考古体验活动在国内备受关注。这是主要针对成人的考古文化深度体验，通过考古主题的旅行，使参与者正视考古，感受历史，提升文化自豪感，以此来宣传文物保护，传承中华文明。同时还涉足公益奖学金，包括"发现中国——李济考古学奖学金""发现中国——古代军事工程科技奖学金/剑桥李约瑟研究所访问计划""行知探索博物学奖学金/意大利博洛尼亚大学访问学者计划"，成为社会力量进入公众考古领域的范例。

2. 针对中学生：北京鸣鹤书苑文化传播有限公司

鸣鹤书苑，专注于发掘传播中国古代文化，依托北京大学考古文博学院，由考古学教授们作学术支持，品牌活动是与北京大学公众考古与艺术中心合作组织的北大暑期中学生考古夏令营。北大考古夏令营起步于2007年，是国内开展最早、专业级别最高的考古主题夏令营。此外鸣鹤书苑还拥有自己的考古俱乐部，为社会文物爱好者提供一个交流学习的平台，通过鉴赏、收藏等普及文物知识。

3. 针对小学生：忆空间阅读体验馆

忆空间，主要的项目是青少年博物馆文化的公共推广，设有趣味考古课程。创始人张鹏，曾是中国国家博物馆的优秀志愿讲解员，后致力于推广博物馆文化，自2003年到2015年的12年间，做了2000多场儿童常识推广义务教育[①]。强大的小学生受众群体，使忆空间成为考古与博物馆基础教育的重地。考古学文化的传播在忆空间中日益发展起来，并受到众多孩子的追捧。近期的海昏侯、妇好墓博物馆展览手册的推出，可见其专业用心。

4. 北京清城睿现数字科技研究院有限公司

清城睿现，主要依托清华大学，主要从事文化遗产保护和考古文博数字化技术发展，以求为大众带来更好的观感体验。同时，组织中小学生到圆明园进行公众考古体验和考古主题夏令营，是清华大学附属中小学考古活动的主要实施团队。

七、公众考古学：在争议中前行

中国考古学诞生伊始，中国第一代考古学家们即开始了公众考古的实践，经过近一个世纪的发展，公众考古学已然发展成为一个独立的研究方向，对其重要性和必要性的认识日益明晰。但在其发展

---

① 数据来自忆空间微信公众号。

的过程中，不可避免地出现了一些问题和争议。

1. "public archaeology"是公众考古还是公共考古

公众考古一词引自西方的"public archaeology"，可"public"到底译成"公众"还是"公共"？这个争议不仅仅是翻译造成的，更因为英文中的"public"本身就包含多种含义，加之我们与西方国家从文化传统到社会现状都大相径庭，所以，这个词显得格外水土不服，争议颇大。按照汉语意思来解析，"公共"主要是考古学研究的综合性，它除了考古学家本身进行的研究工作外，还包括考古学与其他部门之间的关系，比如跨国发掘时与当地政府关于发掘权、文物归属之类的协商；本地发掘时政府对发掘工作的保护措施；考古研究项目的资金来源；相关的法律法规等等。"公众"的范围相对较小，主要指考古学要走出象牙塔，到群众中去，将考古学知识向大众普及和传播。在我国，考古学研究工作一直是国家文化研究的一部分，不存在过多"公共"关系的处理，从计划实施到经费支持都有国家统一指导和管理。而我国公众考古活动的重点在于向大众传播考古学知识，最终实现宣传文物保护、传承中华文明的目的。就这一点来看，入乡随俗的"public archaeology"应该更倾向于"公众考古"。

2. 是否能被看作是一门学科

随着考古学研究枝丫的蔓延伸展，出现了考古学和其他诸学科的交叉学科：动物考古、植物考古、环境考古、遥感考古等等，对于这些学科的定位出现了一些不同意见，这种现象也出现在公众考古学中。一种观点认为，这些都只是考古学的研究手段，最终目标都是为了完善考古学的研究；另一种观点认为，这种学科的交叉已经超出了考古学的学科范畴，是跨越两个学科领域的新型学科，应该被认作一个学科来发展。公众考古学是建立在考古学的基础上，结合传播学、社会学等内容进行考古受众研究的方向，目前还处在初级阶段，是否能被看作是一个学科，有待后续研究来分晓。

既然公众考古非常重要是共识，那么不管它能否被看作是一门学科,至少可以作为一个研究方向和研习的课程。考古学专业的学生以后会有大部分从事考古学的研究工作,那么如何与媒体沟通、与大众交流将是摆在他们面前的问题。建立和完善公众考古学课程,是现在亟待解决的问题。

3. 理论 vs 实践

这个争议是上一个话题的延伸,如果公众考古学要作为一门学科,就必须要有自己的理论基础和研究方法,在国内,公众考古学的理论建设几乎是空白,而实践却有声有色。根据学科的特点,建设公众考古学的理论必然牵涉政府等职能部门以及相关法律法规等意识形态内容,这些都是学者在短时间内不能解决的问题,而在实践活动的过程中不断积累经验,不失为发展公众考古最贴合实际的做法。这就需要考古人和媒体人等联合起来,摸索出一条符合中国特色的公众考古学发展之路。

4. 考古实践活动的尺度和效用

我们看到,2015年各式各样的公众考古活动不计其数,大到十几天的夏令营研学,小到几十分钟的讲座和模拟体验,热闹过后带给我们更多的是思考。是否应该建立一个标准体系,统一考古体验模拟活动的准入?随便的田野体验将青少年带入考古可以随便试探挖掘的误区。考古的田野发掘不可逆,是严谨的学术活动,能否将手铲随便交到知识经验为零的青少年手中?一些考古类的玩具与真正的考古背道而驰,是否应该出现在活动中?部分考古体验只是单纯的娱乐,完全没有考古知识的普及,这些活动是否要加强深度?我们需要通过不断的摸索,建立一个考古实践体验的体系和标准,让这些活动真正实现社会效用。

尽管关于公众考古学的诸多争议从未停止,但是高瞻远瞩的考古学者们大都赞同搁置争议,共同发展。从实践入手,在实践中不断总结教训、积累经验,以此推动公众考古学的发展。

八、展望未来：人民的事业

20世纪50年代，苏秉琦先生就开始倡导考古学的大众化，提出"考古学是人民的事业"。半个多世纪后的今天，我们从头来看，向公众分享考古成果、为公众提供了解考古的渠道依旧是考古学研究不可或缺的部分，是考古学科社会价值的重要体现。

2015年，公众考古取得了长足的进步，产出了丰硕的成果，从政府到社会、从电视图书到实践活动、从学科建设到人才培养、从学术论坛到新媒体传播无不彰显着考古学走向大众的紧迫性和必要性。在以人为本的现代社会中，专业的学术性研究已经无法孤守于象牙塔中，需要勇敢地走出来，惠及社会、惠及大众。但是，热闹过后我们不禁停下来思考，这些异彩纷呈的考古实践活动能持续多久？是否需要建立一个系统化、可持续发展的标准？实践活动和媒体宣传的专业底线在哪里？怎样才能更好地实现公众需求和专业科普的结合？看未来，也许这条路上满是荆棘，也许与公众的沟通还存在很多意想不到的困难，但我们始终相信公众考古学的明天会更好！

公众考古学研究文献索引[①]

范潇漫

（首都师范大学历史学院）

公众考古学文献目录（期刊）

一、综论

《"公众考古"抛砖三问》

奚牧凉，《中国文物报》第5版，2016年9月27日。

《关于当前中国考古学的几个热点问题》

曹兵武，《中国文物报》第7版，2016年9月13日。

《"公众考古热"背后的思考》

袁晓，《中国文物报》第7版，2016年8月26日。

《我国公共考古现状分析》

王菁、陈雍，《北方文物》，2016年第4期。

《中国公共考古的新思路——罗泰先生专访》

罗泰、曹峻、魏峭巍、张勇安，《东南文化》，2016年第1期。

《"十三五"规划时期科技产业创新发展——以文化遗产保护与公众考古交叉关系为例》

姚庆、张童心，《理论界》，2016年第2期。

《法国"机场博物馆"对公众考古的启示》

刘佳月，《中国文物报》第3版，2016年1月22日。

[①] 收录内容截至2016年。

《公众考古：一条必经之路》

查尔斯·海曼，《中国社会科学报》第5版，2016年1月12日。

《考古其实很"好玩"——公共考古发展与学科文化传播新思考》

乔玉，《中国社会科学报》第7版，2015年11月26日。

《让考古更好地走近大众——第三届"中国公共考古·首师论坛"综述》

李佳霖，《中国文化报》第8版，2015年11月5日。

《"公众考古"的兴起是现代文明的重要成就》

贺云翱，《大众考古》，2015年第8期。

《考古而非好古：公共考古的未来——2014年中国考古、文博蠡见》

张经纬，《中国图书评论》，2015年第1期。

《国内考古志愿者的现状和探索》

郝丽君，《中国文物报》第5版，2014年9月12日。

《公共考古可以走多远——第二届"中国公共考古——仰韶论坛"的思考》

乔玉，《中国文物报》第5版，2014年12月5日。

《考古与公众，关系如何更紧密——第二届"中国公共考古·仰韶论坛"侧记》

杜洁芳，《中国文化报》第7版，2014年11月4日。

《公共考古拓宽考古学社会职能》

吴运亮、郭潇雅，《中国社会科学报》，2014年4月9日。

《"公共考古"的发展是一种历史的进步》

贺云翱，《大众考古》，2014年第4期。

《公众考古需走向深层》

王巍，《人民政协报》，2013年9月9日。

《对公众考古"公众阐释"哲学思想背景的一点思考——〈走进考古　步入宋金〉读后》

王换鸽、丁金龙,《文物世界》,2013年第6期。

《将考古遗址作为独特的文化景观加以复兴和展示的新方法》

Mirjana Roter-Blagojevi、GordanaMilo evi、Ana Radivojevi、范佳翎、陈曦,《南方文物》,2013年第1期。

《考古离我们不远——首届中国公众考古·仰韶论坛侧记》

杜洁芳,《中国文化报》第3版,2013年10月24日。

《李伯谦:公共考古是考古学很重要的一部分》

韩少华,《东方早报》第8版,2013年9月2日。

《中国正迈入考古"普众时代"》

李婷,《文汇报》第9版,2013年8月27日。

《中国公众考古浪潮正在掀起》

高蒙河,《东方早报》第3版,2013年8月24日。

《考古离公众有多远?"中国考古网"的公众考古探索》

乔玉,《大众考古》,2013年第6期。

《中国考古学的昨天、今天与明天》

霍巍,《社会科学报》第5版,2013年7月25日。

《考古应自己撕去面纱》

方启,《光明日报》第12版,2013年5月25日。

《公众考古学与公众考古秀》

赵宇超,《中国研究生》,2012年第5期。

《世界迎来公共考古热潮》

曾江,《中国社会科学报》第1版,2011年11月10日。

《考古是这样的》

方启,《光明日报》第12版,2011年3月29日。

《让文化遗产更有尊严》

郑媛、冀业,《人民日报》第5版,2011年2月15日。

《告诉你一个真实的考古学》

王益人,《中国文物报》第3版,2011年2月25日。

《你想了解考古吗?》

方启、麻赛萍、贾博宇、范佳翎,《中国文物报》第 16 版,2010 年 6 月 11 日。

《公众考古与大学生文化遗产观的调查研究——以复旦大学部分新生进行的问卷调查为例》

周畅、杨秀侃、贾博宇,《中国文物报》第 5 版,2009 年 11 月 13 日。

《考古人的盛大节日——国内外考古评奖纵横谈》

曹兵武,《南方文物》,2006 年第 3 期。

《英国最大的公众考古项目——可移动文物计划概述》

邵军,《中国文物报》第 7 版,2007 年 7 月 20 日。

《也谈考古学的大众化发展》

李明,《法制与社会》,2007 年第 10 期。

《博物馆与公众考古学》

李春华,《中国文物报》第 7 版,2005 年 8 月 12 日。

《考古学和公众的距离到底有多远?——关于公众考古学的思考》

陈洪波,《中国文物报》第 7 版,2005 年 8 月 12 日。

《公众考古略论》

刘腾飞,《科学中国人》,2015 年第 23 期。

《全球化视野下的公众考古学新发展——当代中国、日本及韩国之比较》

刘焱鸿,《惠州学院学报》,2014 年第 5 期。

《考古学研究的"透物见人"问题》

陈胜前,《考古》,2014 年第 10 期。

《全球公共考古学的新视角》

松田明、冈村克幸、赵荦,《南方文物》,2014 年第 3 期。

《"公众考古学"和"公众考古理念"辨析》

范佳翎,《南方文物》,2013 年第 4 期。

《近十年来国内公共考古学研究述评》

刘文科,《丝绸之路》,2013 年第 14 期。

《论中国公众考古学发展面临的问题及发展建议》

夏一博,《黑龙江史志》,2013年第13期。

《论中国公众考古不是西方舶来品》

高蒙河、郑好,《东南文化》,2013年第6期。

《从曹操高陵之争谈考古学公众化》

胡洪琼,《兰台世界》,2012年第15期。

《面向公众的考古学》

宋建忠,《考古学研究》,2012年年刊。

《让公众参与博物馆考古》

尼克·梅里曼、黄洋、高洋,《南方文物》,2012年第1期。

《"公众化"实验考古》

范佳翎,《中国文物报》第7版,2012年8月17日。

《如何理解"Public Archaeology"》

范佳翎,《中国文物报》第7版,2012年3月16日。

《分歧与整合:公共考古学基本理论问题的探讨》

魏峭巍,《江汉考古》,2011年第2期。

《资料·信息·知识·思想——由专家考古学到公共考古学》

曹兵武,《南方文物》,2011年第2期。

《中国公众考古基本模式论略》

姚伟钧、张国超,《浙江学刊》,2011年第1期。

《公共考古的开展及其意义》

刘国祥,《中国文物报》第7版,2010年6月25日。

《公众考古学初探》

李琴、陈淳,《江汉考古》,2010年第1期。

《国外公共考古学研究现状综述》

魏峭巍,《南方文物》,2010年第3期。

《公共考古学的多样性与非调和性》

尼克·麦瑞曼、周晖,《南方文物》,2007年第2期。

《初论公众考古学》

郭立新、魏敏,《东南文化》,2006年第4期。

《考古学知识普及三题》

曹兵武,《考古与文物》,2004年第1期。

《考古学的科学化与大众化》

郭妍利,《中国社会科学院研究生院学报》,2004年第1期。

《英国考古的政策、管理和操作》

李浪林,《华夏考古》,2002年第1期。

二、考古与传播

《考古发掘报道的公共关系之路》

秦存誉,《中国文物报》第7版,2016年11月18日。

《新媒体时代下的公众考古》

陈飞,《中国文物报》第7版,2016年3月25日。

《数字化文物资料对推动公众文化需求的思考——基于"海昏侯"考古文物资料的数字化》

刘芸,《南方文物》,2016年第3期。

《中国考古纪录片的发展过程》

王沛、高蒙河,《东南文化》,2016年第1期。

《微信——考古资讯传播的新渠道》

王龙霄、贾昌明,《中国文物报》第5版,2015年12月29日。

《公众考古传播研究》

秦中刚,《艺术品鉴》,2015年第12期。

《中国物质文化遗产的特点与传播研究》

高晓芳、乔芳琦,《社会科学战线》,2015年第8期。

《中国物质文化遗产的电视传播》

高晓芳,《文艺争鸣》,2015年第4期。

《考古遗址谁在看——公众考古认知与兴趣的实证调查》

燕海鸣,《中国文化遗产》,2015年第5期。

《浅说通俗性考古读物的写作》

申珅,《中国文物报》第7版,2015年5月22日。

《公众考古传媒举要》

高蒙河、崔淑妍,《中国文物报》第7版,2015年7月31日。

《新媒体与公众考古传播》

崔俊俊,《大众考古》,2015年第4期。

《公众考古活动的分类与传播策略》

马启辰,《文博》,2015年第2期。

《公众考古话骊靬——由电影〈天将雄师〉说开去》

王晓晖,《中国电影报》第6版,2015年3月4日。

《考古工作与考古遗址博物馆展示传播的关系》

黄洋,《东南文化》,2015年第2期。

《专业考古直播的议程设置》

李欣,《当代电视》,2014年第2期。

《公众的地下文物保护意识研究——以北京地区的抽样调查为例》

黄可佳、韩建业,《北京文博文丛》,2014年第1期。

《公众考古的受众群体分析——以2014年山西考古志愿者活动报名情况为例》

武卓卓,《中国文物报》第5版,2014年9月12日。

《媒介与服务:考古志愿者职能思考》

周翔,《中国文物报》第5版,2014年9月12日。

《以大阪历史博物馆为例 架起考古与大众沟通的桥梁》

冯慧,《大众考古》,2014年第8期。

《公众对考古的了解和误解》

黄可佳、韩建业,《中国文物报》第7版,2014年4月25日。

《小说及影视作品中考古人的形象》

赵炜州,《黑龙江史志》,2014年第3期。

《IKO,一个更年轻的考古互动平台》

李轩鹏,《中国文物报》第7版,2013年11月22日。

《英国早期的"电视考古"》

范佳翎,《大众考古》,2013年第4期。

《纪录片〈考古中国〉对中国文化遗产的传播及启示》

高晓芳、白映莎,《文艺争鸣》,2013年第8期。

《阐释性呈现:电视新闻报道对考古大众化的价值解析》

张殿元,《中国地质大学学报(社会科学版)》,2013年第4期。

《中国公众考古传播理念及形式分析》

杨雯、莫扬,《科普研究》,2013年第3期。

《英国博物馆展览的诠释　考古是什么》

黄洋,《大众考古》,2013年第1期。

《考古三维复原动画与公众考古》

王倩、陈超,《科技视界》,2013年第25期。

《社区参与遗产旅游相关问题探究》

白冬梅,《文博》,2013年第2期。

《考古的知识与真实之争》

王超,《东方早报》第3版,2013年5月13日。

《浅探历史类博物馆讲解工作中的公众考古学实践》

范星盛、梁超,《青年文学家》,2012年第17期。

《新传媒时代的"公众考古学"与危机公关》

孙波,《中国文物报》第5版,2012年8月31日。

《公众考古传播的人才培养机制》

郭云菁,《中国文物报》第7版,2011年9月2日。

《以科学态度认识曹操墓——从曹操墓调查问卷数据结果分析》

杨小燕,《首都师范大学学报(社会科学版)》,2011年第4期。

《公众考古的集体记忆》

史勇,《中国文物报》第 8 版,2011 年 3 月 4 日。

《公众考古:享受文明发现的惊喜》

沙莎、陈艳,《陕西日报》第 11 版,2011 年 12 月 6 日。

《公众考古:实现文化遗产保护与惠及人民群众双赢——专访陕西省考古研究院党委书记陈显琪》

陈艳、沙莎,《陕西日报》第 11 版,2011 年 12 月 5 日。

《在大众视野中做研究 有一种特别惬意的感觉》

孙漪娜,《中国文物报》第 8 版,2010 年 9 月 17 日。

《谈谈考古文章的读者》

方启,《中国文物报》第 3 版,2009 年 12 月 18 日。

《略论大众传媒与考古共享的互动关系》

张士坤、王志华,《东南传播》,2009 年第 5 期。

《中国考古文物类期刊的发展与中国考古学的发展》

朱乃诚、王景霞,《南方文物》,2009 年第 2 期。

《浅谈重大考古发掘对公众开放的意义》

安娜,《中国文物报》第 7 版,2009 年 6 月 26 日。

《公众考古中的影像信息采集》

杨秀侃,《中国文物报》第 7 版,2009 年 4 月 10 日。

《媒体时代的公众考古——浅论媒体时代对考古的影响》

杨秀侃,《中国文物报》第 7 版,2009 年 3 月 20 日。

《考古类文章缺乏可读性的两个批评性解释》

陈洪波,《中国文物报》第 7 版,2006 年 6 月 23 日。

《考古现场信息管理与传播》

曹岳森,《中国文物报》第 5 版,2007 年 7 月 20 日。

《全国十大考古新发现评选活动试谈》

曹兵武,《中国历史文物》,2004 年第 5 期。

《新时期中国考古学传播的几点思考》

杨育彬,《华夏考古》,2004 年第 1 期。

《转播平面媒体的考古直播》

侯永峰,《辽宁日报》,2003 年 9 月 5 日。

《让考古学·考古新发现走向大从(按:众)——关于〈中国十年百大考古新发现〉》

李政,《中国文物报》第 8 版,2002 年 9 月 20 日。

《正视发现——中国的考古新发现与全国十大考古新发现评选活动》

曹兵武,《文物天地》,2002 年第 5 期。

《考古与公众——李学勤先生答记者问》

周毅,《文汇报》,2000 年 10 月 6 日。

《让文物考古信息尽快传出去》

文阁,《陕西日报》第 5 版,2000 年 9 月 5 日。

三、实践与思考

《公众考古在田野考古中的实践与思考——以宁夏固原隆德沙塘北塬遗址为例》

王柳寒,《中文信息》,2016 年第 6 期。

《浅谈考古与大众传媒合作的可能性与必要性——以南昌西汉海昏侯墓发掘为例》

刘思蒙,《文物鉴定与鉴赏》,2016 年第 6 期。

《刍议考古成果展览、展示与公民素质教育》

巩文,《遗产与保护研究》,2016 年第 6 期。

《市级考古研究机构公众考古活动的思考》

赵今,《中国文物报》第 7 版,2016 年 9 月 27 日。

《博物馆中的考古体验》

温卓尔,《公关世界》,2016 年第 18 期。

《科考活动与公众考古的融合实践》

徐进、林必忠,《中国文物报》第 7 版,2016 年 7 月 8 日。

《让公众考古活动更具吸引力——以长沙市文物考古研究所"走进校园 古墓解谜"为例》

廖薇、李云辉、王玲、何佳、郑广,《中国文物报》第7版,2016年7月8日。

《城市大遗址保护利用中公众参与问题研究——以唐大明宫考古遗址公园的建设和管理运营为例》

马建昌、张颖,《人文杂志》,2015年第1期。

《遗址博物馆公众考古教育探析——以大葆台西汉墓博物馆新馆社教建设方案为例》

马立伟,2014年学术前沿论坛文集,2015年9月。

《普通考古资料的公众利用问题》

黄可佳,《中国文物报》第7版,2015年8月28日。

《徐州土山汉墓公众考古纪实》

杜益华、林刚,《大众考古》,2015年第8期。

《拿什么奉献给您——探索考古夏令营的管理与运作模式》

陈刚、张雪菲,《中国文物报》第7版,2015年8月14日。

《文化遗产日:热闹过后的冷思考》

范潇漫,《中国文物报》第5版,2015年7月17日。

《高校开展公众考古活动的若干思考》

刘佳月、胡宇煊、褚旭,《中国文物报》第5版,2015年7月17日。

《由即墨古城想到的古代城址应如何向公众展示?》

孟宪民,《大众考古》,2015年第3期。

《公共考古在田野考古中的尝试》

陈超,《中国文物报》第7版,2015年2月13日。

《从虚拟考古体验馆展望公共考古》

廖丽,《南方文物》,2015年第2期。

《土耳其恰塔胡由克遗址考古记》

王涛,《大众考古》,2014年第9期。

《保护成果全民共享——重庆公众考古在行动》

徐进,《文化月刊》,2015年第19期。

《石峡口旧石器遗址考古发掘的思考　独乐乐不如众乐乐》

李锋,《大众考古》,2014年第11期。

《考古遗址的公众参与:一项国际比较研究》

燕海鸣,《东南文化》,2014年第3期。

《土司,考古与公众——基于海龙囤的公众考古实践与思考》

李飞,《贵州文史丛刊》,2014年第1期。

《水洞沟旧石器遗址公众考古实践记》

赵宇超,《中国文物报》第7版,2014年10月24日。

《架起公众与考古的桥梁》

韩立森,《中国文物报》第7版,2014年6月20日。

《公众考古视野下的〈考古山东〉展》

阮浩、仪明源,《大众考古》,2014年第5期。

《城市核心区的考古遗产——广州南越国遗迹的保护与展示实践》

易西兵,《城市观察》,2014年第4期。

《考古遗址的活态展示与公众参与——以德国杜佩遗址公园的展示和运营为例》

黄可佳、韩建业,《东南文化》,2014年第3期。

《海龙囤考古:公众考古的典范》

吴霞,《中国文物报》第7版,2014年8月29日。

《公众考古——公众考古,我们在行动》

陈蒉,《中国文物报》第8版,2014年4月11日。

《将考古学展示给公众——建构遗址现场的深入了解》

蒂姆·科普兰、黄洋,《南方文物》,2013年第1期。

《岁月传奇　以古会友——记第一次考古汇网站线下沙龙活动》

郝丽君,《中国文物报》第7版,2013年9月13日。

《浅谈金属探测器与公众考古》

杜晓俊、汪常明,《金属世界》,2013年第3期。

《江苏公众考古工作的尝试》

吕春华,《中国文物报》第7版,2013年6月21日。

《考古在身边》

山西省考古研究所公众考古与文化遗产保护室,《大众考古》,2013年第5期。

《汉阳陵国家考古遗址公园　公众参与考古》

李库,《中国文化遗产》,2013年第2期。

《让公众走近考古——近年来广州开展公众考古活动的实践与思考》

易西兵,《广州文博》,2013年年刊。

《他们脚踏黄土走来,我们追寻足迹而去——水洞沟遗址作为公众考古学典型案例的分析》

曹明明,《化石》,2013年第2期。

《从文化圣殿到民众乐园——汉阳陵公众考古活动的思考》

程艳妮,《文博》,2012年第6期。

《拨雾见日看考古——记山西稷山下王尹遗址公众考古活动》

王晓毅,《文物世界》,2012年第1期。

《2009中国考古记忆:亮点频出》

李政,《中国文物报》第5版,2010年1月22日。

《考古博物馆的新尝试——兼谈学科知识普及与学科博物馆的建立》

麻赛萍,《博物馆研究》,2010年第1期。

《公众考古走出象牙塔》

黄里、覃丹,《四川日报》第c04版,2009年12月18日。

《2008年公众考古案例盘点及思考》

梁太鹤,《中国文物报》第7版,2009年6月26日。

《畅谈公共考古与文化传承——"走进二里头·感知早期中国"公共考古活动在我市举行》

李迎博、邓金慧,《洛阳日报》第 2 版,2009 年 8 月 31 日。

《分享考古发掘过程,促进文化遗产保护——记"汶上南旺大运河保护暨公众考古学实践"活动》

南旺考古队,《中国文物报》第 7 版,2008 年 7 月 11 日。

四、考古与教育

《文保大计　教育为先——浅析我国的公众考古教育》

郭璐莎,《博物馆研究》,2016 年第 2 期。

《从国内外议题看公众考古形态》

高蒙河,《中国文物报》第 7 版,2015 年 4 月 24 日。

《公众考古学视域下的大学生考古认知现状调查与研究——以东北三省部分高校学生为调查对象》

杨习良,《中国文物报》第 7 版,2015 年 7 月 31 日。

《公众考古成果与高中历史教学资源整合研究》

马晶,《现代基础教育研究》,2014 年第 2 期。

《关于考古学人才培养的思考》

韩国河,《郑州大学学报(哲学社会科学版)》,2014 年第 6 期。

《天津博物馆开展青少年教育工作的实践与思考》

王璐,《博物馆研究》,2014 年第 1 期。

《试论公众考古学在中国建立的基本原则和模式》

沈薇,《湖北第二师范学院学报》,2013 年第 10 期。

《美国公共考古教育的实践与启示》

郑蓉妮、梅建军,《湖南社会科学》,2013 年第 5 期。

《中国公众考古的典型案例》

高蒙河,《中国文物报》第 7 版,2014 年 10 月 24 日。

《互动教育与文化载体——关于陕西省博物馆青少年教育活动策划的思考》

何倩,《文博》,2014 年第 5 期。

《我国文化遗产社会教育模式构建研究》

张国超,《贵州师范大学学报(社会科学版)》,2012年第6期。

《美国的公众考古教育——实现文化遗产保护目的的一个途径》

崔玉范,《南京社会科学》,2007年第8期。

《我国考古教材的现状与借鉴》

高蒙河,《中国文物报》第4版,2004年8月25日。

五、科学普及

《公众考古与反盗墓》

崔俊俊,《光明日报》第9版,2016年8月12日。

《工欲善其事,必先利其器　田野考古工具纵谈》

石宁,《大众考古》,2016年第4期。

《谁杀死了陶杯先生?》

申珅、梁明宇,《大众考古》,2015年第3期。

《"考古"与"盗墓"之争评介》

魏子元、李琳,《中国文物报》第7版,2015年2月13日。

《学术张忠培:考古人生八十年》

赵宾福,《中国文物报》第3版,2014年10月21日。

《数据张忠培:考古人生八十年——考古因他而丰富　他因考古而精彩》

高蒙河,《光明日报》第9版,2014年8月16日。

《微言大义:考古与盗墓的微博大讨论》

《中国文物报》第5版,2012年12月21日。

《浅析考古学产生的历史背景和原因及近代考古学的发展历程》

邢立涛,《群文天地》,2012年第10期。

《回忆在山西的考古往事》

张忠培(述)、郝丽君(整理),《中国文物报》第3版,2012年7月11日。

《见证蹒跚起步的山西省考古研究所(1952—1984)》

张颌(述),郝丽君(整理),《中国文物报》第6版,2012年3月16日。

《考古学的目的与方法——访考古学家王建新教授》
《休闲读品(天下)》,2012年第1期。

《一部公众考古的佳作——读高蒙河教授新作〈考古好玩〉》
陈洪波,《中国文物报》第7版,2011年9月16日。

《公众考古学背景中的上海远古文明——读〈实证上海史——考古学视野下的古代上海〉、〈考古上海〉》
张童心、董文兵,《上海文博论丛》,2011年第3期。

《苏秉琦考古公众化思想的形成与发展》
高蒙河、麻赛萍,《中国历史文物》,2010年第1期。

《考古学的人文关怀》
王轶华、陈淳,《文物世界》,2004年第1期。

公众考古学文献目录(学位论文)

一、博士论文

《西方遏制盗掘与非法文物交易的历史研究》
郑蓉妮,北京科技大学,博士,2014年。

《中国考古遗址博物馆的信息诠释与展示研究》
黄洋,复旦大学,博士,2014年。

《论电视传媒在西安文化遗产保护中的作用》
惠毅,西北大学,博士,2014年。

《数字化生存下的历史文化资源保护与开发研究——以陕西为中心》
赵东,山东大学,博士,2014年。

《价值建构与阐释——基于传播理念的文化遗产保护》
丛桂芹,清华大学,博士,2013年。

《博物馆儿童教育研究——儿童展览与教育项目的视角》

周婧景,复旦大学,博士,2013年。

《中国考古遗址公园文化旅游研究》

席岳婷,西北大学,博士,2013年。

《物质文化遗产的电视传播研究》

高晓芳,吉林大学,博士,2012年。

《天津建筑遗产保护公众参与机制与实践研究》

刘敏,天津大学,博士,2012年。

《我国文化遗产社会教育的方式及政策研究》

张国超,华中师范大学,博士,2011年。

二、硕士论文

《论公众考古对国内遗址类博物馆发展的启示》

高萌,湖南大学,硕士,2016年。

《公众考古传播的理论与案例研究》

奚牧凉,北京大学,硕士,2016年。

《从传播视阈看国家考古遗址公园的新发展》

王斐,安徽大学,硕士,2016年。

《论公众考古对国内遗址类博物馆发展的启示》

高萌,湖南大学,硕士,2016年。

《中学历史教学中的公众考古教育探析》

赵淑怡,南京师范大学,硕士,2016年。

《辽宁省史前考古遗址博物馆的发展现状与问题剖析——以公众为视角》

张愉悦,辽宁大学,硕士,2016年。

《文化遗产保护视域下文博类电视节目研究——以河南〈文物宝库〉频道为例》

王晓晖,郑州大学,硕士,2014年。

《文化遗产传播体系构建研究——以历史文化名城杭州为例》

刘慧,厦门大学,硕士,2014年。

《考古科普著作研究》

戎静侃,复旦大学,硕士,2013年。

《遗址博物馆展示传播问题研究》

刘璟煜,复旦大学,硕士,2013年。

《考古遗址展示的初步研究》

张昱,西北大学,硕士,2013年。

《中国考古学期刊现状调查与发展方向探索》

范芳芳,首都师范大学,硕士,2013年。

《体验设计在遗址博物馆展示中的应用性研究》

王伟,哈尔滨理工大学,硕士,2013年。

《公众考古传播研究》

郭云菁,复旦大学,硕士,2012年。

《中国考古学大众化历程研究》

贾博宇,复旦大学,硕士,2011年。

《曹操墓事件新闻报道的个案研究》

崔建莉,西北大学,硕士,2011年。

《我国考古类电视节目研究》

罗华琛,湖南大学,硕士,2011年。

《李济与中国近代考古学之构建》

钟江华,江西师范大学,硕士,2011年。

《遗址博物馆公共关系研究》

任杰,复旦大学,硕士,2011年。

《中国公众考古学的初步探索》

刘庆华,北京大学,硕士,2010年。

《考古信息在史前文化展览情景再现中的利用》

黄洋,浙江大学,硕士,2010年。

《公众考古学在文化遗产保护中的应用》

郑媛,山西大学,硕士,2010年。

《公众考古学与史前遗址信息阐释》

魏敏,复旦大学,硕士,2009年。

《考古项目的电视新闻表达——电视传媒介入考古领域的实践探索》

范伊然,吉林大学,硕士,2008年。

《考古发现类展览的信息传达研究》

郭喜锋,山西大学,硕士,2008年。

《从地质学到史学的现代中国考古学》

查晓英,四川大学,硕士,2003年。

公众考古学文献目录(图书)

一、人物传记

《我的考古生涯》

李文杰,中国言实出版社,2016年。

《追迹:考古学人访谈录Ⅱ》

王巍主编,上海古籍出版社,2015年。

《我的父亲苏秉琦:一个考古学家和他的时代》

苏恺之,生活·读书·新知三联书店,2015年。

《考古学人访谈录Ⅰ》

王巍主编,上海古籍出版社,2014年。

《感悟考古》

李伯谦,上海古籍出版社,2014年。

《夏鼐日记·温州篇》

夏鼐,华东师范大学出版社,2013年。

《叩访远古的村庄——石兴邦口述考古》

石兴邦口述,关中牛编著,陕西师范大学出版社,2013年。

《石璋如先生口述历史》

陈存恭、陈仲玉、任育德访问,九州出版社,2013年。

《番薯人的故事》

张光直,生活·读书·新知三联书店,2013年。

《足迹：考古随感录》

严文明,文物出版社,2011年。

《夏鼐日记》

夏鼐,华东师范大学出版社,2011年。

《李济传》

岱峻,江苏文艺出版社,2009年。

二、科普

《考古的另一面》

郑嘉励,广西师范大学出版社,2016年。

《与废墟为伴：真实的考古学家与来自遗迹的诱惑》

玛丽莲·约翰逊,北京联合出版公司,2016年。

《说说秦俑那些事：秦始皇陵兵马俑一号坑第三次发掘记事》

许卫红,三秦出版社,2015年。

《何以中国：公元前2000年的中原图景》

许宏,生活·读书·新知三联书店,2014年。

《趣味系列：趣味考古（修订本）》

叶文宪,山东人民出版社,2014年。

《公众参与文化遗址保护的法律机制》

王云霞,文物出版社,2014年。

《考古学的过去与未来》

保罗·巴恩著,覃方明译,译林出版社,2013年。

《风雪定陵：明定陵地下玄宫洞开记（修订版）》

岳南、杨仕,商务印书馆,2012年。

《神祇、陵墓与学者：考古学传奇》

C.W.策拉姆著，张芸、孟薇译，生活·读书·新知三联书店，2012年。

《考古好玩》

高蒙河，复旦大学出版社，2011年。

《中国盗墓史》

王子今，九州出版社，2011年。

《考古不是挖宝——中国考古的是是非非》

高蒙河，山东画报出版社，2009年。

《考古学：追寻人类遗失的过去》

曹兵武，学苑出版社，2004年。

三、儿童读本

《长大"干什么"（第二辑）——考古学家》

丽斯贝特·史蕾洁斯，西安出版社，2015年。

《发现与培养儿童职业启蒙绘本（第四辑）——我要当考古学家》

李海生著，子非鱼绘，中国书籍出版社，2015年。

《卡通手绘云南——南南考古探秘》

刘旭、连芳主编，何沐手绘，周露设计，晨光出版社，2014年。

《少儿考古入门》

四川省文物考古研究院，文物出版社，2013年。

四、实践主题类

《发现海昏侯》

江西晨报，江西教育出版社，2015年。

《土司、考古与公众——海龙囤公众考古的实践与思考》

贵州省文物考古研究所，科学出版社，2014年。

《跟北大考古人一起"穿越"》

北京大学中国考古学研究中心、北京大学公众考古与艺术中心，北京大学出版社,2013年。

《梁带村里的墓葬——一份公共考古学报告》

陈燮君、王炜林,北京大学出版社,2012年。

《传承文明　我们在行动(2011卷)》

重庆市文物考古所,重庆出版社,2012年。

《穿越千年　走近考古——河北省公众考古的三次实践》

河北省文物研究所,科学出版社,2012年。

《国保札记——面向公众的文化遗产研究随笔》

滕磊,科学出版社,2012年。

《亲历考古:西汉南越国寻踪》

麦英豪、王文建,浙江文艺出版社,2011年。

《亲历考古:发现满城汉墓》

卢兆荫,浙江文艺出版社,2011年。

《亲历考古:马王堆汉墓不朽之谜》

傅举有,浙江文艺出版社,2011年。

《亲历考古:灿烂佛宫》

樊锦诗、赵声良,浙江文艺出版社,2011年。

《三星堆进校园——一项公众考古新纪录的诞生过程》

四川省文物考古研究院,科学出版社,2011年。

《走近考古　步入宋金——一次公众考古活动的探索与实践》

山西省考古研究所,科学出版社,2009年。

《三峡考古记胜》

高蒙河、黄颖,香港中华书局,2003年。

公众考古学著作导读二则

张莞沁

（首都师范大学历史学院）

一、*Public Archaeology* *

美国学者查尔斯·麦克金斯于1972年出版的 *Public Archaeology* 是最早系统说明公众考古学理论的出版物之一（图1）。查尔斯在进行阿肯色州支持的考古项目研究中发现，受众对这种典型的国家文物信息产生了广泛的兴趣并希望得到更多的背景信息，这种现象推动了考古学项目的进一步研究和阿肯色州相关法律的确立。

查尔斯在写作此书时将受众划归为两个群体，一是考古学专业从业人员或者未来可能从事考古学研究的群体，二是立法者和越来越关心国家考古遗产保护的公众。他希望在书中能为两者皆提供有用的信息，并希望通过此书鼓励国家支持考古学的发展。

全书正文部分共分为五个部分，分别是：考古学与公众、国家考古项目、当前州与联邦支持立法文件摘要、美国各州公众对考古学的支持现状和考古学立法事例。

在"考古学与公众"中查尔斯提到，美国尤其是阿肯色州部分遗址遭到破坏，这种破坏不仅是不成熟的清理和保护手段造成的，更是近代各种活动造成的，比如基础设施的建造、土地的平整与耕地的开

---

* 著作信息：Charles R. McGimsey, 1972. *Public Archaeology*. London: Seminar Press.

图 1 *Pubilc Archaeology*

拓。考古学家和其他关心考古遗址的受众不能迅速和积极地开展行动，那么就应该共同承担遗产损失的责任。专业从业人员如果不能成为积极领导和承担公众教育的角色，那么如何鼓励公众自发地保护国家遗产。此书旨在为进一步发展有效的公众支持的考古研究项目提供必要的基本数据，并提出了考古学实践的原则，即没有"私人考古学"。

书中探讨了怎样设计一个国家项目。在一个国家项目中需要多方协调：州政府需要提供项目的负责人，协调日程与基本信息；国家需要提供基本管理机构，基本设施及预算；公众是否需要参与等。还探讨了如何设计国家文物法案才能符合宪法，具有可执行性等。为什么国家使用公共资金支持考古研究，一个国家的考古研究和开发项目应该被谁设计。这两个问题的确重要，但是在书中，查克斯提出了更深刻的问题："我们为什么要寻找过去，关注过去的知识？"考古学家只有对过去人类的行为有所认知，才能与当今的某些行为和反应进行比较，提供了解人类的信息。考古学家提供的信息虽然不能直接解决国际关系问题和人口问题，但是考古有利于我们积累基本的数据，这些数据有助于我们研究人的知识、增强人类的环境适应能力、促进文化的发展。

考古遗址是一个国家的不可再生资源，保护这一资源既是公众关注的问题，也是每个国家的责任，只有在国家的领导下，有效的保护计划才能发展起来。但是国家同样应该鼓励个人和机构积极参与考古研究资金的筹集，公众既可以向国家提出适当的计划，也可以参与到国家制定的策略中，以期获得更好的保护效果。没有积极支持考古项目的国家失去了他们应有的知识和才智，失去了历史所赋予的文化氛围。由于美国国情的独特性，联邦政府想要设计国家项目，离不开州政府的参与。州政府需要运行好行政机构，为考古项目提供充足的经费，提供能够开展全面研究的基础设施，只有如此才能获得国家早期历史的资料和数据。考古研究需要其他学科的支持，因此各州应该配备足够的博物馆、大学图书馆，并且需要有专业从事考古研究的考古学家、地质学家、动物学家、物理学家等。为了保证考古项目的正确实施，要给从业人员提供足够的资金，并且雇佣劳动力。

查尔斯对考古项目中两个至关重要的因素也提出了自己的看法。一是考古学家，考古学家在考古项目中应该充当调和剂，在众多从业人员中发挥自己的作用，并且能够带领考古队伍的考古学家应该是一位有能力的政治家、富有想象力的开发者，能够有效进行管理，和团队进行沟通，并且拥有坚强的意志。第二个重要因素则是活跃的、对考古专业有兴趣的公民团体，这样的团体往往在国家考古学会中，有适当的领导，能够起到有效沟通的作用，能够监督各州以及国家研究开发新的项目。虽然这两个因素是十分重要的，但是其他的因素同样对国家考古项目有着重要的作用，其中包括博物馆、大学、文物法案的提出等等。在查尔斯眼中，对文物立法等保持最高的热情是不完全正确的，文物法案应该作为考古项目的补充，以支持考古的演进和发展。

考古学家作为各方势力的调和剂，不应谴责公众参与。公众参与为考古学的发展提供了新的契机，对于专业从业人员来说，难以用现有的时间完成所有需要进行的工作，这个时候公众参与就显得十分必要。对于公众而言，他们能够提供的是资源与他们知识背景下的专业理论，而考古学家应该保证公众有机会在有限的时间、能力范围内进行活动参与。考古学家也应该进行必要的行动，向公众宣传保护国家考古资源的重要性。为了能够从公众的参与中获得最大的收益，需要让公众获得成就感和满足感。专业从业人员和志愿者在考古项目上的收入是不同的，因此要满足两者的利益，才能促进其良性发展。考古是一门复杂的学科，但是它并不神秘。事实上，复杂性的增加可能是一件好事，他使每个专业人员意识到在考古学领域中有许多可以研究的话题。

公众参与如此重要，然而提供图书出版物和参与考古发掘并没有为这些有兴趣参与考古活动的公众提供有效的个人成长手段。因此查尔斯提出设计一个教育计划，各种辅助力量与考古学家一起对有兴趣参与的公众进行培养，使公众能够掌握部分专业知识以便更好地参与考古活动。这一教育计划面向不同的人群，对于期待将地面采集和考古发掘作为终身职业并获得薪金，但是不需要独自领导考古项目的群体，可以接受现场发掘所有阶段的训练，包括用简单的工具发掘各种类型的地点，并且进行完整的现场记录；而针对有兴趣参与实验室分析的成员则提供专门的教学等。

在美国，无论在哪个州采取行为，都必须认识到公众参与到考古活动中是不可避免的,并且在实际工作中十分有效,甚至是不可缺少的。通过公众参与,考古学家可以获得足够的资金,为专业人员提供其他专业知识的帮助,对保护考古发掘现场有重要意义。因此,为了更好地保护和恢复考古资料,需要使个人对考古活动产生兴趣。

制定良好的文物法案可以为国家提供巨大的帮助,确保考古资源得到最好的保护,造福全体公民。文物立法可以是一个有效的工具,但一个工具只有训练有素的人员适当的利用才有价值。文物立法的前提条件是国家考古项目的资金与多种类从业者的参考,如果缺乏这两点,立法将毫无价值,难以实现其保护国家文物的既定目标。如果文物立法想要达到预期效果,法律的措辞必须有合宪性、可执行性和可取性,三个方面缺一不可,否则会导致该法律无效,最终无法达到目的,甚至对保护文化遗产造成无法弥补的损害。

查尔斯写作此书是因为对阿肯色州的特殊现象产生兴趣,从而进行研究,因此也以阿肯色州的调查行为为例。调查目的在于查看阿肯色州有关地区回收和保存的考古学材料和数据,对这些资料进行分析并公之于众,提高公众对考古学的尊重和参与考古活动的工作能力,发展和改进考古学的理论和技术方法。这项活动取得了巨大进展,例如四十年间阿肯色州记录的考古遗址从一千处发展至五千余处,该调查还率先实验和开发了计算机数据库与考古信息检索系统。尽管阿肯色州此时的调查仍不全面,但是作者认为阿肯色州考古调查的建立有效说明了一个关心公众的立法机构能够做些什么,他们可以为考古学和考古学家提供巨大的机遇和挑战。

书中还收集了各州立法法案。查尔斯发现,在1972年,美国一半以上的州没有采取切实可行的措施来保护他们的考古资源,而那些拥有适当计划的州同样不能放松,为了更好地解释他们所拥有的历史,需要与其他州联合共同发展。大多数州都有某种形式的监管立法,但大多数监管是通过发放许可证来控制国有土地上的勘探和发掘,在某些情况下已经宣布私有土地上的考古材料收归国家所有。

书中指出虽然设计良好的法律具有价值，但是最有效的保护和开发考古资源的手段是教育。必须强调的是，为了有效地进行教育和执行法律法规，国家的充分支持是必不可少的。作为考古学家，有责任促进各个州与国家立法的完善。

书中还回顾了20世纪70年代初美国国家、各州和公众对考古研究的支持程度，简要总结每个州使用的行政组织，并且对国家文物立法有关工作的影响进行了总结。每个州项目的信息汇总发起于1965年9月至1966年3月，并在1966年末至1967年初将汇编成果提交给阿肯色州立法委员会，以便出版。查尔斯汇集的资料仅包括国家支持的研究，可能存在部分资料的缺失；且考古学家主要指国家资助的全职从事相关研究工作的人员，而非研究人员并未算入其中。

作为第一本以"公众考古学"命名的书籍，查尔斯的《公众考古学》并不完全是对公众考古学定义的探讨，正如本文中提到的，此书更多的是为美国联邦和各州的立法提供已有的数据。但是查尔斯于此时已经意识到仅依靠考古学家单方面的宣传难以使公众真正参与到考古实践中来，并且逐渐形成了正确的文物保护观念。自此书之后，美国对公众考古学领域的研究重心逐渐转移到法律的制定，希望通过法律的强制性保护文化遗产、呼唤公众参与。虽然与以英国为代表的欧洲公众考古学差别明显，但是两者的最终目的都是保护文化遗产与呼唤公众参与，转变公众对考古学的固有刻板印象。

二、Key Concepts in Public Archaeology*

《公众考古学的关键概念》（Key Concepts in Public Archaeology）

---

* 著作信息：Gabriel Moshenska（ed.），2017. *Key Concepts in Public Archaeology*. London：UCL Press.

由英国伦敦大学学院教师 Gabriel Moshenska 博士主编，汇集了该校公众考古学研究生项目多位教师和毕业生的专题文章，旨在较为全面地向考古工作者和公众展示最新的公众考古学研究，也可作为相关领域的教材使用（图 2）。

图 2　*Key Concepts in Public Archaeology*

全书正文共十三个部分，包括：① 引言，② 社区考古学，③ 经济学与公众考古学，④ 考古与教育，⑤ 公众考古学中的数字媒体，⑥ 向公众介绍考古遗址，⑦ 考古学与人权，⑧ 英格兰与威尔士的宝藏法案与可移动文物计划，⑨ 另类考古学，⑩ 英国商业考古学：公众利益、权益与参与，⑪ 流行文化中的考古学家，⑫ 考古与民族主义,⑬ 古代艺术的市场。以下择要介绍。

在引言中,作者开宗明义,介绍了本书的定位。"实践与学术"是当代公众考古学所要面对的重要挑战之一,也是其作为一门学科的综合性特征的表现。公众考古学是一个跨学科的领域,借鉴了社会学、历史学、传播学等多个领域的内容。但由于它本身缺少专门的研究方法,目前世界范围内对该学科是否成立有着较多不同的看法。而本章作为全书的纲领性论述,简明地提出本书所说的公众考古学观点是长期从事考古工作的学者根据自己的学科背景进行的解释。在此基础上,本书的主要目标是探索公众考古学的定义、起源,以及考古学界对其的认识过程,同时还介绍了学科的分类,并对公众考古学今后的发展作了展望。

社区考古学与公众考古学一样,是一个不断发展的研究和实践领域,旨在将考古学与更广阔的世界联系起来。在世界范围内,考古学家构建各种各样的方法、理论和概念框架,研究不同人种和社会阶层。这一部分的主要目标是探索社区考古学的定义,讨论不同国家的案例。

经济学在考古与公众的关系中扮演着重要的角色,与此同时,它也被认为是考古学对当今政府和个人具有重要意义的原因之一。尽管如此,"经济学"与"经济价值"在考古学科中往往令人不安,这反映出一种普遍的认知,即"文化问题"与"经济问题"是两个方面。这一章集中探讨了公众考古学中的经济学体现,考古学家应该怎样衡量经济价值和扩大受众从考古学中获得的收益。这一章充分证明经济学不仅对公众与考古学的关系至关重要,对学科未来的可持续发展也是十分重要的。

考古学家为什么要参与教育事业?这里的教育主要指中小学和大学所构建的正规教育体系。要做到这一点就必须超越自身的学科范围,因为接受教育的对象并不完全是未来从事考古学专业的人员。本章主要研究英国考古学教育主题,主要涵盖了理论学习方法、考古学在正规学习中的地位、考古学教育的价值等。运用不同的案例探讨考古教育实例,比如英国成立了英国考古委员会,专门考察考古学的教育领域,提高英国公众对考古学的兴趣。考古学能对人类的现状进行评价,获得能够跨越时代使用的经验。考古学需要教育,使社会更容易获得有关考古学的知识,鼓励受众探索考古学。

自20世纪90年代以来,数字媒体迅速发展,互联网移动技术覆盖面扩大,传统媒体也开始转变发展策略进行媒介融合。第五章探讨了数字媒体在公众考古学中的应用,分析大数据在公众考古学中运用的可能性。尼尔波兹曼首先提出"媒介生态学",媒介作为社会的一个子系统,其构成要素之间、媒介与媒介之间、媒介与外部环境之间也存在密切的互动关系并保持着某种和谐。遵循这一理论,本章提供了两个主要问题的初步解答:数字媒体的进一步发展怎样影响公众考古学的实践?数字媒体如何支持考古学与社会等多方面关系的研究?

公众拥有不同的知识背景,在面对考古遗址时会根据自己的需要提出不同的问题。如马耳他岛的东南部有一新石器时期的巨石阵遗存,由于历史悠久、地理位置险峻,随着遗址发掘和开发,这一遗存坠入大海,少数游客仍在寻找它的位置,他们能够在陡峭的悬崖边找到标志。伊斯坦布尔的圣索菲亚大教堂不仅是拜占庭的崇高纪念碑,而且包含着奥斯曼以及古希腊文明,但是只有很少的观众能够意识到他们走过的铜门建造于公元2世纪塔尔苏斯的一座希腊式寺庙里,后来才被拜占庭皇帝安放在教堂中。因此怎样向受众更好地传达信息是一个巨大的挑战。本章首先讨论了"考古遗址""公众"和"演讲"术语的定义,据此围绕考古遗址进行介绍,探讨怎样的组织模式能够方便受众理解,从而获得更好的反馈。

第七章则探讨考古实践与人权的关系。考古学产生的科学数据、文化材料与数据为人权服务,能够对社区的文化生活有所贡献。通过在社区中进行社会教育和大规模发掘活动,考古学成为实现和执行人权的工具；与此同时，考古学的发展也受到人权的消极影响，例如成为巩固不平等社会结构的工具；考古学实践同样可能侵犯当地的风俗习惯，反之亦然。因此，考古学对公民与政治、经济、环境、社会的回应相对敏感。本章通过介绍地中海东部地区的事例，分析考古学与人权在历史中的相互关系，即考古学有关权益的主张是否与受到政治、文化与社会权益影响的公众有关，关注公众权益是否是考古学应该讨论的问题。在此基础上，探讨了考古学的伦理与政治史。

第八章着重介绍了英格兰与威尔士地区通过的宝藏法案，探讨如何处理考古学与历史学对象的普遍问题与公众发现的可移动文物的重要性。英国1996年颁布的宝藏法案以及可移动文物计划要求所有国家都需要构建法律体系以及其他系统，以保护在其领土上发现的可移动文物。这些法案的具体要求不同，但有部分条款拥有广泛适应性。例如，要求对文物的重要性进行确认，并对文物所有权进行说明；向发现者支付奖励，保护考古遗址并且对金属探测器的使用进行控制。在宝藏法案和可移动文物计划中，英格兰和威尔士采取了不同的方法。但该计划的覆盖范围仅包括英格兰、威尔士及北爱尔兰地区，苏格兰对文物调查结果进行了专门的法案修定。该法案于1997年实施，它激发了公众对考古学的想象力，使得报给博物馆的文物探测案例增多，但它并没有阻止英格兰和威尔士的非法金属探测，在未经土地拥有者首肯的情况下，许多供应商肆意收购经过非法金属探测发现的古代遗物，从而获利。2009年，议会通过了王室私产管理官和司法机构的提议，对宝藏法案进行若干重大修正：

① 设立宝藏管理（财宝官）职位，负责处理来自英格兰及威尔士地区的所有宝物。

② 扩大公众对申报宝物的义务。

③ 推行反向推定，若物主能够说明该物是1999年之前

发现的,则财宝官可以选择不申报该财产。

　　④延长对不提交报告的起诉期限,从六个月延长至三年。

　　⑤允许英国内阁规定提交宝藏信息的地方机构。

　　⑥规定了公众交出宝藏的义务。

　　另类考古学的讨论是第九章的主题。对于外星世界、鬼怪等事物的探索会激发部分受众的兴趣,考古学家怎样回应另类考古学与他们的观点对现实世界的影响?因此本章首先讨论了什么是另类考古学(或者边缘考古学、伪考古学等)。另类考古学提出的对人类的假设有别于主流共识,想要了解他们的看法必须理解另类考古学家特定的政治、经济、文化、社会等方面的知识背景构成。其中有些是经过艰苦卓绝的研究,但最后误入歧途;有些是真理却被"先知和骗子以及他们头脑中的声音所揭示"。另类考古学提出了对人类过去的假设,这些假设偏离了主流共识,但是仍有部分考古学家认为其研究终有一天会成为不可忽视的事实。

　　第十章主要介绍了英国的商业考古涉及将专业的考古服务承包给建筑行业。英国的建筑行业一直在英国政府规划的政策框架内运作。英国于1990年推行《英国城乡规划法》,该法案坚持欧盟指令和国际公约中所规定的可持续发展原则及广泛性原则。即商业考古是建立在考古学为公众利益服务的基础上。

　　考古学中的流行文化往往是公众对考古工作的一个看法。这一研究领域一直是公众考古学中最令人愉快和耐人寻味的,其内涵十分复杂,从简单地存在于报纸漫画、电视节目、杂志文章、低俗小说、广告甚至是流行歌曲中,到近20年对考古学家认知的改变,形成对考古学家的刻板印象。想要逐渐改变受众对考古工作的看法,考古学家一般采用两种方法:一是借由这种看法作为教育和参与的起点;二是拒绝这种看法,传播更多真正的考古学家在做什么的内容。

当然大部分考古学家只会继续哀叹或者将流行文化置之不理。本章通过研究刻板的考古学家的性质和来源，考虑考古学流行文化在整个世界范围内的重要性。

考古学与国家组织和意识形态密切相关。考古学需要国家资金进行发掘、教育和研究；作为回报，考古学可以提供有形的文物，发现文物之间的联系。在这一部分，借由考古学的原始叙事方式，假定国家的诞生具有相同的特征：起源点（源头）、祖先、民族特征和历史以及领土等。悠久的历史似乎证明了一个国家的凝聚力和稳定性，也可以预示漫长而又光明的未来。在本章中作者通过叙述国家的过去，对现在和未来的政治进行表态。

考古遗存在市场上通常被称作古董，其来源是多方面的，如拍卖行、画廊以及互联网。本章通过研究市场需求，考虑文物是如何从封闭的考古环境中转移到公众或私人的收藏地，以寻求收集更多的解释并对现存的考古记录产生影响；讨论收藏的伦理，规范市场道德。这要求从事相关工作的人员对收藏品及收藏家的名字保持敏感。

通过《公众考古学的关键概念》一书，我们可以看到公众考古学的研究范围广泛，不仅限于我们通常所了解的考古教育、考古传播、考古活动和考古展示，而是涉及政治、经济、文化以及社会的方方面面。尽管有些领域暂不适用于当前中国的现状，但是英国的公众考古学实践为我们提供了许多新的思路，对今后开展公众考古实践和研究均有不可多得的借鉴意义。

后 记

《公众考古学(第一辑)》的各项工作是在首都师范大学公众考古学中心主任袁广阔教授总体指导下进行的。前期由我负责设计了大致的栏目框架,并将"何谓公众考古学"确定为第一辑主题,邀请了部分专家学者撰稿。2016年7月,范佳翎博士毕业加入我系,她在伦敦大学学院考古研究院攻读硕士学位期间,系统学习了公众考古学,是国内最早开展公众考古学研究和实践的学者之一,因此我邀请她担任辑刊副主编。佳翎的加入为辑刊编辑注入了新鲜的活力,她提出邀请英国 Public Archaeology 期刊的主编 Tim Schadla-Hall 先生担任联合主编,让这本辑刊一开始就具备国际化。围绕本辑主题,Schadla-Hall 先生和佳翎亲自选定了几篇翻译稿件,使辑刊增色不少。

衷心感谢本辑刊学术顾问——北京大学文科资深教授严文明先生和斯坦福大学教授伊恩·霍德先生。严文明先生一直鼓励我大胆前行,不仅为本辑刊题写了书名,还同意将他在首都师范大学的讲座收录其中。值得指出的是,严先生的这次讲座,包括后面的问答,在我看来就是一次极其成功的公众考古实践。先生的文章和讲课,从来都是深入浅出,让不同程度的读者和听众都能从中汲取营养,是我们学习的楷模。2011年,我有幸参加后过程考古先驱——伊恩·霍德教授主持的土耳其加泰土丘遗址的发掘与整理工作,其间对该遗址的公众考古实践深有体会,曾专门撰写小文记录(也收入本辑刊);霍德教授听说这本辑刊后,欣然同意将他的一篇有关如何共享过去的文章翻译出来收录于此。

感谢中国考古学会公共考古专业指导委员会的各位老师,他们大多数慨然应允成为本辑刊的编委,对本辑刊的编辑出版给予很多指导和帮助。王仁湘、曹兵武、孙庆伟、方勤、方向明、乔玉等老师为本辑刊撰写专稿;刘国祥、高大伦、高蒙河、李政等老师不仅提供学术支持,还给予精神鼓励。

衷心感谢首都师范大学历史学院的各位领导和史学丛书编委会的各位老师,辑刊获得出版资助离不开他们的大力支持。编刊是件辛苦事,感谢我的老师、《西部考古》主编冉万里教授,他无私地将编刊经验与我分享,一再鼓励我坚持。感谢上海古籍出版社吴长青先生、编辑王璐女士,本辑刊能够顺利出版,有赖于他们细致入微、严谨负责的工作。在辑刊准备过程中,首都师范大学历史学院硕士研究生范潇漫、袁若晨、臧雅帆、张莞沁、宁琦等同学参与了资料整理、翻译等工作,谨此致谢。

公众考古学在中国的发展日新月异,希望本辑刊的出版能起到推动作用。也恳请各位师友持续关注本辑刊,并支持首都师范大学公众考古学中心的各项工作。

王涛谨识

2020 年 7 月 28 日